Gerhard Wisnewski

OPERATION 9/11
Angriff auf den Globus

Knaur

www.operation911.de

Besuchen Sie uns im Internet:
www.knaur-taschenbuch.de

Originalausgabe 2003
Copyright © 2003 bei Knaur Taschenbuch Verlag, ein Unternehmen
der Verlagsgruppe Droemer Knaur
Droemersche Verlagsanstalt Th. Knaur Nachf. GmbH & Co. KG, München
Alle Rechte vorbehalten. Das Werk darf – auch teilweise –
nur mit Genehmigung des Verlags wiedergegeben werden.
Konzeption & Realisation: Ariadne-Buch, Christine Proske, München
Redaktion: Jürgen Bolz
Umschlaggestaltung: ZERO Werbeagentur, München
Umschlagabbildung: © ap
Umschlagrückseite: Foto © Reuters/Tim Shaffer
Satz: Wilhelm Vornehm, München
Druck und Bindung: Clausen & Bosse, Leck
Printed in Germany
ISBN 3-426-77671-5

8 10 9 7

»Wir müssen die Wahrheit über den Terror aussprechen. Laßt uns niemals frevelhafte Verschwörungstheorien im Zusammenhang mit den Anschlägen des 11. September tolerieren, boshafte Lügen, die bezwecken, die Schuld von den Terroristen abzulenken.«

George W. Bush

Dieses Buch widme ich
allen Kindern dieser Welt, auf daß sie in Freiheit
leben können.

G. W.

Inhalt

Vorwort
    Die Mutter aller Verschwörungstheorien   13

Einführung
    Ein Flugzeugabsturz ohne Flugzeug   15
    Wanted: Osama Bin Laden   16

Teil I: Das Attentat
    »Failure was not an option«   23
    Eine lautlose Explosion   24
    Ein Hijacker wird hektisch   26
    Nieten im Cockpit   37
    Wer kauft, will leben   51
    Eine Reise ohne Wiederkehr   54
    Hijacker im letzten Moment   55
    Die Beweise in der Reisetasche   60
    Die letzte Rasur des Mohammed A.   62
    Eine exklusive Version des Islam   65
    Im Zweifel für den Notfall   74
    Mit Turban und Teppichmesser   80
    Kämpfe im Cockpit   83
    Fehlbesetzungen am Himmel   88
    Operation »Noble Eagle«   91
    Ein Kidnapper auf Umwegen   95
    Schonung für das Weiße Haus   97
    Angriff auf den Globus   103
    Sturzflug ins Nichts   106
    CFIT – Controlled Flight into Tower   113
    Einfacher als ein Modellflugzeug   115
    Aktenzeichen WTC ungelöst   121
    Eine Mücke gegen einen Elefanten   125
    Ein Tropfen auf den heißen Turm   127
    Der Brand im Kühlturm   130

Weder Angst noch Panik	133
Explosionen Downtown	135
Ursache Sprengstoff	139
Die explosiven Mieter	141
Die Mär vom wehrlosen Pentagon	143
Exkurs: Selbstmord im Weißen Haus	147
Schnappschuß am Pentagon	149
Bei Anruf Tod	154
Kein Anschluß unter dieser Nummer	157
Ein Jäger im Anflug	161
Hat jemand mal ein Flugzeug?	163
Kein Beben am Pentagon	169
Der sagenhafte Penta-Lawn	172
Kann ein Flugzeug verschwinden?	176
Ein Held wird gemacht	177
Hörspiele am Himmel	185
Ein Blackout in der Black Box	191
»There was no airplane«	195
Mein Name ist Hase – Hans Hase	199
Masterminds of Terror	203

Teil II: Was passierte wirklich?

Ein geheimnisvoller Qualm	216
Vertraue der Schwerkraft	223
Chaos im Kontrollraum	225
Aus eins mach zwei	229
Exitus am Himmel?	231
Wo ist Flug American Airlines 77?	232
Eine Ewigkeit für einen Knall	243
Ein rasender Airliner	245
Ein Loch ist im Boden …	246
Was versteht man unter »Leichen«?	249
Eine Geschichte, die keiner will	252
Eine verblüffende Ähnlichkeit	255
Die Anomalien des 11. September	256

Der Flug der Drohne	260
Operation Northwoods	263
Eine Serie von Zwischenfällen	265
Passagiere und andere Unbekannte	270
Ein Familientreffen der Navy	275
Die Technik des Terrors	281

Teil III: Die Hintergründe

Ein sinnloser Nadelstich	289
Das Mittelalter der Zivilisation	294
Die Träume des Imperiums	306
Triumph des Killens	312
Hollywoods Handschrift	314
Von der Traumfabrik zur Alptraumfabrik	316
Es werde Licht	318
Die Weltherrschaft aus der Schublade	322
Bush und Bin	327
Von solchen Freunden kann man nur träumen	332
Anthrax – nur keine Panik!	333
Sturzflug auf das Pentagon	336
Jenseits von Gut und Bö(r)se	340
Angriff auf den Globus	346
Die nützlichen Untoten des Imperiums	357
Der Kaiser ist nackt	364
Dank an...	366
Hinweis	366

Anhang

Mohammed Attas »Letzter Wille«	369
Operation Northwoods	371
Pressemitteilung über die Identifizierung der Opfer	386
Anmerkungen	389
Literaturhinweise	399
Bildnachweis	402
Register	403

Vorwort

Die Mutter aller Verschwörungstheorien

Warum noch ein Buch über den 11. September? Erstens: An dem offiziellen Erklärungsmodell des 11. 9. 2001 wurden bereits viele Zweifel angemeldet, aber bis jetzt wurde noch kein überzeugendes Gegenmodell entworfen: Was sollte das alles? Wer oder was flog wirklich in die Türme des World Trade Centers, in den Krater von Shanksville und ins Pentagon? Wer saß wirklich am Steuer dieser Maschinen oder Flugkörper? Wie kamen die beiden äußerst stabilen WTC-Türme wirklich zu Fall? Und wenn wir hier nicht die Operation von einigen fanatischen Arabern vor uns haben, mit was für einer Operation haben wir es dann zu tun? Auf den folgenden Seiten will ich versuchen, Schritt für Schritt Antworten auf diese Fragen zu entwickeln.

Zweitens: Insbesondere der Identifizierung der Opfer wurde im »Fall 9/11« bis jetzt nur wenig öffentliche Aufmerksamkeit zuteil, obwohl sie bei der Aufklärung eines Verbrechens natürlich eine Schlüsselrolle spielt. Auch der »Fall 9/11« steht und fällt mit den Toten. Ohne Leiche kein Mord, keine Anklage – gar nichts. Das gilt auch für den 11. September. Daß sich in den Gebäuden Leichen befanden, ist wohl unumstritten. Aber wie ist es mit den Flugzeugen? Ohne einwandfrei identifizierte Leichen in den Maschinen gibt es den 11. September nicht – jedenfalls nicht so, wie er uns erzählt wird. Das Problem der Identifizierung wird sich deshalb wie ein roter Faden durch meine Überlegungen ziehen.

Dieses Buch verfolgt das Ziel, eine Lücke zu füllen und den Versuch einer systematischen, kriminalistischen Aufarbeitung des Falles zu unternehmen, also genau das, was die psychologischen Operationen nach dem 11. September verhindern sollten. Dabei wurde die Öffentlichkeit in unzähligen Fernsehfeatures und Artikeln mit einer ausschließlich emotionalen Aufarbeitung konfrontiert, die die Ereignisse des 11. September tränenreich Revue passieren ließ. Auf diese Weise wurden die Ereignisse fest im Gefühlsapparat verankert, ohne daß eine rationale Auseinandersetzung darüber stattfand. So halten wir sie für »wahr«, ohne zu wissen, ob sie überhaupt »stimmen«. Dem möchte ich mit meinem Buch entgegenwirken.

Dieses Buch will außerdem nichts anderes, als an vorderster Front den von George W. Bush ausgerufenen Kampf gegen jene »frevelhaften Verschwörungstheorien« führen, die uns seit dem 11. September 2001 das Gehirn vernebeln. Es wirkt der Mutter aller Verschwörungstheorien entgegen, nämlich der abenteuerlichen These, am 11. September 2001 sei es einer Handvoll Arabern gelungen, im Herzen der Militärmacht Nr. 1 das perfekte Verbrechen zu verüben. Auf der Skala der unglaubhaften Verschwörungstheorien steht diese ganz oben. Insofern wird George W. Bush, sollte er dieses Buch jemals lesen, mit meinen Ausführungen zufrieden sein.

München, im Mai 2003
Gerhard Wisnewski

Einführung

Ein Flugzeugabsturz ohne Flugzeug
Besuch in Shanksville

14. März 2003. Für unseren WDR-Film *Aktenzeichen 9/11 – ungelöst* über den 11. September 2001 fahren mein Kollege Willy Brunner und ich zur Absturzstelle von Flug United Airlines 93. Um zu verhindern, daß die arabischen Hijacker die Boeing 757 genauso wie die anderen drei Maschinen für eine Selbstmordattacke benutzen, hätten die Passagiere die Entführer bekämpft und die Maschine über einem Feld bei Shanksville, etwa 80 Kilometer östlich von Pittsburgh, zum Absturz gebracht, heißt es in der offiziellen Darstellung. Der übers Handy übermittelte Schlachtruf »Let's roll« des Passagiers Todd Beamer wurde zum Kriegsruf einer Supermacht, mit dem sie in der Folge über ein Land nach dem anderen herfiel.

In der leicht geschwungenen und leeren Landschaft bei Shanksville befindet sich heute mitten auf einem trostlosen Acker eine Gedenkstätte für die »Helden« von Flug United Airlines 93. Gedenksteine, -tafeln und andere Accessoires wurden einfach in den Matsch eingelassen. Fähnchen, Fotos, Baseballkappen und andere Textilien sind schutzlos der Witterung ausgesetzt. Obwohl hier Hunderte von Amerikanern Souvenirs, Flaggen und Grüße hinterlassen haben, macht das Ganze einen lieblosen Eindruck.

Hier treffen wir einen Mann, der ganz nah dran war. Er hat überall Augen und Ohren in Shanksville und kennt quasi jeden Kieselstein persönlich. Es ist Ernie Stull, der 78jährige Bürgermeister von Shanksville. Der knorrige Alte ist der Inbegriff amerikanischer Werte. Bodenständig, mit seiner Heimat verwachsen, ehrlich und geradeheraus. Er zeigt uns ein Album mit Fotos. »Die Absturzstelle?«, frage ich ihn. »Ja«, sagt er. Man sieht ein großes Loch, sonst nichts. Ich frage ihn, wie das war, als die Maschine abstürzte. Er sagt, zwei von ihnen seien in Shanksville an einer Straßenecke gestanden, als sie den Knall gehört hätten. Dann seien sie sofort hingefahren.

Und dann merkt man Ernie Stull an, daß er mit einem Widerspruch zu kämpfen hat – zwischen dem, was die führenden Autoritäten der USA – FBI, CIA, Präsident – behauptet haben und dem, was ihm seine wohlvertrauten Mitbürger aus Shanksville gesagt haben: »There was no airplane«, sagt Ernie Stull und schüttelt jetzt, eineinhalb Jahre nach der Katastrophe, immer noch fassungslos den Kopf und breitet ratlos die Arme aus: »No airplane.«

Auf weiteres Nachfragen erzählt Ernie Stull eine unglaubliche Geschichte: Die Geschichte von einem Flugzeugabsturz ohne Flugzeug, ohne Trümmer und praktisch ohne Leichenteile. Die Geschichte von einer Frau, die statt eines Leichnams nur eine kleine Schachtel zurückbekam, die sie öffnete und deren Inhalt sie nicht identifizieren konnte. Seine Geschichte vom Ende des Fluges United Airlines 93 ist Teil einer völlig anderen Geschichte vom 11. September 2001, wie sie bisher noch nicht erzählt wurde.

Wanted: Osama Bin Laden
Der Steckbrief

April 2003. Die Internetseite des FBI repräsentiert amerikanische Fahndungsästhetik in Reinkultur: Geschmückt mit diversen Wappen und einer pathetisch flatternden US-Flagge trägt sie in den Staatsfarben Rot und Blau den Schriftzug »Most Wanted Terrorists«. Darunter sind die von den USA meistgesuchten Bösewichte abgebildet, mit den Steckbriefen zum Anklicken, auffallenderweise alles

Menschen mit arabischen Namen. Angloamerikaner scheinen sich nicht unter die meistgesuchten Terroristen Amerikas verirrt zu haben. Gleich an erster Stelle in dieser Galerie finden wir einen alten Bekannten, Osama Bin Laden, und wollen wissen, was ihm eigentlich zur Last gelegt wird: »Die mutmaßlichen Terroristen auf dieser Liste wurden von verschiedenen Federal Grand Juries in den Vereinigten Staaten jener Verbrechen beschuldigt, die auf den jeweiligen Steckbriefen aufgelistet werden«, heißt es auf der Seite. Je nach dem Stand der Ermittlungen könnten auch weitere Anklagen nachgereicht werden, zum Beispiel im Hinblick auf die terroristischen Angriffe vom 11. September 2001.«[1]

Nachgereicht? Wieso nachgereicht? Eigentlich dachten wir, in Sachen 11. September und Osama Bin Laden sei alles klar.

In Erwartung eines spektakulären Strafregisters klicken wir deshalb den Steckbrief von Osama Bin Laden an. Dort lesen wir: »Mord an US-Bürgern außerhalb der Vereinigten Staaten, Verschwörung zur Ermordung von US-Bürgern außerhalb der Vereinigten Staaten, Angriff auf eine Bundeseinrichtung mit Todesfolge.« Außerhalb? Wieso außerhalb? Wurde da nicht eine Kleinigkeit vergessen? Ist nicht Osama Bin Laden das Mastermind der Flugzeugentführungen vom 11. September 2001? Ist er nicht der Drahtzieher der Hijackings und der Kamikaze-Angriffe auf das World Trade Center und das Pentagon? Auf der Suche nach Osama Bin Ladens bekanntestem Verbrechen »scrollen« wir uns nach unten durch. Dort lesen wir: »Osama Bin Laden wird gesucht im Zusammenhang mit den Bombenanschlägen auf die US-Botschaften in Daressalam, Tansania, und Nairobi, Kenia. Diese Anschläge töteten über 200 Menschen. Zusätzlich wird Osama Bin Laden anderer terroristischer Angriffe in der ganzen Welt verdächtigt.«[2]

Schön, aber das kann es ja nun nicht gewesen sein. Dachten wir nicht bisher, die Schuld Osama Bin Ladens an den Attacken auf das World Trade Center und das Pentagon stehe einwandfrei fest? In seinem FBI-Steckbrief steht kein Sterbenswörtchen davon. Das World Trade Center und das Pentagon werden dort mit keiner Silbe erwähnt.

Wir sehen uns einen anderen mutmaßlichen Terroristen auf derselben Internetseite an: Ali Atwa, gesucht wegen »seiner Rolle und Beteiligung an der Entführung eines Passagierflugzeuges am 14. Juni 1985, die zu Anschlägen auf verschiedene Passagiere und Besatzungsmitglieder führte sowie zum Mord an einem US-Bürger.«

Jene Anklagen, die wir bei Osama Bin Laden vermissen, setzt es bei Ali Atwa satt. Darunter Verschwörung, Hilfe und Beihilfe zur Luftpiraterie, Geiselnahme, Behinderung einer Flugzeugbesatzung, und, und, und.

Schön, vielleicht wird dieser Mann deshalb so vehement beschuldigt, weil er bei seinen Taten selbst an Bord war und all diese Verbrechen persönlich begangen hat. Osama Bin Laden wartete demgegenüber irgendwo im Wüstencamp auf den Erfolg seiner Aktion. Im Vergleich zu Ali Atwa würde das sein Anklageregister aber nur unwesentlich verringern. Denn was auf jeden Fall übrigbliebe, wären der Vorwurf der Verschwörung, Anstiftung, Hilfe und Beihilfe zu all diesen Verbrechen. Doch auch davon steht nichts in seinem Steckbrief.

Nein, es bleibt nur die Schlußfolgerung, daß die Vereinigten Staaten von Amerika selbst nicht an die Schuld ihres Lieblingsfeindes an den Angriffen vom 11. September 2001 glauben. In ihren eigenen Steckbriefen wird er nur als »Mittelklasseterrorist« geführt, jenes Verbrechen, mit dem er weltbekannt wurde, wird ihm gar nicht zur Last gelegt.

Wenn schon die US-Fahndungsbehörden gegenüber Osama Bin Ladens Schuld soviel gesunde Skepsis an den Tag legen, möge man mir ebenfalls nachsehen, wenn ich nicht so einfach an die Schuld Osama Bin Ladens an den Attacken vom 11. September 2001 glauben will. Oder besser: Wenn ich diese merkwürdige Skepsis der US-Fahndungsbehörden zum Anlaß nehme, die Attacken vom 11. September einmal genau unter die Lupe zu nehmen. Nicht um Osama Bin Laden, sondern um die Wahrheit zu verteidigen – oder zumindest die wahrscheinlichere Version.

Teil I: Das Attentat

»Failure was not an option«
Der Einsatz

»Failure was not an option.« Diesen Satz kennen wir noch von der Mondlandung. Er besagt: Ein Versagen kommt nicht und unter keinen Umständen in Frage. So sehr wir uns an diese Phrase inzwischen gewöhnt haben, so merkwürdig erscheint sie bei näherer Betrachtung. Denn wenn Menschen am Werk sind, kommt ein Versagen immer und überall in Frage. Für die Mondlandungen zwischen 1969 und 1972 gilt das ebenso wie für das wohl bedeutendste Trauma der amerikanischen Geschichte, den 11. September 2001. Hier wie dort war der Plan ebenso kühn wie grandios. Hier wie dort gelang das Vorhaben wider jede Wahrscheinlichkeit und obwohl enorme Risiken in Kauf genommen wurden. Hier wie dort standen das Schicksal und die Zukunft der Supermacht USA und damit auch das Schicksal und die Zukunft des gesamten Globus auf dem Spiel. Am 11. 9. wollten die Attentäter und ihre Hintermänner nicht irgendeine Autobombe plazieren, jemanden erschießen oder ein x-beliebiges Gebäude in die Luft jagen. Ihre Tat war vielmehr an den gesamten Erdball adressiert, und die Zustelladresse war das in der ganzen Welt bekannte und beliebte World Trade Center. Die Hintermänner wollten eine nie dagewesene Operation auf dem Boden der einzig verbliebenen Supermacht durchführen und damit den Lauf der Geschichte verändern. Der logistische und finanzielle Aufwand dürften enorm gewesen sein, und man konnte davon ausgehen, daß man im Falle des Mißlingens keine zweite Gelegenheit für einen solchen Angriff bekommen würde.

Das war aber noch nicht alles. Vielmehr verknüpften die Regisseure des 11. 9. das Attentat auch mit einer Finanzoperation. Sie setzten Millionen von Dollars auf das Gelingen ihres Plans. Bei einem Mißerfolg wäre das ganze Geld weg gewesen. Bei keinem anderen Attentat in der Menschheitsgeschichte dürfte soviel auf dem Spiel gestanden haben, wie beim Angriff auf das World Trade Center und das Pentagon. Das alles läßt nur einen Schluß zu: »Failure was not an option« – der Plan konnte und durfte nicht scheitern, komme, was da wolle.

Das muß man sich immer wieder klarmachen, wenn man die vermeintlichen oder auch wirklichen Abläufe rund um die Attentate untersucht. Viele Millionen, wenn nicht Milliarden Dollar und der weitere Verlauf der Weltgeschichte standen auf dem Spiel – unabhängig davon, wer nun die wirklichen Urheber der Anschläge waren.

Eine lautlose Explosion
Die Börsenoperation I

New York, 6. September 2001. Obwohl die New Yorker erst sechs Tage später mit dem Desaster am World Trade Center konfrontiert werden, ereignen sich schon jetzt eine Reihe von leisen Explosionen. Sie sind weder mit Feuer noch mit Rauch verbunden, aber dennoch scheinen sie auf diskrete Weise die Ereignisse der nächsten Tage anzukündigen. Sie finden auch nicht in Gebäuden oder unter freiem Himmel statt, sondern an der Börse – besser gesagt: auf Bildschirmen, Diagrammen und Aktienkurven. Während der Himmel über dem World Trade Center noch blau ist, explodiert zwischen dem 6. und 10. September das Handelsvolumen von sogenannten »Put-Optionen« der Unternehmen American Airlines, United Airlines, Merrill Lynch und Morgan Stanley. Mit Hilfe dieser speziellen Börsenprodukte kann der Anleger auf den fallenden Kurs einer Aktie spekulieren. Je tiefer der Kurs fällt, umso höher der Gewinn. Statt weniger hundert wurden pro Tag plötzlich Tausende dieser Put-Optionen auf die jeweiligen Firmen gekauft. Ab dem 5. oder 6. September schnellte die Kurve der von Merril Lynch gekauften Put-Optionen plötzlich in die Höhe. Ihr Hauptquartier liegt ganz nah beim World Trade Center. Nach den Anschlägen fiel der Börsenkurs von Merrill Lynch von 46,88 Dollar auf 41,50 Dollar. Gewinn für die Put-Spekulanten: 5,5 Millionen Dollar.

Auch auf die Firma Morgan Stanley Dean Witter, beheimatet in 22 Etagen des World Trade Centers, wurden Put-Optionen gekauft. Nach den Attentaten fiel der Kurs der Morgan-Stanley-Aktie von 48,90 auf 42,50 Dollar. Gewinn für die Spekulanten: 1,2 Millionen Dollar.

Zwischen dem 6. und 7. September wurden an der Chicagoer Optionsbörse 4.744 Put-Optionen der Fluggesellschaft United Airlines gekauft. Nach den Anschlägen fiel der Kurs von United Airlines um 40 Prozent von 30,82 Dollar auf 17,50 Dollar. Gewinn: 5 Millionen Dollar.

Am 10. September wurden ebenfalls in Chicago 4.516 Put-Optionen auf die Fluggesellschaft American Airlines gekauft. Nach dem 11. September fiel deren Kurs um 39 Prozent. Gewinn für die Put-Spekulanten: 4 Millionen Dollar.[3]

Das gesamte Volumen der Deals vor dem 11. September geht wahrscheinlich weit über diese Beträge hinaus. Auf einer bis heute geheimgehaltenen Liste stehen nicht nur diese vier, sondern weitere 34 Firmen, die von Spekulationen vor dem 11. September betroffen gewesen sein könnten. Beim Kauf von besonders krisensicheren US-Bundesschatzbriefen mit fünfjähriger Laufzeit sollen 5 Milliarden Dollar über den Tisch gegangen sein.[4]

Der deutsche Exminister Andreas von Bülow nannte im Zusammenhang mit den Börsengeschäften vor dem 11. September sogar die Zahl 15 Milliarden Dollar.[5]

Transaktionen in dieser Größenordnung dürften die Finanzkraft eines Osama Bin Laden übersteigen. Nach den Kriterien der Börsenaufsicht handelte es sich bei diesen völlig aus dem Rahmen fallenden Geschäften eindeutig um

Insider-Deals. Und »Insider« könnten in diesem Fall identisch sein mit den Tätern. Denn das Volumen der Put-Käufe zeugte von einem unumstößlichen Vertrauen der Anleger, daß der Kurs der jeweiligen Unternehmen abstürzen würde. Dieses Vertrauen konnten zumindest einige von ihnen nur dann haben, wenn sie einen tiefen Einblick in die den 11. September betreffenden Planungen hatten und damit Mittäter oder zumindest Mitwisser waren. Gleichzeitig beantworten die Deals die Frage, wann die Entscheidung über den Zeitpunkt der Attentate gefallen war. Sie fiel spätestens in dem Moment, in dem die Täter oder ihre Mittelsmänner Geld investierten, um auf den Fall der Aktienkurse jener Firmen zu spekulieren, die von den Anschlägen betroffen sein würden. Spätestens Anfang September, als die ersten Put-Käufe begannen, erhielten die Attentäter das endgültige »Go« für ihre Operation.

Die Börsenmanipulationen zeigen, daß zu diesem Zeitpunkt folgendes feststand:

- Sämtliche Vorbereitungen für die Anschläge waren abgeschlossen,
- die Attentate würden in unmittelbarer Zukunft stattfinden,
- Jets von American und United Airlines würden die Waffen und
- das World Trade Center das Ziel sein.

Ein Hijacker wird hektisch
Die Personalakte

Und sicher ist deshalb nicht nur, daß die Masterminds des 11. 9. Zeit investierten und alle möglichen persönlichen Risiken auf sich nahmen. Sondern auch, daß sie sehr viel Geld investierten. Und das bedeutet wiederum, daß sie nichts dem Zufall überlassen durften. Bei einer Operation von dieser Größenordnung und Tragweite muß es vor allem darum gegangen sein, die organisatorischen und technischen Abläufe auf ein absolut todsicheres und perfektes Maß zu begrenzen. Wenn wir uns für einen Augenblick in die Gehirne der Planer versetzen, dann dürfte die erste Entscheidung wohl darin bestanden haben, so wenig wie möglich auf Menschen und so viel wie möglich auf technisch vielfach erprobte und weitgehend automatisierte Mechanismen zurückzugreifen. Menschliches Versagen mußte in jedem Fall weitgehend ausgeschlossen werden. Das dürfte, nein, das muß schon die erste Grundsatzentscheidung gewesen sein, wollte man mit der Operation nicht schon im Ansatz scheitern. Selbst hochtrainierte und eingespielte militärische Sondereinsatzkommandos machen immer wieder Fehler – um wieviel höher mußte diese Gefahr bei den uns als Verdächtigen vorgeführten Amateurterroristen und Hobbypiloten vom Schlage der 19 Araber sein, die uns hier als Schuldige vorgeführt werden. Die alles entscheidende Frage lautet daher, ob die diabolischen Planer und Spekulanten des 11. 9. all ihre Interessen und ihr Kapital tatsächlich diesen Menschen übertragen haben. Schon wenn man diese Voraussetzung durchdenkt, kommen die ersten Zweifel. Nehmen wir für einen Moment an, die Operationen des 11. 9. wurden tatsächlich jener Gruppe von Studenten und Flugschülern anvertraut und betrachten wir das vor dem Hintergrund dessen, wie ihr Verhalten vor den Anschlägen in den etablierten Medien beschrieben wird. Versetzen wir uns für einige Minuten in die Rolle jener Masterminds, die am 11. 9. alles auf eine Karte setzten, um die Weltgeschichte zu verändern und dabei einen Batzen Geld zu verdienen.

Es ist klar, daß sie nur die Besten gebrauchen konnten, erstklassige Piloten oder wenigstens fliegerische Talente, eiskalt und ohne Nerven, zum Töten ebenso bereit wie zum

Sterben. Weitere Bedingung: Konspiration – unter keinen Umständen auffallen. »Sie dürfen keine rote Ampel überfahren, keinen Blinddarmdurchbruch erleiden und in keine Schlägerei verwickelt werden«, formuliert *Der Spiegel* in Teil II seiner Serie über die Anschläge die Stellenbeschreibung: Die vier Anführer entwickelten zum Beispiel, »unterstützt von ihren Logistikern, eine möglichst verwirrende Choreographie des Wohnungswechsels, die nur ein Ziel hat: Unsichtbarkeit«.[6]

Doch je mehr man sich in die Vorgeschichte der Attentate vertieft, umso verblüffter nimmt man das genaue Gegenteil zur Kenntnis: eine unerklärliche Tolpatschigkeit und Auffälligkeit, mit der sich die Attentäter bewegt haben müssen. Zum Beispiel nehmen sie von großen, anonymen Hotels vom Schlage eines »Sheraton«, »Marriot«, »Hilton« oder »Ramada« Abstand und logieren lieber in kleinen Appartementhäusern oder sogar Privatzimmern. Das »Tara Gardens Condominium« in Coral Springs, Florida, in dem die angeblichen Attentäter Atta und Shehhi von Mai bis Juli 2001 gewohnt haben sollen, hat beispielsweise gerade mal 38 Appartements. Obschon bereits die Auswahl solch kleiner Anlagen nicht besonders glücklich erscheint, kommt *Der Spiegel* zu dem Urteil, die Attentäter hätten »eine wirksame Abwehr gegen die Neugier und Leutseligkeit der Amerikaner errichtet«. Über die Natur dieser konspirativen Abwehr kann man nur staunen, besteht sie doch darin, erst recht aufzufallen – ein echtes *Spiegel*-Ei also: »Wenn Nachbarn ein bißchen Small talk mit dem Piloten Shehhi machen wollen, reagiert er betont brüsk. Auch Atta senkt ostentativ den Blick, sobald ein Bewohner des Hauses ihm über den Weg läuft und zum Gruß ansetzt.« Tatsächlich befolgen die Attentäter, in deren Hände der weitere Verlauf der Weltgeschichte und Milliarden von Dollar gelegt worden sein sollen, nicht mal die einfachsten Regeln der Konspiration.

Auch in den »Parkwood Apartments« im kalifornischen San Diego praktizieren die Attentäter ihre merkwürdige »Abschirmung«, diesmal die angeblichen »Logistiker« al-Midhar und al-Hamsi. Im Dezember 2000 wundern sich Nachbarn über das Gebaren der Araber, so *Der Spiegel:* Monate nach ihrem Einzug hätten sie noch immer keine Möbel gehabt, sondern auf Matratzen geschlafen: »Nie sieht man sie ohne Aktentaschen und Handy am Ohr, gelegentlich lassen sie sich von einer auffälligen Limousine abholen.« Auch hier schöpft die Umgebung anscheinend schon Verdacht: »Bevor jemand die Polizei alarmiert, wechseln Midhar und Hamsi die Wohnung.«[7]

Hani Hanjour, der angebliche Pilot der »Pentagon-Maschine«, geht gleich richtig auf Tuchfühlung. Er lebt erstmal bei einer Familie in Hollywood, Florida. Die Hausfrau »hilft dem verzweifelten Hanjour, der bei jeder Gelegenheit rot anläuft und kaum ein Wort Englisch spricht, seine Formulare für diverse Flugschulen auszufüllen«. Seine Vermieter haben das Gefühl, »als würde Hanjour in einem Schneckenhaus leben«. Am deutlichsten sei seine Hilflosigkeit in der Gegenwart von Frauen gewesen. Mit all dem brachte der Araber seine Vermieterin dazu, sich so richtig mit ihm zu beschäftigen: »Dieser Junge hat irgendein ernstes Problem – aber welches?«, zitiert *Der Spiegel* die Hausfrau.

14 Tage vor den Attentaten wird schließlich das »Panther Motel« an der Küstenstraße A1A in Deerfield Beach, Florida, »die letzte Station für einige der Attentäter«. Wieder scheint dies nicht gerade ein geeigneter Ort zu sein, denn es hat gerade mal 20 Zimmer, und das Besitzerehepaar bemüht sich ausgerechnet »um eine familiäre Atmosphäre«. Das ist leicht untertrieben, denn den Inhabern entgeht nichts, aber auch gar nichts. Der Besitzer ist geradezu ein ausgewiesener Schnüffler, pardon, »Sammler«, wie es *Der Spiegel* formuliert, und zwar von »Trödel jeder Art«.

Aus diesem Grunde ist er sich auch nicht zu schade, selbst den Müll seiner Gäste zu durchsuchen – ein Alptraum für jede konspirative Aktion. Auch daß die Araber in ihrem Zimmer Gemälde mit Tüchern verhängen, fällt dem aufmerksamen Mann auf, während seine Frau prompt mitbekommt, wenn die mutmaßlichen Attentäter Besuch von ihrem angeblich obersten Chef, Mohammed Atta, bekommen. Weil sie befürchtet, daß hier nun mehr Menschen in einem Zimmer wohnen, als dafür bezahlt haben, pocht sie wütend an die Tür.[8]

Die Attentäter des 11. September fallen aber nicht nur in ihren Domizilen, sondern auch auf der Straße auf. Al-Hamsi sei »ständig in seinem alten Toyota unterwegs« gewesen, berichtet *Die Zeit*. »Dabei achtet er nicht immer auf Geschwindigkeitsbegrenzungen. Am 1. April 2001 rast al-Hamsi auf der Interstate 40 im Westen Oklahomas in eine Radarfalle. Er wird von der Polizei gestoppt, muß Ausweis, Führerschein und Zulassung des Wagens zeigen. Über Funk fragt der Streifenpolizist nach, ob gegen den Fahrer etwas vorliege. In der Datenbank der Polizei ist kein Eintrag zu finden. Al-Hamsi bekommt einen Strafzettel und fährt weiter. Die Strafe für zu schnelles Fahren beträgt 138 Dollar. Al-Hamsi begleicht sie mit einer Postüberweisung.«[9]

Unbegreiflich fahrlässig für einen Attentäter dieses Zuschnitts, möchte man meinen. Aber al-Hamsi ist mit seinem lässigen Fahrstil keineswegs allein. Am 26. April 2001 beispielsweise soll der mutmaßliche Topterrorist Mohammed Atta in Fort Lauderdale unterwegs gewesen sein, wobei er »ein bißchen hektisch« gefahren und in eine Polizeikontrolle geraten sei. Zu allem Überfluß hat er seinen »ägyptischen Führerschein« nicht dabei – »oder er will ihn nicht zeigen«, so *Der Spiegel*. Er ist eben ein bißchen störrisch, der Mann. Der Polizeibeamte macht ihm ein Angebot, das er eigentlich nicht ablehnen kann – jedenfalls nicht als der Attentäter, als der er uns seit dem 11. September 2001 präsentiert wird: »Atta soll genau 30 Tage später, um Punkt 8.45 Uhr morgens im County West Satellite Courthouse auftauchen und seinen Führerschein vorlegen. Sollte er – wider Erwarten – nicht kommen, würde ein ›Warrant‹ ausgesprochen, ein Haftbefehl auf Atta, gültig im ganzen Staat Florida.« Damit bekommt unser Topterrorist also eine allerletzte Chance. Sollte er sie vermasseln, wird er schon ein halbes Jahr vor den geplanten Anschlägen per Haftbefehl gesucht. Und tatsächlich – er vermasselt sie: »Zum festgesetzten Termin Ende Mai taucht Atta nicht auf«, schreibt *Der Spiegel*, und das, obwohl er durchaus einen Führerschein besessen haben soll: Am 2. Mai habe er sich eine Fahrlizenz des Bundesstaates Florida besorgt. Alles in Ordnung also, und nun wirklich kein Grund, sich einen Haftbefehl einzuhandeln, möchte man meinen. Da er den Führerschein aber nicht vorlegt, wird Attas Name »in den Computer der Polizeistellen von ganz Florida eingegeben. Theoretisch haben nun alle Polizisten der 67 Countys in Florida Attas Namen gespeichert«.[10]

Eine reife Leistung für einen angeblichen Topterroristen wie Atta. Für seine unbekannten Auftraggeber sollte dies eigentlich der Supergau gewesen sein. Unter normalen Umständen wäre eine Person wie Atta damit »verbrannt« und nicht mehr brauchbar für den geplanten Einsatz. Nicht nur wegen des Haftbefehls, sondern auch deshalb, weil Atta ganz offensichtlich nicht zuverlässig war. Möglicherweise hätte man sogar die ganze Gruppe austauschen, umstrukturieren und zu einem anderen Zeitpunkt neu ins Rennen schicken müssen. Tut man aber nicht. Man läßt sie weitermachen, insbesondere läßt man sie weiter Auto fahren. Und bereits am 5. Juli 2001 rächt sich das schon wieder. Der Mann, der zwei Monate später angeblich das spektakulärste Attentat der Geschichte leiten soll, fährt erneut zu schnell, und zwar in demselben Bundesstaat, in dem er –

was er mit Sicherheit weiß – per Haftbefehl gesucht wird: in Florida. Und tatsächlich kommt es, wie es kommen muß. Atta wird angehalten, und der Officer tippt seinen Namen in seinen Computerterminal ein. Normalerweise müßte er nun über den gegen Atta bestehenden Haftbefehl informiert werden, und normalerweise würde er Atta bitten, auszusteigen. Vielleicht würde man sogar eine aus amerikanischen Krimis wohlbekannte Szene sehen: Atta mit ausgestreckten Armen und gespreizten Beinen am Auto stehend. Aber nichts dergleichen geschieht. Ausgerechnet in diesem Moment versagt der Computer. »Die Tatsache, daß Atta im Broward County gesucht wird«, verschweigt er dem Officer – »aus mysteriösen Gründen«, so *Der Spiegel*. Dieser Einschätzung kann man nur zustimmen. Tatsächlich scheint Allah seine schützende Hand über Atta zu halten – oder aber jemand mit noch besseren Beziehungen zur Polizei von Florida, jenem Bundesstaat, in dem George W. Bushs Bruder Jeb Bush als Gouverneur regiert und in dem der heutige US-Präsident unter merkwürdigen Umständen seine Wahl gewann. Hier ist vielleicht vieles möglich. Hier werden auch zentrale Abschnitte der »Flugausbildung« der Attentäter absolviert.

Die Eskapaden am Steuer sind nicht etwa ein Ausrutscher. Vielmehr fallen die größten Attentäter aller Zeiten fast überall, wo sie hinkommen, unangenehm auf und stehen immer wieder mal mit einem Bein im Gefängnis. Im Dezember 2000 beispielsweise machen sich die beiden angeblichen »Logistiker« Hamsi und Midhar »in ›Sorbi's Flying Club‹ verdächtig, weil sie unbedingt Fliegen lernen wollen, aber nicht das geringste Talent besitzen«, so *Der Spiegel*. Um noch eins draufzusetzen, bieten sie »Fluglehrer Richard Garza zusätzlich Geld, damit er sie für Düsenflugzeuge ausbildet«.[11]

Das ist nun wirklich merkwürdig. Denn in »Sorbi's Flying Club« gibt es überhaupt keine Düsenflugzeuge. Die

Hauptflotte besteht aus den ebenso bewährten wie einmotorigen Propellermaschinen Cessna 152 und Cessna 172. Dazu kommt eine Piper PA-28–161, ein ebenfalls einmotoriger Tiefdecker. Außerdem hat der »Sorbi's Flying Club« zwei zweimotorige Beechcraft Duchess BE76 mit zweimal 180 PS, Höchstgeschwindigkeit 317 Stundenkilometer. Das heißeste Gerät ist eine zweimotorige Seneca I PA-34, Höchstgeschwindigkeit 350 Stundenkilometer, insgesamt 400 PS.[12] Das ist noch nicht ganz die Liga, in der die Flugschüler angeblich schon ein Vierteljahr später Meisterleistungen zeigen werden. Zum Vergleich: eine Boeing 767 bringt es auf etwa 120.000 PS.[13]

Der angeblich von den Verschwörern später selbst ausgemusterte Attentäter Zacarias Moussaoui wurde am 17. August 2001, knapp vier Wochen vor den Attentaten, im US-Bundesstaat Minnesota sogar verhaftet. Auch er war unangenehm aufgefallen, und zwar dadurch, daß er sich weigerte, Starts und Landeanflüge zu üben. Statt dessen habe ihn nur das Manövrieren in der Höhe und das Kurvenfliegen interessiert.[14]

Im »Jones Aviation Flying Service« in Sarasota, Florida, erregen wiederum Atta und Shehhi Aufsehen: »Atta wußte alles besser«, beklagte sich Fluglehrer Tom Hammersley laut *Der Spiegel*. Was das Nachrichtenmagazin nicht daran hindert, das »unauffällige Verhalten« der angeblichen Attentäter zu rühmen: »Monatelang haben die Verschwörer alles getan, um nicht aufzufallen.« Doch der nächste Fauxpas läßt nicht lange auf sich warten: Nur wenige Tage vor den Anschlägen vom 11. September trinken die angeblichen Topterroristen im »Shuckum's«, einer dunklen Kneipe in Hollywood. Während sich seine Kumpels vollaufen lassen, gibt sich Atta alle Mühe, seine Visitenkarte auf der Bestenliste eines Videospiels zu hinterlassen – den arabischen Namen Abu. Abu bedeutet soviel wie »Vater« – oder auch »Anführer«, so *Der Spiegel*. Als sei das noch nicht genug, beschweren sich die drei Topattentäter in spe auch noch über die 48-Dollar-Rechnung – reichen die Finanzen für die Operation etwa nicht für ein paar Drinks? Die Kellnerin holt den Manager. Der will wissen, ob die drei denn genügend Geld dabei haben. Nun läuft Atta, Chef eines hochgeheimen Kommandos, das in einigen Tagen die Weltmacht USA angreifen will, zur Hochform auf und brüllt auch noch den Namen eines seiner Ziele heraus: »Denkt ihr, wir könnten nicht zahlen? Wer denkst du, sind wir? Wir sind Piloten, von American Airlines.« Anschließend zieht er »ein zusammengerolltes Paket Dollarnoten aus der Hosentasche, Fünfziger und Hunderter, knallt eine 50-Dollar- und eine 1-Dollar-Note auf den Tresen, das Trio zieht ab.«[15]

Ein gelungener Auftritt, aber nicht der erste: »Sechs Tage zuvor passierte ähnliches im ›251 Sunrise‹ in Palm Beach«, berichtet *Der Spiegel:* »Der Pilot Shehhi und ein nicht identifizierter Araber trinken Champagner und Whiskey mit drei Mädchen aus West Palm Beach. Am Ende stehen 1.100 Dollar auf der Rechnung. ›Betrug‹, brüllt Shehhi, setzt seine Brille ab und macht Anstalten, sich mit den Rausschmeißern zu prügeln.« Aber auch hier »verpufft die Aggression« so schnell, wie sie entstanden war: »Shehhi schmeißt ein Bündel Banknoten auf den Tisch, dazu 25 Dollar Trinkgeld, und das Quintett verschwindet wie ein Spuk.«[16]

Es ist wohl nicht übertrieben, wenn man diese Clique als Alptraum für jeden Auftraggeber bezeichnet. Vermutlich würde jede ordinäre Diebes- oder Scheckbetrügerbande auf mehr Konspiration achten und mehr Vorsicht walten lassen, als jene Attentäter, die nur wenig später die spektakulärsten Attentate in der Geschichte der Vereinigten Staaten durchführen wollen.

Wir wissen, was für die Drahtzieher am 11. 9. auf dem Spiel gestanden haben muß – es ging um nicht weniger, als das Schicksal des gesamten Globus und einen finanziellen

Einsatz von Millionen, wenn nicht Milliarden Dollar. Das Schicksal der gesamten Operation am 11. September lag, glaubt man den offiziellen Schilderungen, am Ende in den Händen von vier Männern – den Piloten der Terrormaschinen.

Bedenkt man dies alles, wird sofort klar, welches enorme Personalproblem die Initiatoren des 11. 9. gehabt haben müssen. Es liegt auf der Hand, daß die Hintermänner eines solchen Unternehmens für diese Aufgabe nur die absolut Besten aussuchen durften: Eiskalte Profis, am besten Militärs und/oder Testpiloten, die in ihren Cockpits dem Tode des öfteren schon sehr nahe waren. Nur solche erstklassigen Fachleute würden einen Airliner in einer enormen Streßsituation (Entführung, möglicher Verfolgungsdruck durch Kampfflieger) ad hoc übernehmen und punktgenau in ein Ziel steuern können. Ihr Gemüt müßte so eiskalt sein, daß sie sich trotz der Entführungssituation, eines möglicherweise in der Kabine tobenden Kampfes und der dem Tode geweihten Menschen in ihrem Rücken und in ihren Zielen vor ihren Cockpitfenstern auf ihre Aufgabe würden konzentrieren können. Denn es ist ja vollkommen falsch, hier allein darüber zu diskutieren, ob die Piloten die Fähigkeiten eines Linienpiloten besaßen. Diese Diskussion geht deshalb ins Leere, weil diese Fähigkeiten, selbst wenn sie vorhanden gewesen wären, allein niemals ausgereicht hätten. Denn Linienpiloten sind ja zuerst mal äußerst freundliche Leute, denen vor allem eines fehlt: der Killer-Instinkt. Zumindest wurde diese Anforderung noch in keiner Stellenbeschreibung der Lufthansa oder anderer Airlines gesichtet. Die Terror-Piloten brauchten eine Abgebrühtheit, die man, wenn überhaupt, nur als Mitglied von Sondereinsatzkommandos erwirbt, nicht aber an der technischen Hochschule von Hamburg-Harburg, wo zum Beispiel Mohammed Atta studiert haben soll. Jedenfalls ist über derartige Ausbildungsgänge dort bislang nichts bekanntgeworden. Und genau hier bricht auch ein zweiter der zahlreichen Widersprüche der offiziellen Darstellung auf. Denn wenn es solches Spitzenpersonal überhaupt irgendwo geben sollte, dann dürfte man es sehr schwer gehabt haben, diese Leute zu einer Selbstmord-Mission zu überreden. Ich habe in meiner langjährigen journalistischen Tätigkeit Piloten jeder Qualifikation kennengelernt – seien es nun Ballonpiloten oder Hagelflieger, Gletscher- oder Agrarflieger, Flugunfallexperten oder Linienpiloten, Testpiloten des Airbus oder des Jägers 90, und dabei festgestellt, daß es sich ausnahmslos um äußerst intelligente und bewußte Persönlichkeiten handelt, die sich in Physik und Chemie ebenso auskennen müssen, wie in Geographie, Navigation und Aviatik. Gewöhnlich gehört derartig hochqualifiziertes Personal auch einer höheren sozialen Schicht an, in der ein stattliches Einkommen, eine ansehnliche Karriere, Frau, Kinder und Eigenheim zum Lebensumfeld gehören. Wer in seinem Leben solche Qualifikationen erworben hat, hat gewöhnlich eine ganze Menge zu verlieren und ist daher für eine solche Mission denkbar schlecht geeignet. Ein unauflöslicher Widerspruch tut sich hier auf, denn zwar mag man irgendwelche Desperados für eine Selbstmordmission gewinnen können – ob die aber die Qualifikation, Stabilität und Zuverlässigkeit mitbringen, die hier unerläßlich waren, darf bezweifelt werden. Das Personalproblem dürfte, glaubt man der offiziellen Version, also schon im Vorfeld der Operation gewaltig gewesen sein, und wir sollten die Frage nicht aus den Augen verlieren, ob es sich überhaupt als lösbar erwiesen haben könnte. Nicht nur hinsichtlich der Rekrutierung von Spitzenpersonal für die Todesflüge, sondern auch hinsichtlich der Frage, ob man diese Flüge überhaupt menschlichen Wesen im Cockpit anvertrauen konnte, wie qualifiziert sie auch immer gewesen sein mögen. Denn angesichts des auf dem Spiel stehenden Einsatzes kam nur eine hundertprozentige Zuverlässigkeit in Frage.

Nieten im Cockpit
Die Ausbildung

Wir versuchen nun die Frage zu klären,

- ob das der Öffentlichkeit vorgestellte Personal die nötigen kämpferischen und fliegerischen Qualifikationen für eine solche Operation mitbrachte und
- ob die »menschliche Option« überhaupt für die Durchführung solcher Kamikaze-Flüge in Frage kam.

Der Geheimdienstexperte und Buchautor Gordon Thomas würde das so ausdrücken: »Um ein Mörder zu werden, muß man programmiert werden, weil uns der menschliche Instinkt das Töten verbietet – Unschuldige, die wir nicht einmal kennen.«[17]

Dies gilt natürlich vor allem dann, wenn man es nicht nur mit Tötungshemmungen, sondern auch noch mit Selbsttötungshemmungen zu tun hat. Eine höhere Hürde für die Durchführung einer Maßnahme ist eigentlich kaum noch denkbar, vor allem auch deshalb, weil die Terrorpiloten den anspruchsvollen Sichtanflug mit einer mehrere hundert Stundenkilometer schnellen Maschine aller Wahrscheinlichkeit nach nur ein einziges Mal durchführen konnten. Wenn man sich dies vor Augen führt, beschleichen einen bereits leise Zweifel, ob die Drahtzieher des 11. September das Steuer der Todesmaschinen tatsächlich in menschliche Hände legten, zumal in jene von unbeherrschten Heißspornen und Hobbypiloten.

Vielleicht aber täuschen wir uns nur, denn immerhin haben die mutmaßlichen Entführer ja eine fliegerische Ausbildung genossen. Bevor wir uns diesem Punkt zuwenden, sollten wir uns klarmachen, daß jemand, der derartige kühne und kurvige Sichtanflüge auf ein Ziel wie den Südturm des World Trade Centers wagt, mit seiner Maschine verwachsen sein muß. Er muß die Reaktionen eines Airliners wie im Schlaf kennen, und es ist sicher keine Übertreibung, wenn wir annehmen, daß sich ein solcher Pilot im Cockpit einer großen Düsenmaschine zu Hause gefühlt haben muß.

Weder mit einem professionellen Flugsimulator noch mit einem PC-Simulator kann man jene Fähigkeiten erlernen, die die Terrorpiloten des 11. September vorgeführt haben. Dieser Meinung waren jedenfalls zwei Experten, die Günter Jauch am 12. September 2001 in seiner Sendung *Stern TV* ausführlich zu den Qualitäten der Terror-Piloten befragte. Beide Piloten sind mit den für die Terroranschläge verwendeten Flugzeugtypen Boeing 757 und 767 vertraut: der Flugkapitän Jörg Kujak und der ehemalige Formel-1-Pilot, Flugkapitän und Airline-Gründer Niki Lauda.

Kujak: »Nein. So einfach geht das nicht.« Viele würden glauben, daß man am PC fliegen lernen könne. Aber: »Das funktioniert nicht. Ein Laie ist nicht in der Lage, ein großes Verkehrsflugzeug punktgenau irgendwohin zu steuern, weder mit dem Autopiloten, noch mit der Hand. Er braucht dafür Training, das muß jetzt nicht unbedingt drei Jahre dauern, wie ein normales Pilotentraining auf der Flugschule, aber es muß einige Zeit dauern. Er braucht ein Grundtraining auf diesem Flugzeugtyp oder auf einem Jet allgemein, und dadurch muß er manuell das Fliegen lernen. Denn auf einem PC kriegt man nicht dieses Gefühl, ich sage mal für Trimmung, für Steuerdrücke, für die Lagewechsel. Wenn Sie jetzt Gas geben, dann bäumt sich ein Jet, der die Triebwerke unter den Tragflächen hat, sehr stark auf, da wäre ein Laie hoffnungslos überfordert, das schaffen sie ohne Training nicht.«

Man stelle sich das ja nicht so einfach vor, ein solches Hochhaus zu treffen, stellt Günter Jauch fest und fragt Flugkapitän Kujak: »Ist das leicht zu lernen, wir haben gesehen, es wurde ein Video gefunden, in einem Auto nahe des Bostoner Flughafens, man glaubt, daß es einem der Kidnapper gehört, der sich praktisch mal vorher informiert hat, wie es in so einem Cockpit aussieht. Geht das so einfach, zum Beispiel, daß man das anhand von Computersimulationen lernt ...?«[18]

Auch Niki Lauda ist der Meinung, »daß diese Herren richtig ausgebildet waren, so ein Flugzeug zu fliegen«. Denn man müsse sich vorstellen, wenn man bei ausgeschaltetem Autopiloten mit der Hand in einer Steillage in das Gebäude hineinfliegen wolle, dann »muß man schon genau wissen, wie weit der Radius eines solchen Flugzeugs ist, wenn ich ihn hineinlege, um dieses World Trade Center zu erwischen. Das heißt, die müssen vollausgebildete 767- oder 757-Piloten gewesen sein, weil sonst hätten sie das noch verfehlt. Das kann also sicher nicht sein, daß irgendein halb Ausgebildeter das irgendwie probiert, weil dann trifft er es gar nicht. Es ist gar nicht so einfach, aus einer Kurve heraus ... (...) Wenn er aus einer Kurve kommt, dann muß er schon genau den Radius wissen, der die Geschwindigkeit des Flugzeuges vorgibt [um das; G.W.] genau so zu berechnen, daß er eben dort hineinknallt.«

Anschließend will Jauch wissen, was komplizierter sei: Das World Trade Center zu treffen oder das Pentagon, das amerikanische Verteidigungsministerium.

Lauda: »Also, was mich beeindruckt hat, ist die Organisation dieser ganzen Geschichte, ohne gutes Wetter wär' das schon mal gar nicht möglich gewesen, weil dann sieht man nichts. Das waren also Sichtflüge, VFR-Flüge [Visual Flight Rules, also Sichtflug; G.W.], wie man das bei uns nennt. Und da ist natürlich das World Trade Center, weil es eben hoch heraussteht, relativ einfach zu finden. (...) Das Pentagon ist wieder eine andere Sache, weil es eben ein Gebäude ist, das relativ flach ist. Das heißt, die müssen so gut ausgebildet gewesen sein, daß sie auch in der Luft, in der New York-Area würde ich jetzt einmal spekulieren, herumgeflogen sind, um sich das Bild einmal von oben anzuschauen, wo das ganze Gebäude sich aufhält und wie man dort am besten hinkommt.«

Ein flaches Gebäude wie das Pentagon zu treffen, sei »noch ein schwierigerer Fall« als das World Trade Center zu erwischen: »Das heißt, aus einer Luftbewegung noch abwärts zu fliegen, und das Gebäude genau im Kern zu treffen: da muß ich wirklich der Bestausgebildete gewesen sein. Ich würde mal spekulieren, daß ein normaler Linienpilot, der sowas nicht trainiert, auf irgendeine Art und Weise, sich damit schon schwertun würde, weil man einfach für solche Sachen nicht vorbereitet ist. Das heißt, die müssen eine Superausbildung gehabt haben, um mit diesen Linienmaschinen so korrekt umgehen zu können.«

Demnach müßten die Attentäter selbst also mal als Piloten geflogen oder »perfekt an sehr, sehr teuren Simulatoren ausgebildet worden sein«, fragt Jauch nach.

Der Simulator (und damit meint Lauda einen professionellen Ausbildungssimulator, keinen PC-Simulator) sei nur eine Voraussetzung, so Lauda: »Ich glaube aber nicht, daß ein Simulator allein genügen würde, um diese ganzen Bilder von New York zu kennen, um genau zu wissen, in welchem Winkel man da hinfliegt. Ich glaube schon, daß die effektiv solche Flugzeuge geflogen sind, [es] können Piloten gewesen sein von irgendwelchen Airlines, die dort ganz normal angestellt worden sind, einfach um dieses Gefühl für dieses Flugzeug zu bekommen – wirklich in der Luft, nicht nur im Simulator –, um dann so einen Terrorakt durchzuführen.«

Von einer solchen umfassenden Ausbildung hat man im Zusammenhang mit den Attentätern vom 11. September aber nie etwas gehört. Ganz im Gegenteil.

Schon der Zeitpunkt des Beginns der »Ausbildung« einiger der Terrorpiloten ist bemerkenswert. Er lag nur etwa ein Jahr und fünf Monate vor den Anschlägen des 11. 9.

2001. Damals begannen die mutmaßlichen Entführer nicht etwa mit einem ständigen Aufbautraining im Cockpit eines Airliners, nein, die meisten begannen überhaupt mit einer fliegerischen Ausbildung. Ein Jahr und drei Monate bevor Investoren hohe Summen in ihre fliegerischen Fähigkeiten investierten und die kühnsten Attentate der Welt in ihre Hände legten, waren die mutmaßlichen Entführer auf dem Gebiet des Fliegens (und wahrscheinlich auch des Tötens) blutige Anfänger.

Im Mai 2000 suchten die mutmaßlichen Entführer al-Hamsi und al-Midhar, später angeblich an Bord von Flug American Airlines 77 (Pentagon), eine Flugschule am Montgomery Field Municipal Airport in San Diego, Kalifornien, auf. Die Flugzeug-Flotte des erwähnten »Sorbi's Flying Club« umfaßt nicht etwa moderne Großraum-Verkehrsflugzeuge, wie sie für die Attentate zum Einsatz gekommen sein sollen, sondern eben uralte, ein- und zweimotorige Cessnas und Pipers aus den siebziger Jahren. Die beiden mutmaßlichen Terrorpiloten nahmen an einem sechsstündigen Theoriekurs teil und erzählten dabei überall herum, daß sie so schnell wie möglich eine Boeing fliegen wollen. Ein sehr untypisches und unkluges Verhalten für einen Fluganfänger, der so natürlich damit rechnen muß, erstmal einen Dämpfer verpaßt zu bekommen. Tatsächlich wurde diese Absicht vermutlich zumindest belächelt, denn schon ihre ersten Flugstunden »geraten zum Desaster«, so *Die Zeit* in einem »Dossier« über die Attentate vom 11. 9. 2001. »Die Terroristen stellen sich äußerst ungeschickt an, ihnen fehlt das Talent zum Steuern eines Flugzeugs. Als al-Hamsi unter Anleitung des Fluglehrers zur Landung ansetzt, gerät al-Midhar in Panik und fängt laut an zu beten. ›Das wird nichts‹, sagt der Fluglehrer. Er weigert sich, die beiden zu Piloten auszubilden.«[19]

Noch Mitte August 2001, also einen Monat vor den Attentaten, meldet eine Flugschule in Minneapolis dem

FBI, daß sich einer ihrer Schüler für das Fliegen von Boeings interessiere, obwohl er noch nicht einmal einen Flugschein für kleine Cessnas besitze: »Am nächsten Tag«, so *Die Zeit*, »wird der Flugschüler festgenommen, offiziell wegen Verstoßes gegen die Einwanderungsbestimmungen.«[20]

Immerhin: Ein anderer der mutmaßlichen Attentäter, der angebliche Pilot von Flug American Airlines 77, Hani Hanjour, lebte schon seit 1996 in den Vereinigten Staaten und hatte dort auch einen Pilotenschein gemacht. Unter einem »Pilotenschein« versteht man im allgemeinen die sogenannte PPL, die Private Pilot Licence. Um einen Airliner fliegen zu können, braucht man jedoch eine CPL (Commercial Pilot Licence) und eine ATPL (Airline Transport Pilot Licence). Die PPL ist lediglich eine der untersten Stufen des Pilotendaseins und hat mit dem Führen eines Airliners nur wenig zu tun. Bevor ein Pilot das Cockpit einer Boeing besteigen kann, benötigt er viel Praxis und zahlreiche weitere amtliche Bescheinigungen, wozu beispielsweise die sehr anspruchsvolle Instrumentenflugberechtigung und der Erwerb des Verkehrsflugzeugführerscheins gehören. Zwar ging es hier natürlich nicht um eine legale Laufbahn, doch in jedem Fall steht fest, daß sich die Piloten des 11. 9. mit traumwandlerischer Sicherheit im Cockpit eines Jets hätten bewegen können müssen.

Doch wie sich herausstellt, fehlt es auch Hani Hanjour an Flugpraxis. So, wie die Dinge nun mal liegen, muß man annehmen, daß damit nicht etwa die Flugpraxis in einem Verkehrsjet gemeint ist, sondern jene primitive Übung, die man benötigt, um überhaupt *irgend etwas* fliegen zu können. Ab Dezember 2000 entschließt sich Hanjour deshalb, »in einer Flugschule ein paar Unterrichtsstunden« zu nehmen.[21] Das ist natürlich gut gemeint, möchte man sagen, aber nicht der eigentliche Punkt. Denn »trotz seines mehrjährigen Aufenthalts in den USA ist sein Englisch noch so schlecht, dass der Betreiber einer Flugschule annimmt, er habe gar keinen gültigen Pilotenschein. Der Fluglehrer hält den vorgezeigten Pilotenschein für eine Fälschung und benachrichtigt die Flugaufsichtsbehörde FAA. Aber der angezweifelte Pilotenschein erweist sich als echt.«[22] Schon wieder ein Supergau für das Unternehmen – und wieder bleibt er folgenlos.

Die fehlenden Englischkenntnisse sind, davon einmal abgesehen, ebenfalls merkwürdig, denn Englisch ist die Sprache der Fliegerei. Nicht etwa, weil Piloten beim abendlichen Barbesuch am Tresen gern in dieser Sprache parlieren, sondern weil ein Pilot am Steuer eines Flugzeugs ohne Englisch ganz einfach nicht überlebensfähig ist. Weder die Genehmigung zum Anlassen der Triebwerke noch zum Starten kann er auf diese Weise einholen, auch nicht die Erlaubnis zum Wechseln des Kurses oder der Flughöhe, und Ausnahmesituationen wird er nur mit viel Glück bestehen. Und natürlich sollten unsere Topterroristen schon aus grundsätzlichen Erwägungen heraus gut Englisch sprechen, schon um im Alltag nicht unangenehm aufzufallen. Für Piloten aber, erst recht für »Terrorpiloten«, ist ein gutes Englisch unerläßlich. Auch wenn eine Kommunikation mit den Fluglotsen bei den Attentaten niemals geplant war, so hätten die Terrorflieger wenigstens in der Lage sein müssen, im Notfall mit den Fluglotsen zu kommunizieren, etwa um den Eindruck zu erwecken, der reguläre Pilot befinde sich am Steuer, oder um die Möglichkeit eines Zusammenstoßes mit einem anderen Flugzeug auszuschließen. »Hani Hanjour mag kein besonders guter Pilot gewesen sein, den man nicht einmal eine kleine Privatmaschine mieten lassen wollte, doch das letzte Flugmanöver seines Lebens führte er nahezu perfekt aus«, berichtet *Geo Epoche*, ohne sich an diesem Widerspruch irgendwie zu stören.[23]

In Wirklichkeit fügt Hani Hanjour mit der Nachfrage bei der Flugaufsichtsbehörde der bereits langen Liste von

Auffälligkeiten während der Vorbereitung der Attentate einen weiteren Zwischenfall hinzu. Er kommt, anders als *Geo Epoche* glaubt, nicht als jener Meisterflieger in Frage, der eine große Boeing punktgenau ins Pentagon gesteuert haben soll.

Wie man sieht, scheint die Ausbildung der Top-Terroristen am Steuerknüppel bereits im Ansatz, das heißt auf der Ebene kleiner, einmotoriger »Sportflugzeuge«, steckengeblieben zu sein. Eine Antwort auf die Frage, wie sie sich auf das Fliegen eines Großraumjets vorbereiteten, könnte man sich damit eigentlich schenken. Doch weil noch von weiteren »Ausbildungshilfen« berichtet wird, müssen wir uns notgedrungen mit ihnen auseinandersetzen.

Da wäre zuerst und vor allem der Kauf sogenannter »Flight-Deck-Simulator-Videos«, von dem *CNN.com* am 22. Mai 2002 unter Berufung auf eine »Quelle aus der Nähe der Ermittlungen« berichtet.[24] »Flight-Deck« nennt man das Cockpit eines Großraumjets, und der Ausdruck »Simulator« scheint darauf hinzudeuten, daß es hier um das Erlernen fliegerischer Fähigkeiten geht. Interessant ist aber, daß der Ausdruck »Flight-Deck-Simulator-Video« dem gesamten Internet mit seinen Milliarden von Dokumenten vollkommen unbekannt ist. Was bedeutet, daß dieser Begriff weder in der Laien- noch in der Fachsprache existiert. Selbst eine ausgefuchste Such-Software wie Copernic, die gleichzeitig ein Dutzend Suchmaschinen durchkämmt (darunter Google, Altavista, Euroseek, Hotbot, Lycos), verzeichnet keinen einzigen Treffer – eine Seltenheit. Also scheinen die mutmaßlichen Entführer etwas unglaublich Exotisches gekauft zu haben, so exotisch, daß kein Pilot, kein Luftfahrt-Fan und kein Laie irgendwo im Internet ein Wort darüber verloren hat. Ja, selbst die Geschäfte, in denen man diese geheimnisvollen »Flight-Deck-Simulator-Videos« kaufen können muß, scheinen diese Produkte nicht wirklich loswerden, sondern sie lieber vor der Internetgemeinde geheimhalten zu wollen. Denn sonst müßte man ja auf irgendeiner Internetseite eines Ladens darauf treffen.

Bisweilen hat man im Internet das Glück, die Entstehung eines Begriffes zurückverfolgen zu können. Sehr wichtig für unsere Überlegungen ist folgende Feststellung: Sollte es solche Videos bzw. diesen Begriff tatsächlich geben, müßte er zunächst mal nicht im Plural, wie in dem o.g. *CNN*-Bericht, sondern zuallererst im Singular auftauchen. Sollte man ein solches Video wirklich irgendwo kaufen können, müßte es ja irgendwo mit dieser Bezeichnung abgebildet sein, samt Preis und Versandkosten. Oder es müßte irgendwo über dieses oder jenes »Flight-Deck-Simulator-Video« diskutiert werden, genauso, wie ja auch von anderen Produkten im Internet im Singular *und* im Plural die Rede ist, egal, ob das nun Autos, Staubsauger, Kettensägen oder Kinderbetten sind.

Das Erstaunliche ist aber, daß der Singular »Flight-Deck-Simulator-Video« im gesamten Internet nicht auftaucht. »Flight-Deck-Simulator-Videos« existieren ganz einfach nur im Plural, womit sich der Verdacht aufdrängt, daß wir es hier mit einem Phantom zu tun haben. Denn da sich jeder Plural aus mehreren singulären Elementen zusammensetzt, kann etwas, das im Singular nicht existiert, im Plural erst recht nicht existieren. Oder anders gesagt: Jede Gruppe besteht aus einzelnen Mitgliedern, und ohne diese Mitglieder gibt es keine Gruppe.

Die nächste Frage ist nun, *wo* uns der Plural »Flight-Deck-Simulator-Videos« begegnet. Grundsätzlich sind dafür zwei verschiedene Arten von Fundstellen denkbar: Erstens natürlich Flugschulen, Flieger-Fanclubs, Geschäfte für Pilotenbedarf und Diskussionsgruppen im Internet, die sich mit Fliegerei befassen. Wir nennen das die Fachebene. Und zweitens auf der allgemeinen Ebene der Terror-Berichterstattung über das Attentat, also zum Beispiel in Tageszeitungen, Magazinen und Fernsehnachrichten. Allerdings würde man das erst erwarten, nachdem die mutmaßlichen Attentäter die Videos irgendwo erworben und mit ihrer Hilfe den Anschlag begangen haben. Erst dann würden ja die allgemeinen Medien darüber berichten.

Es ist nun das besonders Erstaunliche, daß nicht nur der Singular, sondern auch der Plural »Flight-Deck-Simulator-Videos« auf der fachlichen Ebene komplett fehlt. Er existiert ganz einfach nicht und scheint der gesamten Flieger- und Pilotenszene unbekannt zu sein. In Wirklichkeit taucht der Ausdruck wie aus dem Nichts erst auf der zweiten Ebene auf, nämlich in der Terror-Berichterstattung der allgemeinen Publikumsmedien (die wahrscheinliche Primärquelle ist CNN mit seinem geheimnisvollen Informanten). Das bedeutet, daß dieser Ausdruck in der Fachwelt im wahrsten Sinne des Wortes jeder realen Grundlage entbehrt. »Flight-Deck-Simulator-Videos« gibt es ganz einfach nicht.

Was es gibt, sind sogenannte Cockpit- oder Flight-Deck-Videos. Für Außenstehende sind das furchtbar langweilige Filme, die von einer Kamera im Rücken der Piloten aufgezeichnet werden. Die so entstandenen Filme zeigen ohne Schnitte die Cockpit-Abläufe eines kompletten Fluges vom Start bis zur Landung. Spätestens nach zehn Minuten ist auch der gutwilligste Zuschauer einer lähmenden Müdigkeit erlegen, es sei denn, es handelt sich um einen Angehörigen jener Szene, die sich für alles, was mit der Fliegerei zusammenhängt, begeistert. Nun mag der Unterschied zwischen Flight-Deck-Video und »Flight-Deck-Simulator-Video« marginal sein und als Haarspalterei erscheinen. Ist er aber nicht. Denn das hinzugefügte Wörtchen »Simulator« entfaltet natürlich eine ganz spezielle propagandistische Wirkung.

Der Fall wurde hier deswegen so genau seziert, weil er exemplarisch aufzeigt, wie die Informationspolitik der etablierten Medien und ihrer »Informanten« funktioniert. Mit Sicherheit wurde das Wörtchen »Simulator« den an sich trivialen und langweiligen »Flight-Deck-Videos« nicht zufällig von der »den Ermittlungen nahestehenden Quelle« hinzugefügt. Mit Recht resultiert daraus ein ungutes Gefühl gegenüber dieser Quelle: Was will sie damit eigentlich erreichen?

Nun: Der Begriff »Flight-Deck-Simulator-Video« klingt ganz so, als handelte es sich hier um wesentlich mehr als das, worum es in Wirklichkeit geht, nämlich um bloßes Zusehen. Ganz selbstverständlich entsteht der Eindruck, als könnte man mit so einem »Simulator«-Video die Bedienung einer Boeing lernen. Das kann man natürlich nicht, das geht nur im Verlauf einer langen theoretischen und praktischen Beschäftigung mit dem Cockpit.

Man geht davon aus, daß ein Airliner wie eine Boeing 767 vom Inhaber einer Airline Transport Pilot Licence (ATPL) sicher geflogen werden kann. Als Voraussetzung dafür benötigt man, neben einer PPL (Privat Pilot Licence) und einer CPL (Commercial Pilot Licence), unter anderem:

- 500 Überland-Flugstunden,
- 100 Nachtflugstunden,
- 75 Instrumentenflugstunden,
- 250 Flugstunden als verantwortlicher Flugzeugführer, mindestens 100 davon über Land und 25 davon nachts.

Dann sollte man wohl mit den meisten Situationen, die einen Verkehrsflugzeugführer so erwarten können, zurechtkommen. Von Zirkusnummern, wie jenen vom 11. 9., ist dabei natürlich nicht die Rede.

Zwar mieteten die mutmaßlichen Terrorpiloten Atta und Al-Shehhi für 1.500 Dollar die Stunde einen Flugsimulator bei der Firma SimCenter Inc. am Opa-Locka Airport bei Miami, Florida. Dort trainierten sie allerdings nicht 500

Stunden, auch nicht 50 oder 10, sondern jeder nur drei. Zweitens machten sich die beiden auf diese Weise nicht etwa kurz vor den Attentaten am 11. September, sondern ein dreiviertel Jahr vorher »fit«. Und drittens trainierten Atta und Al-Shehhi nicht auf einem Simulator für »ihr« Todesflugzeug Boeing 767, sondern auf einem für eine Boeing 727. Die Firma SimCenter bietet überhaupt kein Simulator-Training für eine Boeing 757 oder 767 an, sondern nur für die kleineren und alten Boeing-Typen 727 und 737.[25]

Die Boeing 727 ist mit den Flugzeugen, die für den Anschlag benutzt wurden, nur schlecht zu vergleichen. Es ist eine alte Maschine aus dem Jahr 1963, die letzte Boeing 727 wurde 1984 an Federal Express ausgeliefert, also 17 Jahre vor dem Attentat. Sie zählt heute bereits zu den historischen Flugzeugen. Die für die Attentate benutzten Boeing 757 oder 767 sind moderne Maschinen, die im Unterschied zu dem »manuellen« Cockpit der 727 mit elektronischen Cockpits ausgestattet sind. Man kann sich auf die Bedienung dieser Maschinen gar nicht so einfach in einem 727-Simulator vorbereiten. Sonst gäbe es ja auch überhaupt keine typspezifischen Simulatoren, sondern beispielsweise nur *einen* Boeing- oder *einen* Airbus-Simulator. Und wenn man so einfach von einer 727 auf eine 757 umsteigen könnte, bedürfte es auch keines speziellen »Type Ratings«. Dieser »Typenführerschein« wird praktisch auf den erworbenen Pilotenschein aufgesetzt. Erst er berechtigt zur Führung eines bestimmten Flugzeugtyps. Das alles wäre nicht nötig, könnte man von einem Flugzeug auf das andere umsteigen wie von einem Auto auf das andere. Schließlich spielt die Boeing 727 auch gewichtsmäßig in einer anderen Liga. Ihr maximales Startgewicht beträgt nur etwa die Hälfte dessen, was eine vollbeladene Boeing 757 oder 767 auf die Waage bringen.

Laut dem Buch *Masterminds of Terror* von Nick Fielding und Yosri Fouda, das den Beweis antreten will, daß tatsächlich Araber die Anschläge verübten, sollen auch die mutmaßlichen Attentäter Hani Hanjour und Nawaf al-Hamsi (beide Flug 77, Pentagon) Simulatorunterricht genommen haben, und zwar an der Sawyer School of Aviation in Phoenix, Arizona.[26] Allerdings spricht beispielsweise der *Arizona Daily Star* nur »von einem Mann mit demselben Namen wie Hani Hanjour«. Eine Mitarbeiterin der Schule habe die Identität der beiden Personen nicht bestätigen wollen, berichtet die Zeitung. Aber das ist ohnehin ohne Belang, denn bei dem Flugsimulator handelte es sich um ein einfaches Gerät, »entsprechend den Bedienelementen eines kleinen Flugzeugs. Es gibt keine Ähnlichkeiten zwischen diesem Flugsimulator und dem Cockpit einer Boeing 757«, zitiert der *Arizona Daily Star* ein Statement der Flugschule. Der »Simulator Club« der Flugschule ist nicht einmal für Flugschüler resverviert. Vielmehr kann hier jeder üben, dem es Spaß macht – oder spielen: »Mein achtjähriger Sohn war auch schon in diesem Simulator. Jeder kann dort hinein. Alles, was Sie tun müssen, ist zu uns zu kommen und zu sagen, Sie möchten in den Simulator Club eintreten«, zitiert der *Daily Star* eine Mitarbeiterin der Schule.[27]

Die hier geschilderte »Ausbildung« der mutmaßlichen Terrorpiloten steht also in krassem Gegensatz zu den am 11. 9. vorgeführten Flugmanövern.[28]

Zum Beispiel wäre da die »vielbewunderte« Steilkurve von Flug United Airlines 175, die um 9.03 Uhr zielgenau im Südturm des World Trade Centers endete. Denn es ist ja eine Sache, eine Maschine aus einem langen Geradeausflug heraus auf ein Ziel auszurichten, wie es beispielsweise Verkehrspiloten für den Landeanflug auf eine Flughafenpiste lernen. Es ist aber etwas völlig anderes, ein solches Ziel aus einer steilen Kurve heraus zu treffen. Die meisten Verkehrspiloten, die kilometerlang schnurgerade auf eine Landebahn zufliegen und dabei auch noch von einem Instrumentenlandesystem geleitet werden, dürften damit schon überfordert sein. Was am Fernseh-Bildschirm ganz selbstverständlich und organisch aussieht, erfordert ein hohes Maß an Erfahrung im Cockpit eines Großraumjets. Denn schon bei der Einleitung der Kurve muß der Pilot wissen, wo er Hunderte von Metern später sein wird. Er muß also ein sehr gutes Augenmaß besitzen und die Kurve im Kopf genau berechnen. Anschließend muß er diese Berechnung so in die Stellung von Seiten- und Querrudern umsetzen, daß der Jet genau den vorausberechneten Kurvenradius beschreibt. Dummerweise wird der Pilot erst gegen Ende der Kurve wissen, ob er er sie richtig berechnet und die Maschine korrekt bedient hat. Für größere Korrekturen ist es da zu spät. Mit anderen Worten: Der Pilot benötigt eine Menge Erfahrung in der Einschätzung von Größenverhältnissen und Entfernungen. Es ist völlig rätselhaft, wo und wie »Mohammed Atta & the Venice Flying Circus« (so der Titel eines Dokumentarfilms über die Ausbildung der mutmaßlichen Attentäter) diese Fertigkeiten erlernt haben sollen. In einem Simulator allein ist das nicht möglich. Und im falschen Simulator schon gar nicht. Schließlich ist es ja auch nicht damit getan, daß die Terrorpiloten vielleicht eine *reale Chance* hatten, den Turm zu treffen. Vielmehr war hier hundertprozentige Sicherheit gefragt.

Daß hier absolute Könner am Werke gewesen sein müssen, meint auch Niki Lauda. Der Ex-Formel-1-Pilot und Gründer der Fluglinie Lauda Air ist selbst Maschinen des Typs Boeing 757 beziehungsweise 767 als Kapitän geflogen und vertritt die Meinung, daß der »Job« am World Trade Center von »gut ausgebildeten Profis« erledigt wurde, so Lauda am 12. September 2001 in der Sendung *Stern TV*. Dort berichtete er, daß nur sehr gut geschulte Personen einen solchen »Jumbo« fliegen können, zumal die zweite Maschine aus einer Kurve heraus in den Südturm flog. Hier müsse ein absoluter Profi am Werk gewesen sein.

Wer kauft, will leben
Die Einkäufe

Menschen, die kaufen, wollen leben. Kaufen ist ein lustvoller und vor allem auf die Zukunft gerichteter Vorgang. Wer kauft, hat etwas vor, will etwas benutzen oder ein Geschenk machen. Und natürlich verrät, wer etwas kauft, viel, wenn nicht alles über seine Absichten. Noch genauer: er verrät viel über seine Zukunft. Jeder Kauf, den wir tätigen, ist zukunftsbezogen. So sind die zahlreichen Einkäufe, die die angeblichen Entführer vor dem 11. 9. tätigten, wichtige Spuren bei der Aufklärung ihrer wahren Pläne. Mit diesen Einkäufen steht und fällt die Plausibilität der ganzen Entführungsgeschichte: Was, wenn einer der Entführer einen eindeutig auf die Zeit nach dem 11. 9. gerichteten Kauf getätigt hätte? Das würde wohl kaum zu einer angeblich geplanten Selbstmordmission passen.

Zum Glück haben die Behörden nach eigenen Angaben jede Menge Daten über Einkäufe der mutmaßlichen Attentäter. So will *CNN* von seiner »den Ermittlungen nahestehenden Quelle« erfahren haben, daß die Fahnder 27 Kreditkarten der 19 Verdächtigen hätten zurückverfolgen können:[29] »Die Behörden haben monatelang gearbeitet, um eine Spur der von den Entführern getätigten Einkäufe zu rekonstruieren.«

Und tatsächlich scheinen die Fahnder ihn wieder einmal gefunden zu haben – den »rauchenden Colt«. Denn nach den Auswertungen sollen die mutmaßlichen Entführer neben den erwähnten »Flight-Deck-Simulator-Videos« auch GPS-Geräte gekauft haben, behauptet die von *CNN* nicht genannte, dunkle Quelle. Damit scheint der Fall klar zu sein: GPS-Geräte braucht man, um punktgenau in die WTC-Türme hineinzufliegen. Aber was auf den ersten Blick ganz zu dem bevorstehenden Attentat zu passen scheint, sagt in Wirklichkeit nicht viel aus. Denn wenn es stimmt, daß Atta und seine Kommilitonen und Freunde tatsächlich an Flugstunden teilnahmen, machen GPS-Geräte durchaus Sinn. Es ist absolut denkbar, daß in kleinen Flugzeugen keine GPS-Geräte vorhanden sind und daß man ein transportables Gerät auf den Nebensitz legt oder am Armaturenbrett befestigt. Darüber hinaus schätzt fast jeder, der einmal mit einem GPS-Gerät navigiert hat, ganz generell dessen Nutzen: Egal, ob er nun mit dem Flugzeug, dem Auto, dem Motorrad oder gar zu Fuß unterwegs ist, er möchte diesen Komfort künftig nicht mehr missen. Folgerichtig sind GPS-Geräte längst von der professionellen Anwendung in den Freizeitbereich und von dort in den Alltag vorgedrungen. Eher wenig Sinn machen solche Amateurgeräte in einem Airliner, weil dieser von Haus aus mit den sensibelsten Navigationseinrichtungen ausgestattet ist, einschließlich eines Flight Management Systems (FMS) samt Autopilot, das eine vorab eingespeiste Route automatisch abfliegen kann. Die Vorstellung, GPS-Daten von einem Handgerät abzulesen und danach das Steuerhorn manuell zu bedienen, macht hier wenig Sinn.

Ein GPS-Gerät ist also einerseits inzwischen ein ähnlich trivialer Gegenstand wie ein Handy – wenn die vermeintlichen Attentäter eines besaßen, so beweist das alles und nichts. Und andererseits ist es bei Attentaten wie am 11. 9. von zumindest fragwürdigem Nutzen.

Da mutet es wie ein Glücksfall an, daß die Fahnder auch auf einen Einkauf am 10. September 2001 in einer Wal-Mart-Filiale in Scarborough, Maine, stießen – dem Tag unmittelbar vor dem Attentat. Zunächst mal mutet es erstaunlich an, daß die mutmaßlichen Entführer unmittelbar vor ihrem sicheren Tod überhaupt so etwas Triviales machen wie einkaufen. Diesem Einkauf kommt eine enorme Bedeutung zu. Denn zur Annäherung an den wirklichen Täterkreis gehört das Aussieben vermeintlich Schuldiger. Und genau das erlaubt der geschilderte Einkauf, weil es sich bei dem bevorstehenden Attentat angeblich um einen Selbstmordanschlag handelte. Was, wenn die mutmaßlichen Attentäter eine große Tube Rasierseife, eine Großpackung Kondome oder ein Lotterielos gekauft hätten? Oder wenn sie eine Urlaubsreise gebucht hätten? Besonders vernichtend für die Anklage wären auch Stadtpläne von Los Angeles und San Francisco, also von den regulären Zielen der späteren Attentatsflüge. Denn das würde bedeuten, daß die angeblichen Entführer in Wirklichkeit davon ausgingen, an ihrem Bestimmungsort anzukommen.

Da die US-Behörden von der Täterschaft der Araber felsenfest überzeugt sind, dürfte es eigentlich kein Problem darstellen, die Einkäufe der Verdächtigen zu veröffentlichen. Denn wenn sie wirklich die Täter waren, müßten ihre Einkäufe mit dem behaupteten Geschehensablauf ohne Schwierigkeiten zu vereinbaren oder doch wenigstens leicht zu erklären sein. Leider aber halten die Fahnder den oder die Gegenstände des Einkaufs vom 10. September streng geheim. »So haben Angestellte der Bank, an deren Automaten die Männer um 20. 31 Uhr Geld abhoben, und Wal-Mart-Angestellte Redeverbot«, berichtet *Spiegel Online*. »Niemand soll wissen, wie viele Dollars sie aus der Maschine zogen oder was sie einkauften. Nicht einmal, was sie aßen, dürfen die Pizza-Hut-Verkäufer der Presse erzählen.«[30] Merkwürdig eigentlich.

Ebenso merkwürdig ist das Verhalten der beiden mutmaßlichen Topterroristen vor dem Geldautomaten, von dessen Kamera sie fotografiert werden. Am Abend vor ihrem Tod zeigen sie sich ganz locker. Während Atta im Hintergrund steht, schneidet sein mutmaßlicher Komplize al-Omari Grimassen und lacht.

Am Abend vor dem Anschlag: Ein Todgeweihter mit guter Laune

Eine Reise ohne Wiederkehr
Die Tickets

Laut offizieller Version hat der mutmaßliche Flugzeugentführer Mohammed Atta sein Ticket für Flug American Airlines 11 (Nordturm) am 11. September 2001 am 28. August 2001 über die Website von American Airlines reserviert.[31] Die Tickets für Flug United Airlines 175 (Südturm) wurden am 29. August gekauft.[32] Also etwa 14 Tage vorher. Es stellt sich die Frage, wie Atta zu diesem Zeitpunkt über die Wetterentwicklung bis zum Tag des Attentats Bescheid wissen konnte. Sollten die Maschinen wirklich von menschlichen Piloten geflogen worden sein, so die Fachleute einmütig, mußten beste Wetterverhältnisse herrschen. Die Sicht mußte gut sein, und der Wind durfte nur sehr mäßig wehen, um die Maschinen nicht vom Kurs abzubringen. Der mutmaßliche Terrorist schien wirklich ein sehr begabter Wetterfrosch zu sein. Die zweite Merkwürdigkeit: Atta kaufte das Ticket auf ein Vielfliegerkonto, das er nur drei Tage vorher eröffnet hatte, also etwa am 25. August.[33] Warum eröffnet jemand gut zwei Wochen vor seinem Tod ein Vielfliegerkonto?

Hijacker im letzten Moment
Auf dem Weg zum Flughafen

Jedes der vier Flugzeuge mußte absolut zuverlässig kontrolliert werden. Und genau deshalb nimmt es Wunder, daß die mutmaßlichen Entführer Mohammed Atta und Abdelaziz al-Omari am 11. September 2001 nur in letzter Sekunde an Bord von Flug American Airlines 11 von Boston nach Los Angeles stolpern. Der Grund: Sie haben das Risiko einer komplizierten Anreise zum eigentlichen Ausgangsort ihrer Tat auf sich genommen, einschließlich eines Fluges. Was jedem Geschäftsmann ein Greuel ist, nämlich weite Wege und enge Anreisepläne bei wichtigen Terminen, war für die angeblichen Staatsfeinde Nr. 1 der USA kein Thema. Sie gingen ihr Vorhaben äußerst gelassen an. Um ihren mörderischen Flug American Airlines 11 (Nordturm) in Boston todsicher zu erreichen, quartierten sie sich nicht etwa in einem der dortigen Flughafenhotels ein – sondern in einem Flughafenhotel im 160 Kilometer entfernten South Portland, Maine. Dort logierten sie nicht etwa, weil sie vielleicht nach einer langen Anreise aus einem anderen Teil der USA keine Lust mehr gehabt hätten, bis zum Zwischenziel Boston (dem Ausgangsflughafen für den Todesflug) weiterzufahren oder zu fliegen. Nein, vielmehr fuhren sie am Vortag des 11. September mit dem Mietwagen erst von Boston nach Portland, nur um von dort am nächsten Tag mit einem Zubringerflug zu ihrem Todesflug American Airlines 11 nach Boston zurückzufliegen! Angesichts der anstehenden Operation ist dieses Verhalten reichlich bizarr.

Im Comfort Inn in Portland bewohnte Atta das Zimmer mit der Nummer 232. Um mit der USAir von Portland um 6.00 Uhr nach Boston zu fliegen, verließ das Entführer-Duo sein Hotel erst um 5.33 Uhr, also 27 Minuten vor Abflug. Rechnet man wenigstens eine Viertelstunde für den eine Meile langen Weg zum Airport, das Einparken mit dem Mietwagen im Parkhaus und den Fußweg zum Checkin-Schalter, konnten die Entführer schon ihren ersten Flug nur äußerst knapp erreichen, nämlich zwölf Minuten vor dem Abflug, also schätzungsweise um 5.48 Uhr.

Nirgendwo fällt die Enge dieses zeitlichen Ablaufs so auf, wie an der vom FBI veröffentlichten Chronologie dieser halben Stunde. Nachdem Atta und al-Omari um 5.33 Uhr am Comfort Inn ausgecheckt haben sollen, stellen sie ihren Wagen angeblich bereits sieben Minuten später auf dem Parkdeck des Flughafens Portland ab. Weitere drei Minuten später (5.43 Uhr) sind sie bereits am Checkin-Schalter, und zwei Minuten später (5.45 Uhr) passieren sie schon die Sicherheitskontrolle, wobei sie von einer Kamera gefilmt werden. Nun weiß jeder Fluggast, daß der Checkin von zwei Personen mit Gepäck normalerweise länger dauert als zwei Minuten: Von jedem Fluggast werden möglicherweise Tickets und Pässe kontrolliert, eventuell wird eine Sitzplatzreservierung vorgenommen, und schließlich wird das Gepäck eingecheckt und mit einem Identifizierungsband versehen. Es ist also sicher nicht übertrieben, wenn man *pro Person* zwei Minuten für den Checkin veranschlagt. Und wenn überhaupt, funktioniert das Ganze ohnehin nur, wenn die beiden nicht warten müssen. Alles in allem erweckt diese Chronologie den Eindruck, als könnte sie nur auf dem Papier funktionieren, nicht aber in der Hektik der Rush-Hour auf einem Flughafen. Vor allen Dingen enthält sie überhaupt keine Sicherheitsreserven für die angeblichen

Attentäter. Es wirkt gerade so, als habe jemand in die knappe halbe Stunde zwischen Checkout aus dem Comfort-Inn und dem planmäßigen Abflug der Zubringermaschine nach Boston sämtliche Ereignisse hineinpressen müssen, die zwischen Hotel und Flugzeug nun einmal zu erwarten sind: Anfahrt, Parken, Checkin, Sicherheitskontrolle. Und das konnte nur gelingen, wenn man der Wirklichkeit auf einem Flughafen morgens um sechs gehörig Gewalt antut.

Auffällig ist auch die Uhrzeit, die das FBI für den Abflug der Colgan-Air-Maschine (im Auftrag von USAir) nach Boston angibt, nämlich sechs Uhr. Das ist exakt die Abflugzeit laut Flugplan. Daß eine Maschine tatsächlich auf die Minute genau abhebt, dürfte zu den eher seltenen Ereignissen auf einem Flughafen zählen.

Hier die Chronologie dieser halben Stunde laut FBI:

5:33 Uhr Atta und al-Omari checkten im Comfort Inn Hotel aus.

5:40 Uhr Der blaue Nissan Altima 2001-Mietwagen mit dem Massachussetts-Kennzeichen 3335VI, fuhr in das Portland International Jetport-Parkhaus. Er parkte im ersten Stock, direkt gegenüber des Flughafen-Eingangs.

5:43 Uhr Atta und al-Omari checkten am US Airways-Counter ein.

5:45 Uhr Atta und al-Omari passierten die Sicherheitskontrolle

6:00 Uhr Atta und al-Omari starteten an Bord von Colgan Air nach Boston, Massachussetts.[34]

Beim Checkin in Portland wurden Atta und sein mutmaßlicher Komplize al-Omari von einer Sicherheitskamera gefilmt. So entstanden die einzigen Bilder, die die Entführer am 11. September auf einem Flughafen zeigen. Von dieser Sicherheitskamera wurden im Abstand von jeweils einigen Sekunden vier verschiedene Aufnahmen gemacht. Merkwürdigerweise zeigen die Aufnahmen jeweils zwei verschiedene Uhrzeiten: In der Bildmitte sieht man die Uhrzeit

5.45 Uhr, wie vom FBI angegeben, aber am unteren Bildrand erscheint die Uhrzeit 5.53 Uhr. Von einem anderen Umstand einmal ganz abgesehen: Wer würde sich tatsächlich anmaßen, auf diesen verschwommenen Aufnahmen zwei Personen zweifelsfrei zu identifizieren? Von der vorderen Person sehen wir nur eine dunkle, kurze Frisur, zwei dunkle Augenflecke und eine helle Nase. Wer wollte behaupten, daß es sich dabei tatsächlich um Mohammed Atta handelt? Bei der zweiten Person ist die Situation auch sehr ungünstig, da ihre Gesichtszüge ebenfalls nur verschwommen zu erkennen sind. Was also sind diese Bilder wert? Selbst wenn sie Atta und al-Omari abbilden sollten, zeigen sie die mutmaßlichen Entführer ja nicht einmal am Ausgangsflughafen eines der Todesflüge, sondern – wenn überhaupt – auf dem Weg zu einem Regionalflug von Portland nach Boston.

Atta und sein mutmaßlicher Komplize am Flughafen Portland

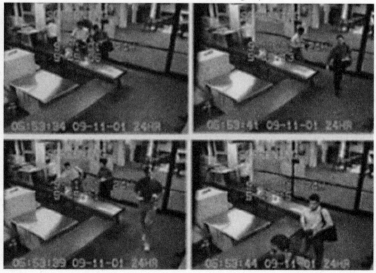

Es war also alles in allem schon ein kleines Wunder, daß die mutmaßlichen Entführer ihren ersten Flug erreichten. Zumal sie auch noch das Risiko auf sich genommen hatten, mit dem Leihwagen zum Airport zu fahren. Wie jeder weiß, der schon einmal einen amerikanischen Flughafen mit einem Leihauto angesteuert hat, ist das Risiko, sich zu verfahren, sehr hoch. Außerdem gibt es weitere Gefahren wie Unfälle, technische Schwierigkeiten an Parkhausschranken und so weiter. Bei wirklich wichtigen Terminen (und einen solchen sollen die mutmaßlichen Entführer ja gehabt haben) wälzt man diese Risiken lieber auf andere ab, zum Beispiel auf ein Taxi. Oder noch besser auf den Flughafenbus, über den jedes bessere Flughafenhotel in den USA verfügt, so auch das Comfort Inn, in dem die mutmaßlichen Entführer angeblich logierten. Dieser Bus bietet die zusätzliche Sicherheit, daß sein Chauffeur (anders als ein Taxifahrer) tagaus, tagein immer dieselbe Strecke fährt und sie deshalb auch im Schlaf beherrscht. Trotz ihres knappen Zeitplans verzichten die angeblichen Entführer jedoch auf diese Sicherheiten.

Der Flug von Portland International nach Boston dauert planmäßig 50 Minuten, also von 6.00 bis 6.50 Uhr. Für ihren eigentlichen »Todesflug«, den Anschlußflug American Airlines 11 um 7. 45 Uhr von Boston nach Los Angeles hätten die Entführer also zum Umsteigen noch eine knappe Stunde Zeit gehabt. Auch das ist nicht besonders viel, wenn man bedenkt, daß auch die Flüge in den USA notorisch mit Verspätungen zu kämpfen haben. Tatsächlich wird denn auch überliefert, daß die mutmaßlichen Entführer ihren Todes-Flug American Airlines 11 nur auf den letzten Drükker erreichten: »Atta und al-Omari müssen rennen, um Flug American Airlines 11 noch zu erreichen«, schreibt *Geo Epoche*.[35] War also der Flug der USAir von Portland nach Boston verspätet? Berichte von halbamtlichen Medien widersprechen dem. Das Buch »Inside 9–11: What Really Happened«[36] nennt als Ankunftszeit des Fluges von Portland nach Boston 6.50 Uhr. Wiederum fällt auf, daß es sich dabei um die planmäßige Ankunftszeit handelt, womit der USAir Flug nicht nur das Kunststück fertiggebracht hätte, auf die Minute pünktlich in Portland abzuheben, sondern auch noch auf die Minute pünktlich in Boston zu landen. Das widerspricht jeder Lebenserfahrung, und damit bekommt dieser Zubringerflug eine besondere Note, ganz so, als hätte man die Chronologie dieser Ereignisse konstruiert, indem man einfach den Flugplan abgeschrieben hat.

Die Beweise in der Reisetasche
Das Gepäck

Während sich Atta und al-Omari möglicherweise noch in der Luft befinden, sucht am Flughafen Boston ein Mann mit seinem Auto einen Parkplatz. Dabei kommt er um 6.30 Uhr fünf arabisch aussehenden Männern in die Quere. Es kommt zu einem heftigen Wortwechsel, dann fährt der Mann weiter. Bei den fünf Männern soll es sich um ein weiteres Entführerteam gehandelt haben, gebucht auf Flug United Airlines 175 von Boston nach Los Angeles.[37] Noch kurz vor dem Attentat lassen die angeblichen Entführer also keine Gelegenheit aus, um aufzufallen.

Als die beiden Entführer aus Portland in Boston landen, führt zumindest Atta nicht nur Handgepäck mit sich, sondern auch noch eine Reisetasche. Diese Reisetasche wird später am Bostoner Flughafen gefunden.[38] Ihr Inhalt ist für eine konspirative Aktion dieses Zuschnitts höchst erstaunlich, soll sie doch hochverräterisches Material enthalten haben. Unter anderem:

- einen Abschiedsbrief in Arabisch[39],
- eine Checkliste für den Anschlag[40],

- ein Testament von Mohammed Atta,[41]
- Airline-Uniformen.[42]

Es ist eigentlich kaum zu glauben, daß Attentäter bei einem solchen Vorhaben in ihrer Reisetasche eindeutiges Beweismaterial mit sich führen, das etwa bei einer Polizei- oder Gepäckkontrolle zu Schwierigkeiten führen könnte. Im Gegenteil: Bei Under-Cover-Aktionen dieser Art wird sicherlich peinlich genau darauf geachtet, daß die Ausführenden nichts dabei haben, was sie oder ihre Auftraggeber entlarven könnte, schon gar nicht im Vorfeld der Aktion. Warum haben sie das dennoch getan? Wo kommt die Tasche plötzlich her, und warum haben sie diesen Ballast überhaupt mitgenommen? Ein zusätzliches Gepäckstück kann der Quell manchen Ungemachs sein. Es kann irgendwo hängenbleiben, man kann damit anrempeln und Ärger provozieren, und es kann schlicht Gegenstand einer Kontrolle werden.

Ebenso erstaunlich ist der spätere Fundort der Reisetasche. Sie wird nämlich in einem Schließfach »am Flughafen«[43] entdeckt. Warum haben die Attentäter eine Reisetasche mit verräterischem Inhalt mit sich geführt, wenn sie sie anschließend in einem Schließfach deponieren? Und hatten wir nicht eben erfahren, daß die Attentäter ihren Flug nur noch durch einen Sprint erreichten? Woher nahmen sie da die Zeit, eine Reisetasche in einem Schließfach zu hinterlassen, das sich womöglich noch nicht einmal im Flughafengebäude selbst befand? Oder kamen sie in Verzug, *weil* sie die Reisetasche noch ins Schließfach legten? Was aber könnte an dieser Tasche so wichtig gewesen sein, daß sie riskierten, dadurch den Flug zu verpassen?

Wie man sieht, macht die Geschichte mit der Tasche und dem Schließfach einfach keinen Sinn. Ein Teil der Presse wartet denn auch noch mit einer anderen Version auf. Danach war die Umsteigezeit der Araber so knapp bemessen, »daß eine der beiden Reisetaschen, die Atta in Portland aufgegeben hat, nicht mit durchgecheckt wird und in Boston liegenbleibt«.[44] Erstaunlich eigentlich, denn soeben haben wir noch vom FBI erfahren, daß der Zubringerflug aus Portland planmäßig um 6.50 Uhr in Boston landete. Laut Flugplan blieben 55 Minuten bis zum planmäßigen Start von American Airlines 11 um 7.45 Uhr und damit ausreichend Zeit, um die Taschen von einem ins andere Flugzeug zu bringen. Ob die Taschen nun eingeladen wurden oder nicht, ist indes zweitrangig. Wichtig ist die Frage, warum die mutmaßlichen Entführer eine Reisetasche mit ihrem Testament eigentlich in die sichere Vernichtung mitnehmen wollten.

Am 1. Oktober 2001 warteten die Medien – darunter auch *Spiegel Online* – denn auch mit einer dritten Version über den Fundort des angeblichen Atta-Testaments auf. Nun sollte es in dem am Bostoner Flughafen abgestellten Wagen gefunden worden sein. Was die Sache auch nur bedingt besser macht, denn Atta reiste ja gar nicht mit diesem Wagen zum Flughafen an, sondern mit dem Zubringerflug aus Portland. Warum also sollte sein Testament in einem Mietwagen am Bostoner Flughafen liegen?

Die letzte Rasur des Mohammed A.
Der »Terrorbefehl«

Aber die Behörden konnten das Gepäck gut gebrauchen, nämlich um zu belegen, daß die Anschläge vom 11. September 2001 von islamischen Fundamentalisten ausgingen. Zunächst diente dazu die Checkliste oder der »Terrorbefehl«, der angeblich in Attas wie auch immer liegengebliebenem Gepäck gefunden wurde. Damit sollen sich die mutmaßlichen Killer auf ihren Einsatz vorbereitet haben.[45] Das Wort »Vorbereitung« verspricht einen faszinierenden Blick auf das Innere einer solchen Operation: Was haben die Attentäter in den letzten Momenten geübt und geplant? Was gehört alles dazu, um so ein Unternehmen perfekt durchzuziehen? Woran muß man im letzten Augenblick denken? Das kann bei einem solchen Anschlag zum Beispiel heißen, den genauen Zeitplan durchzugehen, sich die vorgesehenen Handlungsschritte ebenso einzuprägen wie das Verhalten für den Notfall einschließlich der Telefonnummern und der Namen von Ansprechpartnern, die im Falle eines Scheiterns oder Abbruchs der Operation weiterhelfen könnten. Eine wirkliche Vorbereitung müßte auch eine Auseinandersetzung mit den Zielen und Ausweichzielen beinhalten, denn falls der Weg zum World Trade Center (zum Beispiel durch Abfangjäger) versperrt sein sollte, hätte die Notfallplanung ein Ersatzziel oder -verhalten vorsehen müssen. In dieser Vorbereitung hätte es auch nochmals um technische Fragen der Flugzeuge und ihrer Bedienung gehen können. Und schließlich hätte die Vorbereitung für den Fall einer vorzeitigen Entdeckung (zum Beispiel am Flughafen) auch die Konstruktion einer Legende, etwa die Geschichte von einem harmlosen Touristen, beinhalten müssen. Dazu hätte das Packen der Koffer mit unverfänglichen Gegenständen wie Fotokameras und Reiseführern gehört, nicht aber mit Testamenten und »Terroranweisungen«.

Statt einen tiefen Blick in die logistischen und militärischen Vorbereitungen zu eröffnen, instruiert die angebliche Terroranweisung die mutmaßlichen Attentäter im Beten, Rasieren und Schuhebinden. Statt etwa die wichtigsten Punkte der Operation zusammenzufassen und zu vergegenwärtigen, enthält das Papier vor allem pseudoislamische Plattitüden und Gemeinplätze wie:

- »Gott sagt, daß man auf Erden ohne Wünsche sein sollte, aber Gott will dich am Ende, wenn du stirbst, belohnen. Wenn die Arbeit getan und alles gut verlaufen

63

ist, werden alle sich die Hände reichen und sagen, daß dies eine Aktion im Namen Gottes war.«
- »Für niemanden gibt es etwas Besseres zu tun, als die Verse des Koran zu lesen, da Gott gesagt hat, daß man in seinem Namen kämpfe, und daß man das, was man im jetzigen Leben hat, für ein anderes, besseres Leben im Himmel aufgeben solle.«
- »Gott sagte: Wenn die Gläubigen den Kampf gegen die Ungläubigen aufnehmen, werden sich die Gläubigen daran erinnern, daß Gott ihnen beisteht und daß sie siegen werden.«[46]

So etwas könnte in jedem x-beliebigen religiösen Text stehen. Statt konkreter operativer Anweisungen für den bevorstehenden Angriff bekamen die mutmaßlichen Super-Attentäter spirituellen Beistand nach Art salbungsvoller Gemeinplätze wie »Öffne dein Herz, heiße den Tod im Namen Gottes willkommen, und das Letzte, was zu tun ist, ist stets die Erinnerung an Gott, und die letzten Worte sollten sein, daß es keinen Gott außer Allah gibt und daß Mohammed sein Prophet ist.« Für den Abend vor der wie auch immer gearteten »Tat« bestimmt das Papier: »Binde deine Schuhe sehr eng zu und trage Socken, so daß die Schuhe eng an deinen Füßen ansitzen.« Nur um dann in einer Anwandlung von Selbsterkenntnis festzustellen: »Dies versteht sich alles von selbst und Gott wird dich schützen.«[47]

Kann man mit solchen Tips im Gepäck das World Trade Center mit einem Linienjet treffen? Sollten diese islamischen Ledernacken die letzten Stunden vor der Operation tatsächlich mit solchen Phrasen zugebracht haben?

Darüber hinaus enthält das Papier aber auch Widersprüche, die darauf hindeuten, daß das Schriftstück ursprünglich nichts mit einem bevorstehenden Anschlag zu tun hatte. Zum Beispiel: »Wenn das (T) [T ist angeblich das

Kürzel für Flugzeug; G.W.] sich bewegt, sobald es sich langsam zu bewegen beginnt und sich in Richtung von (Q) [eine Erklärung für ›Q‹ wird nicht überliefert; G.W.] dreht, bete die Gebete der reisenden Muslime, denn du reist, um Gott zu treffen und die Reisen zu genießen.«[48]

Eine exklusive Version des Islam
Das Testament

Hier ist also nicht mal explizit von einem Flugzeug die Rede, sondern nur von einem »T«. Woraus hervorgeht, daß dies das Kürzel für ein Flugzeug ist, und warum das Flugzeug nicht einfach beim Namen genannt wird, konnte von mir nicht ermittelt werden. Und was ist mit die Reisen »genießen«? Wie paßt das mit einem Selbstmord-Anschlag zusammen? Und nicht nur das: die mutmaßlichen Kamikaze-Killer sollten nach dem Attentat auch noch gemütlich zusammenkommen – was nach Lage der Dinge schwer möglich ist: »Bete am Morgen in der Gruppe, denn das ist eine gute Belohnung, und jeder wird sich nach der Tat daran erinnern, daß du mit ihnen gebetet hast.«[49]

Dieser Satz klingt überhaupt nicht nach einer finalen, tödlichen Tat, nach der man sich nur im Himmel wiedertreffen kann, sondern nach irgendeiner x-beliebigen irdischen Unternehmung, nach deren Abschluß man sich gern an das gemeinsame Gebet erinnert. Unwillkürlich beschleicht einen der Eindruck, daß dieses Papier – wenn überhaupt – nur unzureichend zu dem behaupteten Zusammenhang paßt, nämlich zu den Selbstmordanschlägen auf das World Trade Center und das Pentagon. Aber nicht nur damit ist das Schriftstück nur schwer in Einklang zu bringen, sondern auch mit muslimischen Gepflogenheiten allgemein: »Wenn das handgeschriebene, fünfseitige Dokument, von dem das FBI behauptet, es im Gepäck des Selbstmordbombers

Mohammed Atta gefunden zu haben, echt ist, dann glaubten jene Männer, die mehr als 7.000 unschuldige Menschen ermordeten, an eine sehr exklusive Version des Islam – oder waren ihrer eigenen Religion überraschend fremd«, meint etwa der Islam- und Terrorexperte des britischen *Independent*, Robert Fisk am 29. September 2001. (Damals lagen die vermuteten Opferzahlen noch weit höher.[50])

Halb theologische Anweisung, halb Attentatserklärung werfe das Dokument mehr Fragen auf als es beantworte, so Fisk. Zum Beispiel, wie die angeblich fanatischen Muslime auf die Idee kommen konnten, sich in einem Atemzug mit Gott zu nennen: »Im Namen Gottes, meines eigenen und dem meiner Familie.«[51]

Damit haben sich die mutmaßlichen Attentäter in der religiösen Hierarchie neben Allah selbst gestellt – ein Frevel sondergleichen: »Das Problem ist«, so Fisk, »daß kein Moslem – wie ungebildet auch immer – in einem solchen Gebet seine Familie nennen würde. In Wirklichkeit würde er sofort nach der Erwähnung Gottes den Propheten Mohammed anführen. (...) Und welcher Moslem würde seine Begleiter zur Rezitation des Morgengebets drängen, um dann auch noch daraus zu zitieren? Ein ergebener Moslem würde an seine Pflicht, das erste der fünf Gebete des Tages sprechen zu müssen, nicht erinnert werden müssen, genausowenig wie an dessen Wortlaut.« Amerikanische Wissenschaftler hätten auch schon die Frage nach dem im Text enthaltenen Begriff »hundertprozentig« gestellt – »wohl kaum ein theologischer Ausdruck, den man in einer religiösen Ermahnung finden könnte«, so Fisk. Auch das Wort »optimistisch« in bezug auf den Propheten sei ein entschieden modernes Wort. »Wie auch immer«, so Fisk, »der volle und originale arabische Text wurde vom FBI nicht veröffentlicht. Die Übersetzung, so wie sie ist, legt eine fast schon christliche Sichtweise dessen nahe, was die Entführer gefühlt haben *könnten*.«[52] (Hervorhebung G. W.)

Mit anderen Worten haben wir es hier möglicherweise nicht mit Islamismus zu tun, sondern mit demonstrativem oder ostentativem Islamismus, sprich also: einem Als-ob-Islamismus, der lediglich den Eindruck erwecken soll, daß es sich bei den Tätern um Moslems handelte. In Wirklichkeit seien »das Anstacheln zum Terror in den Herzen wehrloser Bürger, die vollständige Zerstörung von Gebäuden und Besitztümern, das Bombardieren und Verstümmeln unschuldiger Männer, Frauen und Kinder (...) vom Islam und den Muslimen verbotene und verabscheuungswürdige Handlungen«, so »A Brief Illustrated Guide to Understanding Islam«.[53] »Die Muslime verfolgen eine Religion des Friedens, der Gnade und Vergebung, und der Großteil hat mit den Gewaltverbrechen nichts zu tun, die manche mit den Muslimen assoziieren. Wenn ein einzelner Muslim eine terroristische Handlung begeht, macht sich diese Person im Sinne der islamischen Gesetze strafbar.«[54] Tatsächlich kann man sich auf westlicher Seite nicht einerseits zum Beispiel über die drakonischen Strafen aufregen, die der Koran beziehungsweise die Scharia für bestimmte »Vergehen« vorsehen, andererseits aber behaupten, ein Verbrechen wie Mord sei geradezu ein natürlicher Ausdruck des Islam.

»Ein religiöser Glaube hat dasselbe Recht wie jede andere ideelle Bewegung, nach dem beurteilt zu werden, was er wirklich will, und nicht danach, wie menschliche Schwäche und Erbärmlichkeit das Ideal verfälscht haben«, heißt es in einer Mohammed-Biographie.[55] »Alle Religionen können fundamentalistisch werden«, gibt der Hamburger Orientalist Gernot Rotter zu bedenken: »Das liegt auch daran, daß diese Religionen mit sogenannten heiligen Texten operieren. Man kann sich aus ihnen jeweils den Brocken herausbrechen, den man gerade für seine Argumentation braucht. (...) So kann man natürlich im Islam Militanz genauso wie absolute Friedfertigkeit mit dem (...) Koran begründen.«[56]

Der Punkt ist also nicht, ob man mit dem Islam einen Mord begründen könnte oder ob sich irgendwelche Fundamentalisten bei ihrem mörderischen Tun auf den Islam oder den Koran berufen könnten. Natürlich könnten sie das, genauso wie man auch mit der Bibel jede Abscheulichkeit begründen könnte, angefangen bei Vergewaltigung bis hin zu Verstümmelung, Mord und Krieg. Der Punkt ist vielmehr, daß Fundamentalisten oft durch exakte Kenntnisse ihrer jeweiligen Weltanschauung auffallen. Gerade weil sie ihre Religion oder ihren Glauben so genau kennen, picken sie sich einzelne Teile heraus, um sich darauf zu berufen. Gerade weil sie es sehr genau nehmen, werden sie manchmal zur Gefahr. Und genau das ist der Grund, warum wir es bei den Verfassern des sogenannten Terrorbriefes nicht mit islamistischen Fundamentalisten zu tun haben. Ihr Fundamentalismus ist so wenig ausgeprägt, daß sie sich gegenseitig an die primitivsten religiösen Handlungen, wie etwa das Morgengebet, erinnern müssen. Der sogenannte Terrorbefehl kann nicht von islamischen Fundamentalisten geschrieben worden sein.

Wenn also die Quelle dieses Schriftstücks nicht der islamistische Fundamentalismus ist – was dann? Werfen wir einen Blick in das Interview, das der Islamwissenschaftler Gernot Rotter der *taz* am 1. Oktober 2001 gegeben hat. Dort sagt er über die angebliche »Terroranweisung«: »Passagen aus dem Koran werden bruchstückhaft zusammengestellt, aus dem Zusammenhang gerissen und ohne theologische Begründung aneinandergereiht.«[57] Das ist ein Phänomen, das wir von vielen im Zusammenhang mit Attentaten auftauchenden Schriftstücken kennen. So wurden auch die sogenannten Bekennerbriefe der letzten deutschen »RAF«-Generation teilweise zusammengestückelt. Dabei wurden Versatzstücke aus viel früheren Kommandoerklärungen der ersten «RAF«-Generation benutzt und so der Eindruck einer bestimmten Authentizität erweckt. In

Wirklichkeit aber verkommt der Autor eines solchen Briefes zu einem bloßen Redakteur, der sich, um sein Ziel zu erreichen, nur Versatzstücke aus diversen Quellen zusammensucht. Wie man sieht, hält ein solcher Text einer eingehenden inhaltlichen Überprüfung auch nicht stand, sondern sofort brechen die Widersprüche zwischen den einzelnen, sich fremden Passagen auf, ähnlich wie die deutlich sichtbaren Operationsnarben bei einem aus Leichenteilen zusammengestückelten Frankenstein. Um es kurz zu machen: Die angebliche Terroranweisung für die Attentäter vom 11. 9. ist eine groteske Fälschung.

Das Testament des Mohammed Atta bekommt bereits durch die Situation, in der es gefunden wurde (Schließfach, liegengebliebenes Reisegepäck oder Auto) etwas Unscharfes und Verwaschenes, um nicht zu sagen Phantomhaftes. Dieser Eindruck verstärkt sich, wenn man berücksichtigt, daß das FBI nicht das arabische Original des Testaments veröffentlichte, sondern eine englische Übersetzung zur Verfügung stellte.[58] Es handelt sich um einen englischsprachigen, maschinengeschriebenen Text ohne handschriftliche Eintragungen oder handschriftliche Unterschriften. Daraus ergeben sich zwei Probleme. Zum einen weiß niemand, ob das Testament überhaupt wirklich existiert, und zum anderen kann niemand anhand des arabischen Originals prüfen, ob es vom FBI korrekt übersetzt wurde.

Wir verfügen also nicht über Attas Original-Testament, sondern nur über die angebliche Übersetzung einer Polizeibehörde. Darunter stehen die Namen von zwei »Zeugen«, Abdelgani Muzwadi und Almutasadeq Munir. Neben diesen Namen befindet sich der Zusatz »Unterschrift«. Im Original scheint das »Testament« also von diesen Zeugen unterschrieben worden zu sein. Merkwürdigerweise fehlt dieser Zusatz aber ausgerechnet neben dem Namen des angeblichen Verfassers, Mohamed Mohamed Elamir Awad Elsayed, der identisch mit Mohammed

Atta sein soll. Dieser hat das Testament also offenbar nicht einmal unterschrieben.

Damit ist das Schriftstück überhaupt nichts wert, weder als »Testament«, noch als Beweismittel.[59]

Daß es sich des weiteren auch noch um einen unter islamischen Gläubigen verteilten Vordruck handeln soll, der nur mit persönlichen Daten zu ergänzen war, macht die Sache noch fragwürdiger.[60] Was steht also drin in diesem Letzten Willen eines furchterregenden Attentäters?

Der »übersetzte« Text lautet (Hervorhebungen G. W.):

Im Namen des Allmächtigen Gottes
Testament
Dies ist, was nach meinem Tod geschehen soll: Ich bin Mohamed, der Sohn von Mohamed Elamir Awad Elsayed: Ich glaube, daß der Prophet Mohamed Gottes Bote ist und daß eine Zeit kommen wird, da niemand mehr daran zweifelt. Und daß Gott alle Menschen aus ihren Gräbern auferstehen läßt.

Ich will, daß meine Familie und jeder, der meinen Letzten Willen liest, den allmächtigen Gott fürchtet und nicht vom Leben enttäuscht wird. Wenn sie echte Gläubige sind, sollen sie Gott fürchten und ihm und seinen Propheten folgen.

In meinem Gedenken sollen sie tun, was der Prophet Ibrahim seinem Sohn aufgegeben hat, um als guter Moslem zu sterben. Wenn ich sterbe, sollen meine Erben folgendes tun:

1. Die Menschen, die meinen Körper für das Grab vorbereiten, sollen gute Moslems sein. Das wird mich an Gott und seine Vergebung erinnern.
2. Die Menschen, die meinen Körper für das Grab vorbereiten, sollen meine Augen schließen und beten, daß ich in den Himmel komme. Sie sollen mir neue Kleider anziehen, nicht die, in denen ich gestorben bin.
3. Ich will, daß niemand schluchzt und weint oder sich an den Kleidern reißt oder die Hände vors Gesicht schlägt, denn das ist unwissend.

4. Ich will nicht, daß mich jemand besucht, mit dem ich mich zu Lebzeiten nicht verstanden habe. Sie sollen mich auch nicht küssen oder mir auf Wiedersehen sagen, wenn ich sterbe.
5. Ich kann auch nicht gutheißen, daß sich Schwangere und andere unreine Personen von mir verabschieden.
6. Es sollen keine Frauen in mein Haus kommen, um ihr Beileid für meinen Tod zu bekunden. *Ich bin nicht verantwortlich für Menschen, die Tiere vor meinem Körper opfern, denn das ist gegen den Islam.*
7. Die, die meine Totenwache halten, sollen an Allah denken, an Gott, und beten, daß ich zu den Engeln komme.
8. Die Leute, die meinen Körper waschen, sollen gute Moslems sein. Ich will nicht, daß es mehr als unbedingt nötig sind.
9. Die Person, die den Bereich um meine Genitalien wäscht, soll ein guter Moslem sein. Er soll Handschuhe tragen, damit er meine Genitalien nicht berührt.
10. Ich will drei weiße Kleidungsstücke tragen. Sie sollen nicht aus Seide oder anderem teuren Material sein.
11. Ich will nicht, daß Frauen zu meiner Beerdigung oder später an mein Grab kommen.
12. Während meines Begräbnisses sollen alle leise sein, denn Gott wünscht Stille bei drei Gelegenheiten: beim Lesen des Korans, bei Beerdigungen und beim Verneigen zum Gebet. Meine Beerdigungsprozession soll schnell gehen, und es sollen viele Menschen für mich beten.
13. Ich will nur neben guten Moslems beerdigt werden. Mein Gesicht soll nach Osten, nach Mekka, weisen.
14. Ich will auf der rechten Seite liegen. Ihr sollt dreimal Staub auf mich werfen und dabei sagen: »Von Erde bist du genommen, zu Erde sollst du wieder werden.« Aus dem Staub wird eine neue Person geboren. Danach soll jeder Gottes Namen aussprechen und sagen, daß ich als Moslem gestorben bin. Denn das ist Gottes Religion. Jeder, der zu meiner Beerdigung kommt, soll bitten, daß mir vergeben wird, was ich in der Vergangenheit getan habe *(nicht diese Aktion)*.

15. *Die Beerdigungsteilnehmer sollen eine Stunde lang an meinem Grab sitzen bleiben und mir Gesellschaft leisten. Sie sollen Tiere schlachten und das Fleisch den Bedürftigen geben.*
16. Es ist Brauch, alle vierzig Tage oder einmal im Jahr an den Toten zu denken. Aber das will ich nicht, denn dies ist kein islamischer Brauch.
17. Niemand soll damit Zeit vergeuden, Erinnerungen an mich aufzuschreiben und abergläubisch mit sich herumzutragen. Die Zeit sollte genutzt werden, zu Gott zu beten.
18. Alles Geld, das ich hinterlasse, soll so aufgeteilt werden, wie der allmächtige Gott und die muslimische Religion uns aufgetragen hat. Ein Drittel meines Geldes soll den Armen und Bedürftigen gespendet werden. Meine Bücher schenke ich einer der Moscheen. Mein Vermächtnis soll von einem Führer der Sunna-Religion vollstreckt werden. Wer immer es sein mag, es soll jemand aus der Gegend sein, in der ich aufgewachsen bin, oder jemand, dem ich im Gebet gefolgt bin. Die Menschen werden zur Verantwortung gezogen werden, wenn sie den muslimischen Glauben nicht befolgen. Ich will, daß die Menschen, die ich zurücklasse, Gott fürchten. Sie sollen nicht enttäuscht von dem sein, was das Leben zu bieten hat. Sie sollen mehr zu Gott beten und gute Gläubige sein. Wer meinen Letzten Willen oder die Religion mißachtet, wird dafür zur Verantwortung gezogen werden.

Dieses Testament wurde am 11. April 1996 geschrieben. Der islamische Kalender von Zoelquada schreibt das Jahr 1416. Verfaßt von Mohamed Elamir Awad Elsayed.
Zeugen:
Abdelgani Muzwadi (Unterschrift)
Almutasadeq Munir (Unterschrift)[61]

Davon abgesehen, daß dieses »Testament« zum Zeitpunkt der Attentate bereits uralt war, nämlich fünf Jahre, ist, was hier als persönlicher Letzter Wille suggeriert wird, weitgehend eine Schilderung des üblichen islamischen Bestattungsritus, der für jeden Moslem gilt. Das liegt wohl daran, daß es sich um einen Vordruck gehandelt haben soll. Das allerdings erklärt wiederum nicht, wieso in diesem jahrealten Vordruck »diese Aktion« (gemeint sind offenbar die Attentate vom 11. September) von Attas Vergebungswunsch ausgeschlossen wird (siehe oben, kursiv). Waren die Anschläge in diesem Vordruck etwa schon »vorgesehen«? Oder wurde die Bemerkung »nicht diese Aktion« nachträglich eingefügt?

Nach dem islamischen Bestattungsritus, wie er hier beschrieben wird, werden überall auf der Welt Moslems beerdigt, indem

- den Toten die Augen geschlossen werden und für sie gebetet wird,
- die Toten selbstverständlich nicht in den Kleidern beerdigt werden, in denen sie gestorben sind,
- sondern in weiße Tücher gehüllt werden (Männer drei, Frauen fünf),
- die Toten auf der rechten Seite liegend
- in einem eigenen, nach Mekka ausgerichteten Gräberfeld bestattet
- und Toten- und Wehklagen als vorislamische Sitte abgelehnt werden.

Schließlich bekennt sich der Verfasser zur Sunna-Religion (»Mein Vermächtnis soll von einem Führer der Sunna-Religion vollstreckt werden«), also als Sunnit. Die Sunniten repräsentieren die größte Strömung innerhalb des Islam. Etwa 90 Prozent der Moslems gehören ihr an. In diesem Moment müssen wir nicht viel über sie wissen, außer daß sie sich mit einer anderen Gruppe innerhalb des Islam nicht besonders grün sind: den Wahabiten. Die Angehörigen dieser fundamentalistischen Sekte erkennt man unter anderem an ihrem langen Bart, wie er etwa von Osama Bin Laden getragen wird. Atta wird dagegen auf sämtlichen Fotos glattrasiert gezeigt. Auch von der Kleiderordnung des Wahabismus ist bei ihm nichts zu bemerken. Es ist nicht ganz ersichtlich, wie und warum sich hier die Angehörigen zweier verfeindeter Strömungen zum Zwecke eines Attentats zusammengeschlossen haben sollen.

Im Zweifel für den Notfall
Das Hijacking

Es ist klar, daß es bei der bevorstehenden Operation keine Unwägbarkeiten geben durfte. Alles mußte klappen wie am Schnürchen, und bevor die amerikanische Luftverteidigung auch nur mit der Wimper zucken würde, müßten die Maschinen in ihre vier Ziele einschlagen. Es ging darum, alle vier Flugzeuge unter dem zu erwartenden Verfolgungsdruck durch Abfangjäger zeitgleich und zielgenau zu einem nie dagewesenen Präzisionsangriff zu orchestrieren. Und genau in diesem Zusammenhang stoßen wir bereits beim Start auf ein im Grunde unüberwindliches Hindernis. Dieses Hindernis sind die notorischen Verspätungen im Flugverkehr. Der Airport Boston verzeichnete im Sommer 2001 ungefähr 60 Verspätungen pro 1.000 Starts und Landungen.[62] Damit waren 3 Prozent aller Starts verspätet. Natürlich hatte jede der vier Maschinen dieses Risiko zu tragen. Das Risiko, daß einer der vier Starts verspätet erfolgen würde, betrug also 12 Prozent. Da zumindest ein angeblicher Terrorpilot zuvor auf dem Flughafen Boston landete, muß auch dieses Verspätungsrisiko hinzugerechnet werden. Das Risiko, daß die gesamte Operation von einer Verspätung beim Start oder bei der Landung betroffen sein könnte, betrug also insgesamt nicht weniger als 15 Prozent – zu viel. Unter dem Strich war die zeitliche Abfolge des Starts der Maschinen ganz einfach unkalkulierbar, wie die tatsächlichen Abflugzeiten schließlich auch zeigen. Bereits hier ergeben sich im Grunde Koordinationsschwierigkeiten.

So verläßt Flug American Airline 11 den Flughafen Boston um 7.59 Uhr statt um 7.45 Uhr, also mit 14 Minuten Verspätung.[63] Der Flug United Airlines 175 hebt um 8.14 Uhr vom selben Flughafen ab, Verspätung: 16 Minuten.[64] Um 8.20 Uhr verläßt Flug American Airlines 77 den Flughafen Dulles bei Washington – 10 Minuten später als im Flugplan vorgesehen.[65] Das Schlußlicht bildet Flug United Airlines 93, der statt um 8.01 Uhr um 8.42 Uhr von der Piste des Flughafens Newark abhebt – fast eine Dreiviertelstunde später als geplant.[66]

Das Hijacking an Bord von American Airlines 11 beginnt nach 8.13 Uhr, mehr als 14 Minuten nach dem Abheben, weniger als 50 Meilen westlich von Boston.[67] In diesem Moment befinden sich *alle* anderen drei Maschinen noch auf dem Boden – ein unbegreiflicher Leichtsinn der Entführer von Flug American Airlines 11. Es liegt auf der Hand, daß der Befehl zur Übernahme des Cockpits einer der Maschinen erst kommen darf, wenn alle anderen ebenfalls in der Luft sind. Denn sonst könnte es durch irgendeinen dummen Zufall zum Beispiel dazu kommen, daß der Flugkapitän der zuerst gekaperten Maschine noch einen Notruf aussendet und andere Maschinen am Boden festgehalten werden. Um 8.13 Uhr dauert es noch 1 Minute bis zum Start von Flug United Airlines 175, 7 Minuten bis zum Abheben von Flug American Airlines 77 und sogar noch 29 Minuten bis zum Start von Flug United Airlines 93. Spätestens um 8.15 Uhr bemerken die Controller, daß mit Flug American Airlines 11 etwas nicht stimmt. Sie versuchen vergeblich, eine Sprechfunkverbindung mit dem Flugzeug herzustellen, doch der Kapitän antwortet nicht einmal auf Notfrequenzen.[68] Ab 8.20 Uhr sendet die Maschine kein Transpondersignal mehr. Das bedeutet, daß der Radarkontakt weitgehend zusammenbricht. Statt der Kennung, der Flughöhe und des Kurses sehen die Lotsen – wenn überhaupt – ab jetzt nur noch ein kleines, grünes Pünktchen, wie es auch von anderen Flugzeugen ohne Transpondersystem hervorgerufen wird – etwa von Maschinen, die nach Sichtflugregeln ohne Lotsenkontrolle fliegen. Daß hier ein Problem vorliegt, ist spätestens jetzt offensichtlich. Laut FAA-Vorschriften haben die Fluglotsen von einem Notfall auszugehen, »wenn ein unvorhergesehener Verlust des Radarkontakts und der Funkverbindung auftritt«.[69] Und: »Wenn Sie Zweifel haben, ob es sich um einen Notfall handelt oder nicht, dann handeln Sie so, als sei es ein Notfall.«[70]

Ebenfalls gegen 8.20 Uhr wird aus dem Problem ein Zwischenfall, als Flug American Airlines 11 etwa um 40 Grad vom Kurs abweicht. Aber schon »wenn ein Flugzeug um 15 Grad vom Kurs abweicht, drückt der Controller den Panikknopf«, so der kommerzielle Nachrichtendienst *MSNBC* am 12. September 2001. Der Controller tut das, nicht weil er annimmt, daß irgendein durchgedrehter Terrorist die Maschine in ein Hochhaus steuern will, sondern weil die Maschine nunmehr anderen Flugzeugen in die Quere kommen kann. Ab jetzt besteht Gefahr für diese und andere Maschinen, die Maschine ist unter allen Umständen zur Räson zu bringen. Das Abfangen von außer Kontrolle geratenen Zivilflugzeugen ist ein übliches Standardverfahren. Alle paar Tage sehen Kampfflieger irgendwo in den USA auf diese Weise nach dem Rechten. Insgesamt stiegen vor dem 11. September pro Monat in etwa zehn Fällen Abfangjäger auf, um irgendwo in den Vereinigten Staaten eine auffällig gewordene Maschine zu begleiten und die Situation zu klären.

Als am 25. Oktober 1999 ein Learjet mit dem Golfprofi Payne Stewart an Bord außer Kontrolle geriet, trat innerhalb von Minuten das Militär auf den Plan. Nachdem die

Piloten um 9.33 Uhr nicht auf Instruktionen des Fluglotsen reagiert hatten, versuchte der es genau noch viereinhalb Minuten lang, bevor er um 9.38 Uhr die Air Force alarmierte. Dabei muß man unter Umständen nicht einmal warten, bis ein Jet von der nächstgelegenen Air-Force-Base gestartet ist. Vielmehr befinden sich häufig Kampfjets zu Übungszwecken in der Luft und können binnen kürzester Zeit zu dem fraglichen Flugzeug umdirigiert werden. So auch in diesem Fall. Bei ihrem mehrstündigen Geisterflug über die Vereinigten Staaten (Besatzung und Passagiere waren offenbar aufgrund eines Druckabfalls bewußtlos) wurde die Maschine von Anfang bis Ende von Kampfjets begleitet, deren Piloten nur deshalb nicht ins Cockpit sehen konnten, weil dessen Scheiben aufgrund des Druckabfalls beschlagen bzw. vereist waren. In anderen Fällen spähten Kampfjet-Piloten aber sehr wohl in das Cockpit von außer Kontrolle geratenen Maschinen und stellten zum Beispiel fest, daß es leer war.

Ein Hijacking führt automatisch zu einer Militäreskorte. Die amerikanische Flugaufsichtsbehörde FAA legt fest: »Für Entführungssituationen wird der FAA-Verantwortliche, der mit dem National Military Command Center eng zusammenarbeitet, eine Militäreskorte anfordern.«[71]

Man kann sich die Reaktion der Kampfpiloten, der Controller und der Air Force vorstellen, wenn die Jetpiloten im Cockpit von Flug American Airlines 11 arabisch aussehende Personen ohne Pilotenuniform vorgefunden hätten. In diesem Zusammenhang ist es auch vollkommen abwegig zu glauben, die Hijacker des später gestarteten Flugs United Airlines 93 hätten rote Stirnbänder angelegt, bevor sie ins Cockpit eingedrungen seien. Eine solche Person am Steuer eines Passagierjets hätte bei den unweigerlich auftauchenden Kampfpiloten sämtliche Alarmlampen leuchten lassen und eine Entscheidung zum Abschuß der Maschine wahrscheinlich beschleunigt. Schon diese Darstellung weist darauf hin, daß an dem gesamten geschilderten Ablauf etwas nicht stimmen kann.

Der Abschuß wäre erfolgt, weil die Terrorpiloten vermutlich nicht auf die üblichen Signale der Kampfpiloten reagiert hätten, die einer solchen Maßnahme vorausgehen. »Wenn Flugzeuge abgefangen werden, geschieht das typischerweise in einem abgestuften Verfahren«, zitiert der *Boston Globe* einen Sprecher des Luftverteidigungssystems NORAD. »Das anfliegende Kampfflugzeug kann zum Beispiel mit seinen Flügelspitzen wackeln, um die Aufmerksamkeit des Piloten auf sich zu ziehen, oder direkt vor der Nase des Flugzeugs vorbeifliegen. Eventuell kann es Warnschüsse abgeben oder, unten bestimmten Umständen, die Maschine abschießen.«[72]

Schon hier zeichnet sich ab, daß die Terroranschläge vom 11. September 2001 nicht nur kompliziert und schwierig waren – sie waren ganz einfach unmöglich, erst recht in drei- oder vierfacher »Ausfertigung«. »Im allgemeinen ist es unmöglich, einen Terrorakt nach dem gestern in den USA gezeigten Muster durchzuführen«, wurde beispielsweise der Chef der russischen Luftwaffe, Anatoli Kornukow am 12. September 2001 in der russischen *Prawda* zitiert. »Wenn so etwas hier passiert, erfahre ich das sofort, und innerhalb von einer Minute sind wir alle oben.«

Natürlich muß man Anatoli Kornukow in diesem Zusammenhang an den 28. Mai 1987 erinnern. Damals flog der junge deutsche Sportflieger Mathias Rust mit seiner Cessna unerkannt quer durch die Sowjetunion und landete mitten auf dem Roten Platz in Moskau. Dennoch ist die obenstehende Aussage glaubhaft, denn zum Fall Rust gibt es ein paar wesentliche Unterschiede:

- Am 11. 9. 2001 ging es nicht um ein kleines Sportflugzeug, sondern um vier große Airliner.
- Die Airliner flogen zunächst nicht auf Baumwipfelhöhe

unter der Radarüberwachung durch, sondern gerieten in großen Flughöhen außer Kontrolle.
- Die vier Flugzeuge befanden sich dabei unter ständiger Radarüberwachung zumindest der zivilen Flugsicherung.

Praktisch jedes Land verfügt über einen Mechanismus, um Maschinen »abzufangen«, die auf die üblichen Verfahren der Fluglotsen nicht mehr reagieren. Kein Staat der Welt kann es sich leisten, sich nur auf die Fluglotsen zu verlassen, da diese letztlich in ihren Kontrollzentren auf dem Boden nur mit Funk und Radarschirm »bewaffnet« sind und rein physisch einem außer Kontrolle geratenen Flugzeug nicht begegnen können. Die Abfang-Mechanismen sind ständig in Betrieb, um die Sicherheit des Luftverkehrs zu gewährleisten und um Fluggäste, Begleitpersonal und die Allgemeinheit vor jener Gefahr zu schützen, die von einem 150 Tonnen schweren Airliner nun mal ausgeht. Auch an einen Abschuß ist dabei – als letzte Möglichkeit – gedacht. In der Regel wird das jedoch nur in Erwägung gezogen, wenn eine Maschine über bewohntem Gebiet abzustürzen droht – exakt das, was am 11. 9. der Fall war.

Was das Pentagon zu alldem sagt, ist befremdlich: »Das Pentagon hatte ganz einfach nicht erkannt, daß dieses Flugzeug [Flug United Airlines 93; G. W.] in unsere Richtung fliegt, und ich bezweifle, daß irgend jemand vor Dienstag etwas Derartiges erwartet hätte«, sagte Pentagon-Sprecher Vic Warzinski laut *Newsday* vom 23. September 2001. Wie wir jedoch wissen, kommt es gar nicht darauf an, welche Richtung eine außer Kontrolle geratene Maschine nimmt. Vielmehr reicht es, daß sie ohne Anweisungen der Lotsen ihren Kurs verläßt, um sie »abzufangen«. Die Aussage des Pentagon-Sprechers soll den Eindruck erwecken, das Verteidigungsministerium und die Air Force seien von den Maschinen »kalt erwischt« worden. Wie wir jedoch gesehen haben, ist das vollkommen ausgeschlossen – erst recht in vier Fällen gleichzeitig. Die Aussage erweckt den Eindruck, man habe erst reagieren können, als man auf die Idee kam, daß die Maschinen einen Angriff planten. In der alltäglichen Wirklichkeit des Luftverkehrs aber wären die Maschinen bereits kurze Zeit nach einem ungenehmigten Verlassen ihres Kurses unter Kontrolle gewesen. Das aber verlegt den Reaktionszeitpunkt der Behörden weit nach vorne, wie die folgende Tabelle zeigt:

Flug	Start	Kontrollverlust	Einschlag	Reaktionszeit
American Airlines 11	7.59	ab 8.13	8.45	32 Minuten
United Airlines 175	8.14	8.42	9.03	21 Minuten
American Airlines 77	8.20	8.46	9.40	54 Minuten
United Airlines 93	8.42	9.16	10.03 bis 10.06	47 bis 50 Minuten

Spätestens angesichts dieser Aufstellung muß man zu dem Schluß kommen, daß die sonst üblichen Reaktionen des Flugsicherungs- und Luftverteidigungssystems an diesem Tag in mindestens vier Fällen unterdrückt wurden.

Mit Turban und Teppichmesser
Die Waffen

Wie aber brachten die Entführer die Flugzeuge in ihre Gewalt? Die wichtigste Information darüber stammt bis heute von *CNN*. Am 12. September verbreitete der Sender um 2.06 Uhr morgens (Eastern Daylight Time) die folgende Meldung: »Barbara Olson, eine konservative Kommentatorin und Rechtanwältin, alarmierte ihren Mann, Generalstaatsanwalt Ted Olson, daß ihr Flugzeug am Dienstagmorgen gekidnappt worden sei, erklärte Ted Olson gegenüber *CNN*. Kurz darauf stürzte Flug American Airlines 77 in das Pentagon. (...) Olson erklärte gegenüber *CNN*, seine Frau habe gesagt, daß alle Passagiere und das Personal einschließlich der Piloten durch bewaffnete Entführer im Heck der Maschine zusammengetrieben worden seien. Als einzige Waffen erwähnte Barbara Olson Messer und Teppichmesser. Sie hatte den Eindruck, niemand sei für das Flugzeug verantwortlich und bat ihren Mann, dem Piloten zu sagen, was er tun solle.«

Die Geschichte mit den Messern bzw. Teppichmessern lieferte seither die Erklärung dafür, warum die Waffen nicht bei den Sicherheitskontrollen entdeckt worden waren. Millionen Fluggäste mußten nach dem 11. September deshalb auch noch das kleinste Taschenmesserchen abliefern, ganz so, als könne man damit ein Flugzeug entführen. Den Entführern wurde eine besondere Cleverness unterstellt, da sie auf leicht zu entdeckende Schußwaffen verzichtet und die Sache statt dessen nur mit Messern durchgezogen hätten. Bedauerlicherweise macht auch diese Geschichte überhaupt keinen Sinn, da es für die Entführer nicht unbedingt zwingend war, auf Schußwaffen zu verzichten. Schon vor dem 11. September 2001 hatten Reporter immer wieder demonstriert, wie leicht es war, Schußwaffen an Bord von Flugzeugen zu schmuggeln. Ein *RTL*-Kamerateam machte die Probe aufs Exempel. Gezeigt wurde der Beitrag unter anderem in *Stern TV* am 12. September 2001:

»Der Reporter versteckt dazu Waffen in seinen Schuhen – Pistolen, die in jedem Durchleuchtungsapparat sichtbar werden. Dann geht der Reporter durch die Sicherheitsschranke, der Alarm wird ausgelöst, doch er muß nur den Schlüssel aus der Hose nehmen, die Waffe im Schuh bleibt unentdeckt. Diesen Test machte der Reporter an verschiedenen Flughäfen. Die Waffe ist diesmal im Handgepäck versteckt. Zweimal Sicherheitskontrolle, wie hier in Palma de Mallorca, die Waffe bleibt unentdeckt.

Und auch bei Transatlantikflügen will das Kamerateam die Sicherheit testen. Eingeweiht: Otto Ziegelmeier, damals Geschäftsführer der Unabhängigen Flugbegleiter Organisation UFO.«

O-Ton Reporter: »Diese Waffe werde ich jetzt in meinen Schuh stecken, und dann gehe ich durch die Kontrolle, ohne daß sie mich erwischen ...«

O-Ton Ziegelmeier: »Also, wenn das klappen sollte, das wäre ein absoluter Hammer und Skandal, also damit dürfen Sie nicht durchkommen.«

Doch wie der Fernsehbericht zeigt, passiert der Journalist »ohne Probleme« die Sicherheitskontrollen, »die Waffe bemerkt niemand«. Bei einem Zwischenstop in London-Heathrow versteckt der Reporter die Waffe in einer Zeitung – Fazit: »Auch diesmal wird nichts entdeckt. Ohne Probleme kann er die Waffe an Bord bringen und damit unbehelligt nach New York fliegen.«

Bei der Abreise aus New York macht der Mann noch einen Versuch: »Auf dem Weg zum Airport versteckt er wieder die Waffe im Schuh, doch auch die amerikanischen Sicherheitskontrollen entdecken nichts. Insgesamt hat der Test bei 20 Flughäfen weltweit funktioniert, niemand entdeckte die Waffe. Ein Test, der deutlich macht: Die Sicherheit an Flughäfen ist nicht immer hundertprozentig.«[73]

Im Gegenteil: Die Chance, die Kontrollen auszutricksen und eine Schußwaffe an Bord zu bringen, liegt bei 100 Prozent – jedenfalls bei diesem Test. Den Vogel schossen 1996 jedoch zwei belgische Jornalisten am Flughafen Brüssel ab. Mit falschen Pilotenuniformen und einer versteckten Kamera im Pilotenkoffer marschieren sie durch sämtliche Kontrollen, ohne auf Sprengstoff oder Waffen durchsucht zu werden. Nur der Pilotenkoffer wird durchleuchtet. Anschließend steigen sie in eine Maschine auf dem Vorfeld, halten sich dort minutenlang auf und marschieren schließlich unbehelligt wieder aus dem Flughafen. 75 Minuten nach Beginn der Aktion sitzen die beiden wieder wohlbehalten in ihrem Auto.[74]

Warum also haben die angeblichen Entführer des 11. September 2001 auf Schußwaffen verzichtet, um Passagiere und Piloten statt dessen mit Teppichmessern in Schach zu halten? Das können kaum die geeigneten Mittel gewesen sein, um vier Maschinen mit Passagieren und Besatzung zuverlässig unter Kontrolle zu bringen. Wie soll es ihnen mit diesen »Waffen« gelungen sein, Dutzende von Menschen und eine Flugzeugbesatzung so in ihre Gewalt zu bringen, daß diese sich samt Maschine punktgenau und diszipliniert in den sicheren Tod steuern lassen? Teppichmesser können mit Aktenkoffern abgewehrt werden. Im Angesicht des Todes hätten Passagiere und Besatzung mit ihrer Übermacht an Menschen und Kraft unter allen Umständen versucht, das Vorhaben der Entführer zu vereiteln. Die ersten hätten vielleicht Verletzungen davongetragen, angesichts der Teppichmesser hätten diese aber kaum sehr schwer sein können. Außerdem hätte der Kapitän in dem Moment, in dem er die Gewalt über die Maschine zurückerhalten hätte, sofort ausreichend Notarztwagen anfordern und auf dem nächstgelegenen Flughafen notlanden können. Und: Wie konnten die Entführer das alles auch noch schaffen, ohne daß ein einziger Pilot ein Notsignal senden konnte? Hatten die »Messer« und »Teppichmesser« etwa die Wirkung von Genickschüssen?

Kämpfe im Cockpit
Vergleichbare Fälle

Wie man sich die Ereignisse im Cockpit und im Flugzeug bei der Attacke eines Selbstmordattentäters in Wirklichkeit vorstellen muß, das erlebten im März 2000 die 143 Passagiere und die Besatzung einer Germania-Maschine auf dem

Weg von Teneriffa nach Berlin. Auf die Worte »Ich muß den Piloten sprechen. Ich bin vom Bundesnachrichtendienst. Es sind Terroristen an Bord« hin öffnete die Stewardeß dem Eindringling gegen 21.40 Uhr die Tür zum Cockpit. Sofort stürzte sich der Mann auf den Piloten, schlug ihn mit der Faust ins Gesicht und schrie, er werde die Maschine jetzt zum Absturz bringen. Nach dem Tode seines Vaters sei ihm alles gleichgültig. Während sich der Kapitän gegen den Angreifer wehrte, tat die übrige Besatzung etwas sehr Naheliegendes: sie rief die Passagiere um Hilfe. »Daraufhin«, so berichtete die *Berliner Zeitung* am 29. März 2000, »stürmten sechs Passagiere ins Cockpit, überwältigten den etwa 1,70 Meter großen, kräftig gebauten Mann und brachten ihn in den Passagierraum.« Während einige Frauen versuchten, den offensichtlich Verwirrten zu beruhigen, standen hinter seinem Sitz »als Wachen männliche Reisende«, so die *Berliner Zeitung:* »Die Tür zum Cockpit beaufsichtigten ebenfalls mehrere Männer.«[75]

Natürlich ist dieser Fall mit den Ereignissen vom 11. 9. nicht ohne weiteres vergleichbar, da der Angreifer offensichtlich allein, desorganisiert und nicht bewaffnet war. Trotzdem lassen sich hier ein paar typische Reaktionsmuster von Besatzung und Passagieren ausmachen: Die Besatzung ruft um Hilfe, und die Passagiere schreiten sofort ein. Man muß also davon ausgehen, daß es eines hohen »militärischen Drucks«, zum Beispiel durch eine furchteinflößende Bewaffnung bedarf, um eine Passagiermaschine wirklich unter Kontrolle zu bringen.

Ein Blick in die Geschichte der Flugzeugentführungen hätte die Drahtzieher des 11. 9. eigentlich davon überzeugen müssen, daß ein Vorgehen mit Messern oder Teppichmessern wahrscheinlich keine sichere Kontrolle über eine Maschine ermöglichen würde – schon gar nicht, wenn Passagiere und Piloten den Tod vor Augen haben würden. Eine Reihe von »Kollegen« der angeblichen Flugzeugentführer vom 11. 9. hätte ihnen von ihren leidvollen Erfahrungen mit der Entschlossenheit von Passagieren und Besatzungen berichten können. Nehmen wir als Beispiel nur ein einziges Jahr – das Jahr 2000: Im März kämpften Passagiere und Piloten nicht nur in dem geschilderten Vorfall auf dem Weg von Teneriffa nach Berlin einen Angreifer nieder, sondern auch auf einem Flug der Alaska Airlines von Puerto Vallarta nach San Francisco. Im Dezember attackierte ein Mann die Piloten einer British-Airways-Maschine auf dem Weg von London nach Nairobi. Nach einem kurzen Sturzflug konnte die Crew den Mann überwältigen. Im August hatten die Passagiere eines Fluges der Southwest Airlines von Las Vegas nach Salt Lake City besonders kurzen Prozeß mit einem Cockpit-Angreifer gemacht – sie erschlugen ihn.[76] Zuletzt scheiterte Anfang September 2002 ein mit einem Messer bewaffneter Mann am entschiedenen Widerstand der Besatzung einer Boeing 737–300 im Anflug auf die Malediven. Der Mann hatte versucht, in das Cockpit einzudringen, und wurde dabei von der Crew niedergerungen.[77]

Besonders schwierig wird es für die Entführer natürlich, wenn sich unter Piloten und Passagieren aktive oder ehemalige Militärs befinden. Die Wahrscheinlichkeit, unter 100 oder 200 Passagieren (mit denen die Entführer ungeachtet der letztlich nur dünnen Auslastung der Maschinen ja rechnen mußten) auf ehemalige oder aktive Militärs – zumal unter den Piloten – zu stoßen, ist in den Vereinigten Staaten ziemlich hoch.

Zum Beispiel trifft das auf den Kapitän von Todes-Flug American Airlines 77 (Pentagon), Charles F. Burlingame aus Herndon, Virginia, zu. Der 51jährige gehörte vor seiner Zeit als Airline-Pilot zum Kader der sagenhaften Miramar Naval Air Station in Kalifornien, besser bekannt unter dem Spitznamen »Top Gun«. Die »Fliegenden Ledernacken« (so der Name eines Luftfahrtmuseums in Miramar) gelten als eisenharte Militärs. Der Golfkriegs-Veteran Burlingame,

Träger der »Defense Superior Service Medal«, blieb dem Soldatenleben auch nach seinem Rückzug aus der Kampffliegerei verbunden – unter anderem (bis 1996) als Verbindungsoffizier zum Pentagon.

Dieser Mann mußte also erst mal von den Kontrollen seines Passagierjets weggebracht werden, freilich erst nachdem man die mit einem Anti-Hijacking-Training versehene Stewardeß Michele M. Heidenberger davon überzeugt haben würde, einen ins Cockpit vorzulassen. »Michele Heidenberger hatte vor fünf Jahren ein Training für den Umgang mit einer Flugzeugentführung absolviert, sagte ihre Schwägerin«, berichtet *The Baltimore Sun*. »Wie ich Michele kenne, war sie wahrscheinlich diejenige, die zuerst zu ihnen hinging und sagte, ›Sie können nicht ins Cockpit gehen‹«, zitiert die Zeitung die Schwägerin der Vermißten. »Wir haben keine Zweifel, daß sie sich diesen Typen entgegenstellte.«[78]

Ganz zu schweigen von Passagieren wie

- dem Arzt, Navy-Mitarbeiter und alten Vietnam-Kämpfer William E. Caswell, 54,
- dem ebenfalls 54jährigen Vietnam-Veteranen und Purple-Heart-Träger Richard P. Gabriel sen.,
- dem Korea-Veteran Stanley Hall, 68,
- dem ehemaligen US-Air-Force-Angehörigen Dong Lee, 48,
- dem Ex-Army-Angehörigen Robert R. Ploger, 59,
- dem pensionierten Korea- und Vietnam-Haudegen und Navy-Testpiloten John Yamnicky, 71,
- dem ehemaligen US-Navy-Admiral Wilson Flagg, 63.[79]

Es ist also wohl nicht übertrieben, wenn man feststellt, daß es sich im Vergleich zu den Passagieren bei den mit Teppichmessern bewaffneten Entführern um ausgemachte militärische Greenhorns gehandelt haben dürfte.

Die von den Medien verbreitete Vorstellung von Passagieren, die wie wehrlose Lämmchen in ihren Sitzen verharren und sich in den Tod schicken lassen, entbehrt zumindest im Fall von Flug American Airlines 77 (Pentagon) jeder Grundlage. Genau deshalb geht auch die Diskussion um sogenannte »Sky-Marshals« (also bewaffnete Flugbegleiter) an der Realität vorbei, denn im Ernstfall wird jeder Passagier zum Sky-Marshal, insbesondere dann, wenn es sich um einen Militär handelt. Das wird nur gern verschwiegen. Die Geschichte von den mit Teppichmessern bewaffneten Entführern am 11. 9. wirkt deshalb besonders unglaubwürdig – besonders, weil gleich in drei Fällen (von der in Pennsylvania abgestürzten Maschine einmal abgesehen, deren Absturzursache man nicht kennt) etwas gelungen sein soll, woran andere Entführer vorher kläglich scheiterten. Und selbst wenn sich die Entführer mit ihrer unzureichenden Bewaffnung hätten durchsetzen können, ist damit noch lange nicht gesagt, daß sie unter der Gegenwehr von Besatzung und Passagieren die Flugzeuge hätten zuverlässig kontrollieren können, um sie perfekt und punktgenau ins Ziel zu steuern. Denn es ging ja nicht nur darum, die Flugzeuge irgendwann und irgendwie in ihre Gewalt zu bekommen, sondern darum, sie unter einem möglichen Verfolgungsdruck durch Kampfflugzeuge anschließend zu einem exakten Angriff zu führen – ein kaum vorstellbares Unternehmen, und schon gar kein sinnvolles Investment für jene Millionen Dollar und die vielen Jahre an Vorbereitungszeit, die die Operation zweifellos in Anspruch genommen hat.

Die Wahrscheinlichkeit von – zufällig – an Bord anwesenden Militärs und Exmilitärs läßt das Risiko eines Hijackings, insbesondere mit Messern oder Teppichmessern, jedenfalls ins Unkalkulierbare anwachsen. Dieses Risiko war absolut real, genauso real wie die Möglichkeit, daß man in einem vollbesetzten Flugzeug der Lufthansa Bundeswehrsoldaten oder Polizeibeamte antrifft – einfach deshalb, weil diese Leute natürlich auch reisen. Allein dieses Risiko müßte den Masterminds des 11. 9. bekannt gewesen sein und einen

Plan, der auf einer Entführung mit Messern und Taschenmessern aufbaut, als undurchführbar erscheinen lassen.

Fehlbesetzungen am Himmel
Die Insassen

Ebenso dubios wie die bisherigen Vorgänge und Sachverhalte ist auch die Antwort auf die Frage, wer sich eigentlich an Bord der vier Todesmaschinen befand. Bis heute gibt es darauf nämlich keine verbindliche und plausible Antwort. Weder von den Airlines noch von den Ermittlungsbehörden wurden bis heute verbindliche Passagier- bzw. Insassenlisten der Maschinen veröffentlicht. Halten wir uns deshalb an die Listen des amerikanischen Propagandasenders CNN, den wir sozusagen als halbamtliche Quelle ansehen. Danach hatten

Flug American Airlines 11 (Nordturm)	92 Menschen an Bord
Flug American Airlines 77 (Pentagon)	64 Menschen an Bord
Flug United Airlines 93 (Shanksville)	45 Menschen an Bord
Flug United Airlines 175 (Südturm)	65 Menschen an Bord
alle Flüge (inkl. Crew)	266 Menschen an Bord

Schon mit diesen Zahlen fangen die Fragen an. Denn 266 Insassen, davon rund 240 Passagiere, sind außergewöhnlich wenig. So viele Leute passen grob geschätzt bereits in ein einziges der vier Flugzeuge. Die Maschinen sind also nur etwa zu einem Fünftel oder einem Viertel ausgelastet. Am Morgen eines Werktags würde man die drei- bis vierfache Menge an Insassen erwarten. Normalerweise neigen die Airlines nicht zur Unterbesetzung ihrer Flugzeuge, sondern vielmehr zur Überbuchung: Um Leerstand zu vermeiden, buchen sie mehr Passagiere auf eine Maschine, als im Flugzeug Sitze verfügbar sind. Erst am Checkin stellt sich dann heraus, wer von den angemeldeten Fluggästen wirklich da ist, und mitunter müssen dann Passagiere auf andere Flüge vertröstet werden. Am Morgen des 11. September scheint gleich bei vier Maschinen dieses »Overbooking« derart schlecht funktioniert zu haben, daß die Flugzeuge fast leer blieben.

Wer also sitzt jetzt, gegen 9.00 Uhr morgens am 11. September 2001, in den vier Verkehrsmaschinen, die mit heulenden Triebwerken auf ihre Ziele zuschießen? Bei Flug American Airlines 77 (Pentagon) haben wir bereits die erstaunliche Entdeckung gemacht, daß ausgerechnet die Maschine, die in das amerikanische Verteidigungsministerium krachte, sehr viele Militärs und Waffenexperten transportierte. Aber auch sonst gibt es jede Menge Merkwürdigkeiten. Während CNN in der Überschrift zu seiner Passagierliste zum Beispiel behauptet, Flug American Airlines 11 (Nordturm) habe 92 Menschen an Bord gehabt, listet die Aufstellung der Insassen darunter in Wirklichkeit nur 86 auf – einschließlich Crew. Und so geht es immer weiter. Die Passagierliste von Flug United Airlines 175 (Südturm) listet nicht 65, wie von der CNN-Überschrift behauptet, sondern nur 56 Menschen auf. Flug American Airlines 77 (Pentagon) hatte laut der CNN-Namensliste nicht 64, sondern nur 56 Menschen an Bord, und Flug United Airlines 93 war nicht mit 45 Insassen, wie in der Überschrift behauptet, sondern nur mit 33 unterwegs (davon gerade mal 26 Passagiere) – jedenfalls laut Insassenliste. Daraus ergibt sich also folgende Rechnung:

Flug American Airlines 11 (Nordturm)	86 Menschen an Bord
Flug American Airlines 77 (Pentagon)	56 Menschen an Bord
Flug United Airlines 93 (Shanksville)	33 Menschen an Bord
Flug United Airlines 175 (Südturm)	56 Menschen an Bord
alle Flüge (inkl. Crew)	231 Menschen an Bord

Beim Nachzählen der Listen fehlen gegenüber der Zahlenangabe von *CNN* also 35 Insassen.

Das wohl Spektakulärste ist aber, daß die wichtigsten Personen für die Besetzung des »9/11-Krimis« fehlen: die Entführer. Unter den Namen der Passagiere findet sich kein einziger arabischer Herkunft. Handelt es sich bei den fehlenden Namen also um die Entführer? Das kann auch nicht stimmen, denn die Zahl der Entführer wird ja mit 19 angegeben, nicht mit 35. Oder hat man etwa alle arabischen Namen von den Listen entfernt? Denn es wäre ja zu erwarten, daß man neben den Namen der Entführer auch noch die Namen von *anderen* Arabern auf den Listen findet, die als *ganz normale Passagiere* mitgereist sind. Schließlich finden wir ja auch – wie es für die USA zu erwarten ist – englische, schottische, deutsche, asiatische, griechische, französische, jüdische, spanische, russische, italienische und skandinavische Namen auf den Insassenlisten, aber keinen einzigen arabischen – wenn man mal von einem Grenzfall absieht: einem gewissen Peter Hashem an Bord von Flug American Airlines 11.

Man kann also feststellen, daß auf den Passagierlisten aller vier Flüge nicht nur die Namen der mutmaßlichen Entführer fehlen, es fehlen überhaupt arabische Namen. Was hat das zu bedeuten? Hat man hier sämtliche arabischen Namen getilgt? Und wenn ja, warum? Sollte etwa kein Araber als Opfer eines der Todesflüge in der Öffentlichkeit erscheinen? Nach dem Crash verwandelten sich die Insassen von normalen Piloten, Passagieren und Stewardessen in Nationalhelden – hätten da arabische Namen vielleicht gestört?

Operation »Noble Eagle«
Die Identifizierung I

Eine objektive Antwort auf diese Fragen kann vor allem die Identifizierung der Toten geben. Nach Unfällen von Flugzeugen oder anderen Verkehrsmitteln weiß man in der Regel, wer die verunglückten Verkehrsmittel benutzt hat. Sogar falsche Identitäten sind so schon posthum aufgeklärt worden. Bei einem Flugzeugabsturz kann man durch eine Analyse der Situation an der Absturzstelle und die Identifizierung der Leichen wichtige Fragen klären, zum Beispiel, wer sich im Cockpit befand und wer im Augenblick des Aufpralls das Steuer bediente – entscheidende Erkenntnisse insbesondere beim Verdacht einer Flugzeugentführung. Und diese objektiven Ergebnisse sind auch nicht durch subjektive »Beweise« wie angebliche Anrufe und Schilderungen von Flugzeugpassagieren zu ersetzen. Wie ich schon im Vorwort sagte: Auch der »Fall 9/11« steht und fällt mit den Toten. Ohne Leiche kein Mord, keine Anklage – gar nichts. Das gilt auch für den 11. September 2001. Daß sich in den Türmen Leichen befanden, ist wohl unumstritten. Aber wie ist es mit den Flugzeugen? Ohne einwandfrei identifizierte Leichen in den Maschinen gibt es den 11. September nicht – jedenfalls nicht so, wie er uns erzählt wird. Und wie wir noch sehen werden, haben die Behörden einige Probleme, diese Leichen herbeizuschaffen und zu identifizieren.

Es fängt damit an, daß man sich bei den Absturzstellen in den beiden World-Trade-Center-Türmen aus nachvollziehbaren Gründen schwer tat, überhaupt Fluginsassen zu finden, und zwar sowohl Crewmitglieder und Passagiere als auch Hijacker. Die Totenscheine wurden ohne Leichen ausgestellt. Der wichtigste Baustein zur Klärung der Vorkommnisse an Bord der beiden Maschinen fehlt damit. Bleiben noch die beiden anderen Flüge: Flug American

Airlines 77, der ins Pentagon geflogen sein soll, und Flug United Airlines 93, der angeblich bei Shanksville abstürzte.

Die Identifizierung der Opfer in Shanksville und im Pentagon besorgte das Armed Forces Institute of Pathology (AFIP). Die Schilderung der Identifizierungsoperation mit dem Codenamen »Noble Eagle« (»Edler Adler«) beansprucht ein ganzes Heft des *The AFIP-Letter*, der Hauspostille des Instituts. Als erstes fällt etwas auf, was mir im Zusammenhang mit den Ermittlungen des 11. September immer wieder begegnet ist. Schon bei der Anreise der angeblichen Hijacker Atta und al-Omari von Portland zum Ausgangsflughafen ihres Todesflugs in Boston wurden vom FBI einfach die Abflug- und Ankunftszeiten aus dem Flugplan in die Chronologie der Ereignisse übernommen, obwohl doch jeder weiß, daß kaum eine Maschine auf die Minute genau startet *und* landet. Das gleiche Phänomen begegnet uns bei der Identifizierung. Der Bericht des Armed Forces Institute of Pathology nennt als Abflugzeit von Flug United Airlines 93 in Newark die planmäßige Zeit 8.01 Uhr, obwohl die Maschine in Wirklichkeit eine Dreiviertelstunde später abflog, nämlich um 8.42 Uhr. Dabei ist die genaue Dokumentation, wie die Opfer eines solchen Absturzes dorthin gelangten, wo sie schließlich gefunden wurden, ein unverzichtbarer Baustein ihrer Identifizierung. Diese Schlamperei läßt nichts Gutes vermuten, und tatsächlich wird man aus dem Rest des Papiers auch nicht schlauer. Die nächste Merkwürdigkeit: Akribisch wird hier jeder einzelne Mitwirkende der Identifizierungsoperation aufgelistet, nicht aber die Opfer. Merkwürdigerweise sind die Ergebnisse der Identifzierung den Autoren auf den ganzen 20 Seiten kein einziges Wort wert. Man erfährt weder, wie viele Passagiere und Crewmitglieder, noch wie viele Hijacker identifiziert werden konnten. Ausgerechnet das Ergebnis der ganzen Operation fehlt also. Damit dürfte dies die erste Identifizierungsmaßnahme sein, bei der fast ausschließlich von den Menschen vor dem Seziertisch die Rede ist und nicht von jenen auf dem Seziertisch. Mit anderen Worten: Das Ganze erinnert fatal an eine generalstabsmäßige Übung, bei der es ausschließlich um die Logistik geht, nicht aber um die Opfer – weil es nämlich keine gibt, jedenfalls nicht im Sezierraum. Aber auch das ist nicht ganz wahr, denn selbst bei einer Übung wird mit Schaufensterpuppen und künstlichen Identitäten gearbeitet, so daß die Beamten und Pathologen vor der realistischen Aufgabe stehen, Körperteile zuordnen zu müssen, um am Ende wieder zu kompletten Personen und Identitäten zu kommen. Im Fall Shanksville und Pentagon erfährt man über die Opfer jedoch gar nichts aus der Broschüre des Militärinstituts. Dabei geht es noch nicht mal unbedingt um die Namen. Vielmehr steht dort weder ein Wort über die Situation am Fundort noch über den Zustand und Zerstörungsgrad der Leichen. Gebrochene Daumen, Hände und Füße könnten zum Beispiel darauf hinweisen, wer sich im Moment des Crashs in die Bedienelemente stemmte. Von solchen Ergebnissen findet sich in dem umfangreichen Bericht des *AFIP-Letter* nichts. Auch darüber, ob die Insassen auf Alkohol und andere Drogen getestet wurden – ein absolutes Muß bei einer Identifizierung und Unfalluntersuchung nach einer Katastrophe, erfährt man nichts. Zumindest die im Cockpit aufgefundenen Leichen werden solchen Tests unterzogen, um den Hergang des Absturzes besser verstehen zu können. Da alle diese Informationen und Tests fehlen, fragt man sich, ob hier wirklich reale Leichen bzw. sterbliche Überreste auf dem Tisch lagen.

Auch eine Pressemitteilung des Armed Forces Institute of Pathology (AFIP) hilft nicht viel weiter. Über die Ergebnisse der Identifizierung der Shanksville-Opfer (Flug United Airlines 93) erfährt man wiederum nichts. Das Papier läßt sich gerademal zu der Bemerkung herab, von Flug American Airlines 77 (Pentagon) seien »alle bis auf einen« der 64 »Passagiere« identifiziert worden.

Nun dachten wir bisher, daß sich die Insassen eines jeden der Terrorflüge aus drei Gruppen zusammensetzten: Crew, Passagieren und Hijackern. Aber das Pathologische Institut der amerikanischen Armee hält es nicht einmal für nötig, hier zu differenzieren. Nähme man das Institut ernst, was zunehmend schwerfällt, könnte man den Eindruck gewinnen, die Maschinen seien ausschließlich von »Passagieren« bevölkert worden. Vor allem die Identifizierung der Hijacker wäre natürlich der entscheidende Beweis in dem Theoriegebäude der Behörden gewesen, wonach 19 Araber die vier Flugzeuge entführt haben sollten. In der Pressemitteilung des Armed Forces Institute of Pathology ist von Hijackern aber keine Rede.[80]

Ganz ähnlich verhält es sich mit Flug United Airlines 93. Hier lautet das Ergebnis, das Institut habe »positive DNA Identifikationen von allen 40 Pennsylvania Opfern erhoben«. Darüber hinaus will man »genetische Profile der Terroristen, die nicht mit jenen der Passagiere übereinstimmten«, entwickelt haben, heißt es auf der Website des dem AFIP angegliederten National Museum of Health and Medicine.[81]

Auch das hört sich nicht so an, als seien die Terroristen seriös identifiziert worden, indem man DNA-Proben aus ihrem ante-mortem-Umfeld (z. B. Zahnbürsten aus ihren Gepäckstücken usw.) mit Gewebeproben vom Katastrophenort verglichen hätte. Vielmehr scheint es sich so zu verhalten, daß die Gerichtsmediziner einfach DNA-Proben, die sie keinem der Passagiere zuordnen konnten, zu DNA-Proben der Hijacker ernannten. Das ist natürlich keine seriöse Identifizierung. Als identifiziert gilt ein Mensch erst dann, wenn einer Gewebeprobe eindeutig ein Name zugeordnet werden kann und nicht, indem man vier unbekannte Proben einfach zu Proben der »Hijacker« deklariert. So will man im nachhinein auch noch zwei Hijacker im World Trade Center »identifiziert« haben.

Ein Kidnapper auf Umwegen
Die Flugrouten

Nicht weniger seltsam als die Umstände der Identifizierung der Hijacker sind die Flugrouten der »Terrorflugzeuge«. Da Entführer normalerweise natürlich nicht mit einer Unterdrückung des üblichen Flugsicherungsverfahrens rechnen können, mußten sie davon ausgehen, daß ihre einzige Chance darin besteht, sofort nach dem Start die Macht im Cockpit zu übernehmen und unverzüglich und auf direktem Wege das Ziel anzusteuern. Tatsächlich soll es von den angeblich arabischen »Drahtziehern« der Attentate auch eine solche Anweisung gegeben haben – ich komme noch darauf zurück. Wenn man die ersten wahrnehmbaren Anomalien (plötzliche Kursabweichung, fehlendes Transpondersignal etc.) mit dem Beginn des Hijackings gleichsetzt, dann dauerte es nach dem Start bei Flug American Airlines 11 jedoch mindestens 14 Minuten bis zum Hijacking, bei Flug United Airlines 175 28 Minuten, bei Flug American Airlines 77 26 Minuten und bei Flug United Airlines 93 sogar 34 Minuten. Wie man sieht, hatten es die Entführer, bis auf Flug American Airlines 11, erstaunlicherweise also gar nicht so eilig, die Maschinen in ihre Gewalt zu bringen. Mit einer verblüffenden Bierruhe warteten sie teilweise 20, 30 Minuten ab, bis sie die Maschinen übernahmen. Und das, obwohl nicht nur andere Hijackings bereits im Gange waren, sondern um 8.46 Uhr und um 9.03 Uhr auch bereits die ersten entführten Maschinen in ihre Ziele krachten, also die ganze Luftfahrt in den USA in höchstem Alarmzustand sein mußte – einschließlich der Piloten. Um 9.01 Uhr warnte United Airlines ihre Piloten vor einer Entführung und forderte sie zur Verbarrikadierung der Cockpittüren auf. Kurz darauf bestätigten die Flugzeugführer von United Airlines 93 diese Warnung auch noch.[82] Dennoch gab es um 9.16 Uhr die ersten Gerüchte über die Entführung der Maschine, und um 9.30 Uhr verschwand sie offenbar ohne jede Gegenwehr der Piloten mir nichts, dir nichts das Transpondersignal (siehe S. 227).

Als ob dies noch nicht seltsam genug wäre, legten die Hijacker auch *nach* der Übernahme der Maschinen keine besondere Eile an den Tag. Im Gegenteil: Statt nun direkt auf ihre Ziele zuzuhalten, absolvierten sie mit den Flugzeugen bizarre Umwege. Flug American Airlines 11 beispielsweise steuerte nach dem Hijacking nicht etwa direkt Richtung Süden oder Südwesten nach New York. Statt dessen *entfernte* er sich zunächst von seinem Ziel, indem er nach Nordwest drehte und erst nach einer Weile eine scharfe Kurve machte, um den Zielanflug nach New York zu beginnen. Was brachte die Hijacker zu diesem seltsamen Schlenker? Und weshalb nahmen sie an, sich diesen Umweg leisten zu können? Flug United Airlines 175 bietet ein ähnliches Bild. Statt sich nach dem Hijacking von seiner vorgesehenen Route direkt nach Osten, Richtung New York, zu entfernen, fliegt er zunächst weit nach Süden, macht erst dann eine scharfe Kurve und hält auf das World Trade Center zu. Noch bizarrer ist die Route von Flug American Airlines 77. Genau wie American Airlines 11 weicht dieser zunächst in der falschen Richtung vom Kurs ab, nämlich nach Norden statt zurück nach Osten, Richtung Washington. Anders als American Airlines 11 kehrt er dann aber nicht um, um nun auf das Pentagon in Washington zuzuhalten. Statt dessen wendet er und reiht sich wieder in seinen ursprünglichen Kurs ein, um dort eine ganze Weile nach Westen weiterzufliegen, als wäre nichts geschehen! Obwohl diese Maschine mit 41 Minuten Verspätung gestartet ist, lassen sich die Entführer bis zum Hijacking weitere 34 Minuten Zeit und fliegen danach – bis auf den erwähnten »Schlenker« – wie geplant nach Los Angeles weiter! Es ist wohl nicht vermessen festzustellen, daß sich diese Maschinen nicht wie von feindlichen Kräften gekidnappte Flugzeuge verhalten haben.

siehe auch Seite 411–414

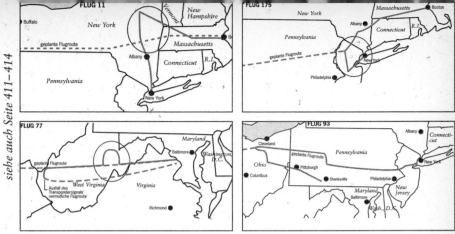

Die Maschinen und ihre Abweichung vom ursprünglichen Kurs. Die gestrichelte Linie ist die geplante, die durchgezogene Linie die tatsächliche Route. Der Kreis weist auf die »Anomalie« hin. (Quelle: USA Today)

Des weiteren wäre es sinnvoll gewesen, die Angriffe so zu timen, daß alle Maschinen möglichst gleichzeitig in ihre Ziele einschlagen, damit der Plan nicht durch den ersten Einschlag enthüllt wird, während sich die anderen Flugzeuge noch weit von ihren Zielen entfernt befinden. Hierfür wäre es möglicherweise sogar zweckmäßig gewesen, sich erst einmal zu sammeln, um dann gleichzeitig loszuschlagen. Statt dessen liegen die Einschläge zeitlich weit auseinander. So vergehen zwischen den beiden Einschlägen im World Trade Center rund 20 Minuten und zwischen dem letzten Einschlag in den Türmen und jenem im Pentagon sogar etwa 35 Minuten. Bis zum Treffer im Pentagon hatten die Behörden ab dem ersten Einschlag im World Trade Center sogar eine knappe Stunde Zeit für Gegenmaßnahmen.

Schonung für das Weiße Haus
Die Ziele

Mittwoch, 12. September 2001, 12.21 Uhr MESZ. Seit den Attentaten von New York und Washington waren noch keine 24 Stunden vergangen. Weltweit herrschte genau das, was die amerikanische Regierung später auch mit ihren Bombenangriffen im Irak erreichen wollte: »shock and awe« – Schock und Angst. Unter dem Eindruck der Attentate verringerte sich jede kritische Distanz zu den USA auf ein fast nicht wahrnehmbares Minimum. Und während die Vereinigten Staaten bereits den Bösewicht Osama Bin Laden aus dem Hut zauberten, sagte ich in einem Radiointerview mit *MDR-Info:* »Zu Ergebnissen, was die Täterschaft angeht, kann man gar nicht kommen. Aber das ist eigentlich das wichtigste Ergebnis im Moment: daß die Ermittlungen in einem solchen Verbrechen Monate, wenn nicht Jahre dauern müssen. Das heißt: Jede Schuldzuweisung, die im Moment stattfindet oder sogar Maßnahmen, die aufgrund solcher schnellen Schuldzuweisungen stattfinden, sind auf jeden Fall unseriös.«

Ferner stellte ich die Frage, warum Osama Bin Laden ausgerechnet das Weiße Haus verfehlt und statt dessen zwei andere Ziele angegriffen hatte: »Es war kein Angriff auf die Regierung, sondern auf die Bevölkerung, und das würde meiner Meinung nach auch nicht zu jemandem passen, der angeblich die Regierung der Vereinigten Staaten haßt.«

Heute, mehr als eineinhalb Jahre später, haben sich die Zweifel bezüglich Osama Bin Ladens »Zielwahl« erheblich verstärkt. Es fängt damit an, daß die USA eigentlich keineswegs das Hauptziel arabischer oder islamistischer Terroristen sind. Dieses Ziel ist vielmehr Israel. Schließlich wurde der Haß Osama Bin Ladens und seiner Handlanger auf Juden und ihr Ziel, Israel auszulöschen, »bereits ausführlich beschrieben«, so Bob Slosser, Kolumnist bei *CBN.com*.[83]

Zumindest ist Israel als Ziel gleichwertig: »Kämpft für den Islam«, fordert Bin Laden seine Anhänger in einem Propagandavideo auf, »denn es gibt keinen Gott außer Allah. Eure Brüder in Palästina sind voller Ungeduld. Sie erwarten von Euch, daß Ihr gegen die USA und Israel das Schwert erhebt. Amerika und Israel tun alles, um ihre Interessen durchzusetzen. Deshalb tut Ihr alles, um sie zu schlagen. Damit Gottes Wort siegt.«[84]

Nach einer anderen Quelle war Osama Bin Laden »der erste Moslem, der den USA öffentlich den Krieg erklärte. In seinen zahlreichen Fatwas (Richtersprüchen) rief er wiederholt zum Mord an amerikanischen Staatsbürgern auf. Sein Ziel, und das Ziel der im ganzen arabischen Raum vernetzten Front ehemaliger Afghanistankämpfer, ist es, den Staat Israel auszulöschen und die Amerikaner von islamischem Boden zu vertreiben.«[85]

Viele Araber empfinden den Staat Israel als ständig eiternden Stachel im Fleisch der arabischen Identität und Geographie. Sie sehen Israel als eigentliche Wurzel des Übels und des ständigen Zwistes an, während sie die USA eher in der Rolle des Helfers sehen. Für die Planer einer solchen gewaltigen Operation, wie sie die Welt am 11. September 2001 gesehen hat, hätte es also auch eine Menge guter Gründe gegeben, nicht den »Hilfsstaat« USA, sondern Israel direkt anzugreifen.

Daß dies nicht passiert ist, ist zumindest bedenkenswert, genauso wie die Ziele, die durch den angeblichen »Staatsfeind Nr. 1« der USA, Osama Bin Laden, in den Vereinigten Staaten schließlich gewählt wurden. Das offizielle Szenario geht davon aus, daß Bin Laden am 11. September 2001 vier Flugzeuge im Luftraum von Washington und New York unter seiner Kontrolle hatte. Für einen Terroristen und Staatsfeind der USA muß dies eine einmalige Chance gewesen sein, von der alle anderen Feinde der USA bis dahin nicht einmal zu träumen wagten. Gesetzt den Fall, Bin Laden wäre der authentische Täter und Anstifter, dann müßte er viel Zeit und Phantasie auf diesen einmaligen Moment der Macht über den verhaßten Feind verwendet haben: Ganz Washington und New York mit ihren einmaligen Zielen müssen vor seinem geistigen Auge vorbeigezogen sein. Die militärischen, politischen und geheimdienstlichen Machtzentren des Erzfeindes müssen vor ihm gelegen haben wie auf einem Präsentierteller.

Da wäre zuallererst natürlich die Regierungszentrale, das Weiße Haus in Washington. Seine Zerstörung wäre wohl der fulminanteste Sieg gewesen, den je ein Terrorist errungen hätte. Nach dem Kidnapping und der Koordination der Flugzeuge wäre die Tötung des Präsidenten der Vereinigten Staaten, zumindest aber die Vernichtung seines Amtssitzes, zum Greifen nah gewesen. Ein wenig Recherche und sogar Zeitungslektüre hätten vielleicht ausgereicht, um den nächsten Staatsbesuch oder irgendeinen anderen offiziellen Anlaß auszukundschaften, bei dem der Präsident sogar im Weißen Haus anwesend sein würde – der Jackpot für die Terroristen. Welche unergründlichen Erwägungen mögen den Erzfeind der USA von diesem todsicheren »Goldenen Schuß« abgehalten und ihn so verwirrt haben, daß er mit dem 11. 9. 2001 sogar einen Termin wählte, an dem wichtige Leute der Regierung nicht in Washington waren, darunter auch Präsident Bush?

Aber in Wirklichkeit haben die Terroristen das Weiße Haus ja gar nicht ausgespart, wird mancher einwenden und auf die angeblich in Pennsylvania abgestürzte Maschine verweisen, die für das Weiße Haus vorgesehen gewesen sein soll. Zweifel daran sind erlaubt, nicht nur, weil diese Maschine als letzte in der Viererformation Kurs auf ihr vermeintliches Ziel nahm. Ein zu allem entschlossener Attentäter hätte das Weiße Haus mit Sicherheit zuerst ins Visier genommen. Eine gewisse Skepsis ist aber auch deshalb angebracht, weil der Flieger allein daherkam. Ein zu allem entschlossener Attentäter vom Zuschnitt der Masterminds des 11. 9. hätte angesichts der einmaligen Gelegenheit mit Sicherheit Wert auf Redundanz gelegt und mindestens *zwei* Flugzeuge für die Regierungszentrale reserviert.

Was hielt den US-Staatsfeind Nr. 1 statt dessen davon ab, das Weiße Haus dem Erdboden gleichzumachen? Was hielt ihn überhaupt davon ab, die Zerstörungskraft der vier Airliner im magischen »Federal Triangle« zu konzentrieren – dem »Föderalen Dreieck« in Washington zwischen Mall, Ellipse und Pennsylvania Avenue mit seinen zahlreichen Regierungsgebäuden, von denen das Weiße Haus mit dem Präsidenten und das Capitol mit seinen Hunderten von Senatoren nur die wichtigsten sind?

Was hielt Osama Bin Laden davon ab, den Vereinigten Staaten den Kopf abzuschlagen, und was brachte ihn statt dessen dazu, diesen Kopf zu verschonen, damit er anschließend einen Krieg gegen Afganistan und den Irak dirigieren konnte? Die so oft mit Schaudern bewunderte Ratio und kühle Planung der Attentäter scheint diese bereits im Vorfeld der Tat verlassen zu haben. Denn lange vor dem World Trade Center gab es im Bereich von Washington und New York ja auch noch andere wichtige Ziele. Da wäre zum Beispiel das Hauptquartier der in der islamischen Welt verhaßten CIA in McLean, Virginia, etwa 12 Kilometer von Downtown Washington entfernt. Für noch gefährlicher halten manche die krakenartige amerikanische Schnüffelbehörde NSA, beheimatet in Fort Meade, 30 Kilometer von Washington entfernt.

Aber neben diesen staatlichen und militärischen Objekten gab es noch andere, mindestens ebenso verführerische Ziele. Denn zwar ist ein betankter Airliner an sich eine furchtbare Bedrohung, im Vergleich zu einer nuklearen Waffe ist seine Wirkung jedoch lokal begrenzt. Um wieviel besser wäre es da, könnte man als Terrorist eine Atomwaffe zum Einsatz bringen! Nun dürfte es zwar praktisch unmöglich sein, eine Atomwaffe heimlich an Bord eines Passagierflugzeugs zu schmuggeln, andererseits ist das aber auch gar nicht nötig. Denn in den USA stehen mehr als 100 »Kernwaffen« herum, die aus der Sicht von zu allem entschlossenen Terroristen sozusagen nur auf den Einschlag eines Airliners »warten«: die Atomkraftwerke. Mit einer nuklearen Explosion ist bei einem solchen Kamikazeangriff auf ein Kernkraftwerk zwar nicht zu rechnen, sehr wohl aber mit einer großräumigen radioaktiven Verseuchung von Mensch und Material sowie dem damit verbundenen Leid und den immensen Schäden, die eine Volkswirtschaft gut und gern in den Abgrund stürzen können. Panik, Auflösungserscheinungen, Plünderungen, Behandlungs- und Dekontaminationskosten, soziale Spannungen zwischen verseuchten und nicht verseuchten Menschen sind nur ein Teil der Folgen eines solchen Anschlags. Dazu kommt die Kontaminierung und damit verbundene Entwertung von Gebäuden, Maschinen und Fahrzeugen, ja, die dauerhafte Verwüstung ganzer Landstriche. Eine solche Katastrophe führt naturgemäß zu innenpolitischen Spannungen und Krisen, die wahrscheinlich den Rücktritt der jeweiligen Regierung, vielleicht sogar einen Kollaps des politischen Systems nach sich ziehen. Am besten für einen solchen Anschlag wäre natürlich jene Handvoll US-Meiler geeignet, die sich in dicht besiedelten Ballungsgebieten befinden, wie das 30 Jahre alte Kernkraftwerk Indian Point, etwa 50 Kilometer nördlich von Manhattan in Buchanan, New York. In einem Umkreis von 80 Kilometern leben 20 Millionen Menschen, knapp 10 Prozent der US-Bevölkerung. Bei entsprechenden Windverhältnissen könnte auch New York nicht nur in Mitleidenschaft gezogen, sondern auf Jahre und Jahrzehnte hinaus unbewohnbar werden. Ein Desaster, gegen das sich die Attentate vom 11. September wie ein mildes Frühlingslüftchen ausnehmen.

Selbst wenn die Maschinen nicht durch die Reaktorhülle dringen würden, wie die Betreiber der Kraftwerke nicht müde werden zu behaupten, könnten sie den Betrieb eines Atommeilers soweit tangieren, daß ein »Größter Anzunehmender Unfall« (GAU) im Bereich des Möglichen liegt.

Davon abgesehen wären die psychologischen Schockwellen allein des Versuchs enorm. Es ist also nicht ganz einfach zu erklären, warum die Entführer die Nasen ihrer Maschinen nicht senkten, als sie am 11. September 2001 nicht weit von Indian Point vorbeiflogen.

Im Vergleich zu seinen potentiellen Zielen blieb der geheimnisvolle Staatsfeind mit seinen Angriffen auf das World Trade Center und das Pentagon weit unter seinen Möglichkeiten. Ja, man könnte sogar behaupten, daß die Drahtzieher des 11. September keineswegs daran interessiert waren, den Schaden für Amerika zu maximieren, sondern vielmehr zu begrenzen. Dies zieht sich wie in roter Faden durch die Operation und gipfelt darin, daß die Angreifer des Pentagons einen Gebäudeteil auswählten, der wegen Renovierungsarbeiten weitgehend leer stand.

Angriff auf den Globus
Das World Trade Center

Nachdem die Planer des 11. September im Pentagon geringstmöglichen Schaden hinterlassen hatten, wurde jene zweifelhafte Ehre, die dem Weißen Haus vorenthalten wurde, dem World Trade Center in New York zuteil. Dort entfalteten sie die ganze Wucht ihres Angriffs und boten jene Redundanz auf, die sie in Washington unerklärlicherweise vermissen ließen. Zwei ihrer Airliner oder 50 Prozent ihrer Schlagkraft reservierten sie für das weltbekannte Doppelgebäude, und statt den Angriff zu verstolpern wie im Pentagon oder an der Absturzstelle des vierten Airliners in Pennsylvania, plazierten sie ihn mit jener tödlichen Sicherheit, an der sie es anderenorts scheinbar mangeln ließen. Kein Zweifel, das World Trade Center in New York war das zentrale Ziel der Attentäter.

Das gibt Aufschluß über:

1. die Stoßrichtung des Attentates und
2. die Attentäter.

Erstes Ergebnis: Die nach den Anschlägen in Zeitungen, Magazinen und Fernsehsendungen gleichlautenden Schlagzeilen »Attack on America« stellen ein grobes und vermutlich beabsichtigtes Mißverständnis der eigentlichen Stoßrichtung des Anschlags dar. Mit diesen Headlines vereinnahmte Amerika die Opferrolle für sich, und aus diesem Mißverständnis schöpften die USA die Legitimation zur Führung eines weltweiten Kriegs. Dabei waren die Überschriften, die einem Milliardenpublikum täglich vor den Augen flimmerten, irreführend und falsch. Denn wäre der Angriff wirklich in erster Linie auf Amerika geführt worden, hätten die Attentäter eines der weiter oben beschriebenen regierungsamtlichen Ziele gewählt: das Weiße Haus, das Capitol oder die CIA-Zentrale. Oder sie hätten den Angriff auf das Pentagon mit mehr Entschlossenheit geführt.

Das World Trade Center in New York stand dagegen keineswegs nur für Amerika. Vielmehr »gehörten« die eindrucksvollen Doppeltürme der ganzen Menschheit. In ganz Amerika dürfte es kaum ein anderes Gebäude gegeben haben, mit dem sich so viele Menschen aus so vielen Nationen identifizierten, wie das World Trade Center. Die etwa eine Million Quadratmeter Bürofläche waren an Firmen aus mehr als 60 Ländern vermietet, täglich sollen etwa 60.000 bis 80.000 Touristen aus aller Welt die Aussichtsplattform auf dem Südturm besucht haben, 25 Millionen pro Jahr. Alles in allem dürfte während seiner Lebensdauer eine halbe Milliarde Menschen auf dem Dach des Südturms gestanden haben. Die eindrucksvolle Höhe der Doppeltürme, ihre markante Architektur und die phantastische Aussicht über ganz New York brannte sich als unvergeßliches Erlebnis in die Herzen dieser Menschen ein. Von seiner

Existenz kündeten Jahr für Jahr Millionen von Ansichtspostkarten in der gesamten Welt. Der Verlust des World Trade Centers mußte vielen unter die Haut gehen, und daher war seine Vernichtung die ideale Legitimation zum anschließenden Aufbau einer internationalen Anti-Terror-Allianz und zur Führung eines angeblich im Namen der ganzen Welt geführten Kriegs. Kurz: zum Angriff auf den Globus.

Die Auswahl dieses Zieles war kein zu vernachlässigender Irrtum oder kein fahrlässiges Versagen der Attentäter. Für islamistische und/oder arabische Terroristen hätte die Wahl dieses Ziels noch eine höhere Form von Selbstmord bedeutet, als die Wahl eines rein amerikanischen Ziels. Dieses Ziel bedeutete, sich die gesamte Welt zum Feind zu machen, wo für jeden islamistischen Staat oder jede islamistische Gruppe doch schon die Feindschaft der US-Regierung allein genügt hätte. So aber würde der Anschlag bedeuten, daß die dafür Verantwortlichen in Zukunft allein gegen den Rest der Welt würden kämpfen müssen. Bei einem Angriff auf ein reines US-Ziel hätte im Ausland dagegen leicht der Eindruck entstehen können, hier handele es sich um ein ausschließlich amerikanisches Problem. Führt man sich das einmal vor Augen, beschleichen einen Zweifel, ob diese Zielwahl tatsächlich auf einen islamistischen Ursprung der Anschläge hindeutet. Ausländische Attentäter wären als unmittelbare Folge ihres Anschlags mit Sicherheit nicht an einer Einigung der Welt unter der Schirmherrschaft der USA, sondern vielmehr an einer Abspaltung der USA vom Rest der Welt interessiert gewesen. Sie hätten daher ein ur-amerikanisches, im Ausland vielleicht sogar verhaßtes Ziel gewählt, wie etwa die CIA-Zentrale. Entweder haben die islamistischen Attentäter, so perfekt sie die Anschläge auch vorbereitet haben mögen, in der Analyse ihres Ziels kläglich versagt. Oder aber es waren gar keine islamistischen Attentäter, sondern Attentäter, die an der Herstellung einer weltweiten Kriegskoalition unter der Führung der USA interessiert waren.

Sturzflug ins Nichts
Die Kamikaze-Technik

Aber lassen wir das. Vielleicht bedarf es, um der offiziellen Version glauben zu können, einfach einer gewissen Großzügigkeit. Nehmen wir also zu ihren Gunsten an, die bewaffneten Entführer hätten Passagiere und Besatzung zuverlässig in ihre Gewalt und das Flugzeug unter Kontrolle bekommen. Womit haben wir es in diesem Fall also zu tun? Mit einem Kamikaze-Angriff.

Allein das Wort läßt den Normalbürger erschauern, erinnert es doch an jene japanischen Piloten, die ihre Flugzeuge gegen Ende des Zweiten Weltkriegs mit einer Mischung aus Tollkühnheit und Todesverachtung in amerikanische Kriegsschiffe steuerten. Auch die Berichterstattung der etablierten Medien gebrauchte im Zusammenhang mit dem 11. September den Begriff Kamikaze, weckt er doch Assoziationen von einer unentrinnbaren und todsicheren Waffe. Wenn die Attacken auf das World Trade Center Kamikaze-Angriffe waren, so meint ein jeder, dann handelte es sich tatsächlich um eine militärische K.-o.-Option. Angesichts des Schreckens, den Kamikaze-Flieger einst verbreitet haben, erscheint uns der Ausgang der Angriffe auf das World Trade Center und das Pentagon sofort logisch. Wenn die Piloten die Bombe selbst ins Ziel steuern, scheint es kein Entrinnen und keine Gegenwehr zu geben. In der Art und Weise dieser Angriffe liegt eine eigene Überzeugungskraft, die uns sofort an den Erfolg solcher Attacken glauben und die an sich naheliegende Frage vergessen läßt: Ist die Kamikaze-Technik überhaupt brauchbar, um ein einziges Ziel mit einem einzigen Flugzeug zu vernichten?

Das einzige Beispiel von systematisch durchgeführten Kamikaze-Angriffen mit Flugzeugen lieferte die japanische Luftwaffe, wodurch auch der japanische Name geprägt wurde. Und sie bediente sich damit mitnichten einer furchtbaren K.-o.-Option, sondern beging eine abenteuerliche Verzweiflungstat. Die Kamikaze-Fliegerei, so Klaus Scherer in seinem Buch »Kamikaze – Todesbefehl für Japans Jugend«, war »nur in Japans Propaganda ein Erfolg«. Die meisten Angreifer, so der Autor, endeten in einem »Sturzflug ins Nichts«.[86]

»Sturzflug ins Nichts«? Angesichts der geradezu hypnotischen und endlos wiederholten Fernsehbilder vom Einschlag der Flugzeuge ins World Trade Center hätten wir diese Möglichkeit doch beinahe vergessen: nämlich, daß die Airliner an den Türmen hätten vorbeifliegen oder sie vielleicht nur mit einem Flügel hätten streifen können. Die Wahrheit ist: die Vorstellung von der todsicheren und unentrinnbaren Kamikaze-Technik ist nichts weiter als ein mit Bedacht geförderter Mythos. In Wirklichkeit birgt diese »Taktik« bereits im Ansatz so viele Fehlerquellen, daß mit einem Erfolg, wenn überhaupt, nur bei sehr vielen Flugzeugen pro Ziel zu rechnen ist – nicht aber mit einem einzigen, wie im Falle der beiden Türme des World Trade Centers.

»Treffer – versenkt«: Was uns durch die endlosen Fernseheinspielungen im Fall des World Trade Centers inzwischen wie selbstverständlich erscheint, ist, die Unterschiede zwischen den beteiligten Flugzeugen und Zielen jetzt einmal außer acht gelassen, in der Geschichte des Kamikaze ein absolut einmaliger Ausnahmefall, der am 11. September auch noch zweimal hintereinander eintraf. In die Geschichte des Kamikaze wird das World Trade Center als absoluter Jackpot eingehen, den die Spieler an ein- und demselben Tag gleich zweimal abräumen konnten.

»Und wenn man sich nun fragt, ob ein Kamikaze wirklich so einfach ein Schiff versenken kann? Ich muß Ihnen sagen, das ist für einen Kamikaze schwierig gewesen«, berichtet der überlebende Kamikaze-Veteran Onuki in Klaus Scherers »Kamikaze«-Buch: »Es ist für ein Flugzeug sehr schwer, sich exakt auf ein Ziel zu stürzen. Das gegnerische Boot bewegt sich ja auch. Man muß sehr viel Übung haben, um es zu treffen. (...) Daß man uns trotzdem befohlen hat, zu fliegen, war wohl, weil man dachte: Wenn von hundert Maschinen wenigstens zehn treffen, ist es auch schon gut. Das war die Strategie der Oberen.«[87]

Was wir über die Erfolgsquote der Kamikaze-Fliegerei wissen, ist geeignet, den Glauben an die todsichere Waffe nachhaltig zu erschüttern. Nach allen verfügbaren Quellen betrug die Trefferquote keineswegs 100 Prozent, sondern lediglich einen Bruchteil davon. Im April 1945 beispielsweise versenkten 1.400 Kamikaze-Flieger gerade mal 26 amerikanische Kriegsschiffe. In der Schlacht von Okinawa schickten 2.200 Selbstmordpiloten 36 Schiffe auf den Meeresgrund,[88] eine »Versenkungs«-Quote von 1,8 beziehungsweise 1,6 Prozent.

Nicht gerade berauschend, wenn diese respektlose Bemerkung erlaubt ist. Natürlich hatte diese niedrige Erfolgsquote ihre Ursachen auch in der heftigen Gegenwehr der Amerikaner, dem schlechten Zustand der japanischen Kamikaze-Flugzeuge, die häufig schon durch technische Pannen ausfielen, und natürlich darin, daß bewegliche Kriegsschiffe grundsätzlich ein problematisches Ziel darstellen. Doch auch wenn man diese Faktoren in Rechnung stellt, dürfte aus dem müden Kamikaze-Lüftchen nicht jener furchtbare »Götterwind« (so die deutsche Übersetzung für das japanische »Kamikaze«) werden, den die Japaner damals heraufbeschwören wollten und der neuerdings sogar gleich zwei mächtige Beton- und Stahltürme hinweggepustet haben soll.

Denn der ärgste Feind des Kamikaze-Piloten befand sich nicht etwa auf der gegnerischen Seite außerhalb seiner

Maschine. Er bestand auch nicht in dem technisch unzulänglichen Flugzeug. Vielmehr saß der schärfste Gegner seiner Mission mitten im Cockpit. Es war und ist der Kamikaze-Pilot selbst. Erstens, weil die angeblichen Terrorpiloten vom 11. September genau wie ihre historischen Vorbilder gemessen an ihrer Aufgabe eine lausige Ausbildung genossen (ich bin an anderer Stelle darauf eingegangen). Schon im Zweiten Weltkrieg war es »völlig widersinnig, überwiegend schlechte Piloten zu Kamikaze-Piloten zu machen«, sagt der Kamikaze-Veteran Hamazono.[89]

Und zweitens, weil der Mission des Kamikaze-Piloten der stärkste Trieb des Menschen entgegensteht: der Selbsterhaltungstrieb. Wir wissen noch nicht, was im Cockpit der beiden Boeings vorging, die am 11. September 2001 augenscheinlich in die Türme des World Trade Centers rasten. Diese Piloten haben nicht überlebt, zumindest sind sie verschwunden oder aus anderen Gründen nicht zu befragen. Aus Berichten von Überlebenden wissen wir aber, was in den Köpfen japanischer Kamikaze-Flieger vorging, wenn sie – den Tod vor Augen – auf ihr Ziel zurasten. Sie waren zwischen ihrem Auftrag und ihrem Überlebenswillen hin- und hergerissen – nicht gerade ideale Voraussetzungen für eine lebende Lenkwaffe, die einen hundertprozentigen Job zu erledigen hat:

»Als ich im Flugzeug dann auf die Uhr sah und bemerkte, daß es noch etwa zwanzig Minuten waren bis Okinawa, überkam mich plötzlich eine wahnsinnige Angst«, erinnert sich der Kamikaze-Flieger Onuki. »Ich glaube, daß der Mensch, kurz bevor er stirbt, plötzlich eine unheimliche Angst vor dem Tod hat. Ich dachte mir plötzlich: Was, ich muß jetzt sterben? Kann ich nichts dagegen tun? Es war ja eigentlich völliger Widersinn. Ich konnte jetzt ja nicht mehr zurückfliegen. Noch zwanzig Minuten, und ich würde in Stücke zerrissen werden. Immer wieder hörte ich eine Stimme in mir, die sagte: Willst du das so? Ist das richtig so? Ich wußte, daß ich nicht mehr zurück konnte, aber gleichzeitig war etwas in mir, das mir sagte, daß ich nicht sterben wollte. Das breitete sich in meinem Kopf aus. Dann habe ich geschrien, laut geschrien. Und dann kamen mir die Tränen, ohne Ende.«[90]

Angesichts dieser Schilderung beschleichen einen leise Zweifel, ob wir es hier noch mit einem einsatzfähigen Piloten zu tun haben, der mit tränenverschleiertem Blick, aber ohne mit der Wimper zu zucken eine Boeing 767 in ein Hochhaus steuern kann. Der verzweifelte innere Kampf um Leben und Tod beinhaltet hohe Risiken für die Einsatzfähigkeit und Treffsicherheit eines Kamikaze-Piloten. Wobei auch fraglich ist, ob er die Maschine überhaupt in einsatzfähigem Zustand bestiegen hat: »Ich habe von morgens an nur Sake getrunken«, erzählt der überlebende Kamikaze-Flieger Onuki über die Tage vor dem Flug. »Ich konnte nichts essen. Meine Brust schnürte sich zusammen. Es gab praktisch nur den Sake, um sich abzulenken. Ich habe auch am Tag des Abflugs Sake getrunken. Ich habe praktisch nichts gegessen.«[91] Nach militärischen Maßstäben besteht also ein hohes Risiko, daß ein Kamikaze-Pilot seine Maschine in flugtauglichem Zustand besteigt oder aber im Laufe des Einsatzes untauglich wird. Je weiter er sich dem Ziel nähert, desto mehr wächst die Gefahr, daß sich der Selbsterhaltungstrieb durchsetzt. Solange dieser Kampf auf der bewußten Ebene erfolgt, mag das noch zu kontrollieren sein. Schwierig wird es aber, wenn der Selbsterhaltungstrieb auf der Ebene der schwer kontrollierbaren Reflexe zum Tragen kommt und dazu führt, daß der Pilot die Maschine im letzten Moment herumreißt – ein Alptraum für die Investoren und Regisseure des 11. September.

Wenn man Tausende von Flugzeugen in den Angriff schicken kann, mag das alles akzeptabel sein – nicht aber, wenn man pro Ziel nur eine einzige Maschine zur Verfügung hat. Ein Ziel mit einer einzigen Kamikaze-Maschine vernichten zu wollen, macht aus militärischer Sicht überhaupt keinen Sinn und hat praktisch keinerlei Aussicht auf sicheren Erfolg – schon gar nicht zweimal hintereinander.

Und schließlich verfügten die angeblichen Terror-Piloten vom 11. September auch über eine Option, die ihre historischen Vorbilder nicht besaßen. Diese flogen nämlich über das offene Meer und hatten aus Gründen der Disziplin und Sparsamkeit nicht genügend Sprit für den Rückflug an Bord. Auch ein Landeplatz war in der Regel nicht so einfach erreichbar. Ganz im Gegensatz dazu hätten die Entführer der Boeings ihren Einsatz jederzeit abbrechen können – jedenfalls, wenn wir es wirklich mit einem Angriff durch Kamikaze-Flugzeuge zu tun gehabt hätten. Sie hatten genügend Treibstoff dabei und jede Möglichkeit, auf einem nahegelegenen Flugplatz zu landen. Auch ihre mangelhafte Ausbildung hätte sie nicht daran hindern können, unter Anleitung von Bodenpersonal wenigstens eine Notlandung zu versuchen. Ganz davon abgesehen, daß wir ja auch nicht wissen, ob die qualifizierte Besatzung nicht noch verfügbar gewesen wäre.

Während die Kamikaze-Technik auf seiten der Angreifer mit großen Unsicherheiten belastet ist, verfügt sie auf seiten der Opfer über eine enorme psychologische Wirkung: »Es war am nächsten Tag, als wir wieder angegriffen wurden«, berichtet der ehemalige US-Marinesoldat Bill Simmons über eine Attacke von japanischen Kamikaze-Flugzeugen: »Wir sahen dann, wie sie Schiffe um uns herum trafen. Da wußten wir, daß das kein Unfall war, sondern geplant. Und das veränderte wirklich unsere Einstellung.« Exakt das erlebten auch die New Yorker, die Amerikaner und die Welt. Den entsetzlichen Moment, in dem man begreift, daß die Maschinen absichtlich in ihr Ziel stürzen. »Ich glaube, daß die Japaner nichts hätten tun können, was die Moral der US-Soldaten mehr gedämpft hätte als die Kamikaze-

Attacken. (...) Es war ziemlich beängstigend. Man konnte zum Himmel aufschauen und einen Menschen dort sehen, der dazu bestimmt war, sich umzubringen. Uns hier unten hatte man beigebracht, daß man so etwas nicht tut. Es war eine ziemlich beängstigende Erfahrung. (...) Sie beschädigten damit nicht nur unsere Schiffe, sondern auch unsere Moral. Wir hatten nie mehr solche Ängste, wie wir sie damals nach jener Attacke hatten.«[92]

Ganz im Gegensatz zu seiner technischen Durchschlagskraft scheint ein Kamikaze-Angriff also die ideale psychologische Waffe zu sein. Keine andere Attacke zeigt dem Verteidiger so klar, daß das Tischtuch zwischen ihm und dem Angreifer endgültig zerschnitten ist, daß es nichts anderes mehr gibt als die bedingungslose Gegenwehr bis zum Tod. Ja, es scheint sich geradezu eine kulturelle Kluft aufzutun (»Uns hier unten hatte man beigebracht, daß man so etwas nicht tut«), die Angreifer scheinen dem Menschlichen entrückt zu sein und zu einer Art Untermensch zu mutieren.

Der Kamikaze-Angrff weckt zwei wesentliche Gefühlsmechanismen: Den Wunsch nach Schutz und Rache. Damit wird der Kamikaze-Angriff nach der Überwindung seiner Schrecken auf der Gegenseite zum idealen psychologischen Aufputschmittel, in dem sich Angst, Haß, Ekel und Abscheu mischen – ein Gefühlscocktail, den wir weniger einem Menschen als vielmehr Ungeziefer entgegenzubringen pflegen. Der Kamikaze-Angriff wird damit psychologisch zum idealen Casus belli (Kriegsgrund), der geeignet erscheint, jeden Gegenschlag zu rechtfertigen. Denn aus dem Schock und der Depression erwächst in einem zweiten Schritt der mit einer Entmenschlichung des Gegners verbundene Wunsch nach Rache und Vernichtung. Nicht zufällig spielten Kamikaze-Angriffe schon beim Eintritt der USA in den Zweiten Weltkrieg eine Rolle – bei der japanischen Attacke auf Pearl Harbor, die die Amerikaner sehenden Auges geschehen ließen.[93]

CFIT – Controlled Flight Into Tower
Die Sicherheitssysteme

Aber um die Wahrheit zu sagen: Der Pilot ist nicht der einzige Feind im Cockpit einer solchen Mission. Ein anderer Feind ist ist die Elektronik des Flugzeugs. Jahrzehntelang machten sich Ingenieure Gedanken, wie das, was am 11. September 2001 am World Trade Center und am Pentagon passiert sein soll, verhindert werden könnte. Nicht etwa, weil so viele Kamikaze-Flüge vorgekommen wären, sondern um einem in der Pilotensprache CFIT genannten Phänomen zu begegnen – dem »Controlled Flight Into Terrain«, also dem »kontrollierten Flug in das Gelände«. Immer wieder war es vorgekommen, daß Maschinen, etwa bei schlechter Sicht, auf den Boden oder in ein senkrecht vor ihnen stehendes Hindernis, meistens freilich einen Berg, krachten. Das Flugzeug befand sich dabei unter vollständiger Kontrolle, nur über seine örtliche Beziehung zum Gelände bestand dabei ein Mißverständnis. Heute kann man CFIT freilich auch mit Controlled Flight Into Tower übersetzen, denn im Grunde handelte es sich bei den Attentaten vom 11. September um nichts anderes als einen kontrollierten Flug auf ein Hindernis, ein Ereignis, gegen das Flugzeugingenieure seit Jahrzehnten anarbeiten.

Eine der ersten Maßnahmen gegen solche Katastrophen war das »Ground Proximity Warning System (GPWS)«, also das »Bodennähe-Warnsystem«. Sekunden vor einem möglichen Kontakt mit dem Boden warnte es die Piloten mit eindringlichen akustischen Signalen. Leider war dieses mit dem Radar-Höhenmesser arbeitende System relativ »dumm«. So konnte es beispielsweise mit steil vor dem Flugzeug auftauchenden Hindernissen wie etwa Bergen relativ wenig anfangen. Immer wieder rauschten Flugzeuge so in Berghänge, weil das GPWS nicht oder viel zu spät reagiert hatte – nämlich dann, wenn es einen steilen Abhang als »Boden« wahrnahm.

Kein Wunder, daß Flugzeugingenieure alsbald nach Abhilfe trachteten. Diese war etwa Mitte der neunziger Jahre marktreif und nannte sich »Enhanced Ground Proximity Warning System (EGPWS)«, also »verbessertes Bodennähe-Warnsystem«. Die Bezeichnung war nicht übertrieben, denn mit diesem System würde jede Maschine fortan »wissen«, wo sie sich befindet. Dafür wurde das exakte Satellitennavigationssystem GPS mit einer Geländedatenbank gekoppelt. So kann ein großer Jet auch bei Nacht und Nebel navigieren wie eine Cruise Missile. Der Bordcomputer muß ein im Kurs liegendes Hindernis nicht ausschließlich mit Radar »ertasten«, sondern er »weiß« aufgrund seiner Geländedatenbank, daß es sich dort befindet. Und das GPS-Navigationssystem sagt ihm, daß sich die Maschine darauf zubewegt.

Bis Ende 1998 sollte noch eine wesentliche Verbesserung eingeführt werden: »Auch von Menschenhand geschaffene Bauwerke wie Wolkenkratzer, hohe Antennenmasten oder Fernsehtürme, selbst temporäre Hindernisse wie Baukräne (sogenannte Manmade obstacles), sind dann in der Datenbank gespeichert und können erkannt werden. Die Warnung lautet in diesem Fall ›Obstacle ahead‹«, so die Fachzeitschrift *Lufthansa Report* in ihrer Ausgabe Nr. 9/98. Bis zu zwei Minuten vor dem Aufprall beginnt das EGPWS mit seinen Warnungen an den Piloten, die schließlich in roten Leuchtschriften und nervtötenden Computerstimmen gipfeln – ein erheblicher Psychostreß für einen ohnehin schon nervlich angegriffenen Kamikaze-Flieger, denn diese Bordsysteme versuchen nun, ihm seinen Angriff auch noch vehement auszureden.

Vorausgesetzt, die Maschine läßt den Angriff überhaupt zu. Denn im Prinzip ist es natürlich auch möglich, ein solches Warnsystem direkt mit der Steuerung des Flugzeugs zu koppeln. Manche Piloten sind denn auch der Meinung, die Kamikaze-Anflüge vom 11. September hätten sich überhaupt nicht durchführen lassen: »Die Computer übernehmen das Kommando und bringen die Maschine in Sicherheit, falls die Systeme nicht bewußt ausgeschaltet werden«, meint etwa der australische Flugkapitän a. D. Leonard W. Clampett. Aber: »Schalten Sie das System aus, dann ist die Maschine nur noch eingeschränkt manövrierfähig.« Das wäre also ein Teufelskreis: Lasse ich die Warnsysteme an, stören oder behindern sie mich beim Anflug. Schalte ich sie ab, läßt sich die Maschine nicht mehr so gut steuern. Demnach wäre ein moderner Jet für eine Kamikaze-Operation also denkbar schlecht geeignet.[94]

American Airlines, am 11. September 2001 mit zwei Maschinen in die Attentate involviert, bestellte Mitte 1996 700 der neuen Supersysteme, genug für praktisch die gesamte Flotte.[95]

Einfacher als ein Modellflugzeug
Die Fernbedienung I

Wie allmählich immer klarer wird, war für die Durchführung von »Operation 9/11« eines unerläßlich: absolute Kontrolle. Und wie ebenfalls immer klarer wird, besaßen die angeblichen Entführer genau das nicht: Weder über den Starttermin der Flugzeuge noch über die Maschinen in der Luft, die Crew und die Besatzung und sich selbst konnten die vermeintlichen Selbstmord-Piloten die nötige, hundertprozentige Kontrolle besitzen, um die Anschläge wie behauptet durchzuführen. Es ist daher kein Wunder, daß sich viele alsbald darüber Gedanken machten, ob die Maschinen vielleicht ferngesteuert worden sein könnten. Im wesentlichen gibt es dafür zwei Möglichkeiten: Eine Fernsteuerung, die den menschlichen Piloten im Cockpit das Ruder aus der Hand nimmt und die Maschine weiterfliegt, ohne daß die Besatzung auf Anhieb etwas dagegen unternehmen kann und eine Fernsteuerung, die ganz einfach eine unbemannte Drohne fliegt. Der wichtigste Vertreter der ersten Theorie ist der Luftfahrtexperte Joe Vialls, ehemaliges Mitglied der Society of Licenced Aeronautical Engineers & Technologists in London: »Mitte der siebziger Jahre wurde Amerika mit einer neuen und sich zuspitzenden Krise konfrontiert, als US-Airliner für geopolitische Zwecke gekidnappt wurden«, schreibt Vialls. »Entschlossen, in dieser Art neuen Luftkriegs die Oberhand zu behalten, arbeiteten zwei amerikanische Multis mit der Defense Advanced Research Projects Agency (DARPA) an einem Projekt zusammen, das die ferngesteuerte Rückführung eines gekaperten amerikanischen Flugzeugs erleichtern sollte. In Konzept und Durchführung gleichsam brillant, erlaubte ›Home Run‹ (nicht der wirkliche Codename) speziell ausgebildeten Bodenkontrolleuren, den Cockpit-Unterhaltungen zuzuhören, um per Fernsteuerung anschließend die totale Kontrolle über die computerisierten Flugsysteme der Maschine zu übernehmen. Von da an konnte die Maschine ohne Rücksicht auf die Wünsche der Hijacker oder der Besatzung übernommen und auf einem Flugplatz nach Wahl automatisch gelandet werden, mit nicht mehr Problemen, als sie bei der Fernsteuerung eines Modellflugzeugs auftreten. Die Ingenieure hatten keine Ahnung, daß – fast dreißig Jahre nach dem ersten Design die geheimen Computer-Codes von ›Home Run‹ geknackt werden würden und das System die direkte Bodenkontrolle der vier Flugzeuge erleichtern würde, die in den Attacken von New York und Washington am 11. September 2001 benutzt wurden.«[96]

Tatsächlich birgt ein solches System die gespenstische Möglichkeit, daß ein großes Verkehrsflugzeug nicht vom Cockpit aus, sondern vom Boden aus gesteuert wird. Und noch gespenstischer ist der Gedanke, daß ab sofort eine Maschine nicht nur in der Luft, sondern auch vom Boden aus entführt werden kann, allerdings weniger von heißblütigen Arabern mit einer Handvoll Flugstunden, sondern von Experten aus dem Inneren des amerikanischen Sicherheitssystems, die sich mit der entsprechenden Technologie auskennen.

Allerdings sind nicht alle Fachleute der Meinung, daß »Home Run« oder eine ähnliche Technologie zur »kalten« Übernahme eines bemannten Airliners das Mittel der Wahl für die Angriffe des 11. September 2001 war. Der Grund sind die verbleibenden menschlichen und damit in gewisser Weise unberechenbaren Elemente an Bord, in Gestalt von Passagieren und Besatzung. Wir wir schon angedeutet haben, mußte es bei den Angriffen vom 11. September darum gehen, jedes menschliche Element so weit wie möglich auszuschalten. Der Gedanke, eine phantasiebegabte Besatzung könnte während des gesamten Angriffs und Anflugs versuchen, die Gewalt über ihren Jet zurückzubekommen, dürfte den Masterminds des 11. September kaum gefallen haben.

»Ein Problem mit den Theorien über die Kontrolle der Flugzeuge von außen«, schreibt der australische Exairliner Pilot Leonard Clampett, »ist, daß die Piloten im Umgang mit allen möglichen Notfällen trainiert werden und über zahlreiche Methoden verfügen, elektrische Systeme auszuschalten und/oder Energieströme durch das Betätigen von Schaltern und Sicherungen umzuleiten. Der Verlust der Kontrolle über das Flight Management System ist einer der Notfälle, für den Piloten trainiert werden.«

Das Flight Management System ist das zentrale Gehirn des Flugzeugs, in das sich auch ein System wie »Home Run« einklinken müßte. Die Piloten könnten anschließend einen ähnlichen Kampf führen wie die fiktiven Astronauten an Bord jenes Raumschiffs, das in dem Film »2001 – Odyssee im Weltraum« von einem irren Bordcomputer gekidnappt wurde – und den Kampf gewinnen, indem sie dem System alle möglichen Ressourcen abgraben, darunter etwa die elektrische Energie.

»Ich zweifle ernsthaft daran«, so Clampett, »daß ein Flugzeug zugelassen würde, bei dem die Crew bei einem Strom- oder Computerausfall nicht die Kontrolle behalten könnte, ausgenommen unter extremen Umständen, wie etwa bei einem kompletten Strom- oder Hydraulikausfall. Sollte eine fremde Instanz die Kontrolle über das Flugzeug übernehmen, würde das über die eigenen Systeme des Flugzeugs erfolgen, und die Piloten würden wissen, daß ihre Systeme immer noch funktionieren und könnten das Problem isolieren. Die meisten Piloten sind kritische Analytiker, die wissen, daß sie es manchmal mit sehr ungewöhnlichen Umständen zu tun bekommen können, und sie kennen ihre Flugzeugsysteme in- und auswendig, so daß sie auf solche Ereignisse vorbereitet sind.«[97]

In der Tat: Welcher Attentäter wollte wohl solche Experten an Bord seines ferngesteuerten Flugzeugs haben, ohne zu wissen, was sie in der nächsten halben oder dreiviertel Stunde alles anstellen werden? Die Möglichkeiten zur Sabotage einer solchen ferngesteuerten Mission sind vermutlich vielfältig, angefangen bei der Wiedererlangung der Kontrolle bis hin zu unkontrollierbaren Funksprüchen, Notsignalen oder ähnlichem. Vermutlich sind solche Systeme tatsächlich viel eher für eine Flugzeugentführung durch menschliche Hijacker im Cockpit geeignet, bei der die Piloten mit dem System kooperieren, statt es zu sabotieren. Im Fall einer Übernahme gegen den Willen der Piloten kann man jedoch davon ausgehen, daß sie bis zum letzten Atemzug um die Kontrolle der Maschine kämpfen würden. Keine gute Ausgangssituation für die Masterminds und Investoren des 11. September.

In Wirklichkeit scheint also »Home Run« keine realistische Option zu sein, um die Maschinen sicher in ihre Ziele zu steuern. Tatsächlich wäre eine solche Technik lediglich ein fauler Kompromiß. Man würde das menschliche Element nicht eliminieren, sondern nur »austricksen« und hoffen, daß es ihm nicht gelingen möge, die Kontrolle zurückzuerlangen.

In Wahrheit kann kein Zweifel daran bestehen, daß das menschliche Element an Bord von Flugzeugen, die eine derart bedeutende Mission zu erfüllen haben, überhaupt nichts zu suchen hat: weder Passagiere noch Besatzung, noch ausgebildete und irgendwie »gehirngewaschene« Militärpiloten und schon gar nicht unfähige Hobbyflieger, wie sie die mutmaßlichen Terroristen des 11. September darstellten, konnten an Bord der Flugzeuge geduldet werden.

Für solche Missionen kommen deshalb nur komplett ferngesteuerte oder programmierte »Drohnen« in Frage. Diese Technik ist noch viel weiter verbreitet, viel älter und deshalb auch bewährter als die angebliche »Home Run«-Technologie. Seit Flugzeuge fliegen können, streben die Militärs zur Schonung ihres fliegenden Personals und zur

Fernbedienung – die Ultima ratio im modernen Terrorismus?

Durchführung besonders heikler Missionen nach dem menschenleeren Cockpit. Man denke nur an sogenannte »Target aircrafts«, also Flugzeuge, die zu Übungszwecken zum Abschuß freigegeben werden. Tatsächlich wurde diese Technologie spätestens nach dem Zweiten Weltkrieg entwickelt und inzwischen bis zur Perfektion verfeinert. Mittlerweile überqueren programmierte und ferngesteuerte Drohnen von den USA aus selbständig den Atlantik oder Pazifik, etwa um Aufklärungsarbeit zu leisten und anschließend selbsttätig zu landen oder gar an ihren Ausgangsort zurückzukehren.

Zur höchsten Perfektion – oder auch Perversion – haben die US-Militärs diese Technik in ihrem »Predator« getrieben, einer ferngelenkten Drohne, die sowohl zu Aufklärungszwecken als auch zur Liquidierung von unliebsamen Personen genutzt werden kann. Unsichtbar und unhörbar kann das Spionageflugzeug 16 Stunden lang in einer Höhe von 5.000 Metern kreuzen und live Video-, Infrarot- und Radarbilder zu seiner Kommandozentrale übertragen. Es kann unter jedem Flügel eine Rakete tragen und auf ein Ziel abfeuern. Im Herbst 2002 töteten solche Raketen sechs mutmaßliche Angehörige des sogenannten »Al-Qaida«-Netzwerks in Afghanistan – ohne Prozeß oder Schuldspruch, versteht sich. Die schwedische Außenministerin Anna Lindh nannte den Angriff eine »Massenhinrichtung, die die Menschenrechte verletzt«. Auch Terroristen müßten entsprechend dem internationalen Recht behandelt werden, sagte sie. Anderenfalls könne jedes Land mit der Exekution von Personen beginnen, die es für Terroristen halte. Das ist nicht übertrieben. Tatsächlich muß in Zukunft im Grunde jeder, dessen Nase den USA nicht paßt, mit der Liquidierung durch solche oder ähnliche Waffen rechnen.

Der Einsatz von Drohnen am 11. 9. setzt natürlich voraus, daß die wirklichen Airliner gegen solche ferngesteuerten Maschinen ausgetauscht wurden. Wie wir am Ende dieses Buches sehen werden, liegen solche Planspiele bereits seit Jahrzehnten in den Schubladen von US-Militärs.

Aktenzeichen WTC ungelöst
Die Untersuchung

New York, März 2003. In einer Glaspassage gegenüber von Ground Zero stehen zwei Männer und eine Frau und starren nachdenklich auf die Stelle, an der noch eineinhalb Jahre zuvor das World Trade Center stand. Während für Millionen Amerikaner der »Fall 9/11« gelöst und nicht mehr der Rede wert ist, repräsentieren sie das Amerika der Fragen und Zweifel. Die drei sind die Speerspitze der kritischen 9/11-Bewegung in den Vereinigten Staaten. Im Juni 2002 gründeten sie die Bürgerrechtsorganisation *unanswered questions.org*, auf deren Internetseite die Fäden der Zweifler und Analytiker zusammenlaufen. Im März 2003 trafen mein Kollege Willy Brunner und ich sie bei den Dreharbeiten zu unserer Dokumentation »Aktenzeichen 11.9. ungelöst« in New York. »Die US-Regierung hat den Menschen und der Welt keine vollständige Erklärung gegeben, was am 11. September passierte und warum«, sagt beispielsweise einer der drei, der Fotograf Kyle Hence. »Sie haben auch keine gründliche Untersuchung begonnen. Deshalb glauben wir, daß es wichtig ist, eine eigene Untersuchung in Gang zu setzen, eine Volksuntersuchung, wenn Sie so wollen ...« Für Kyle Hence und seine beiden Mitstreiter, den Journalisten Tom Flocco und die Bankerin Catherine Austin Fitts, ist das Aktenzeichen WTC schlicht ungelöst: »Wie konnten mäßig begabte Flugschüler Präzisionsanflüge auf die Twin Towers durchführen? Wie konnten vier gekaperte Maschinen den vorgeschriebenen Kurs verlassen und sich bis zu einer Stunde unbehelligt von der Air Force im amerikanischen Luftraum bewegen? Und vor allem: Wie konnten die größten Geheimdienste der Welt von der Vorbereitung der Attentate nichts mitbekommen und danach innerhalb von Stunden eine komplette Täterliste präsentieren?« – Das sind nur einige der Fragen, die auf der Website von *unanswered questions.org* heiß gehandelt werden. Und natürlich: Wie konnten die zwei soliden Türme nach dem Einschlag der Flugzeuge einfach zusammenklappen?

Nach den Attentaten lieferte die Medienmaschine im Eiltempo eine Erklärung. Dem Publikum wurde weisgemacht, daß die Ingenieure und Architekten dieses wunderbaren Gebäudes beim Bau etwas Wichtiges übersehen hätten, das nun auf tragische Weise zum Vorschein gekommen sei. Die Medienmaschinerie und ein Heer von »Experten« erzählten dem Publikum, daß den Türmen eigentlich gar nichts anderes übriggeblieben sei, als zusammenzufallen. Demgemäß war das Kerosin der »vollgetankten« Maschinen in Brand geraten, und da ein Kerosinbrand besonders heiß sei, habe es die Hitze geschafft, den Stahl des Gebäudes so weit aufzuweichen oder gar zu schmelzen, daß er seine Tragfähigkeit verloren habe. Insbesondere die Aufhängungen der einzelnen Geschoßböden sollen so aufgeweicht gewesen sein, daß sie schließlich nachgaben und ein Stockwerk auf das andere fiel. Der Zusammenbruch der Türme sei unvermeidlich gewesen, schrieb beispielsweise *BBC Online* schon am 13. September 2001 und zitierte einen Bauingenieur namens Chris Wise: »Es war das Feuer, das die Gebäude umbrachte. Es gibt nichts auf der Erde, was dieser Hitze und dieser Menge brennenden Treibstoffs hätte standhalten können.«[98]

Aber ist das auch wahr? Dieser Frage will ich in den folgenden Abschnitten nachgehen. Erstes Ergebnis: In Wirklichkeit war das World Trade Center praktisch unzerstörbar. Das ist auch logisch, denn ein derart kühner Bau konnte in Manhattan nur gewagt werden, wenn ihn nichts, aber auch gar nichts umwerfen würde. Auch keine

Flugzeuge, denn New York befindet sich sozusagen im Fadenkreuz von drei großen Flughäfen. John F. Kennedy International im südöstlichen Queens liegt etwa 25 Kilometer von Manhattan entfernt. Ähnlich nah liegt der Airport Newark International. Und zum Flughafen La Guardia, auf dem hauptsächlich Inlandsflüge abgewickelt werden, sind es sogar nur 13 Kilometer. Jedes der beiden Gebäude bestand außen aus einem zähen, engmaschigen Geflecht von Hunderten miteinander verschweißter Stahlträger und innen aus einem ebenso widerstandsfähigen Kern aus Stahlbeton, in dem sich die Aufzugsschächte befanden. Jeder Turm setzte sich also praktisch aus zwei Wolkenkratzern zusammen – einer äußeren Stahlgeflechtröhre und einem inneren Stahlbetonkern, der für das gesamte Gebäude die Aufgabe einer Wirbelsäule übernahm, indem er den größten Teil der senkrechten Lasten trug. Die äußere Röhre stemmte sich gegen horizontale Windkräfte an, gegen die der Einschlag eines Passagierflugzeugs nur einen schwachen Luftzug darstellte. Beide Strukturen klammerten sich über das dichte Geflecht der waagerechten Geschoßböden aneinander, so daß horizontale und vertikale Kräfte vielfache Möglichkeiten hatten, sich in diesen engmaschigen Strukturen zu bewegen und beim Ausfall von Trägern in eine andere Richtung abzufließen. Da wir es hier mit Hunderten und Aberhunderten von Stahlträgern zu tun hatten, konnte der Ausfall von einem oder zwei Dutzend von ihnen überhaupt nichts anrichten. Die großen Löcher in der Außenfassade waren deshalb bei weitem nicht so eindrucksvoll wie sie aussahen, zumal der Turm an diesem sonnigen, milden Tag kaum Windlasten auszuhalten hatte. Andererseits fing die Außenfassade wahrscheinlich den größten Teil der kinetischen Energie der Flugzeuge ab, so daß der innere Kern kaum ernstlich getroffen worden sein konnte. Der aber trug, wie gesagt, den Hauptteil des Gewichts.

In Wirklichkeit fehlte es den superschnellen Urteilen über den Zusammenbruch der Türme an einer entscheidenden Voraussetzung: einer seriösen Untersuchung. Bei einer Anhörung vor dem House Science Committee Anfang März 2002 stellte sich heraus, daß die Untersuchung des WTC-Zusammenbruchs durch Verzögerungen, Geldmangel und die »Zerstörung einer signifikanten Menge Stahls behindert wurde, einschließlich dessen, was das House Committee als ›kritische Teile‹ bezeichnete – zum Beispiel Verstärkungstrossen und innere Stützpfeiler«, so der US-Nachrichtendienst *Newsday* am 5. März 2002.

Und auch nach einem Bericht der *Welt* von Mitte Februar 2002 gab der Kollaps des World Trade Centers immer noch »Rätsel auf«. Die Zeitung zitierte Glenn Corbett, einen Professor für Brandschutz: »Dies ist der größte Gebäudeeinsturz in der Geschichte, und wir denken, das verlangt nach mehr, als bisher geleistet worden ist. Es gibt Bereiche, die noch gar nicht untersucht worden sind.«[99]

Noch mehr als ein Jahr nach den Attentaten forderte der Herausgeber des angesehenen *Fire Engineering Magazine*, Bill Manning, endlich eine »Vollgas«-Untersuchung des WTC-Kollapses. Die bisherige offizielle Untersuchung sei nur eine »halbgare Farce« gewesen. »Seit den Attacken auf das World Trade Center ist nun mehr als ein Jahr vergangen, aber eine sorgfältige Untersuchung, wie die Türme nach dem Einschlag der beiden Boeing 767 versagten, hat gerade erst begonnen«, schrieb sein Hausblatt *Fire Engineering Magazine* über ein Jahr nach den Anschlägen im Oktober 2002. »Ja, Sie haben richtig gelesen«, fährt das Blatt fort: »Die größten strukturell und feuerbedingten Gebäudezusammenbrüche in der Geschichte, die zum größten Verlust von Menschenleben (einschließlich 343 Feuerwehrleuten) auf amerikanischem Boden seit den Bürgerkriegen führten, müssen erst noch untersucht werden.«[100]

Sogar der Stahl des World Trade Centers wurde mit auffallender Eile abtransportiert und konnte gar nicht weit genug weg verschifft werden. »Entscheidende Beweise, die viele Fragen hinsichtlich des Baus von Wolkenkratzern und ihres Verhaltens bei Bränden beantworten könnten, sind auf dem Weg nach China und tauchen hier wahrscheinlich erst wieder auf, wenn wir unser nächstes Auto kaufen«, so *Fire Engineering Magazine*-Herausgeber Manning. »Die Zerstörung und Entfernung von Beweisen muß sofort aufhören«, forderte Manning.[101]

Eine Mücke gegen einen Elefanten
Das Gewicht der Maschinen

Das paßt nun gar nicht zu der angeblich aufgeklärten Ursache für den Zusammenbruch der Türme. Tatsächlich blieben viele Fragen offen. Die erste: Hätte ein Flugzeug einen der WTC-Türme wirklich zum Einsturz bringen können? Fachleute meinen: »Nein.« »Die Gebäude waren für einen ähnlichen Eventualfall ausgelegt«, sagt Aaron Swirski, ein Architekt des World Trade Centers.[102]

Unmittelbar nach dem Zusammenbruch des 1973/74 fertiggestellten World Trade Centers erklärte Lee Robertson, Mitinhaber des Statikbüros, das die tragende Konstruktion des World Trade Centers entwickelt hatte: »Ich habe das Gebäude für den Einschlag einer Boeing 707 konzipiert.« Und: »Wir haben das Projekt für den Einschlag des damals größten Flugzeugs berechnet, die Boeing 707. Es ging darum, daß ein Jet in das Gebäude rast, große Teile der Konstruktion zerstört und es trotzdem stehenbleibt.[103] Weil es dabei etwas Verwirrung gab, ob dabei auch die Spritladung einer solchen Maschine einberechnet wurde, stellte das Statikbüro klar, die Konstruktion des World Trade Centers sei so ausgelegt gewesen, »daß sie dem Winddruck eines Hurrikans hätte standhalten können. Auch der Aufprall einer vollbeladenen, vollgetankten Boeing 707 sei berücksichtigt gewesen«.[104]

Das interessante ist aber, daß eine »vollbeladene, vollbetankte« Boeing 707 schwerer und gefährlicher ist als die Boeing 767-Maschinen der Baureihe 200, die das World Trade Center am 11. September 2001 schließlich getroffen haben sollen. Denn anders als das für die damaligen Berechnungen benutzte »Modellflugzeug« Boeing 707 waren die beiden Boeing 767 weder vollbeladen noch vollbetankt. Erstens hatten sie nur einen Bruchteil der maximal möglichen Passagierzahl an Bord, Flug American Airlines 11 statt 181 zum Beispiel nur 81. Und zweitens führten sie auch nur einen Bruchteil der maximal möglichen Kerosinladung mit sich. Denn zum Beispiel mußte ja die Boeing 767–223ER (Flug American Airlines 11), die den Nordturm des World Trade Centers traf, auf ihrem geplanten Flug von Boston nach Los Angeles nur über etwa ein Drittel ihrer maximal möglichen Reichweite von 12.000 Kilometern fliegen. Deshalb mußte sie auch nur ein Drittel bis die Hälfte der maximal möglichen Spritladung mit sich führen. Zieht man das Gewicht von Passagieren, Gepäck und Treibstoff ab, so war die Boeing 767–223ER am Ende rund zehn Tonnen *leichter* als die Boeing 707, für deren Einschlag die Türme ursprünglich ausgelegt worden waren. Nicht nur der Einschlag, auch das anschließende Feuer mußten so für die Türme wesentlich leichter zu verdauen gewesen sein, denn statt die 91.000 Liter einer vollbetankten Boeing 707 hatten die beiden Boeing 767, die das World Trade Center trafen, wiederum höchstens die Hälfte dieser Menge an Bord – etwa 45.000 Liter.

Die rund 141 Tonnen Eigengewicht der Maschinen verhielten sich gegenüber der Masse eines solchen Turms wie die sprichwörtliche Mücke zum Elefanten. Und dieses Insekt wurde dem Dickhäuter auch nicht dadurch gefährlicher, daß es einen Tropfen Flugbenzin mitbrachte – so verhielten sich nämlich die rund 36 Tonnen Sprit gegenüber dem 200.000 Tonnen schweren Stahlgeflecht und den 325.000 Kubikmetern Beton eines World Trade Center-Turms.

Ein Tropfen auf den heißen Turm
Die Spritladung

Mit einem solchen Spritzer kann man also keinen Staat machen, und schon gar nicht, wenn man diesen Tropfen Kerosin, bevor er überhaupt Schaden anrichten kann, auch noch großzügig im Himmel über New York verplempert. Sehen wir uns dazu den Anflug der beiden Flugzeuge etwas genauer an. Flug American Airlines 11 kommt aus Norden den Hudson River entlanggeflogen und kracht in einer flachen Kurve mitten in den Nordturm.

Anders beim Südturm. Hier kommt Flug United Airlines 175, eine Boeing 767–222, aus Westen. Um in die Südwand des Südturms hineinfliegen zu können, dreht die Maschine eine scharfe Kurve nach Norden. Dabei gerät der Kurvenradius geringfügig zu groß, so daß die Maschine die Wand des Turms nicht in der Mitte, sondern nach rechts versetzt trifft. Als sich die Maschine beim Aufprall vollständig zerlegt, geht selbstverständlich jedwede Steuerung verloren und damit auch der Kurvenradius. Die Maschine besteht jetzt nur noch aus flugunfähigen Trümmern, durchmischt mit einigen Dutzend Tonnen Kerosin. Und diese Mischung folgt nicht mehr dem Kurvenradius, sondern fliegt tangential weiter, zu deutsch: sie wird aus der Kurve getragen. Tonnenweise Kerosin und Trümmer verlassen den Turm, bevor sie ernsten Schaden anrichten können, übers Eck durch die Fenster. Das für jeden sichtbare Ergebnis war ein riesiger Feuerball außerhalb des Gebäudes. Das bedeutet: zumindest ein großer Teil des Kerosins von Flug United

Die Einwirkung des Kerosins auf die Türme

Airlines 175 kam nicht im Südturm zur Wirkung, sondern wurde außerhalb des Gebäudes »verpulvert«.

Nach den Ereignissen von New York sah sich die deutsche Reaktorsicherheitskommission (RSK) mit der Frage konfrontiert, was eigentlich passiert, wenn ein betankter Passagier-Jet in ein Gebäude rast – in diesem Fall eine Lagerhalle mit sogenannten Castor-Behältern. Am 11. Juli 2002 veröffentlichte das Gremium seine Stellungnahme. Danach

- bildet sich beim Absturz eines Flugzeugs auf das Lager durch die mechanische Zerstäubung des Kerosins ein *Treibstoffnebel*, der sich entzündet und in einem Feuerball abbrennt,
- verbrennt ein Teil des Treibstoffs in dem Feuerball sehr *rasch*, wird die dabei freigesetzte Wärmeenergie durch den thermischen Auftrieb aus dem Bereich des Behälters *entfernt*,
- brennt anschließend nur der verbliebene Teil des Treibstoffs ab.[105]

Für den eigentlichen Brand, der in der Lage wäre, den Stahl aufzuheizen, steht also nur noch ein Bruchteil des Treibstoffs zur Verfügung, den das Flugzeug ursprünglich an Bord hatte. Auf das World Trade Center übertragen, heißt das nicht mehr und nicht weniger, als daß

- nach der nur teilweisen Betankung der Flugzeuge
- und dem seitlichen Austreten von Treibstoff aus den Gebäuden (insbesondere aus dem Südturm)
- ein großer Teil des tatsächlich im Gebäude ankommenden Kerosins in wenigen Sekunden verpuffte und die thermische Energie nach oben – sprich: aus den Fenstern – entwich.

Tatsächlich konnte man die riesigen, orangeroten Feuerbälle mit eigenen Augen sehen. Zwar kann ein solcher Feuerball sehr heiß werden, auf einen Stahlträger wirkt er sich aber ähnlich aus, wie das Blitzlicht eines Fotoapparats auf einen massiven Eisklotz – nämlich gar nicht. Die Einwirkungsdauer ist viel zu kurz.

Feuerball: Ein großer Teil des Kerosins verpufft außerhalb des Gebäudes

Das ist also der tiefere Grund, warum die beiden Türme des World Trade Centers schon nach kurz Zeit nicht mehr lichterloh brannten, sondern nur noch vor sich hinkokelten.

Der Brand im Kühlturm
Die Temperatur des Feuers

Monatelang tobte ein regelrechter Streit um die Frage der sogenannten Brandtemperatur des Kerosins. Dabei wurde suggeriert, die »Brandtemperatur« sei eine physikalisch feste Größe wie etwa der Schmelzpunkt eines Stoffs. In Wirklichkeit aber gibt es überhaupt keine spezifische Brandtemperatur von Kerosin, denn die Brandtemperatur hängt von einer ganzen Reihe von Faktoren ab:

- der Art der beteiligten Stoffe,
- dem Aggregatzustand der beteiligten Stoffe (also ob fest oder flüssig),
- dem Verhältnis zwischen Oberfläche und Masse des Brennstoffs sowie der
- Sauerstoffkonzentration.[106]

Vor diesem Hintergrund wirken die Bemühungen vieler »Experten« und Medien, die Brandtemperatur im World Trade Center möglichst in die Nähe des Schmelzpunkts von Stahl hochzureden, etwas eigenartig. »Erste Schätzungen legten nahe, daß die Feuer außergewöhnlich waren, mit Temperaturannahmen von bis zu 1.100 Grad Celsius«, schreibt auch das amerikanische *Fire Engineering Magazine*. »Aber für Rechtsanwälte – wohlgemerkt nicht für Ermittlungsbehörden – hergestellte Modelle und Analysen legen nahe, daß es sich hier nicht um außergewöhnlich heftige Feuer handelte.«[107]

Der Herausgeber des 125 Jahre alten *Fire Engineering Magazine*, William Manning, bezweifelte laut einem Bericht der Wochenzeitung *American Free Press* die Theorie, »daß die Türme als Folge der verunglückten Airliner und der anschließenden Treibstoffeuer kollabierten«. »Respektierte Mitglieder der Feuerschutz-Gemeinde fangen an, mit roten Flaggen zu winken«, zitiert *American Free Press* Manning, »und eine erschütternde Theorie tritt auf den Plan: Der von den Flugzeugen verursachte strukturelle Schaden und die explosive Entzündung des Treibstoffs reichten für sich genommen nicht aus, um die Türme zu Fall zu bringen.« Es gebe keine Beweise für die Theorie, daß brennender Flugzeugtreibstoff und sekundäre Feuer, die die feuergeschützten Leichtträger und tragenden Säulen angegriffen hätten, direkt die Zusammenbrüche verursachten, erklärte Manning und fügte hinzu, daß die Zusammenbrüche in einer »alarmierend kurzen Zeit« erfolgt seien. Da es keine wirklichen Beweise gebe, könnte die Vorstellung, die Türme seien wegen des Feuers eingestürzt, lediglich eine unbewiesene Theorie bleiben.

Außerdem ist die Temperatur eines Stahlträgers noch lange nicht identisch mit der Temperatur eines auf ihn wirkenden Feuers. Denn zunächst mal waren die Stahlträger ja nicht nackt, sondern mit einer Feuerschutzisolierung ummantelt. Zwar konnten wir in TV-Animationen sehen, wie diese Feuerschutzummantelung nach dem Einschlag der Flugzeuge wie durch Zauberei davonflog, so daß die Stahlkonstruktion schutzlos dalag. Diese Annahme ist aber eher lebensfremd. Denn ein Flugzeug, das sich im Moment des Aufpralls in zahlreiche kleine Geschosse verwandelt, ist ja nicht in der Lage, eine gesamte Stahlkonstruktion über mehrere Stockwerke hinweg einfach ihrer Ummantelung zu berauben. Vielmehr wird der Brandschutz durch punktuelle Treffer an einzelnen Stellen beschädigt werden oder abbröckeln. Es ist aber nicht anzunehmen, daß die

Maschine den gesamten Brandschutz in den getroffenen Stockwerken einfach entfernt. Genau von dieser Annahme gehen die gängigen Szenarien des Zusammenbruchs der Gebäude aber aus. Des weiteren ist die Wahrscheinlichkeit, daß das Feuer ausgerechnet an jenen Stellen am heißesten brannte, an denen der Brandschutz beschädigt war, ebenfalls äußerst gering.

Aber noch ein weiterer Punkt bringt uns zu der Überzeugung, daß die Stahlträger des World Trade Centers keineswegs glühend heiß, sondern höchstens lauwarm, wenn nicht sogar angenehm kühl waren. Und dieser Punkt ist die Wärmeleiteigenschaft von Stahl. Versucht man ein langes Stück Stahl an einer Stelle aufzuheizen, steht man schnell vor dem Problem, daß die Wärme unter Umständen sehr schnell abfließt. Um ein langes Stück Stahl, wie es die Träger des World Trade Centers darstellten, zu schmelzen oder nennenswert aufzuweichen, muß man deshalb sehr viel Energie zuführen. Man befindet sich in einem ständigen Wettlauf mit der Wärmeleitfähigkeit von Stahl. Und deshalb reicht es auch nicht, die »Brandtemperatur« von Kerosin mit den Schmiede- und Schmelztemperaturen von Stahl

Die »Haut« des World Trade Centers: ein riesiges System von Kühlrippen

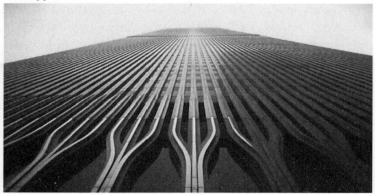

zu vergleichen, denn ein 1.000 Grad heißes Feuer heizt den Stahl auch dann nicht auf dieselbe Temperatur auf, wenn der Brandschutz komplett verlorenging. Das Kerosinfeuer mag so heiß gewesen sein, wie es will, die tatsächliche Temperatur des Stahls lag mit Sicherheit deutlich darunter. Denn zum einen muß die Flamme so unmittelbar, direkt und dauerhaft auf den Stahl einwirken, daß ein möglichst großer Teil ihrer Hitze vom Stahl aufgenommen wird. Und zum anderen darf die Hitze nicht gleich wieder abfließen. Das aber ließ sich im World Trade Center kaum verhindern, denn seine Stahlkonstruktion wirkte wie ein riesiges System von Kühlrippen.

Weder Angst noch Panik
Feuerwehrleute im Südturm

Für die Annahme, daß es im World Trade Center keineswegs so heiß zuging, wie behauptet, gibt es eine Reihe von Zeugen. Zum Beispiel die Dutzenden von Menschen, die sich an der Fassade zwischen den Stahlträgern hindurchzwängten und sich an sie anlehnten. Wären die Träger wirklich glühend heiß gewesen, wäre das wohl kaum möglich gewesen. Aufgrund dieser Bilder ist es sogar unwahrscheinlich, daß irgendwo in der Nähe Stahlträger

World Trade Center: glühend heiße Stahlträger?

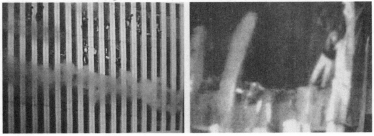

glühten, denn diese hätten ihre Hitze wahrscheinlich auch auf jene Stahlelemente übertragen, die von den Menschen berührt wurden.

Außer den Opfern gab es aber noch andere Personen, die sich am 11. September kurz vor dem Zusammenbruch der Türme in den durch die Flugzeuge getroffenen Stockwerken aufhielten: Feuerwehrleute. Entgegen ersten Annahmen waren einige Feuerwehrmänner doch in den Brandzonen angekommen. Erst im August 2002 tauchte ein Tonband auf, auf dem der letzte Funkverkehr dieser Feuerwehrleute zu hören ist. Diesem Band kann man entnehmen, daß zumindest zwei Feuerwehrmänner in den von der United Airlines Maschine getroffenen Bereich ab dem 78. Stock des Südturms gelangen konnten. Angeblich, so haben wir bisher immer aus unzähligen Artikeln und Fernsehdokumentationen erfahren, entfachten die Flugzeuge in den Türmen eine solche Flammenhölle, daß der Stahl des Gebäudes weich wurde und (erstaunlich genug) praktisch schlagartig und überall gleichzeitig nachgab. Doch als die Feuerwehrleute die Einschlagzone erreichen, verraten ihre Stimmen im Sprechfunk weder Beunruhigung noch das leiseste Zeichen dafür, daß die Situation in Kürze außer Kontrolle geraten könnte: »Ich habe keine Angst und keine Panik herausgehört«, sagte Debbie Palmer, die Witwe von Orio Palmer, einem der Feuerwehrmänner.[108]

Von dem angeblich Stahl erweichenden Feuersturm ist offenbar weit und breit nichts zu sehen. Das scheint die Einschätzung des *Fire Engineering Magazine* zu bestätigen, wonach »es sich hier nicht um außergewöhnlich heftige Feuer handelte«. Der Feuerwehrmann Orio Palmer kann nur zwei Brandherde entdecken und fordert – statt den Befehl zum Räumen des angeblich todgeweihten Gebäudes zu geben – zu ihrer Bekämpfung noch weitere Löschtrupps an. Nur wenige Minuten und Sekunden vor dem Zusammensturz des Südturms nimmt er offenbar nicht das leiseste Anzeichen für die bevorstehende Katastrophe wahr – obwohl es diese hätte geben müssen: rotglühende, sich verformende Stahlträger zum Beispiel, aber auch mächtige Verwindungsgeräusche der Struktur sowie glühendheiße und sich verformende Wände und Decken. Die beiden Brandherde bringen Palmer offenbar nicht auf den Gedanken, daß das Gebäude ernsthaft Schaden nehmen könnte. Aber nur kurze Zeit später fiel es innerhalb von nur wenigen Sekunden in sich zusammen. Die Ursache für den Einsturz muß also ein auch für einen geschulten Experten vollkommen unvorhersehbares und plötzliches Ereignis gewesen sein. Aber welches?

Explosionen Downtown
Die Sprengung des World Trade Centers I

Die Aussagen von Augenzeugen und Betroffenen lassen eigentlich keinen anderen Schluß zu als den, daß die beiden Türme gesprengt wurden. Auch in der ersten Fernsehberichterstattung kam dies noch überdeutlich zum Ausdruck. Ein Beispiel ist der Sender *NBC*. Am 11. September 2001 berichtet der Reporter Pat Dawson um 11.56 Uhr von einem Interview, das er Minuten zuvor mit Albert Perry, dem Brandschutzchef der New Yorker Feuerwehr, geführt habe: Perry habe ihm erzählt, daß er nach 9.00 Uhr rund 200 Mann in den Gebäuden gehabt habe. Dabei habe er von einer Art Sekundäreinrichtung gehört, also einer Bombe, die explodiert sei. Dawson: »Er versuchte, seine Männer so schnell wie möglich herauszubekommen, aber er sagte, daß eine Explosion stattgefunden habe. Und eine Stunde nach dem ersten Einschlag, dem ersten Absturz, gab es eine weitere Explosion in einem der Türme. Seiner Auffassung nach gab es Apparaturen, die in dem Gebäude plaziert worden waren. Eine könnte in dem Flugzeug gewesen sein. Eine zweite, so spekuliert er, wurde wahrscheinlich im Gebäude angebracht. Das erzählte uns vor wenigen Momenten Albert Perry, Sicherheitsschef der New Yorker Feuerwehr«, berichtet Reporter Dawson und fährt fort: »Albert Perry sagte, daß er wahrscheinlich eine große Anzahl von Männern bei diesen sekundären Explosionen verlor, und er sagte, daß buchstäblich Hunderte, wenn nicht Tausende von Menschen in diesen Türmen gewesen seien, als die Explosionen stattfanden. (…) Im Moment hören wir weitere Explosionen downtown.«

Um 12.42 Uhr berichtet die *NBC*-Reporterin Ann Thompson, sie habe sich morgens auf dem Weg zum brennenden World Trade Center an der Ecke Broadway und Fullerton befunden, als sie eine Explosion hörte und eine Wand von Trümmern auf sie zukam. Sie rettete sich in ein Gebäude. Als sie gegen 10.30 Uhr wieder herauskam, hörte sie eine zweite Explosion. Von Feuerwehrleuten sei sie vor einer weiteren Explosion gewarnt worden.[109]

Der Zeuge Michael Benfante berichtet in der Dokumentation »Der Tag des Terrors – Anschlag aus heiterem Himmel«: »Als ich wegging, hörte ich es. Ich schaute zurück, die Spitze des Nordturms explodierte. Und selbst da glaubte ich nicht, daß der ganze Turm einstürzt. Ich dachte, nur die Spitze sei explodiert und fällt auf mich drauf. Ich drehte mich noch einmal um und rannte los. Ich fühlte das Grollen der Explosion, das Donnern des einstürzenden Gebäudes.«[110]

Mit dem World Trade Center im Rücken will ein Reporter gerade sein Statement in die Kamera sprechen: »Näher kommen wir nicht an das World Trade Center heran. Sie sehen die hier versammelten Feuerwehrleute, die Polizisten und FBI-Beamten, und sie sehen die beiden Türme – eine große Explosion! Es regnet Trümmer auf uns alle …!«[111]

Ein anderer Augenzeuge berichtet: »Wir hörten eine riesige Explosion, alles wurde schwarz. Glas fiel herunter,

Menschen sind verletzt worden, als das Glas auf sie fiel. Es war eine große Explosion, alles wurde dunkel, das hier ist kein Schnee, alles aus dem Gebäude, es ist ein schrecklicher Alptraum.«

»Ich war auf der 6. Straße«, erzählt ein weiterer Beobachter, »und hatte gerade versucht, jemanden anzurufen, dann hörte ich die Explosion und sah, wie sich Menschen auf den Boden warfen, schrien und weinten, ich schaute hinauf und sah den vielen Rauch, wie der Turm in sich zusammensackte, und der viele Rauch in einem Turm.«[112]

»Plötzlich ging es peng, peng, peng, wie Schüsse, und dann drei wahnsinnige Explosionen«, berichtet am 13. September 2001 ein Herr mit Brille in einem Krankenhausbett in dem RTL-Feature »Terror gegen Amerika«.[113]

Am 24. September 2001 zitiert *People Weekly* den Feuerwehrmann Louie Cacchioli: »Ich habe Feuerwehrleute im Aufzug mit hinauf in den 24. Stock genommen, um von dort aus Arbeiter zu evakuieren. Bei der letzten Fahrt hinauf ging eine Bombe hoch. Wir glauben, daß Bomben in dem Gebäude plaziert waren.«[114]

Ein Augenzeuge, dessen Büro in der Nähe des World Trade Centers lag, lieferte der Wochenzeitung *American Free Press* einen interessanten Bericht. Er habe inmitten einer Menschenmenge auf der Church Street gestanden, etwa zweieinhalb Blocks vom Südturm entfernt, als er kurz vor dem Zusammenbruch des Gebäudes zwischen dem 10. und 15. Stockwerk »eine Anzahl von kurzen Lichterscheinungen« gesehen habe. Er habe ungefähr sechs dieser kurzen Blitze gesehen und dabei ein »krachendes Geräusch« vernommen.[115]

»Steve Evans befand sich im Südturm, als das Flugzeug einschlug«, berichtet das vierteljährlich erscheinende schweizerische Blatt *Zeitschrift* und zitiert weiter: »›Es gab eine Explosion‹, erzählte der *BBC*-Reporter am Unglückstag in einem Fernsehinterview. ›Ich dachte nicht, daß es eine Explosion war – aber das Fundament des ganzen Turmes erzitterte. Und dann, als wir draußen waren, ereignete sich die zweite Explosion, und danach noch eine ganze Serie weiterer Explosionen ... Wir sind vom Ausmaß der Zerstörung überwältigt, welche diese Explosionen – diese Serie von Explosionen – angerichtet haben.‹

Steve Evans ist nicht der einzige, der von mehreren Explosionen berichtete. ›Auf dem achten Stock wurden wir durch eine riesige Explosion zurückgeworfen‹, sagte ein Schwarzer in einem völlig verdreckten Geschäftsanzug dem dänischen TV-Sender *DR-TV1*. Der deutsche Sender *Sat 1* brachte ebenfalls Überlebende, die von einer großen Explosion erzählten. Einer von ihnen war Tom Canaban, der vor laufender Kamera von zwei FBI-Agenten gestoppt und weggeführt wurde.«[116]

Besonders offen diskutiert wurde die Sprengung der beiden Türme in Dänemark. So kommentierte der Nachrichtenmoderator des Senders *DR1*, Steffen Kretz, den Videoclip vom Zusammensturz eines der beiden Türme mit den Worten: »Der WTC-Turm kollabierte nach zwei weiteren Explosionen.« In einem *DR1*-Nachrichtenkommentar hieß es, das World Trade Center sei nach einer *zusätzlichen* Explosion zusammengebrochen. Am 11. September 2001 hatte *DR1* Jens Claus Hansen, einen hohen Offizier der dänischen Militärakademie, zu Gast im Studio. Er sagte: »Es müssen zusätzliche Bomben im Inneren der WTC-Türme plaziert worden sein – anderenfalls wären sie nicht in der Weise kollabiert, wie sie es schließlich taten.« Ein anderer Studiogast war der ehemalige Nato-General Keld Hillingsøe. Er sagte: »Zusätzliche Bomben müssen im Inneren angebracht worden sein.«

In der dänischen Zeitung *Berlingske Titende* vom 12. September 2001 sagte der Sprengstoffexperte Bent Lund, daß die Feuer allein den Kollaps nicht verursacht haben könnten. Er schätzte, daß etwa eine Tonne Sprengstoff im Inneren der Gebäude explodiert sein mußte, um die Türme auf diese Weise zu Fall zu bringen.[117]

Auf den ersten Blick scheinen sich die Angaben über Explosionen in den beiden Gebäuden zu widersprechen. Manche der Zeugen haben »wahnsinnige Explosionen« wahrgenommen, andere sahen nur feine Lichtblitze und hörten ein Krachen. In Wirklichkeit verträgt sich das genau mit dem, was man bei der Sprengung eines komplexen Gebäudes erwarten würde. Es ist durchaus möglich, daß zu diesem Zweck die verschiedensten Sprengladungen zu einem genau abgestimmten System orchestriert werden müssen. So kann es sinnvoll sein, manche Strukturen vor dem Totalabriß durch kleinere Sprengungen erst »vorzuschwächen«.

Ursache Sprengstoff
Die Aussagen von Van Romero

Tatsächlich waren auch Experten der Meinung, daß das World Trade Center nach dem Einschlag der Flugzeuge gesprengt wurde. Einer äußerte sich am 11. September 2001 gegenüber dem *Albuquerque Journal*. Der Mann war nicht irgendwer, sondern einer der hochkarätigsten Experten des Landes für die Wirkung von Sprengstoffen auf Gebäude. Sein Name: Van Romero, Doktor der Physik. Seine frühere Funktion: Direktor des Energetic Materials Research and Testing Center am New Mexico Institute of Mining and Technology. Das Research and Testing Center untersucht die Wirkung von Sprengstoffen auf Gebäude, Flugzeuge und andere Strukturen. Wenn es also jemanden gab, um ein kompetentes Urteil über den Zusammenbruch des World Trade Centers abzugeben, dann Van Romero. Der erste Eindruck dieses hochkarätigen Experten ließ an Deutlichkeit nichts zu wünschen übrig: Fernsehbilder der Angriffe auf das World Trade Center legten nahe, daß Sprengstoffe den Zusammenbruch der beiden Türme verursachten, sagte Van Romero dem *Albuquerque Journal*. Der Kollaps der Gebäude erscheine »zu methodisch«, um ein Zufallsprodukt des Einschlags von Flugzeugen in die Strukturen zu sein: »Meine auf den Videotapes basierende Meinung ist, daß, nachdem die Flugzeuge das World Trade Center getroffen hatten, es einige explosive Vorrichtungen im Inneren der Gebäude gab, die den Zusammenbruch der Türme verursachten«, sagte Van Romero. Der Kollaps der beiden Türme ähnele jenem von »kontrollierten Implosionen«, wie sie zum Einsatz kämen, um alte Gebäude abzureißen. »Für etwas aus dem Flugzeug wäre es schwierig, ein Ereignis wie dieses auszulösen«, sagte Van Romero dem *Albuquerque Journal*. Sollten Explosionen zum Einsturz der Türme geführt haben, könnte eine relativ geringe Menge von Sprengstoffen an strategischen Punkten plaziert worden sein. Die Sprengstoffe wären an mehr als zwei Stellen innerhalb der Türme angebracht worden. Die Explosion von Bomben in den Türmen wäre mit einer bekannten terroristischen Strategie zu vereinbaren. »Eines der Dinge, für die Terroristen bekannt sind, ist ein Ablenkungsmanöver und eine sekundäre Einrichtung«, sagte Van Romero. Die Angreifer würden dabei eine initiale, ablenkende Explosion zünden, um Rettungspersonal zu binden. Anschließend würden sie eine zweite Explosion auslösen. Wenn sein Szenario stimme, so Van Romero, dann sei in dem Einschlag der Flugzeuge ein Ablenkungsmanöver zu sehen.[118]

Man kann dem Hintergrund des Experten und der Substanz seiner Aussagen leicht entnehmen, daß sie nicht einfach so dahingeplappert wurden. Der Mann, so darf man annehmen, hat einen Blick für Ereignisse wie dieses. Umso erstaunlicher, daß Van Romero seine Aussage zehn Tage später glatt widerrief. Er glaube nun, daß Feuer und nicht Sprengstoff den Zusammenbruch der Gebäude verursachte, erzählte er derselben Zeitung. »Mit Sicherheit war es das Feuer, das den Zusammenbruch verursachte«, sagte er nun. Gespräche mit Bauingenieuren und eine eingehendere Analyse der Fernsehbilder hätten ihn zu einer anderen Auffassung gebracht. Doch auch nach diesem glatten Fallrückzieher ließ sich Van Romero interessanterweise noch ein kleines Hintertürchen offen. Er glaube immer noch, daß der endgültige Kollaps möglicherweise durch einen »plötzlichen Druckimpuls« ausgelöst worden sei, etwa, als das Feuer einen elektrischen Transformator oder eine andere Brandquelle erreicht habe. Wahrscheinlich benötigt Van Romero diese Bemerkung, um zu begründen, wie er ursprünglich zu einer vollständig anderen Auffassung gelangen konnte. Inzwischen glaube er, daß Sprengstoffe nicht erforderlich gewesen seien, um den Zusammenbruch zu bewirken.

Die explosiven Mieter
Ein zweiter Fachmann plaudert

Allerdings war Van Romero nicht der einzige Fachmann, der beim Anblick des World Trade Center-Crashes »auf dumme Gedanken kam«. Die 110 Stockwerke hohen Bauwerke seien wie bei einer kontrollierten Detonation in sich zusammengefallen, urteilte auch der Statiker Medhat Okelly vom Infrastruktur-Unternehmen Parsons Brinckerhoff in New York in einem Gespräch mit den *VDI Nachrichten*.[119]

Ein weiterer war Hugo Bachmann, emeritierter Professor für Baudynamik und Erdbebeningenieurwesen an der ETH Zürich. Für Bachmann »gibt es im Prinzip eine breite Palette von Möglichkeiten, warum die Konstruktionen schließlich doch versagten«, berichtet die *Neue Zürcher Zeitung Online* am 13. September 2001. »Auf den ersten

Blick scheinen ihm vor allem zwei Möglichkeiten in Frage zu kommen«, so die NZZ. Eine davon sei das Feuer und seine Wirkung auf die Stahlträger. Bachmanns zweites Szenario ähnelt auffallend den Ideen des Sprengstoffexperten aus New Mexico: »Beim zweiten Szenario hätte hingegen eine weitere terroristische Aktion den Kollaps der Häuser verursacht«, schreibt die NZZ über die Ansichten Bachmanns. »Bachmann kann sich vorstellen, daß die Attentäter in einer unteren Etage vor dem Anschlag Sprengstoff an ausgewählten tragenden Stützen im Gebäudeinnern angebracht haben. Auf diese Weise, so Bachmann, können Häuser wie das World Trade Center ohne größeren logistischen Aufwand zerstört werden.« Hätten die Attentäter beispielsweise Büroräume gemietet, so hätten diese »explosiven Mieter« in aller Ruhe und »ohne daß dies jemandem aufgefallen wäre«, den Sprengstoff an den verletzlichen Teilen des Gebäudes anbringen können. Weniger wahrscheinlich scheint Bachmann hingegen, daß ein Sprengstoffanschlag im Untergeschoß die Türme zum Kollabieren brachte. Zum einen wäre es dort vermutlich von der Logistik her schwieriger, den Sprengstoff an den entsprechenden Stellen anzubringen. Zum anderen war dieser Teil des Gebäudes aus anderen Gründen wahrscheinlich stabiler konstruiert als die eingebrochenen Stahltürme.« Zwar ließe sich die Frage, ob tatsächlich eines der beiden Szenarien zutrifft, zum jetzigen Zeitpunkt nicht entscheiden. Dennoch erscheine es dem Experten »zentral«, daß man dem zweiten Szenario – unabhängig, ob es beim World Trade Center zutreffe – zukünftig vermehrt Beachtung schenken sollte. Wer über das nötige Fachwissen in Baustatik und Sprengtechnik verfüge, könne im Prinzip jedes Gebäude zerstören, denn jedes Tragwerk habe seine Achillesferse. Ein Attentat, das sich diese Schwächen gezielt zunutze macht, sei relativ einfach auszuführen, erfordere jedoch eine sorgfältige und zeitraubende Planung. Allerdings seien nicht alle Gebäude gleich verletzbar.

Gerade die Türme des World Trade Centers in New York dürften ein eher empfindliches Objekt gewesen sein.[120]

Ob die Türme des World Trade Centers zusätzlich zu den Flugzeugeinschlägen gesprengt wurden oder nicht, ist keineswegs nebensächlich. Denn damit ist die Frage verbunden, wer noch an den Attentaten vom 11. September 2001 beteiligt war. Im Moment wird der Eindruck erweckt, die Täter seien »von außen« gekommen: Von außerhalb des Gebäudes, von außerhalb Amerikas, ja sogar von außerhalb der Zivilisation. Die offizielle Version des Tathergangs schreit »außerhalb, außerhalb, außerhalb«. Für eine Sprengung jedoch wären fachmännische Installationen notwendig gewesen. Und selbst wenn die Attentäter dazu in der Lage gewesen sein sollten, würde sich die Frage stellen, warum sie sich dann die ganze Mühe mit den vier Flugzeugentführungen hätten machen sollen. Deshalb ist die Antwort auf die Frage, ob Sprengstoff im Gebäude angebracht war, wie eine Eisenbahnweiche, die den Zug der Ermittlungen in die eine oder die andere Richtung lenkt. Wie Van Romero schon sagte, hätte der Einschlag der Flugzeuge auch als Ablenkungsmanöver dienen können, um die Aufmerksamkeit von den Sprengladungen abzuziehen. Freilich hat er das vor seinem Widerruf gesagt. Nicht lange nach seinem Rückzieher besorgte George W. Bush dem Mexikaner übrigens einen Job. Er berief ihn in eine präsidentielle Kommission zur Verbesserung der Fortbildung von Hispano-Amerikanern.

Die Mär vom wehrlosen Pentagon
Die Flugabwehr

Das Pentagon in Washington, 11. September 2001: »Ich sah gerade hoch und sah die große Nase und die Flügel des Flugzeugs, wie es geradewegs auf uns zuflog. Dann sah ich es ins Gebäude schlagen«, erinnert sich Sean Boger. »Es explodierte. Ich ließ mich auf den Boden fallen und bedeckte meinen Kopf. Ich konnte das Metall hören, wie es sich durch das Gebäude schnitt.«[121]

»Man konnte hören, wie die Triebwerke immer höher gezogen wurden«, erinnert sich Noel Sepulveda. Er sah, wie die Maschine über ein nahegelegenes Hotel flog und dabei ihr Fahrwerk ausfuhr. Mit dem rechten Rad traf sie einen Lichtmast, versuchte sich zu fangen, erwischte aber einen zweiten Lichtmast. Dann senkte sie die Nase und krachte in das Pentagon.[122]

Es ist etwa 9.40 Uhr. Der Horror von New York hat nun auch das Verteidigungsministerium in Washington erfaßt. Nach den beiden Türmen des World Trade Centers haben es die arabischen Angreifer offenbar geschafft, auch das Allerheiligste der amerikanischen Verteidigung zu treffen: das Pentagon. Ein unwahrscheinliches Glück für die Entführer, wenn man bedenkt, daß die Militärs spätestens seit einer Stunde gewarnt sein mußten – seit dem ersten Einschlag in das World Trade Center um 8.46 Uhr. Die ersten, alarmierenden Anomalien im Luftraum lagen laut den offiziellen Aufzeichnungen sogar noch viel länger zurück, nämlich mindestens 1 Stunde und 20 Minuten. Um 8.15 Uhr begann der Spuk mit dem mysteriösen Schweigen von Flug American Airlines 11. Um 8.20 Uhr wich die Maschine dramatisch vom Kurs ab, was auf eine bewußte Handlung im Cockpit hindeutete. Schon jetzt hätte das Routinezusammenspiel zwischen Fluglotsen und Air Force klappen müssen, das normalerweise darin besteht, einer aus ungeklärten Gründen vom Kurs abweichenden Maschine eine Eskorte aus Abfangjägern zur Seite zu stellen. Nicht etwa, um sie gleich abzuschießen, sondern um zunächst einmal nach dem Rechten zu sehen. Im überwachten Luftraum der Vereinigten Staaten gehört das zum ganz normalen Alltag, denn eine solche Maschine kann schließlich eine Gefahr für den Luftverkehr darstellen, zumal dann, wenn sich keine Funkverbindung zu ihr herstellen läßt. Doch diesmal steigt kein Jäger auf, um bei Flug American Airlines 11, der ersten vom Kurs geratenen Maschine, nach dem Rechten zu sehen. Ein unerklärliches Versäumnis.

Ohne Abfangjäger war das Pentagon den Angreifern schutzlos ausgeliefert – sagt jedenfalls des Pentagon: »Wir hatten keinen Mechanismus, um zu reagieren«, meldete sich eine Sprecherin nach der Katastrophe zu Wort. Begeben wir uns dazu kurz in den National Press Club Washington. Dort fand am 10. Juni 2002 eine Pressekonferenz des Vereins *unanswered questions.org* statt. »UQ«, wie sich der Zusammenschluß selbst nennt, hat es sich zur Aufgabe gemacht, die ungeklärten Fragen im Zusammenhang mit dem 11. September 2001 zu stellen und, wenn möglich, zu beantworten. Im Hinblick auf die Schutzmechanismen des Pentagon hat »Unanswered Questions« einen intimen Kenner der Situation zu bieten, einen Mann namens John Judge aus Washington D.C. Er ist nicht nur Mitbegründer der »Nationalen Koalition zur Untersuchung Politischer Morde«, auf deren Arbeit die Veröffentlichung wichtiger Geheimdokumente zurückgeht. Für seinen Vortrag über den Angriff auf das Verteidigungsministerium bringt er auch noch eine andere Art von Expertise mit, nämlich seine intime Kenntnis des Pentagons von Kindesbeinen an: »Meine Eltern waren zivile Angestellte im Pentagon. Meine Mutter war fünf Ebenen über der höchsten Sicherheitsstufe angesiedelt. Ich wuchs im Pentagon auf. Als Kind verbrachte ich meine Zeit dort.«

»Diese Flugzeuge«, erzählt Judge, »selbst nachdem sie ihre Transponder ausgeschaltet hatten, waren unter Radarbeobachtung. Sie [das Pentagon-Personal; G.W.] wußten, in welche Richtung sie flogen, selbst *Kanal 8*, die lokale Fernsehstation, gab hier in D.C. bekannt, daß die Flugzeuge nach Washington flogen. Und sie schauten zu, wie diese Flugzeuge kamen und in den bestbewachten Luftraum des Landes und wahrscheinlich der Welt eindrangen.«

Mit anderen Worten: daß sich eine Maschine im Anflug auf Washington befand, pfiffen in der Hauptstadt bereits die Spatzen von den Dächern.

»Es ist ein Luftraum«, fährt John Judge fort, »in dem, wie ich als Kind gesehen habe, und wie meine Freunde es gesehen haben, verirrte Airliner mit Abfangjägern konfrontiert wurden, die von benachbarten Basen aufsteigen. Dies ist ein Luftraum, der sich unter ständiger Beobachtung befindet. Kurz nach dem Einschlag gab es einige Zitate. Eine Pentagon-Sprecherin sagte: ›Wir hatten keinen Mechanismus, um zu reagieren.‹ Ich würde sagen, wenn Sie ein investigativer Journalist sind, werden Sie herausfinden, daß sie einen sehr ausgeprägten Reaktionsmechanismus besitzen. Daß sie nämlich nicht nur im Fall einer Krise wie dieser hier reagieren, sondern schon dann, wenn irgendein Airliner vom Kurs abweicht, und sei es auch nur für Minuten. Sie haben Abfangjäger, die aufsteigen, um herauszufinden, was los ist, warum die Maschine nicht auf Kurs ist, ob die Kommunikation zum Tower unterbrochen ist, und für diese Prozeduren brauchen sie keine Genehmigung des Präsidenten. Sie brauchen keinen Befehl vom Pentagon oder von irgend jemandem sonst. (…) Ganz sicher wußten sie, daß sie es mit irgendeiner terroristischen Attacke zu tun hatten. Sie wußten es vorher und begannen mit der Evakuierung der Hauptstadt. Sie sagten es in den Nachrichten, auf dem Rasen vor dem Weißen Haus wurden Leute interviewt, die evakuiert worden waren, und in den Lokalnachrichten hieß es auch, das Pentagon sei evakuiert worden. Sie kannten also die Ziele und wußten, von wo es kommen würde. Sie beobachteten es dabei eine lange Zeit und dann, eventuell, wurden Flugzeuge losgeschickt, Abfangjäger, von der Langley Airforce Base, die 130 Meilen südlich von D.C. liegt. Flugzeuge, die, wenn Sie die Entfernung durch die angegebene

Flugzeit teilen, offenbar mit Unterschallgeschwindigkeit flogen. Abgesehen davon, ob diese Flugzeuge die Maschine abgeschossen hätten: Die Jäger hätten die Maschine zumindest abfangen und mit den Flügeln wackeln müssen, um sie zum Abdrehen zu bewegen. Dafür gibt es vorgeschriebene Prozeduren.« Keine dieser Prozeduren kam aber zur Anwendung.

»Außerdem«, so Judge weiter, »haben mich meine Eltern gewöhnlich in den Hof in der Mitte des Pentagons zum Mittagessen mitgenommen. Und ich erinnere mich, daß ich meinen Vater nach bestimmten Einzelheiten fragte. Für die Verteidigung des Gebäudes gab es da Boden-Luft-Raketen. Zusätzlich wurde nach dem Einschlag der Piper Cub [in Wahrheit eine Cessna 150L, siehe unten; G.W.] in das Weiße Haus auf dem Rasen des Weißen Hauses eine Boden-Luft-Batterie eingerichtet, um das Gebäude zu schützen.« Laut dem französischen Autor Thierry Meyssan wird das Pentagon von »fünf Batterien hochentwickelter Abwehrraketen« geschützt.[123]

Exkurs: Selbstmord im Weißen Haus
Der Fall des Frank Eugene Corder

In einer Herbstnacht des Jahres 1994 spielten sich rund um Baltimore und Washington seltsame Dinge ab. Gegen 23.00 Uhr schlich der 38jährige Frank Eugene Corder auf das Flugfeld eines Flugplatzes nördlich von Baltimore, stieg in das Cockpit einer einmotorigen Cessna 150L und hob ab. Umgehend nahm er Kurs auf Washington, überquerte den Zoologischen Garten Richtung Mall und nahm das Washington Monument als Wendemarke. In Baumwipfelhöhe flog er sodann über den Rasen des Weißen Hauses und knallte in eine Wand des Regierungssitzes, zwei Stockwerke unterhalb von Präsident Clintons Schlafzimmer. Der war zwar nicht da, aber dennoch verursachte die Sache einigen Wirbel. Sicherheitsexperten diskutierten über einen besseren Schutz für das Weiße Haus, und die Medien analysierten den persönlichen Hintergrund des toten Piloten. Der, so wurde berichtet, habe kurz zuvor nahestehende Angehörige verloren und überdies ein Drogenproblem. Auch über eine Wut auf den Präsidenten habe er vor der Tat gesprochen. Alles schien eine natürliche Ursache zu haben, und so wurde der Zwischenfall bald zu den Akten gelegt. Nur das Datum des Flugzeugdiebstahls läßt einen nicht mehr los. Es war der 11. September 1994.

Zurück zu John Judge: Im weiteren Verlauf seines Statements beschäftigt er sich mit dem Umstand, daß die Entführer ausgerechnet einen weitgehend leerstehenden Flügel des Pentagon trafen. Nimmt man seine Worte ernst, kann das kaum Zufall gewesen sein, denn dieser Flügel stand seit vielen Jahren leer. »Jeder, der sich in den letzten sechs Jahren in der Nähe des Pentagons aufhielt, sogar in den neunzigern, als ich dort war, wußte, daß dies die leere und im Umbau befindliche Seite des Pentagons ist.«

Mit Verwunderung nimmt Judge zur Kenntnis, daß die Entführer extra von ihrem geraden Weg abwichen und einen großen Bogen flogen, um diesen Teil des Gebäudes zu treffen: »Nichts stand ihnen im Wege, um irgendeine andere Seite zu treffen. Die gesamte Zeit blieben sie vollkommen unbehelligt.«

Er habe einige Anzeichen dafür, daß die Abfangjäger auf den Basen rund um Washington zurückgehalten worden seien, so Judge. So gebe es in der Nähe von Pomona, New Jersey, eine Basis der Air National Guard, deren startbereite Abfangjäger sowohl Manhattan als auch Washington erreichen könnten. Ein Ermittler, der mit den Piloten gesprochen habe, habe gesagt, zwei Wochen vor dem 11. September hätten sie den Befehl bekommen, nicht mehr routinemäßig aufzusteigen. Piloten von der Otis Air Foirce Base hätten dem dort stationierten Sohn eines Bekannten erzählt, daß

Vermutliche Flugroute des Pentagon-Angreifers

sie zurückgepfiffen worden seien, als sie gerade Flug American Airlines 77 hätten abfangen wollen.

Bedauerlicherweise ist der unbehelligte Anflug des Angreifers auf das Pentagon nicht das einzige Rätsel im Zusammenhang mit dieser Katastrophe. Wenn man die Ereignisse rund um das amerikanische Verteidigungsministerium betrachtet, ist eigentlich – ganz im Gegensatz zu den offiziellen Darstellungen – überhaupt nichts klar: Weder, daß überhaupt ein Flugzeug ins Pentagon flog, noch, um welche Maschine es sich dabei handelte.

Schnappschuß am Pentagon
Bilddokumente

Während besonders der Einschlag der zweiten Maschine in das World Trade Center aus allen möglichen Perspektiven gefilmt wurde, zeigt merkwürdigerweise kein einziges Bilddokument eine auf das Pentagon anfliegende oder hineinfliegende Boeing 757. Das ist deshalb bemerkenswert, weil wir uns hier in der amerikanischen Hauptstadt befinden. Das Weiße Haus, das Capitol, die Ministerien – all diese Gebäude werden selbstverständlich von Kameras überwacht. Aber auch Geschäfts- und Privatleute sichern heutzutage ihr Eigentum mit einer Videokamera, und last but not least sind in Washington selbstverständlich jede Menge Touristen unterwegs. Dennoch: Ganz anders als die beiden Todesmaschinen in New York blieb die angeblich in einem weiten Bogen auf das Pentagon anfliegende Boeing 757 unsichtbar.

Natürlich wird auch das Verteidigungsministerium selbst von Videokameras beobachtet. Als sich 1997 vor dem Gebäude eine Schießerei abspielte, wurde Pentagon-Sprecher Ken Bacon gefragt, ob eine der Sicherheits-Kameras den Vorfall festgehalten hätte. Er drückte sich um eine Antwort, räumte aber ein, daß es sowohl auf dem Dach als auch in der Umgebung des Verteidigungsministeriums Kameras gebe.

Pentagon-Kenner John Judge liefert noch intimere Einblicke in die Fähigkeiten der Pentagon-Späher. »Als ich 1990 einmal eine Demonstration gegen den Militärhaushalt vom Nationalfriedhof zum Pentagon organisierte, wurde ich vom Chef des Pentagon-Sicherheitsdienstes in das Gebäude mitgenommen. Ich lief durch den Trakt, in dem die Vereinigten Stabschefs ihr Mittagessen einnehmen und wurde hinaus in den Hof mitgenommen, wo die Paraden stattfinden. (...) Dann zeigte er auf das Dach des Gebäudes und sagte: ›Wir haben Radar dort oben, um zu sehen, ob irgendwelche Flugzeuge auf das Gebäude zufliegen. Wir haben auch fotografische Ausrüstungen und beobachten den Luftraum mit Video, und wir werden auch Ihre Demonstration aufzeichnen.‹«[124]

Mit anderen Worten: Auf das Pentagon anfliegende Luftfahrzeuge werden

- gefilmt,
- fotografiert und
- mit Radar beobachtet.

Vermutlich kann kein Schmetterling auf dem Dach des Verteidigungsministeriums landen, ohne dabei bemerkt zu werden. Das ist auch logisch, denn schließlich muß sich das Pentagon ja nicht in erster Linie auf Flugzeuge, sondern auf viel gefährlichere und schnellere Flugkörper einstellen: Raketen. Ein Erstschlag mit Atomwaffen durch eine fremde Macht war lange Zeit der Alptraum jedes US-Militärs, und selbstverständlich wäre die Steuerzentrale der US-Militärmacht ein bevorzugtes Ziel für einen solchen Angriff.

In seinem Buch *Pentagate* weist der französische Autor Thierry Meyssan darauf hin, daß die Armee der Vereinigten Staaten »über mehrere hochentwickelte Radarüberwachungssysteme« verfügt, »die mit den Geräten der zivilen Luftfahrt überhaupt nicht zu vergleichen sind«. Natürlich – denn im Ernstfall werden die USA zum Beispiel ja nicht von russischen Passagierjets angegriffen, sondern von einer Vielzahl von schnell fliegenden Raketen. Das stellt die Radar- und Abfangsysteme vor völlig andere Anforderungen. Das Radarsystem PAVE PAWS zum Beispiel werde »hauptsächlich zur Ortung und Verfolgung von Flugkörpern eingesetzt, die ebenso schwer aufzuspüren sind wie in sehr niedriger Höhe fliegende Missiles. Dem System PAVE PAWS entgeht nichts, was sich im nordamerikanischen Luftraum abspielt.«[125] »PAVE« ist ein Codename der Air Force. »PAWS« steht für »Phased Array Warning System«. PAVE PAWS kann U-Boot-Raketen ebenso leicht aufspüren wie Interkontinentalgeschosse. Tatsächlich haben die USA also Mittel und Wege gefunden, einer derartigen Attacke zu begegnen, die sich im Vergleich zum Kamikaze-Flug eines Passagierflugzeugs ausnimmt, wie der Ansturm eines Ferraris gegenüber dem eines Traktors. Ausgerechnet von diesem fliegenden Traktor aber gibt es nun also keine visuelle Spur. Jedenfalls veröffentlichte das Pentagon solche Aufnahmen nicht.

Eigentlich hätten die Militärs froh sein können, als endlich doch noch ein paar Schnappschüsse auftauchten, auf denen ein in das Pentagon eindringender Flugkörper zu sehen war. Denn so wurden zumindest fürs erste Zweifel ausgeräumt, ob überhaupt etwas ins Pentagon geflogen sei. »Eine Serie von fünf durch Nachrichtenorganisationen beschafften Fotos zeigt die ersten verfügbaren Bilder des Pentagons, wie ein durch Terroristen gekapertes Flugzeug am Morgen des 11. September in das Gebäude krachte«, schrieb die *Washington Post* am 7. März 2002. »Die Bilder beschaffte *CNN* und sendete sie Donnerstagnachmittag. Reporter Jamie McIntyre sagte, die Fotos seien von einer Sicherheitskamera an einem der Pentagon-Checkpoints gemacht worden.«[126]

Doch statt die Fotos als einen ersehnten Beweis für den Einschlag einer großen Boeing-Maschine in das Verteidigungsministerium zu nehmen, faßte das Pentagon sie mit spitzen Fingern an. Die Fotos seien nicht offiziell veröffentlicht worden, hieß es aus dem Verteidigungsministerium. Eine Pentagon-Sprecherin erklärte, sie könne nicht bestätigen, daß sie von einer der Beobachtungskameras stammten. Und laut *Washington Post* erklärt Pentagon-Sprecherin Ceryl Irwin, daß das Ministerium keine Fotos oder Videos »der terroristischen Attacke vom 11. September« veröffentlicht habe. Andererseits wurde die Echtheit der Fotos bei aller Zurückhaltung aber auch nicht dementiert. Das ist sehr wichtig. Denn sie zeigen alles mögliche, nur nicht eine Boeing der American Airlines auf dem Weg ins Pentagon.

»Auf den Fotos«, so die *Washington Post*, »sieht man einen hellen, orangefarbenen Feuerball, aber der entführte American Airlines Jet ist nicht eindeutig erkennbar.« Das ist sehr diplomatisch ausgedrückt. Man könnte es auch so formulieren: Die Bilder zeigen etwas völlig anderes als einen Jet der American Airlines. Laut *Washington Post* handelt es sich um »ein kleines, verschwommenes, weißes Objekt«.

Nun ist ein American Airlines Jet nicht klein, sondern riesengroß. Während das Heckleitwerk des »verschwommenen Objekts« auf dem Foto etwa halb so hoch erscheint wie das Pentagon, würde es die Heckflosse einer echten

Rauchfahne des »Pentagon-Objekts«; diese Bilder wurden zuerst auf CNN gesendet (die deutschen Beschriftungen hat der Verfasser hinzugefügt). Sie zeigen den angeblichen Einschlag des Flugzeugs in das Pentagon und sollen von einer Überwachungskamera stammen. Das Datum der Bilder soll von ihrer Archivierung am nächsten Tag, dem 12. September, herrühren.

153

Boeing 757 ziemlich genau auf dieselbe Höhe bringen wie das Dach des Verteidigungsministeriums. Außerdem sind American Airlines Jets nicht weiß. Vielmehr wählte das Management eine auffällige, silbrig-schimmernde Außenhaut für seine Flugzeugflotte. Noch wichtiger ist aber die weiße Rauchfahne, die das in Bodenhöhe auf das Pentagon zurasende Objekt hinter sich herzieht. Das Vorhandensein dieser Rauchfahne schließt einen Passagierjet als Verursacher definitiv aus. Jeder, der sich seinen letzten Flughafenbesuch in Erinnerung ruft, wird bestätigen, daß die Triebwerke eines Airliners keine weiße Rauchfahne hinter sich herziehen, sondern allenfalls eine schmutzig-graue Abgasschleppe. Weiße Kondensstreifen entstehen nur in großen Höhen, nicht aber in Bodennähe. Meistens sieht man hinter einem Jettriebwerk in geringen Höhen überhaupt keine Abgasschleppe, wie etwa bei den Einschlägen ins World Trade Center. Hinter den beiden Maschinen befindet sich nicht die Spur einer Rauchfahne. Schon das sagt uns, daß in das Pentagon etwas ganz anderes eingeschlagen sein muß.

Eine solche Rauchfahne spricht überhaupt nicht für einen Jet, sondern für eine Rakete.

Bei Anruf Tod
Die Handytelefonate

Merkwürdig eigentlich, denn schließlich passen diese Befunde nicht zu der Tatsache, daß anscheinend mit Menschen besetzte Flugzeuge in ihre Ziele flogen. Denn es gibt ja die zahlreichen Telefonanrufe aus den Maschinen. Um 9.30 Uhr machten zum Beispiel die Flugzeugentführer an Bord von American Airlines 11 eine Ansage und forderten jeden Besitzer eines Telefons auf, seine Angehörigen anzurufen, um Lebewohl zu sagen.[127] Nach einem Bericht des *Sunday Herald* vom 16. September 2001 erklärten die

Hijacker von Flug American Airlines 77, das Weiße Haus treffen zu wollen. Diese Informationen sollen entweder zufällig durch »offene Mikrophone« von der Bodenkontrolle aufgeschnappt worden sein oder aus den Telefonanrufen selbst stammen.

Wann haben jemals Flugzeugentführer ihren Geiseln erlaubt, mit dem Handy zu telefonieren oder sie sogar dazu aufgefordert? Bis zum 11. September 2001 war meines Wissens kein einziger solcher Fall überliefert worden. Im Gegenteil: Bereits diese Geschichte ist äußerst unglaubwürdig. Bei einer Flugzeugentführung herrscht eine äußerst aufgeladene und angespannte Atmosphäre. Es geht um Leben und Tod. Die Entführer wollen kein Risiko eingehen, sie wollen sich vor allem unter keinen Umständen erwischen lassen. »Unsere« Hijacker vom 11. September mußten minütlich damit rechnen, daß sich Kampfjets neben sie setzen und sie in die Zange nehmen würden. Keine Information durfte deshalb nach außen dringen, die irgend etwas über die Anzahl und Absichten der Entführer verraten könnte. Es ist deshalb ein überaus gewöhnungsbedürftiger Gedanke, daß die Entführer ihren Geiseln erlaubt, ja sie aufgefordert haben sollen, zu telefonieren. Denn damit waren sie im Begriff, ihren eigenen Angriff zu vereiteln. Nicht nur wegen der Abfangjäger, die sie sich damit endgültig (und endlich!) hätten einhandeln müssen, sondern auch, weil es nun möglich war, Schutzmaßnahmen am Boden zu treffen. Wenn man die Maschine schon aus unerfindlichen Gründen nicht hätte abfangen können, so hätte man doch aufgrund des Alarmrufs der Passagiere nun dafür sorgen können, daß sich die Regierungsspitze im Weißen Haus in den Bunker aufmacht. Selbst wenn ein Treffer auf das Gebäude noch möglich gewesen sein sollte, die »Effektivität« des Angriffs wäre durch die Telefonate der Passagiere auf jeden Fall gefährdet worden. Die Duldung beziehungsweise Initiierung der Telefonate durch die Flugzeugentführer und Kamikaze-Piloten ist in meinen Augen vollkommen unglaubwürdig.

Es gibt noch einen weiteren wichtigen Grund, warum die Sache mit den Telefonaten nicht stimmen kann. Wir sind schon so eingelullt von der allgegenwärtigen Desinformation, daß uns die primitivsten Widersprüche nicht mehr auffallen: Warum ist die Nutzung von Handys an Bord von Flugzeugen verboten? Natürlich weil sie die Systeme der Maschine empfindlich stören können. Warum sollten also Flugzeugentführer, die Präzisionsanflüge vor sich haben, bei denen die Maschinen hundertprozentig funktionieren müssen, ihre Geiseln auch noch ermutigen, mit ihren Handys zu telefonieren? Gerade saudiarabische Hijacker sollten eigentlich gegenüber der Benutzung von Handys im Flugzeug besonders sensibel sein. Nach einem Bericht der Nachrichtenagentur *Reuters* wurde Anfang 2001 ein Mann in Saudi-Arabien zu 70 Peitschenhieben verurteilt, weil er während des Starts einer Maschine sein Mobiltelefon benutzt hatte. Nicht, daß die Entführer Angst vor Schlägen hätten haben müssen. Sehr wohl aber vor der Gefahr, die von Handys, mit denen telefoniert wird, ausgeht. »Unter Berufung auf Kreise der Saudia Airlines hieß es, in der Vergangenheit seien auf mindestens sieben Flügen der Gesellschaft technische Probleme aufgetreten, die auf die Benutzung von Mobiltelefonen zurückgeführt wurden.«[128] Ein strahlendes Handy an Bord kann zum Beispiel zu einem Versagen der Navigationseinrichtungen und zu extremen Kursabweichungen führen, bis zu 30 Grad sind in der Vergangenheit bereits vorgekommen.[129]

Gerade Arabern dürfte also die Brisanz von Handytelefonaten an Bord von Flugzeugen noch wesentlich eindrucksvoller vor Augen stehen, als unsereinem. Schon das hebelt die Geschichte mit den Handyanrufen aus. Eine solche Handyorgie würden »echte« Entführer niemals dulden, schon gar nicht, wenn sie aus Saudi-Arabien stammen.

Im Grunde genommen könnte ein Buch über den 11. September so kurz sein, wie die vorangegangenen Absätze. Denn wenn diese hochgespielte Geschichte mit den Handytelefonaten nicht stimmt, dann bröckelt ein zentrales Kernstück des ganzen Ablaufs weg. Und damit kommt die ganze schöne Geschichte von perfiden und fanatischen Moslems, die Passagierflugzeuge mit unschuldigen Menschen kaperten, um sie und mehrere tausend Menschen in den Tod zu schicken, ins Wanken. Im Klartext: Sie gehört auf den Müllhaufen der Geschichte.

Aber weil die tränenreichen Erzählungen von den Handytelefonaten so fest in den Köpfen der Menschen verankert sind, wollen wir noch ein bißchen an ihnen herumsezieren, wie an einem Patienten, dessen Todesursache wir zwar bereits kennen, an dem uns aber trotzdem noch ein paar Details interessieren. Einfach so. Wie kam es also zu den Handytelefonaten, oder besser: wie kam ihre Geschichte in die Welt?

Kein Anschluß unter dieser Nummer
Der Anruf von Barbara Olson

Der berühmteste Anruf von allen dürfte wohl der der CNN-Kommentatorin Barbara Olson von Bord der American Airlines 77 (Pentagon) gewesen sein. Frau Olson soll ihren Mann, den US-Generalstaatsanwalt Ted Olson, zweimal von Bord der American Airlines 77 aus angerufen haben, bevor das Flugzeug in das Pentagon krachte. »Das ist die Geschichte einer kleinen weißen Lüge, die ein Dutzend weiterer weißer Lügen verursachte, dann Hunderte von größeren weißen Lügen, bis zu jenem Punkt, an dem man die erste kleine weiße Lüge als die ›Mutter aller Lügen‹ über den 11. September bezeichnen mußte«, schreibt der Autor und Journalist Joe Vialls.

Sollte das stimmen, ist es vielleicht kein Zufall, daß diese Lüge von Ted Olson stammt, einem der Schattenkrieger von Präsident Bush. Nach den Wahlmanipulationen von Florida boxte er Bushs Präsidentschaft vor dem Supreme Court durch. Zuvor führte er Schmutzkampagnen gegen Präsident Clinton. Das Amt des »Solictor General« war Bushs Dank.

Die Frau dieses Schattenkriegers also wird als eine Kronzeugin für die Entführungen vom 11. September angeführt. Vialls schreibt: »Ohne die ›hervorragende‹ Barbara Olson und ihre angeblichen, emotionalen Anrufe hätte es niemals einen Beweis gegeben, daß Menschen eine Rolle bei der Entführung und Zerstörung der vier Flugzeuge an diesem Tag spielten. Ähnliche Behauptungen tauchten mehrere Tage später, am 16. September, über den Passagier Todd Beamer und andere auf, aber es ist wichtig, sich daran zu erinnern, daß die Barbara-Olson-Story am 11. und 12. September die einzige war. Ohne jede Frage war sie der künstliche ›Samen‹, der die Medienlawine ins Rollen brachte.«

Glaubt man den meisten Medienberichten, dann telefonierte auch Barbara Olson von ihrem Handy aus. Da ich es jedoch genau wissen wollte, habe ich mir den offenbar glaubwürdigsten Bericht zu diesem Thema besorgt, und das ist ein Interview, das der Reporter Toby Harnden mit Barbara Olsons Ehemann, dem US-Generalstaatsanwalt Ted Olson, für die Londoner Telegraph Group Ltd führte, zu der Zeitungen wie *The Daily Telegraph*, *The Sunday Telegraph* und *The Spectator* gehören. Die Londoner Telegraph Group wiederum gehört Hollinger International, einem ultrarechten Medienkonzern mit Zeitungen in den Vereinigten Staaten, Großbritannien, Kanada und Israel, zu dessen Ratgebern unter anderem Henry Kissinger gehört.

Hollinger-Reporter Toby Harnden genoß offenbar den Vorzug eines sehr persönlichen Interviews mit Barbara

Olsons Witwer: »Wir sitzen im Büro des Generalstaatsanwaltes im fünften Stock des Justizministeriums in Washington. (…) Heute sieht Ted elend aus. Seine Augen sind gerötet, und gelegentlich wischt er sich eine Träne weg, während er redet. Sechs Tage nach dem 11. September fing er wieder an zu arbeiten und absolviert seither eine 80-Stunden-Woche, wobei er das Haus morgens um 5.30 Uhr verläßt. Unter den Vorhaben, die er seither schulterte, war auch eine neue Anti-Terror-Gesetzgebung.«

Und dann verrät »Ted« dem Reporter, wie sich das letzte Telefonat mit seiner Frau abspielte: »Sie hatte Probleme durchzukommen, weil sie nicht ihr Handy, sondern das Telefon im Sitz benutzte. Ich nehme an, sie hatte ihre Geldbörse nicht dabei, denn sie beantragte ein R-Gespräch, und sie versuchte, zum Justizministerium durchzukommen, was nie besonders einfach ist.«[130]

Nach diesem Bericht benutzte Frau Olson also ein eingebautes Sitztelefon. Damit war zwar die Gefahr einer Störung der Flugzeugsysteme ausgeschlossen, weil die elektromagnetischen Strahlen des Bordtelefonsystems erst an der Außenseite der Maschine abgestrahlt werden. Von da gehen sie nicht zu Bodenstationen, wie die Signale eines Handys, sondern werden zu einem geostationären Inmarsat-Satelliten gesendet und anschließend zu nahezu jedem Punkt der Welt übertragen. Dadurch wird die Geschichte mit den Telefonaten trotzdem nicht weniger absurd, denn es bleibt dabei, daß die Entführer die Passagiere dazu aufforderten, zu telefonieren, und so auch Handytelefonate in Kauf nahmen. Außerdem kann man natürlich auch über ein Sitztelefon die Umwelt vor dem Angriff der Kamikaze-Piloten warnen.

Joe Vialls weist mit Recht darauf hin, daß die von Ted Olson erzählte Geschichte keinen rechten Sinn macht. Denn wenn Frau Olson ihre Geldbörse nicht dabei hatte (weil die Passagiere angeblich im hinteren Teil der Maschine zusammengepfercht worden waren), dann hatte sie wahrscheinlich auch ihre Kreditkarte nicht dabei. Ohne die hätte sie das Sitztelefon aber nicht in Betrieb nehmen können. Zunächst mal muß man die Kreditkarte durch den Schlitz des Telefons ziehen, sonst geht gar nichts – erst dann hätte man ein R-Gespräch beantragen können. Wenn Frau Olson aber ihre eigene Kreditkarte unabhängig von ihrer Geldbörse dabeigehabt haben sollte – warum beantragte sie dann ein R-Gespräch? Auch wenn sie sich eine Kreditkarte von einem Sitznachbarn geliehen haben sollte, hätte sie kein R-Gespräch beantragen müssen. Denn erstmal ging es hier ums nackte Überleben, ob da die gegenseitige Rücksichtnahme auf Telefongebühren noch erste Priorität hat, darf bezweifelt werden. Für den unwahrscheinlichen Fall des Überlebens hätte man sich sicher über die Kosten einigen können.

In Wirklichkeit liegt das Problem aber woanders. Ob Frau Olson nun eine eigene Kreditkarte dabei hatte oder sie sich von ihrem Nachbarn geborgt haben könnte – all das hätte ihr nichts genützt, denn American Airlines bietet laut seiner eigenen Website auf seinen Boeing 757 überhaupt keine Satellitentelefone an. Meetings anberaumen, den Broker anrufen oder einfach mal zu Hause nach dem Rechten fragen – all das geht bei American Airlines nur an Bord der Typen Boeing 777–200 oder Boeing 767–300. Nicht aber an Bord einer Boeing 757 und auch nicht an Bord der 767–200, die für den Angriff auf den Nordturm genutzt wurde. Auf meine ausdrückliche Nachfrage antwortete der Betreiber des Satellitentelefonsystems an Bord der American-Airlines-Maschinen, Aircom Satellite, daß an Bord der American Airlines Boeing 757 »leider kein Satellitenservice verfügbar« sei. Die Frage, ob es in der Vergangenheit an Bord ihrer 757 Satellitentelefone gegeben habe, wird von American Airlines nicht beantwortet.

Es sieht also nicht so aus, als hätte Barbara Olson mit einem Sitztelefon von Bord einer American Airlines Boeing 757 telefonieren können – hat ihr Mann demnach gelogen? Zumindest scheint er damit kein Problem zu haben. Es sei »einfach, sich eine unendliche Anzahl von Situationen vorzustellen«, sagte er einmal, »in denen Regierungsmitglieder legitime Gründe haben könnten, falsche Informationen zu verbreiten«.[131]

Ein Jäger im Anflug
Eine Fluglotsin berichtet

Mit den Beweisen, daß ein mit Passagieren besetzter Airliner auf das Pentagon zuflog, stimmt also etwas nicht. Und das stützt wiederum die Aussagen einer wichtigen Zeugin, der Fluglotsin Danielle O'Brien aus dem Kontrollzentrum Washington Dulles. Sie sah nämlich nicht die Boeing 757 mit der Flugnummer American Airlines 77, sondern »ein unbekanntes Flugzeug« auf ihrem Radarschirm auf das Verteidigungsministerium zurasen: »Ich bekam keinerlei elektronische Informationen über Identität, Flugrichtung und Höhe.« O'Brien kann die Maschine aber nicht nur nicht als Flug American Airlines 77 identifizieren, sie findet auch Anzeichen für eine *völlig andere Identität:* »Aufgrund der Geschwindigkeit, der Wendigkeit und der Art und Weise, wie er Kurven flog, dachten wir alle im Radarraum, alle wir erfahrenen Fluglotsen, daß dies ein militärisches Flugzeug sein muß. Man kann eine Boeing 757 nicht auf diese Weise fliegen, das ist gefährlich«, erklärte O'Brien in dem Interview mit dem Fernsehsender *ABC*. Für sie war klar: Die Maschine, die hier mit hoher Geschwindigkeit auf das Pentagon zuflog, »muß ein Jäger sein«.[132]

Wie soll man das noch zusammenkriegen? Müssen wir uns nun vorstellen, daß sich X Passagiere im engen Cockpit eines Kampfjets drängelten und dazwischen Barbara Olson mit irgendeinem Telefon hantierte? Nein, das müssen wir nicht. Denn es sieht nicht so aus, als ob Barbara Olson überhaupt telefonierte. Und wenn doch, dann ist einstweilen unklar, von wo sie telefonierte.

An anderer Stelle war schon von den äußerst begrenzten fliegerischen Fähigkeiten der angeblich arabischen Terrorpiloten die Rede, auch davon, daß diese Fähigkeiten kaum ausgereicht haben dürften, um die fliegerischen Kunststücke zu vollführen, die die Welt am 11. September 2001 am Fernsehschirm besichtigen durfte. Das gilt insbesondere für das Pentagon. Denn eine moderne Maschine vom Typ Boeing 757 hat gegen ein Flugmanöver, wie es am 11. September am Pentagon stattgefunden haben soll, gewisse Einwände.

Setzen wir uns also für einen Moment in das Cockpit der auf das Pentagon anfliegenden Boeing 757, meinetwegen direkt neben den angeblichen Terrorpiloten Hani Hanjour. Was geschieht im Moment des Anflugs auf das Pentagon?

»In jedem Passagierflugzeug, wann immer die Maschine in bestimmte Konfigurationen gebracht wird, werden alle möglichen Warnsysteme ausgelöst«, berichtet etwa Flugkapitän a. D. Leonard Clampett. »Dies sind obligatorische Einrichtungen, die alle vor dem Flug geprüft werden, um ihre Funktionsfähigkeit sicherzustellen. Das ist der Grund für den hohen Sicherheitsstandard der zivilen Luftfahrt.«[133]

»Fliegt man zu langsam, ohne Klappen, Vorflügelkanten und das Fahrwerk auszufahren, schiebt das Computersystem die Gashebel nach vorne, um sicherzustellen, daß das Flugzeug eine ausreichende Geschwindigkeit beibehält. Fliegt man zu niedrig, ohne daß sich die Maschine in der Landekonfiguration befindet (Fahrwerk und Klappen ausgefahren), wird man vom Ground Proximity Warning System (GPWS) mit einer sehr lauten synthetischen Stimme, die mit der Dauer des Zustands immer eindringlicher wird, gewarnt.« Schließlich würden »die Computer die Kontrolle übernehmen und die Maschine in Sicherheit bringen, falls sie nicht absichtlich abgeschaltet werden.« Natürlich könnte man theoretisch in Landekonfiguration in ein flaches Gebäude wie das Pentagon hineinfliegen, das aber haben die mutmaßlichen Terrorpiloten nach einhelligen Aussagen sämtlicher Ermittler nie geübt. Das Verdächtige sei ja gerade gewesen, daß sie sich niemals auf eine Landung vorbereitet hätten.

Es ist nicht ganz sicher, ob auch der Bordcomputer einer Boeing 757 so weit geht, aktiv in das Geschehen einzugreifen. Sicher scheint dagegen zu sein, daß die Kamikaze-Piloten im Augenblick der höchsten Anspannung zumindest mit allen möglichen, eindringlichen Warnungen zu kämpfen gehabt hätten – nicht gerade die idealen Voraussetzungen für einen präzisen Selbstmord-Angriff.

Hat jemand mal ein Flugzeug?
Von Trümmern keine Spur

Flog also gar kein Jet ins Pentagon? Dieser Verdacht wäre eigentlich leicht zu widerlegen, denn man müßte ja jede Menge Trümmerteile in dem beschädigten Gebäude finden,

Diese Maschine kollidierte in 11.000 Metern Höhe mit einer Boeing 757. Dennoch sind große Einzelteile des Flugzeugs eindeutig identifizierbar.

Das Lockerbie-Attentat: An Bord dieses Jumbos detonierte 1988 in 10.000 Metern Höhe eine Bombe. Beim Aufprall auf den Boden in der Nähe des schottischen Städtchens Lockerbie explodierte der Jet. Trotzdem war die Umgebung mit so gut erhaltenen Trümmerteilen übersät, daß die Maschine in Teilen rekonstruiert werden konnte

darunter auch große Trümmerstücke. Auch bei den schwersten Flugzeugkatastrophen, bei denen Maschinen in großer Höhe explodierten oder zusammenstießen und anschließend am Boden zerschellten, waren die Überreste der Flugzeuge eindeutig als solche identifizierbar.

Kein Flugzeug im Pentagon

Am Pentagon dagegen ergibt sich ein ganz anderes Bild. Von der Maschine blieb erstaunlicherweise nichts, aber auch gar nichts übrig.

Es hätte aber etwas übrigbleiben müssen, denn im Vergleich zum Gebäude handelte es sich bei einer Boeing 757 um ein regelrechtes Monster.

Die Fotomontage zeigt die Größe einer Boeing 757 im Vergleich zu den am Pentagon entstandenen Schäden

165

Wie man sieht, ist bereits fraglich, wo eigentlich die Tragflächen blieben. Sie hätten in einer Ausdehnung von 38 Metern in die Fassade einschlagen müssen wie große Sensen. Doch die Fassaden zeigen keine Schäden, die zum behaupteten Einschlag der Tragflächen passen.

Nun könnte man ja der Ansicht sein, daß sich die Maschine tief ins Gebäude gebohrt haben muß und man ihre Überreste deshalb dort finden muß. Trotzdem müßten ja auch die Tragflächen irgendwie in das Bauwerk hineingekommen sein, es ist aber nicht erkennbar, wie. Und vor dem Pentagon liegen sie auch nicht. Verbrannt können sie dort auch nicht sein, denn man sieht dort keine verkohlten Reste.

Im Inneren des Bauwerks sollten beispielsweise die über 200, wenn auch verbrannten, Passagiersitze besonders leicht erkennbar sein, die die Maschine mitführte. Von Leichenteilen einmal ganz zu schweigen. Aber auch ein Blick in das Gebäude zeigt keine Spur von einem großen Passagierflugzeug.

Fotos aus vom Einschlag betroffenen Räumen des Pentagons

Wenn überhaupt Trümmer gefunden wurden, dann die einer wesentlich kleineren Struktur als der eines großen Passagierflugzeugs. Die Trümmer wurden aber nie offiziell identifiziert.

Sind das die Überreste eines Passagierflugzeugs?

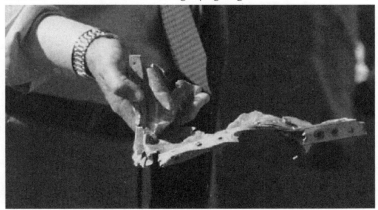

Nun könnte das ja daran liegen, daß zum Zeitpunkt dieser Aufnahmen vielleicht bereits alle Trümmer beseitigt waren. Aber dem war nicht so: »Wo war das Flugzeug?« fragt beispielsweise eine Autofahrerin, die noch kurz zuvor eine Maschine über ihr Fahrzeug hatte hinwegfliegen sehen: »Aus irgendeinem Grund hatte ich erwartet, es würde an der Wand des Pentagons in Stücke zerschellen. Aber da war kein Flugzeug, nur große Rauchwolken und Sturzbäche aus Feuer.«[134]

Die Feuerwehrfrau Tomi Rucker ist direkt vor Ort und geht in das beschädigte Pentagon. Das, was sie dort wahrnimmt, ist lange nicht so interessant wie das, was sie dort nicht wahrnimmt: »Als wir in das Gebäude kamen, haben wir sofort die Hitze gefühlt, und während wir immer tiefer und tiefer hineingingen, wurde es heißer und heißer. Man konnte das Flugzeug nicht sehen, nur Trümmer, wo man hinsah. Wir haben Wasser draufgespritzt, aber es ist immer wieder aufgeflammt. Wir waren wahrscheinlich 20 bis 25 Minuten drin, bevor sie uns abgelöst haben und andere hineingeschickt haben. Danach haben wir draußen gearbeitet, die Atemgeräte ausgewechselt und andere Hilfsaufgaben übernommen.«

Tomi Rucker hat also kein Flugzeug gesehen, nur Trümmer. Aber was für Trümmer? Von dem Flugzeug oder vom Gebäude und seiner Inneneinrichtung? Wahrscheinlich letzteres, denn ein Kerosinbrand wird nicht mit Wasser gelöscht; ich komme noch darauf zurück. Merkwürdigerweise berichtet Rucker in diesem Interview mit »Women in the Fireservice« von keiner einzigen jener Wahrnehmungen, die man an einer solchen Unfallstelle normalerweise hat: zum Beispiel von verbrannten Leichenteilen, dem Gestank von verbranntem Fleisch und grotesk aufgerissenen Gepäckstücken. Normalerweise vergißt man nicht, solche erschütternden Details zu erwähnen.[135]

So hörte es sich beispielsweise an, als Helfer über die Absturzstelle der Concorde bei Gonesse berichteten:

»Erst ist alles nur schwarz. Es ist heiß. Dann erkennt man in dem Berg an Trümmern die zerbrochene Nase der Concorde ... (...) Einige Leichen sind völlig verkohlt, andere stark aufgequollen. Hier und da liegen einzelne Schuhe herum, Bücher, Teile von Koffern, an denen Flammen züngeln.«[136]

Kein Beben am Pentagon
Die seismographischen Daten

Die Medizinerin Maryann Ramos hielt sich gerade im Pentagon auf, als sie die Explosion hörte. Sie rannte nach draußen und steuerte auf jene Stelle zu, an der sie kein abgestürztes Flugzeug, sondern die Schäden einer Bombenexplosion erwartete. »Während die Opfer aus dem Gebäude taumelten, konnte Ramos nicht sagen, was die Zerstörung verursacht hatte«, schreibt die Zeitschrift *U.S. Medicine* in ihrer Ausgabe vom Mai 2002: »Es gab keine Spur von einem Flugzeug. ›Alles, was ich sehen konnte, war ein riesiges Loch in dem Gebäude‹, sagte sie. ›Ich dachte, es war eine Piper Cub. Ich fand ein paar kleine, dünne Teile aus verdrehtem Aluminium auf dem Boden, das ist alles. Ich übergab sie dem FBI. Es gab viele Flammen auf dem Dach, ein schwarzes Loch und Rauch.‹«[137]

Keine Spur von einem Flugzeug, ein großes schwarzes Loch in der Fassade, nur kleine Aluminiumteile – das alles klingt nicht nach einer Boeing 757. Und eine Piper Cub ist ein einmotoriges Kleinflugzeug. Das heißt, daß das »riesige Loch«, von dem Maryann Ramos sprach, die Größe einer Piper Cub hatte, nicht aber einer Boeing 757. Es gibt aber noch ein stärkeres Indiz, daß niemals ein großer Airliner in das Pentagon einschlug. Und das sind die Bodenerschütterungen. Zum Beispiel zeichneten am 11. September 2001

Erdbebenstationen in der Nähe von New York klar und deutlich die Einschläge der beiden Flugzeuge in das World Trade Center auf. »Nach dem 11. September 2001 konnten Wissenschaftler am Lamont-Doherty-Erdobservatorium der Columbia-Universität mit Hilfe von seismischen Signalen, die von einer Vielzahl von seismographischen Stationen im Nordosten der Vereinigten Staaten aufgenommen wurden, die genauen Zeiten der Flugzeugeinschläge und Gebäudezusammenbrüche festhalten«, schreiben zwei Forscher des Lamont-Doherty Earth Observatory. Um 8:46:26 Uhr registrierte die Station in Palisades, 34 Kilometer nördlich von New York, den Einschlag des ersten Flugzeugs in den Nordturm. Um 9:02:54 Uhr zeichneten die empfindlichen Geräte den Crash der zweiten Maschine in den Südturm auf. Um 9:59:04 Uhr wurde der Zusammenbruch des Südturms und um 10:28:31 Uhr der Crash des Nordturms registriert. Schon vorher, um 10:06:05 Uhr, hatte eine Station in der Nähe von Pittsburgh eine Bodenerschütterung festgehalten. Die Behörden meinen, es handele sich um den Crash von Flug United Airlines 93.

Am Pentagon dagegen gab es kein solches Beben. Die seismologischen Stationen rund um das Pentagon fanden in ihren Daten keine Spur von einem Flugzeugeinschlag. »Wir analysierten seismische Aufzeichnungen von fünf Stationen in einer Entfernung zwischen 63 und 350 Kilometern vom Pentagon im Nordosten der Vereinigten Staaten. Trotz einer detaillierten Analyse konnten wir kein klares seismisches Signal finden«, schreiben die beiden Wissenschaftler Won-Young Kim und Gerald R. Baum. Selbst die am nächsten gelegene Station (62,8 Kilometer) in Soldiers Delight, Baltimore County, Maryland, zeichnete den Einschlag nicht auf. »Mögliche seismische Signale vom Flugzeugcrash im Pentagon können sehr schwach sein«, heißt es weiter, »aber die Analyse seismischer Daten aus einem Netzwerk von drei Stationen würde helfen, die Signale zu identifizieren.«

Das heißt also: So schwach die Erschütterungen auch gewesen sein mögen, sie hätten gefunden werden müssen. Aber: »Es gibt keine klaren seismischen Signale, die mit dem Flugzeugabsturz im Pentagon in Zusammenhang gebracht werden könnten.«[138]

Das alles spricht dafür, daß, was auch immer im Pentagon explodierte, nicht die Masse einer Boeing 757 hatte.

Eine weitere Sache ist bedeutsam: In den allermeisten Berichten von der angeblichen Einschlagstelle der Boeing 757 spielen deren Insassen überhaupt keine Rolle. Ständig ist nur die Rede von »Opfern, die aus dem Gebäude taumelten«, nicht aber von den Passagieren der American-Airlines-Maschine. Die an jeder Absturzstelle üblichen Zitate fehlen fast völlig. Etwa:

- »Wir wollten noch helfen, aber wir konnten nicht zu dem Flugzeug gelangen, weil alles brannte.«
- »Wir wollten noch helfen, aber wir sahen nur Leichenteile und verbrannte Körper, es war schrecklich.«
- »Es roch nach verbranntem Fleisch und Kerosin.«

Aus drei Gründen können wir also behaupten, daß keine große Boeing in das Pentagon flog:

1. Die Sachbeweise (z. B. die weiße Rauchfahne) zeigen, daß nicht eine Boeing das Gebäude traf, sondern ein raketenartiges Geschoß.
2. Die Fluglotsen, die den Luftraum beobachteten, sprechen nicht von einer Boeing, sondern von einem anderen Fluggerät, das sie nicht identifizieren konnten und das sie für einen Jäger hielten. Dieser Jäger könnte beispielsweise ein Geschoß abgefeuert haben.
3. Die ersten am Katastrophenort eintreffenden Zeugen machen keine für einen Flugzeugabsturz typischen Wahrnehmungen.

Trotz dieser eindeutigen Sachlage und Spuren – oder, was die Boeing angeht: nicht vorhandenen Spuren – können wir aber noch nicht behaupten, daß wir die Vorgänge am Pentagon bereits ausreichend verstehen. Und das liegt an dem Gegensatz zwischen den Sachbeweisen und weiteren Zeugenaussagen. Während die Sachbeweise eine klare Sprache sprechen und die Anwesenheit einer Boeing am und im Pentagon verneinen, gibt es Zeugen, die behaupten, eine Boeing gesehen zu haben. Allerdings nicht *nach* dem Einschlag im Gebäude, sondern vorher – in der Luft.

Der sagenhafte Penta-Lawn
Der unbeschädigte Rasen

- Maurice L. Bease sah einen »weißen Passagierjet« in das Pentagon krachen.
- Michael di Paula sah ein Flugzeug, das fast das Dach eines Lkw-Anhängers streifte, bevor es ins Pentagon flog.
- Lincoln Liebner sah einen »großen American-Airlines-Passagierjet«.
- Terry Morin sah ein Flugzeug mit roten und blauen Streifen, das ihn an eine Boeing 737 erinnerte.
- Christopher Munsey sah einen »silbernen, zweimotorigen American-Airlines-Jetliner«.
- James S. Robbins sah eine Boeing 757 in einem steilen Winkel heranfliegen.[139]

Das Problem mit diesen Zeugen: Sie sind alle Militärs oder in irgendeiner Weise mit dem Pentagon oder der Regierung verbunden. Auch die zwei Augenzeugen von Seite 143 sind Pentagon-Leute. Sean Boger ist Pentagon-Fluglotse und Tower-Chef. Noel Sepulveda ist Master Sergeant. Man kann nicht wissen, unter welchen Bedingungen sie aussagen durften. Sie alle werden jedenfalls durch die Fakten widerlegt. Es gab keine Boeing 757 im Pentagon.

Noch deutlicher wird das bei dem Augenzeugen Donald Timmerman, ein 36jähriger Bewohner von Eppington Drive, einer Siedlung südlich des Pentagon. Er erzählte *CNN:* »Ich sah aus dem Fenster, ich lebe im 16. Stock in einem Eckappartement und habe so einen guten Überblick. Und in der unmittelbaren Nachbarschaft des National Airport höre ich dauernd irgendwelche Jets, aber dieses Triebwerk war in gewisser Weise etwas zu laut. Ich sah hinaus, Richtung Südwesten, und es kam geradewegs herunter über die 395, geradewegs über den Columbia Pike, und als es beim Sheraton Hotel vorbeiflog, gab der Pilot Gas. Ich hörte es etwas hochziehen, dann verschwand es hinter einem Gebäude. Dann kam es wieder hervor, und ich sah es direkt aufschlagen vor dem … es sah nicht so aus, als würde es in das Gebäude krachen, die meiste Energie wurde beim Aufschlag auf den Boden verbraucht, aber ich sah die Nase abbrechen und die Tragflächen nach vorne fliegen, und dann hüllte der Brand alles in Flammen ein. Es war schrecklich.«

In einem anschließenden Dialog mit dem *CNN*-Reporter pocht Timmerman entschieden darauf, daß es sich bei dem Flugkörper um eine Boeing 757 der American Airlines gehandelt haben muß:

Frage: »Was können Sie uns über das Flugzeug sagen?«
Timmerman: »Es war eine Boeing 757, American Airlines, keine Frage.«
Frage: »Sie sagten, es war eine Boeing, und Sie sagten, es war eine 757 oder 767?«
Timmerman: »7-5-7.«
Frage: »Die natürlich …«
Timmerman: »American Airlines.«
Frage: »American Airlines, eine aus der neuen Generation von Jets?«

Timmerman: »Korrekt. Es war so nah, es war so, als würde ich aus dem Fenster schauen und auf einen Helikopter blicken. Es war direkt vor mir.«

Schon bei der nächsten Frage will Timmerman dann doch nicht so nah dran gewesen sein.

Frage: »Man hat uns erzählt, daß es so niedrig flog, daß es beim Anflug ein paar Lichtmasten umwarf ...«
Timmerman: »Das könnte hinter den Appartements passiert sein, die meine Sicht behinderten.«

Und noch ein paar Fragen später:

Frage: »Haben Sie gesehen, daß man Leute heraustrug, Verletzte heraustrug, irgend etwas in dieser Art?«
Timmerman: »Nein, Sir. Ich bin ja doch eine Viertelmeile weg, vielleicht ein bißchen näher, und von hier aus sah ich nichts dergleichen.«[140]

Diese Aufnahme entstand wenige Augenblicke nach der Explosion im Pentagon.

Alles in allem schildert Timmerman also detailliert den Aufschlag eines Riesenflugzeugs auf dem Rasen vor dem Pentagon. Er sah Details, zum Beispiel, daß die Nase und die Flügel abbrachen.

Doch in Wirklichkeit sehen wir zwar Feuer, aber kein Flugzeug und auch keine Flugzeugteile. Dabei müßten die Konturen der Maschine beim Aufschlag und Auseinanderbrechen ja noch deutlich erkennbar sein. Man kann schließlich nicht davon ausgehen, daß das Flugzeug im Bruchteil einer Sekunde einfach verpufft. Wo also ist der Jet? Oder besser gesagt: Wer oder was explodierte hier eigentlich?

Ferner war auch der Rasen vor dem Pentagon nach dem Crash in so jungfräulichem Zustand, daß sich Kritiker über diesen unzerstörbaren »Penta-Lawn« (Lawn = Rasen) lustig machten, der sogar den Einschlag einer Boeing ohne sichtbare Schäden wegstecken könne. Die beiden Abbildungen zeigen links das Pentagon, rechts eine echte Aufschlagstelle.[141]

Der Rasen vor dem Pentagon nach dem Einschlag (links). Zum Vergleich ein anderer Flugzeugabsturz: So sieht eine Wiese nach einem Crash aus (rechts).

Damit präsentiert ein Zeuge eine detaillierte Geschichte, die so einfach nicht stimmen kann. Denn auf keinem der Fotos, die den Bereich vor der Schadensstelle im Gebäude zeigen, sieht man Beschädigungen, Brandstellen oder Flugzeugteile. Vielmehr sieht es genauso aus, als habe das Objekt, um was auch immer es sich gehandelt haben mag, den Boden niemals berührt. Das würde auch zu den kreisrunden Stanzlöchern im Inneren des Pentagon passen, in deren Bereich der Boden ebenfalls nicht beschädigt ist. Und noch etwas ist wichtig: Der Kurs der Maschine, den der Zeuge beschreibt. Das Sheraton Hotel, an dem sie vorbeigeflogen sein soll, befindet sich auf einer Anhöhe. Diese Anhöhe liegt der Einschlagstelle direkt gegenüber und bildet für einen Passagierjet ein enormes Hindernis bei einem tiefen Anflug. Der Pilot müßte also im Tiefflug den Abhang der Anhöhe hinunterrasen, um sich am Ende in Höhe des flachen Gebäudes zu befinden. Dabei darf er aber nicht die Bebauung auf dem Hügel erwischen, zum Beispiel das genannte Hotelhochhaus.

Mit anderen Worten: Man kann den Zeugen nicht recht glauben. Manche lügen vielleicht aus irgendeinem Grund, aber andere haben möglicherweise wirklich etwas gesehen, was sie an einen Passagierjet erinnerte. Das ist durchaus möglich, ich komme in einem späteren Abschnitt darauf zurück. Wie auch immer: Ihre Wahrnehmungen stehen in deutlichem Widerspruch zu den Spuren am Boden.

Kann ein Flugzeug verschwinden?
Kein Absturz ohne Trümmer

Hinsichtlich des Fehlens von Flugzeugteilen, selbst der Triebwerke oder der Bremsen, erklärten die Behörden, das Flugzeug sei beim Einschlag in das Gebäude pulverisiert worden bzw. geschmolzen. Da sich aber auch kein geschmolzener Stahl fand, hieß es, die Temperaturen seien so hoch gewesen, daß das Metall verdampfte – ganz im Gegensatz zu Büromöbeln und den Mauern des Bauwerks selbst. Aus der Sicht von Experten, und wie viele Fotos von Flugzeugabstürzen belegen, ist das unglaubwürdig: »Es hätte identifizierbare Wrackteile an der Absturzstelle geben müssen, unabhängig von der Intensität des Feuers«, meint zum Beispiel Flugkapitän a.D. Leonard Clampett. Sogar »ein Flugzeug, das im Reiseflug gegen einen Berg trifft, hinterläßt immer Wrackteile, insbesondere vom Heck, und das ist auch der Grund, warum der Flugschreiber und der Cockpit-Voice-Recorder dort installiert sind«. Am Pentagon hätte es sogar »eine geringere Stauchung des Flugzeugs gegeben (vorausgesetzt man findet es, und in 35 Jahren in der Luftfahrtindustrie, und nachdem ich zahlreiche Unfallstellen gesehen habe, habe ich noch nie etwas von einem Flugzeug gehört, das sich komplett auflöst) als beim Aufprall gegen einen Berg, da Berge im Vergleich zu menschengemachten Strukturen wie Betongebäuden nun mal skandalös solide sind«.[142]

Das fehlende Flugzeug an der Unfallstelle führt Clampett direkt zu der logischen Frage, ob die Fluggesellschaft American Airlines überhaupt definitiv erklärt hätte, daß sie zwei Flugzeuge vermisse: »Ist es erwiesen, daß am 11. September 2001 vier Flugzeuge abstürzten oder verlorengingen?«

Ein Held wird gemacht
Flug United Airlines 93

Nicht nur der Zusammenbruch des World Trade Centers, auch das Geschehen in den Flugzeugen wurde filmisch aufbereitet. Kommen wir dafür noch einmal auf die Fernsehdokumentation »Der Tag des Terrors – Anschlag aus heiterem Himmel« zurück.[143] Sie sollte ein eindrucksvolles Bild der Opfer des 11. 9. und ihrer Angehörigen vermitteln. Hierfür hat die Crème de la Crème der US-Regierung in Form von Interviews mitgewirkt: Verteidigungsminister Rumsfeld und Präsident Bush zum Beispiel. Weniger beeindruckend ist die künstliche und sterile Atmosphäre des Films. Es fällt auf, daß unter den überlebenden Opfern und den Angehörigen der Verstorbenen keine alten, häßlichen und dicken Menschen sind. Alle wirken hübsch und sauber, sie haben keine schlechten Zähne und keine faltige Haut – fast wie aus einem Werbespot. Die meisten werden in einer hellen Einfamilienhausumgebung gefilmt, der Prototyp des schönen, sauberen Amerika. Und noch auffälliger: Alle schwingen sich vor der Kamera zu Statements auf, von denen TV-Dokumentaristen nur träumen können. Während man sonst häufig kaum brauchbare, unanschauliche und auch sprachlich schlechte Aussagen bekommt, entfalten die Personen dieses Films ihre spannenden Geschichten ohne jedes Stolpern und Stammeln. So trockene Menschen wie Fluglotsen und Börsenmakler erklimmen plötzlich höhere Stufen der Poesie und ziehen den Zuschauer mit suggestiven Schilderungen in ihren Bann. Mit anderen Worten: Die Geschichte der Opfer des 11. 9., wie sie in dieser TV-Dokumentation geschildert wird, riecht nach Drehbuch.

Nehmen wir zum Beispiel Deena Burnett, eine hübsche Blondine mit einem frisch geschminkten Gesicht. Die Frau des Geschäftsmanns Thomas E. Burnett an Bord von Flug United Airlines 93 (Pennsylvania) will von Bord des todgeweihten Flugzeugs einen Anruf von ihrem Mann erhalten haben:

»›Deena, ich bin auf Flug United Airlines 93, das Flugzeug wurde entführt.‹ Ich war verwirrt, weil er vom Handy anrief, und fragte ihn, ob er am Boden sei oder in der Luft. Da sagte er: ›Hör gut zu‹, er sprach leise und schnell, ich hatte das Gefühl, er wurde beobachtet, er sagte: ›Sie haben eine Bombe, ein Mann wurde erstochen, ruf die Behörden an.‹ Dann legte er auf.«

Bei einem weiteren Anruf wollte Thomas Burnett von ihr wissen,

»›... Wie viele Flugzeuge sind betroffen, wo sind sie gestartet?‹ Ich beantwortete seine Fragen, so gut ich konnte, er war sehr besorgt. Er verstand sofort, daß es eine Selbstmordmission war und sagte das den Leuten, die um ihn herumstanden. Er erzählte ihnen vom World Trade Center. Dann kam er zum Telefon zurück und sagte, er würde wieder anrufen und legte auf.«

Schließlich, offenbar bei einem weiteren Gespräch, sagte Burnett laut seiner hinterbliebenen Frau, die Passagiere »wollten mit ihrem Angriff [auf die Flugzeugentführer; G.W.] warten, bis sie über einer ländlichen Gegend sein würden. Ich erinnerte mich sofort an meine Ausbildung als Stewardeß und was man bei Entführungen tun soll, ich sagte ihm: ›Setz dich hin, sei ruhig, lenk keine Aufmerksamkeit auf dich, tu gar nichts.‹«

So entsteht ein amerikanischer Held: Bei ersten Mal spricht er über die Situation, in der er sich befindet. Beim zweiten Mal scheint er seine eigene Existenz bereits zu vergessen und informiert sich bei seiner Frau über den Gesamtplan der Entführung. Und beim dritten Mal enthüllt er nicht nur, die Entführer angreifen und die Maschine zum Absturz bringen zu wollen, sondern gibt auch zu verstehen, dies erst über einer ländlichen Gegend tun zu wollen – um weitere Menschenleben zu schonen. Doch die besorgte Ehefrau hält nichts davon, sie fordert ihn auf, sich lieber ruhig zu verhalten. Indem er dieses Ansinnen entschieden von sich weist, beginnt sich der Held in seiner ganzen Pracht zu entfalten – doch leider auf eine Art und Weise, die seinen geplanten Angriff womöglich hätte scheitern lassen. Denn hatte Thomas Burnett nach Aussagen seiner Frau zuvor noch »schnell und leise« gesprochen, gibt er nun jede Zurückhaltung auf und posaunt seinen Plan ungeniert hinaus. Deena Burnett:

»Da schrie er ins Telefon: ›Nein, Deena, nein! Wenn wir dieses Flugzeug in den Boden bohren wollen, müssen wir etwas tun!‹«

Warum läßt Burnett hier plötzlich jede Vorsicht fahren und schreit seinen Angriffsplan laut heraus? Es ist kaum anzunehmen, daß echte Flugzeugentführer einen solchen Schlachtruf einfach hingenommen hätten und daß Burnett mit seiner Attacke nun noch eine Chance bekommen hätte.

Deena Burnett aber saß da, »froh, daß er nicht auf mich hörte und bedauerte sofort, was ich gesagt hatte. Und ich sagte: ›Ich liebe dich.‹ Und er sagte: ›Mach dir keine Sorgen, wir tun etwas‹, und er hängte auf, und ich hörte nie wieder von ihm«.

Sehr interessant ist das weitere Verhalten von Frau Burnett. Statt nun, verrückt vor Angst um ihren Mann, sich die Finger wundzuwählen, um ihn wieder zu erreichen, statt Verwandte, Rettungsdienste und Polizei reihum anzutelefonieren und zwischendrin sämtliche Nachrichtensendungen durchzuzappen, um etwas über das weitere Schicksal ihres Mannes zu erfahren, wollte sie »das Telefon nicht weglegen. Ich hielt den Hörer drei Stunden, bis die Batterien leer waren, wartete auf seinen Anruf«.

Normalerweise sind die Batterien eines drahtlosen Telefons nur dann innerhalb von drei Stunden leer, wenn man es benutzt. Im Bereitschaftsbetrieb halten die Akkus wesentlich länger, mindestens zwölf Stunden, jedenfalls dann, wenn es frisch aufgeladen ist, wovon man morgens um 10.00 Uhr in der Regel ausgehen darf. Vielleicht hat Deena Burnett in ihrer Erstarrung die Verbindung ja nicht getrennt, und die Batterien waren deshalb nach drei Stunden leer. Aber dann hatte es keinen Sinn, auf den Anruf ihres Mannes zu warten, weil ihr Anschluß besetzt gewesen wäre.

Auch nachdem die drei Stunden vorbei sind, gibt Deena Burnett ihren seltsamen Autismus nicht auf, sondern »ging nach oben, um einen Moment allein zu sein. Als ich herunterkam, stand da ein Polizist. Ich sah in sein Gesicht und merkte sofort, daß etwas nicht stimmte«.

Nun, natürlich »stimmte etwas nicht«! Stunden zuvor hatte sie ihr Mann aus einer entführten Maschine angerufen und ihr am Telefon angekündigt, das Flugzeug »in den Boden bohren« zu wollen. Danach hatte sie drei Stunden am Telefon vergeblich auf seinen Anruf gewartet. Wenn ihr Mann mit dem Leben davongekommen wäre, hätte er sich sicher als erstes irgendwie bei seiner Frau gemeldet, um sie zu beruhigen. So aber muß ihr klar sein, daß ihr Mann seinen geplanten Angriff nicht überlebt hat. Doch an das alles scheint sie sich nicht erinnern zu können, denn nun muß sie der Mimik eines Polizisten entnehmen, »daß etwas nicht stimmte«. Eines Polizisten, der nicht etwa an der Haustür klingelte oder klopfte, sondern einfach so geisterhaft am Treppenabsatz stand, als sie »herunterkam«: Der Polizist »sagte: ›Ich habe schlechte Nachrichten.‹« Burnett: »Ich schaute zum Fernseher: der Reporter sprach über einen weiteren Flugzeugabsturz, und ich fragte: ›Ist das Toms Flug?‹ Und er sagte: ›Ich fürchte, ja.‹ Und dann sagte der Reporter: ›Flug 93.‹«

Und nun entfaltet Deena Burnett ihre ganze dichterische Kraft: »Ich begann zu fallen, als würde mir jemand den Boden unter den Füßen wegziehen. Der Polizist fing mich auf und trug mich zum Sofa, ich weiß nicht, wie lange ich dort lag, aber ich hörte mich selbst weinen und jammern, aber es waren Töne, die ich nie zuvor gehört hatte, und Gefühle, die ich noch nie gefühlt hatte. Eine schreckliche Leere, als wäre ein Teil von mir in diesem Flugzeug gewesen.«

Eine ebenso schöne wie interessante Geschichte, besonders, wenn man sie mit jener der properen farbigen Telefonistin Lisa Jefferson vergleicht, die einen Mitpassagier von Tom Burnett, Todd Beamer, am Telefon hatte: »Er bat mich, das Vaterunser mit ihm zu beten und seiner Frau zu sagen, wie sehr er sie und die Kinder liebe. Ich versprach es, und wir beteten: ›Vater unser im Himmel, geheiligt werde dein Name, dein Reich komme, dein Wille geschehe …‹«

Das Gespräch zwischen der Telefonistin Lisa und Todd Beamer bricht ganz ähnlich ab, wie jenes zwischen Deena und Tom Burnett, nämlich im Augenblick des angeblichen Angriffs der Passagiere auf die Entführer. Lisa Jefferson erzählt: »Ich hörte Schreie, Weinen, und Todd fragte jemanden: ›Jungs, seid ihr bereit?‹ Dann sagte Todd: ›O.K., los geht's.‹ Das war das letzte, was ich von Todd Beamer hörte.«

Obwohl ihre Verbindung zu ihrem Gesprächspartner etwa im selben Moment abbricht wie bei Deena Burnett, nämlich kurz vor dem Angriff der Passagiere auf die Entführer, entwickeln sich die Ereignisse bei Lisa Jefferson viel schneller. Während Deena Burnett drei Stunden regungslos am Telefon verharrt, ohne irgendeine Nachricht von ihrem Mann, wußte die Telefonistin Lisa Jefferson innerhalb von Minuten Bescheid. Sie hörte »im Radio, daß das Flugzeug abgestürzt war. Meine Kollegen sagten: ›Leg auf.‹ Ich blieb noch 15 Minuten in der Leitung und rief seinen Namen. Immer wieder. Dann sagten sie: ›Das war der Flug, Lisa, es gibt keine Überlebenden.‹«

Das hört sich so an, als seien Lisa Jeffersons Kollegen nur 15 Minuten nach dem Abbruch des Gesprächs zwischen ihr und Todd Beamer nicht nur über die Tatsache eines Flugzeugabsturzes informiert gewesen, sondern auch über die Identität der Maschine sowie den Umstand, daß es keine Überlebenden gegeben habe. Rettungsdienste, Polizei und Flugunfalluntersuchungskommissionen dürften es schwer gehabt haben, in dieser Zeit zum Ort des Geschehens, geschweige denn zu ähnlich weitreichenden Schlüssen zu gelangen. In diesen 15 Minuten müssen

- die Männer um Todd Beamer die Entführer angegriffen und die Maschine zum Absturz gebracht haben,
- Rettungsdienste, Polizei und Experten vor Ort gewesen sein
- und die Lage soweit analysiert haben, daß sie die Identität der Maschine und die Tatsache der nicht überlebenden Insassen konstatieren konnten,
- die Medien all dies aufgeschnappt und über den Sender geblasen haben.

Diese wildfremden Menschen um Lisa Jefferson waren über Todd Beamers Schicksal also wesentlich schneller und besser informiert als Deena Burnett über den Verbleib ihres Mannes. Sie verbrachte noch mehrere Stunden in Ahnungslosigkeit – obschon doch offensichtlich kurz nach dem Absturz sämtliche Medien ausführlich darüber berichteten.

Die Geschichte von Deena Burnett und ihrem Helden wird hier deshalb so ausführlich erzählt, weil sie in ihrer Widersprüchlichkeit exemplarisch für all die Telefonanrufe und Funkgespräche steht, die angeblich zwischen den entführten Maschinen und dem Boden geführt wurden. Manchmal ist man versucht zu glauben, daß am 11. September eine Art Hörspiel stattfand. Während sich am Himmel über New York und Washington unheimliche Dinge abspielten, wurden von ganz woanders O-Töne eingespielt, und zwar so, als kämen sie von Bord der entführten Maschinen.

Da wäre zum Beispiel der Anruf von Passagier Jeremy Glick aus Flug United Airlines 93 (Shanksville) um 9.37 Uhr. Er sagte, die Entführer seien von mittelöstlicher Herkunft, wahrscheinlich aus dem Iran, und hätten sich rote Stirnbänder aufgesetzt. Dummerweise aber ist die Farbe des

Islam nicht rot, sondern grün. Osama Bin Laden trägt grünes Tarnzeug, Islamisten hüllen ihre Särge in grünes Tuch und wenn, dann tragen sie grüne Stirnbänder. Die Farbe rot stach dagegen bereits dem Propheten Mohammed unangenehm ins Auge. So finden sich in der »Sunan Abu-Dawud«, einer Anekdotensammlung aus dem Leben des Propheten, in Geschichtenform eindeutige Anweisungen in bezug auf die Farbe Rot. Eine Frau erzählt dort: »Eines Tages war ich mit Zaynab, der Frau des Apostels Gottes [Mohammed], Friede sei mit ihm, zusammen, und wir färbten ihre Kleider mit rotem Ocker. Währenddessen beobachtete uns der Apostel Gottes, Friede sei mit ihm. Als er den roten Ocker sah, drehte er sich um. Als Zaynab das sah, wurde ihr klar, daß der Apostel Gottes, Friede sei mit ihm, nicht mochte, was sie getan hatte. Daraufhin nahm sie ihre Kleider, wusch sie und verbarg alle rote Farbe. Daraufhin kam der Apostel Gottes, Friede sei mit ihm, zurück, schaute, und als er nichts mehr sah, kam er herein.«[144]

Die erste Wahrheit ist: Kein islamischer Flugzeugentführer hätte sich ausgerechnet ein rotes Stirnband aufgesetzt. Die zweite Wahrheit ist: Überhaupt kein Hijacker, der irgendwie bei Trost ist, hätte sich ein Stirnband mit einer aufreizenden Farbe aufgesetzt, sei sie nun rot oder grün. Denn wie wir bereits festgestellt haben, müssen vom Kurs abgekommene Maschinen damit rechnen, daß sich in kürzester Zeit Kampfjets neben sie setzen, um nach dem Rechten zu sehen. Die Piloten dieser Jets kommen durchaus nah genug, um einen Blick ins Cockpit tun zu können, denn das ist schließlich Sinn der Operation. Es soll aufgeklärt werden, was mit der Maschine »los« ist. Araber mit roten oder grünen Stirnbändern im Cockpit hätten sicherlich nicht gerade zur Beruhigung der Kampfpiloten und ihrer Kommandeure beigetragen, sondern drastische Maßnahmen gegen das Flugzeug erheblich beschleunigt. Das Aufsetzen eines farbigen Stirnbandes wäre deshalb – nach der Aufforderung zu den Handytelefonaten – schon wieder ein eklatanter Verstoß gegen die Regeln der Konspiration.

Hörspiele am Himmel
Der Funkverkehr

Die Telefonanrufe von Bord des Flugs United Airlines 93 sind also ebenso dubios wie jener von Barbara Olson von Bord des Flugs American Airlines 77 (Pentagon). Aber es gibt in diesem Hörspiel noch weitere Einspielungen aus dem Himmel, nämlich den Funkverkehr zwischen dem Kontrollzentrum in Cleveland und den von ihm betreuten Maschinen, darunter Flug United Airlines 93. Hier können wir hautnah miterleben, wie der Funkverkehr zwischen den Fluglotsen und United Airlines 93 abreißt, und wie es zu der Meldung kam, jemand an Bord einer der Maschinen habe eine Bombe gehabt. Zunächst läuft alles noch normal:

Cleveland: United ninety-three, bestätigen Sie, wenn Sie Flugfläche drei-fünf-null *[35.000 Fuß]* erreichen – *unverständlich* –
United Airlines 93: United ninety-three, erreichen 3-5-0
Cleveland: United ninety-three, three-five-zero Roger. United ninety-three, Sie haben Verkehr auf ein Uhr, zwölf Meilen östlich, drei-sieben-null *[also auf 37.000 Fuß; G.W.].*
United Airlines 93: Negativ. Wir halten Ausschau, United ninety-three.

Das war die letzte reguläre Meldung. Kurz darauf hören die Fluglotsen auf einer anderen Frequenz, wahrscheinlich der Notfrequenz 121,5 Megahertz, ein Geräusch. Da diese Frequenz nicht auf diesem Band aufgezeichnet wird, findet sich in der Abschrift keine Notiz darüber. Es ist nicht ganz klar, um was für ein Geräusch es sich handelte – vermutlich ein Ausruf oder ein Schrei –, und wo es seinen Ursprung hatte.

Die Fluglotsen *vermuten* nur, daß es von United Airlines 93 gekommen sein könnte und versuchen nun, die Bestätigung zu erhalten.

Cleveland: Hat jemand Cleveland gerufen? United ninety-three bestätigen Sie drei-fünf-null. United ninety-three bestätigen Sie Ihre Flughöhe, ähh, drei-fünf-null. United ninety-three bestätigen Sie, daß Ihre Flughöhe drei-fünf-null beträgt. United ninety-three Cleveland, United ninety-three Cleveland. United ninety-three, hören Sie Cleveland Center, bitte?

Daraufhin beteiligen sich auch andere Flugzeuge an der Diskussion um das Geräusch.

United 797: United fifteen twenty-three, haben Sie die Firma gehört, äh ..., haben Sie ein anderes Flugzeug auf einer Frequenz gehört, vor ein paar Minuten, schreiend?
United 1523: Ja, seven ninety-seven, und, äh, wir konnten auch nicht sagen, was es war ...
United 797: O.K.
Cleveland: United ninety-three, Cleveland, wenn Sie das Center hören, ident. [»Ident« ist die Aufforderung, den Transpondercode auf Blinken zu schalten, damit man ihn besser sieht. Das kann darauf hindeuten, daß der Controller ihn auf seinem Monitor nicht mehr erkennen kann. Auf diese Weise kann der Pilot aber auch unauffällig ein nonverbales Zeichen geben, daß er das Center hört; G.W.].
American 1060: American ten-sixty, äh, bestätigen ebenfalls die andere Übertragung.
Cleveland: American ten-sixty, Sie haben das auch gehört?
American 1060: Wir haben es zweimal gehört.
Cleveland: Roger, wir haben es auch gehört, danke. Wir wollten bloß bestätigt haben, daß es nicht irgendeine Störung war.
Executive 956: Executive nine fifty-six.
Cleveland: Executive nine fifty-six, sprechen Sie.

Executive 956: Wir wollten nur Ihre Frage beantworten. Wir haben dieses, äh, Schreien ebenfalls gehört.
Cleveland: O.K., danke, wir versuchen bloß herauszufinden, was los ist.

Plötzlich hören die Fluglotsen einen unbekannten Sender, diesmal nicht auf der Notfrequenz, sondern auf der Frequenz von Cleveland Center. Deshalb wird die Mitteilung diesmal auf dem Band aufgezeichnet.

1. *Unbekannt: – unverständlich –* Hier spricht der Kapitän, bitte setzen Sie sich hin, bleiben Sie sitzen, wir haben eine Bombe an Bord ...

Aus der Antwort geht hervor, daß Cleveland Center hier *nicht* weiß, um wen es sich handelt, denn die Lotsen sprechen den Sender nicht mit einer Kennung an.

Cleveland: Äh, rufen Sie Cleveland Center? Sie sind unverständlich, wiederholen Sie langsam ...
Executive 956 – unverständlich – Hörte sich so an, als hätte er gesagt, er hätte eine Bombe an Bord.
Cleveland: Äh, wiederholen Sie, sind Sie da, United ninety-three?

Erst hier vermutet der Lotse, es könnte sich um Flug United Airlines 93 handeln.

Executive 956 – unverständlich – Es war sinngemäß, es klang, als hätte jemand gesagt, er habe eine Bombe an Bord.
Cleveland: So haben wir das auch verstanden, wir haben nur, äh, wir haben es nicht klar mitgekriegt. Ich rufe United ninety-three. Executive nine fifty-six, Flugzeug *– unverständlich –* sendet auf zwölf Uhr in fünf Meilen. Drehen Sie links auf *[Kurs; G.W.]* zwei-zwei-fünf, ich will Sie von ihm weghaben. O.K., er steigt, ich will jeden von ihm weghaben.

Executive 956: O.k., ich glaube, wir sehen ihn.
Cleveland: Nineteen eighty-nine, ich habe Verkehr für Sie auf elf Uhr, fünfzehn Meilen südlich, 41, steigend. Es sieht so aus, als würde er in weitem Bogen nach Osten drehen auf drei-sechs-null.

Dann hört man noch einmal den unbekannten Sender.

2. *Unbekannt:* – *unverständlich* – Hier spricht der Kapitän. Wir haben eine Bombe an Bord – *unverständlich* – Ich fliege zurück zum Flughafen, sie haben unsere Forderungen erfüllt – *unverständlich* –
Cleveland: Ich rufe United ninety-three. United ninety-three, wir haben verstanden, Sie haben eine Bombe an Bord.

Der Fluglotse *nimmt an dieser Stelle lediglich an*, bei dem unbekannten Sender handele es sich um Flug United Airlines 93. Aber dafür gibt es keine Bestätigung. Der unbekannte Sender hat sich nicht identifiziert, wobei auch das keine letzte Sicherheit bringen würde. Es ist nicht einmal klar, ob der Unbekannte überhaupt zu den Controllern oder aber zu seinen Passagieren spricht.

Cleveland: Wir haben verstanden, Sie haben eine Bombe an Bord, sprechen Sie. Executive nine fifty-six, haben Sie diesen Funkspruch verstanden?
Executive 956: Ja. Er sagte, es ist eine Bombe an Bord.
Cleveland: Und das ist ebenfalls alles, was Sie verstanden haben?
Executive 956: Ja.
Cleveland: Ninety-three, sprechen Sie.
Executive 956: Befindet sich das Flugzeug, von dem Sie sprechen, östlich?
Cleveland: Er hat gerade von Ihnen aus gesehen nach Osten gedreht, United ninety-three, hören Sie Cleveland Center? American ten-sixty und Executive nine fifty-six, wir haben gerade das Radarecho des Flugzeugs verloren.

Der Fluglotse ruft zwei andere Maschinen um Hilfe, da er United Airlines 93 auf seinem Radarschirm offenbar nicht mehr sieht.

Executive 956: Executive nine fifty-six, wir haben Sichtkontakt mit ihm, warten Sie einen Moment ...
Cleveland: Sie haben jetzt Sichtkontakt mit ihm?
Executive 956: Wir hatten, aber wir haben ihn beim Drehen verloren.
Cleveland: Sie können zurück auf zwei-zwanzig drehen, sagen Sie mir Bescheid, wenn Sie ihn sehen.
Executive 956: Er ist immer noch da. Wir sehen ihn von der nine fifty-six.
Cleveland: Er ist immer noch da, äh, was, ungefähr 25 Meilen?
Executive 956: Wir bestätigen das von der nine fifty-six.
Cleveland: Nine fifty-six, drehen Sie auf eins-acht-null.
Executive 956: Äh, drehen negativ, er scheint direkt auf uns zuzuhalten.
Cleveland: American ten-sixty, sehen Sie irgend jemanden nordwestlich von Ihnen, können Sie dort so weit zurückschauen?
American 1060: Wir versuchen es, Sir.
Cleveland: United ninety-three, hören Sie das Center noch? United ninety-three, hören Sie noch Cleveland? United ninety-three, United ninety-three, hören Sie Cleveland? United ninety-three, United ninety-three Cleveland. United ninety-three, United ninety-three, hören Sie Cleveland Center?
Cleveland (2): (*eine weibliche Stimme, offenbar die Fluglotsin Stacey Taylor*) Sehen Sie irgendeine, äh, Aktivität auf Ihrer rechten Seite, Rauch oder irgend etwas dergleichen?
American 1060: Negativ. Wir suchen (*zwei Sekunden Pause*). Yeah, wir haben jetzt eine Rauchwolke bei etwa zwei Uhr. Da scheint es sowas wie eine schwarze Rauchwolke zu geben.[145]

Sind die beiden Hilferufe also ein Beweis für die Entführung von Flug United Airlines 93? Nein, denn der Ursprung der

Übertragungen ließ sich nicht feststellen: »Obwohl der Cleveland-Lotse anscheinend den Schluß zieht, daß die beiden entstellten Funksprüche von Flug United Airlines 93 herrühren, ist das in Wirklichkeit nicht der Fall«, schreibt der Autor Joe Vialls, der sich ausführlich mit dem Problem des Funkverkehrs auseinandergesetzt hat. »Indem er wiederholt Flug 93 ruft, versucht er in Wirklichkeit festzustellen, ob die Funksprüche von diesem Flugzeug kommen oder nicht.«[146]

Normalerweise haben die Lotsen dafür eine äußerst praktische Einrichtung, das sogenannte RDF (Radio Direction Finding). Sobald eine Maschine einen Funkspruch sendet, kann der Controller mit Hilfe dieser Funkpeilung erkennen, von wo der Funkspruch kommt. Genau diese Peilung aber habe es bei den unbekannten Funksprüchen nicht gegeben, so Vialls. Hätte es sich um Flug United Airlines 93 gehandelt, hätte sie es aber geben müssen. Und tatsächlich zweifelt der Lotse ja selbst, mit wessen Funksprüchen er es da eigentlich zu tun hat und fragt: »Hat jemand Cleveland gerufen?«

Aber Vialls weist noch auf einen anderen, auffälligen Umstand hin. Die Funksprüche wirken so, als seien sie zufällig entstanden. In der ersten protokollierten Übertragung scheint der unbekannte Sender gar nicht die Bodenkontrolle oder andere Flugzeuge anzusprechen, sondern seine Passagiere. Dabei hat es den Anschein, als würden die Controller nur zufällig in ein für sie nicht bestimmtes Geschehen hineinhören: »... hier spricht der Kapitän, bitte setzen Sie sich hin, bleiben Sie sitzen, wir haben eine Bombe an Bord ...« Dabei spricht vieles dafür, daß die Verbindung mit der Bodenkontrolle bewußt aufgebaut worden sein muß. Aus Versehen kann das gar nicht so leicht passieren, denn sonst würde der Rest der Welt ständig in alle möglichen Cockpit-Small-talks hineinlauschen – was natürlich nicht erwünscht ist. Mit anderen Worten:

Der Funkspruch hat »demonstrativen« Charakter, ganz so, als wollte jemand damit absichtlich etwas zeigen wollen.

Ein Blackout in der Black Box
Die Daten der Flugschreiber

Nun gibt es ja eigentlich objektive Quellen, die über das Schicksal eines Flugzeugs Aufschluß geben können. Bei aller Verwirrung über Zeugenaussagen, Handyanrufe und verstümmelten Funkverkehr hätte ohne weiteres die Chance bestanden, Licht in das Dunkel des 11. September zu bringen, und zwar mit Hilfe der Flugschreiber und der Cockpit-Voice-Recorder, also der sogenannten »Black Boxes«. Diese beiden Geräte zeichnen Flugdaten und Flugzustände der Maschinen beziehungsweise die Gespräche im Cockpit auf und sind darüber hinaus mindestens ebenso unzerstörbar wie das World Trade Center. Doch genau wie dieses erlitten auch diese Geräte am 11. September ein merkwürdiges, praktisch unvorhersehbares Schicksal, indem sie nämlich entweder überhaupt nicht geborgen werden konnten (bei den beiden Maschinen im World Trade Center) oder aber so schwer beschädigt gewesen sein sollen, daß ihre Daten nicht mehr aussagekräftig gewesen seien. Nur eine Minderzahl der Geräte enthielt überhaupt noch Aufzeichnungen. Das ist erstaunlich, denn die Geräte wurden extra so konstruiert und im Flugzeug plaziert (im Heck), daß sie auch den schlimmsten Crash überstehen. Und während die Flugschreiber der beiden Maschinen im World Trade Center nicht geborgen werden konnten, war es andererseits möglich, nach dem Zusammenbruch der Gebäude eine Vielzahl von ganz normalen Computerfestplatten aus den beiden Türmen wieder lesbar zu machen – obwohl diese selbstverständlich weit schlechter geschützt sind als ein Flugschreiber oder Cockpit-Voice-Recorder.

Kein Wunder, daß alsbald der Verdacht aufkeimte, der Inhalt der Black Boxes aus den Unglücksmaschinen sollte unterdückt werden: »Wir sehen uns veranlaßt, zu glauben, daß die Vereinigten Staaten von Amerika, vertreten durch das Justizministerium, versuchen wollen, die Entdeckung der Black Boxes zu verhindern«, schrieb beispielsweise der Rechtsanwalt einer Anwaltskanzlei, die Angehörige von Opfern der Terrorattacken vertritt.

»Eine Quelle aus dem Bereich des National Transportation Safety Board (NTSB), die anonym bleiben wollte, sagte uns, daß das NTSB die Cockpit-Voice-Recorder (CVR) und die Flight-Data-Recorder (FDR), die aus den Flügen American Airlines 77, der das Pentagon traf, und United Airlines 93, der in Pennsylvania abstürzte, geborgen wurden, niemals sorgfältig analysierte«, schreibt der Journalist Tom Flocco. Die Quelle habe hinzugefügt, daß das FBI die Black Boxes beschlagnahmt und umgehend in seine Labors nach Quantico, Virginia geschafft habe. Um die totale Kontrolle aufrechtzuerhalten, seien die Untersuchungen dort unter ausschließlichem Einfluß des FBI durchgeführt worden, zitiert Flocco seinen Informanten. Das ist erstaunlich, denn normalerweise werde beispielsweise das Band des Cockpit-Voice-Recorders ganz anders analysiert – nämlich durch eine Kommission, die aus den Verkehrs- und Flugaufsichtsbehörden, der betroffenen Fluggesellschaft, der Pilotenvereinigung sowie den Herstellern der Maschine und der Triebwerke gebildet werde. Die Niederschrift der Aufzeichnungen werde schließlich bei einem öffentlichen Hearing der Kommission veröffentlicht.[147]

Überhaupt hat an der Unfallstelle eines Flugzeugs normalerweise nicht das FBI das Sagen, sondern das National Transportation Safety Board (NTSB), also die Verkehrssicherheitsbehörde der USA. Wer sich im Frühjahr 2003 die Flugunfalldatenbank des NTSB (http://www.ntsb.gov) für den Monat September 2001 ansah, konnte feststellen, daß zu den etwa 140 Flugunfällen in diesem Monat praktisch bei allen bereits ein abschließender Untersuchungsbericht vorlag. Nur etwa 20 erhielten erst einen vorläufigen (preliminary) Bericht, darunter alle vier Maschinen des 11. September. Und während selbst die vorläufigen Unfallberichte anderer Unglücksflugzeuge meist mehrere Seiten Umfang haben, zumindest aber die wichtigsten Daten des Unglücks aufzählen, enthalten die vorläufigen Unfallberichte der vier Terrormaschinen nur ein paar dürre Zeilen. Über Flug American Airlines 11 steht dort zum Beispiel nur zu lesen: »Am 11. September 2001 schlug Flug American Airlines 11, eine Boeing 767, in Turm 1 des World Trade Centers in New York City, New York, ein. Das NTSB unterstützt die Untersuchung des FBI.«[148]

Genau die gleichen Sätze finden sich bei den drei anderen Todesmaschinen vom 11. September, nicht einmal die Uhrzeiten der Katastrophen werden angegeben, von näheren Umständen ganz zu schweigen. Solche Informationen finden sich aber in allen anderen »Preliminary Reports« des NTSB. Normalerweise steht dort zumindest zu lesen, was man bisher über das jeweilige Unglück weiß. Wirft man aber einen Blick auf die kryptischen Sätze in den vorläufigen »Berichten« über die Katastrophen vom 11. September, können einen glatt Zweifel beschleichen, ob das Ganze überhaupt stattgefunden hat. Auf jeden Fall bestätigen diese vorläufigen »Untersuchungsberichte« voll und ganz die bereits getroffene Feststellung, wonach sich die Untersuchung der vier Flugzeugkatastrophen des 11. September unter totaler Kontrolle des FBI befindet. Überdies erinnern uns diese dürren »Reports« an den FBI-Steckbrief von Osama Bin Laden. Schon wieder bestätigt eine maßgebliche Untersuchungsbehörde überhaupt nicht jenes Bild, das sich die ganze Welt inzwischen vom 11. September gemacht hat – oder besser gesagt: jenes Bild, das der ganzen Welt vorgegaukelt wurde. Während alle Welt dachte, Osama Bin Laden werde wegen der Attentate vom 11. September gesucht, wird man durch den Steckbrief des FBI eines Besseren belehrt. Und während alle Welt glaubte, daß die Abläufe des 11. September aufgeklärt seien, wird man durch den »Untersuchungsbericht« der zuständigen Behörde NTSB eines Besseren belehrt. Eineinhalb Jahre nach den Angriffen steht hier weder etwas von Hijackern noch von Selbstmordattentaten.

Die Kontrolle über die Untersuchung der Terroranschläge des 11. September liegt beim FBI, einer Behörde von mehr als zweifelhaftem Ruf. Und diese Behörde ist nicht gewillt, die Kontrolle aufzugeben, sondern versucht verbissen, jedes Stückchen Information über den 11. September, zum Beispiel den angeblichen Inhalt des Cockpit-Voice-Recorders auf Flug United Airlines 93, zurückzuhalten. Erst auf massives Drängen der Angehörigen der Opfer dieses Flugs wurde ihnen das Tonband aus dem Cockpit der Maschine vorgespielt. Allerdings war auch hier die panische Angst des FBI spürbar, Informationen könnten dabei unkontrolliert nach außen dringen. Der Inhalt des Bandes wurde behandelt wie ein Staatsgeheimnis, und vermutlich ist er das auch. Er muß so gefährlich sein, daß die Angehörigen das Band nur unter strengen Auflagen anhören durften. Sie durften sich auch keine Notizen machen oder mit irgend jemandem über den Inhalt sprechen, schon gar nicht mit den Medien.[149]

»Was Flug 93 angeht, waren die Behörden beinahe so verschwiegen wie die Flugzeugentführer«, sagt der Redakteur der *Pittsburgh Post Gazette*, Dennis Roddy: »Sie waren sehr, sehr verschwiegen. Sie haben die Sache sehr verschwiegen gehandhabt, sie haben uns auch dort nicht geholfen, wo es sogar ihnen genutzt hätte. Genauso war es mit United Airlines. United Airlines war überhaupt nicht kooperativ, bis auf ganz wenige Medien, die sie benutzten, wenn sie eine Geschichte hatten, die sie erzählen wollten. Geheimhaltung war das Gebot der Stunde.«[150]

Trotz aller Vorsichtsmaßnahmen stellte sich heraus, daß an dem angeblichen Cockpitband von Flug 93 etwas nicht stimmte. Die Blackbox hatte einen Blackout. So endete die Aufzeichnung um 10.03 Uhr, statt zur von Seismologen angenommenen Absturzzeit um 10.06 Uhr. Eine Enttäuschung erlebte damit jeder, der nun endlich Einzelheiten über den heroischen Kampf der Passagiere gegen die Flugzeugentführer erfahren wollte. Insbesondere, wie sie es schafften, die Gewalt im Cockpit an sich zu reißen und die Maschine zum Absturz zu bringen. Immerhin gründet darauf nicht nur ein amerikanischer Mythos. Der angebliche Ausspruch des Passagiers Todd Beamer (»Let's roll«) wurde auch zum Motto für den Kriegszug der USA gegen den Rest der Welt stilisiert. Die Wahrheit ist jedoch: Der angebliche Angriff der Passagiere auf das Cockpit und ihre anschließende Übernahme des Steuers werden durch das Band nicht bestätigt. Die Aufzeichnung birgt auch nicht die leiseste Spur davon. Ob das daran liegt, daß das Band nur bis 10.03 Uhr lief, muß offenbleiben. Denn manche Experten halten es auch für möglich, daß die Aufzeichnung sehr wohl bis zum Aufprall lief, lediglich die Uhr des Cockpit-Voice-Recorders nicht synchronisiert war, also die falsche Zeit anzeigte. Und natürlich weiß kein Mensch, wie authentisch eine Tonaufzeichnung, die sich monatelang unter der Kontrolle eines Geheimdienstes befindet, überhaupt ist. Denn ebenso ist es möglich, daß es sich einfach um ein weiteres Hörspiel handelt, das angefertigt wurde, um die Geschichte vom 11. September plausibler erscheinen zu lassen.

»There was no airplane«
Die Absturzstelle von Flug United Airlines 93

Die Heldentat der Passagiere ist also nicht auf dem Cockpit-Voice-Recorder verzeichnet, und wenn wir uns an die

Absturzstelle nach Shanksville begeben, erwartet uns dasselbe Bild wie am Pentagon: Wir sehen keine Flugzeugtrümmer, keine Leichenteile, gar nichts. Die Presse wird so weiträumig zurückgehalten, daß auch die besten Teleobjektive keine Details erhaschen können. Das ist verdächtig. Normalerweise läßt man die Presse wenigstens so nahe an eine Absturzstelle heran, daß sie gewisse Vorgänge sehr wohl dokumentieren kann. Wer sich an den Absturz der Concorde bei Paris erinnert, wird bestätigen, daß man danach Bilder von Ermittlern mit Zinksärgen, weißen Tüchern und Leichensäcken sehen konnte. Aber nicht nur die Medien, auch eine Gruppe mit weitaus berechtigterem Interesse, die Absturzstelle zu sehen, wurde peinlich genau auf Abstand gehalten – die Angehörigen der Opfer: »In den nächsten Tagen werden die Familien zu dem Aussichtsbereich gebracht«, schrieb die *Pittsburgh Post Gazette Online* am 16. September 2001. Offenbar hatten die Behörden also einen eigenen, kontrollierbaren Beobachtungspunkt eingerichtet. »Der Zutritt zum Krater selbst wird ihnen nicht erlaubt, weil er immer noch als Tatort angesehen wird.« Natürlich kann man einen solchen Tatort auch in wenigen Metern Entfernung so absperren, daß trotz bester Einsichtnahme niemand etwas verändern kann. Das Argument des Tatorts ist keine Begründung für den enormen Abstand, der hier eingehalten werden mußte. Aber die Familien sollten nicht nur nichts sehen, sie sollten vor allem mit niemandem darüber reden. »Die Staatspolizei, das FBI und Offizielle von United Airlines wollen die Familien von den Reportern fernhalten«, berichtet die *Pittsburgh Post Gazette*. Natürlich wollen all diese Institutionen nur das Beste für die Angehörigen: Es gehe darum, ihre Privatsphäre zu schützen, erklärte ein Polizeibeamter.

Was also soll die Öffentlichkeit an der mutmaßlichen Absturzstelle von Flug United Airlines 93 nicht sehen? Daß dort überhaupt kein Flugzeug liegt? Oder daß es nur in Teilen dort liegt? Oder daß etwas anderes dort liegt?

Wie bereits in der Einführung gesagt, fuhr ich am 14. März 2003 mit meinem Kollegen Willy Brunner zu Dreharbeiten für unseren WDR-Film *Aktenzeichen 9/11 ungelöst* zur angeblichen Absturzstelle von Flug United Airlines 93 bei dem kleinen Örtchen Shanksville, etwa 80 Meilen östlich von Pittsburgh. Mitten auf einem trostlosen Acker befindet sich die Gedenkstätte für die »Helden« von Flug United Airlines 93. Von der Landstraße aus wurde eilig ein Parkplatz in den Acker asphaltiert, die Gedenkstätte befindet sich in der nackten Erde. Gedenksteine, -tafeln und andere Accessoires wurden einfach in den Matsch eingelassen. Fähnchen, Fotos, Baseballkappen und andere Textilien sind schutzlos der Witterung ausgesetzt. Obwohl hier Hunderte Amerikaner Souvenirs, Flaggen und Grüße hinterlassen haben, macht das Ganze einen äußerst lieblosen Eindruck. Sehen kann man von hier aus nichts. Die angebliche Absturzstelle befindet sich in weiter Entfernung. Auch bei einer Erkundungsfahrt rund um das Gelände konnten wir nur einen Zaun ausmachen. Eine weitere Landstraße wurde gesperrt. Wir kamen nicht mal in die Nähe des Zauns. Eine abstrakte Angelegenheit also.

Hier treffen wir Ernie Stull, den 78jährigen Bürgermeister von Shanksville. Er ist eine Autorität. Der knorrige Alte ist der Inbegriff amerikanischer Werte. Bodenständig, mit seiner Heimat verwachsen, ehrlich und geradeheraus. Er zeigt uns ein Album mit Fotos. »Die Absturzstelle?« frage ich ihn. »Ja«, sagt er. Man sieht ein großes Loch, sonst nichts. Ich frage ihn, wie das war, als die Maschine abstürzte. Sein Schwager und ein guter Freund von ihm hätten an einer Straßenecke gestanden, als sie den Knall hörten, erzählt er. Da ihr Wagen um die Ecke stand, seien sie sofort hingefahren. Und dann merkt man Ernie Stull an, daß er mit etwas zu kämpfen hat. Einerseits mit dem, was die führenden Autoritäten der USA – FBI, CIA, Präsident – behauptet haben, und andererseits mit dem, was ihm sein

Schwager und sein Freund erzählt haben: »There was no airplane«, sagt Ernie Stull halb zu uns und halb so, als würde er immer noch in sich hineinhorchen, ob er auch recht gehört habe. Eineinhalb Jahre nach der Katastrophe schüttelt er immer noch fassungslos den Kopf und breitet ratlos die Arme aus: »No airplane.«

Das sagen nicht nur Leute aus Shanksville, sondern auch solche, die den »Absturzort« aus der Vogelperspektive beobachten konnten. Da wäre zum Beispiel der Pilot des Firmenjets der VF Corporation in Greensboro, besser bekannt unter ihren Markennamen Lee und Wrangler. Nach einem Bericht der *Pittsburgh Post Gazette* wurde Yates Caldwell mit seinem 10-Personen-Jet vom Typ Fairchild Falcon 20 zur Unglücksstelle dirigiert, um den Rettern erste Anhaltspunkte zu liefern. Und was sah er dort? »Da war ein Loch im Boden, das war alles. Es gab keine Möglichkeit festzustellen, was das war ... Ich wußte nicht, daß dort ein Absturz war, bis ich in Johnstown gelandet bin.« Wo man ihn wahrscheinlich darüber »aufgeklärt« hat.[151]

Erst später habe man Wrackteile zu sehen bekommen, erzählt Shanksvilles Bürgermeister Ernie Stull, aber die seien im Vergleich zu einem großen Flugzeug winzig klein gewesen, höchstens einen mal zwei Meter. Wir fragen ihn, ob ihn das an geschredderten Flugzeugschrott erinnert hätte. Er sagt ja. Die Unfallstelle zeichnete sich auch durch einen erstaunlichen Mangel an Leichen und Leichenteilen aus. Von 3.500 Kilogramm Koffern und Passagieren beim Start seien nur wenige Reste gefunden worden, sagt Ernie Stull.

Der Leichenbeschauer von Somerset County, Wallace Miller, war an den Bergungsarbeiten beteiligt. Er sah ebenfalls den geheimnisvollen Schrott. Handelte es sich dabei um ein Flugzeug? Die Flugzeugteile seien unidentifizierbar gewesen, sagt er laut *The Pittsburgh Channel.com*: »Es handelte sich lediglich um sehr kleine Metallteile. Man kann beim besten Willen nicht sagen, worum es sich handelte.«[152]

Mein Name ist Hase – Hans Hase
Die Identifizierung II

Was die Leichen angeht, meldete Miller zunächst Fehlanzeige: »Nach 20 Minuten habe ich meine Tätigkeit als Leichenbeschauer eingestellt, weil es dort überhaupt keine Leichen gab.«[153]

Nach späteren Erklärungen wurde doch ein bißchen was gefunden. So schätzt Miller, daß von den ursprünglichen 3,5 Tonnen Gepäck und Insassen des Fluges United Airlines 93 270 Kilogramm geborgen wurden; das wären 7,7 Prozent. Von den 270 Kilogramm habe man aber nur 110 Kilogramm bestimmten Personen zuordnen, das heißt identifizieren können, also 3,1 Prozent.[154]

Das ist praktisch gar nichts. Ein solches Ergebnis wäre höchstens zu erwarten, wenn eine Maschine ins Meer fällt. »Das kann ich mir nur schwer vorstellen«, sagt denn auch der renommierte Gerichtsmediziner Professor Wolfgang Eisenmenger aus München. Denkbar wäre das vielleicht dann, »wenn ein Flugzeug mit hoher Geschwindigkeit gegen eine Felswand prallt. Da zieht es die Leute förmlich aus der eigenen Haut, so daß das von den Bergungskräften nicht unbedingt von der Felswand abgekratzt wird.« Flug United Airlines 93 prallte aber nicht gegen eine Felswand, sondern auf vergleichsweise weichen Boden. Bei Flugzeugkatastrophen, zu denen er hinzugezogen wurde, war demgegenüber »noch das meiste vorhanden«, so Professor Eisenmenger. Ein paar Prozent des Körpergewichts kommen Eisenmenger »wenig vor«. Das gilt auch dann, wenn das Flugzeug beim Aufschlag explodiert sein und gebrannt haben sollte: »Nur bei einem stundenlangen Kerosinbrand wäre es nicht ausgeschlossen, daß man kaum noch etwas findet.« Ein solcher Brand war bei Shanksville jedoch nicht zu beobachten. Normalerweise aber »bleibt einiges zurück«, erklärt Eisenmenger. »Interessanterweise entwickelt der menschliche Körper gegen Hitze eine gewisse Resistenz, es ist immer wieder erstaunlich, was alles erhalten bleibt.« Der Torso zum Beispiel sei ein massives Stück, das gar nicht so einfach zu zerstören sei. »Es gibt Leichen, die bröckeln außen völlig ab, verlieren Arme und Beine, aber im Torso ist noch einiges vorhanden, wie zum Beispiel Gedärm und weitere innere Organe.«[155] Und natürlich ist der Rumpf einer der schwersten »Körperteile« des Menschen. Jedenfalls wiegt er mehr als die identifizierten 3,1 Prozent.

Um sicherzugehen, fragte ich auch die bekannte Gerichtsmedizinerin Edith Tutsch-Bauer aus Salzburg, die ich für meine TV-Dokumentation über die Identifizierung von Katastrophenopfern »Das Mosaik des Todes« (zusammen mit Willy Brunner) kennengelernt habe. Frau Tutsch-Bauer leitete unter anderem die Identifizierung der Opfer des verheerenden Tunnelbrandes von Kaprun. Ich wollte wissen, was sie von so minimalen Körperresten hält. »Erstaunliches hat sich letztes Jahr nach dem Zusammenstoß der beiden Flugzeuge über dem Bodensee gezeigt«, antwortete sie. »Hier waren die meisten Opfer nach dem Absturz soweit äußerlich unverletzt, daß noch eine Identifizierung über die Angehörigen möglich gewesen wäre, was aber, soweit mir bekannt, wegen der psychischen Belastung so nicht erfolgt ist.« Die Leichen waren nach diesem gewaltigen Aufprall also nicht nur noch »am Stück« erhalten, sondern sogar so wenig entstellt, daß man eine Identifizierung durch die Angehörigen in Erwägung zog. Dazu muß man wissen, daß die beiden Maschinen in 10.000 bis 11.000 Metern Höhe zusammengestoßen waren und anschließend ungebremst zu Boden stürzten. »Die eigene Erfahrung mit Opfern von Flugzeugabstürzen spricht eindeutig dagegen, daß es hier zu so weitgehenden Zerstörungen des Körpers wie von Ihnen zitiert kommt«, schreibt mir Edith Tutsch-Bauer in einer E-Mail am 21. März 2003.

Stull berichtet von einer Angehörigen, die nur eine Box voller Überreste bekommen habe. Wir wollen wissen, ob sie die Box geöffnet habe. Die Antwort ist ja. Wir wollen wissen, ob sie ihren Angehörigen identifizieren konnte. Da zieht Ernie sein kleines Asthmaspray aus der Tasche und fragt: »Wie wollen sie etwas von dieser Größe noch identifizieren?«

Das bedeutet also, daß diese Angehörige ihren Verwandten nicht wiedererkennen konnte. Sondern ihr wurde *gesagt*, daß es sich um Überreste ihres Angehörigen handele. Wenn die Überreste nicht mehr wiederzuerkennen und auch keine Zähne mehr vorhanden sind, ist die Identifizierung am besten mit einer DNA-Analyse möglich (DNA: Deoxyribonucleic Acid; englisch für das Erbmolekül). Normalerweise werden die DNA-Analysen, bei denen das Erbgut der Leichenteile mit Erbgut verglichen wird, das aus der Umgebung des Opfers gewonnen wird (z. B. von Zahnbürsten, Kämmen aus dem Badezimmer des Verstorbenen), von unabhängigen gerichtsmedizinischen Labors durchgeführt, auf deren Ergebnisse man sich verlassen können muß.

In diesem Fall war das nicht so. Die Identifizierung wurde nicht von einem der zahlreichen zivilen Forensik-Labors in den USA durchgeführt, sondern vom einem Militärlabor: dem Armed Forces Institute of Pathology (AFIP), das normalerweise damit betraut ist, die Überreste von Soldaten zu identifizieren, die zum Beispiel auf den globalen Schlachtfeldern des amerikanischen Imperiums ihr Leben lassen mußten. Wie alle Armeeeinrichtungen unterliegt natürlich auch diese Institution den Prinzipien von Befehl, Gehorsam und Geheimhaltung. Ihr Direktor ist ein Navy-Captain, die Identifizierung der Opfer von Flug United Airlines 93 war eine militärische Operation (mit dem Codenamen »Noble Eagle«), und das Ergebnis war ein Befehl: »Meine Damen und Herren«, beschied AFIP-Chef Captain

Glenn N. Wagner seine Untergebenen protzig: »Wir werden eine umfassende Untersuchung durchführen und dabei jeden Stein umdrehen. Dabei wird es keinen einzigen Fehler geben.«[156]

Ein großes Wort, denn Fehler kann es immer geben. Insbesondere, wenn nur 7 Prozent der gesamten Körpermasse vorliegen. Nur mal angenommen, dieser Wert würde stimmen, so kann es sich dabei natürlich nur um einen Durchschnittswert handeln. Man darf vermuten, daß sich auch dieser Durchschnittswert aus Extremwerten zusammensetzt – daß also von manchen Leichen wesentlich mehr übrigblieb, von anderen wesentlich weniger. 7 Prozent des Gewichts liegen bereits so nahe an Null, daß durchaus die Gefahr bestanden haben mag, daß von einzelnen Insassen gar keine identifizierbaren Reste übrigblieben.

Das Ergebnis der Pennsyslvania-Untersuchung durch das Army-Institut lautete jedoch wunschgemäß. Das Institut habe »positive DNA-Identifikationen von allen 40 Pennsylvania-Opfern erhoben und entwickelte genetische Profile der Terroristen, die nicht mit jenen der Passagiere übereinstimmten«, heißt es auf der Website des dem AFIP angegliederten National Museum of Health and Medicine.[157]

Wurden nun die Entführer gefunden oder nicht? Die Antwort erinnert an das sprichwörtliche Radio Eriwan: Im Prinzip ja, aber …: »Die Fahnder separierten Überreste, deren DNA-Profile nicht mit den DNA-Profilen von Passagieren und Crew übereinstimmten«, so die *Pittsburgh Post Gazette Online* am 20. Dezember 2001. »Das sind im Ausschlußverfahren die Hijacker, ihre Überreste werden aufgrund gemeinsamer DNA zusammengefügt. Die Luftpiraten wurden als Ziad Jarrah, Ahmed al Haznawi, Saeed Al Ghamdi und Ahmed Al Nami identifiziert«, schreibt die *Post Gazette*. Alles klar also mit den Hijackern? Nicht ganz. Denn so eindeutig sei die Identifizierung der Hijacker

Werner Reiterer: Ohne Titel, Kunst am Bau/Haydn-Halle, Gerhaus/Rohrau, NÖ. 1996–1997. Kronleuchter, Masten. Technische Assistenz: Thomas Sandri (Courtesy Galerie Eugen Lendl, Graz)

Werner Reiterer: Ohne Titel (4-teiliges Projekt), 2002–2004. Kunst am Bau, Fachoberschule, Meran, 6 Vogelhäuser, ca. 100 Reisekoffer. Technische Assistenz/plastische Umsetzung: Thomas Sandri & Christian Jauernik (Courtesy Galerie Nicolas Krupp, Basel)

n durch eine leichte Modulation von Differenzen
Modell ergibt einen Sinn, nichts geht mehr einem
Modell hervor, dem Referenz-Signifikanten, auf den
ggenommene Finalität und die einzige Wahrschein-
mit 20 Jahren sein Studium an der Wiener Ange-
, waren solche Sätze taufrisch. Jean Baudrillard hat
titelt „Der symbolische Tausch und der Tod". Keiner
einten, aber sie klangen verwegen und neu.

on Werner Reiterer setzen, um sich einen Reim auf
r Künstler, so ließe es sich nun verstehen, schafft
als Buchseite oder als Architektur, als Design, als
rm das Licht der Welt erblicken, ist eine Folgeer-
von den Umständen ab, vom Glück, von der Möglich-
schreibung für Kunst am Bau. Primär ist das Modell.
gements.

g ist die Zeichnung. „Da alle Zeichnungen", so sagt er

nun auch wieder nicht, schreibt das Blatt. Sie seien »nicht so positiv identifiziert, daß die Behörden ihre Namen in offiziellen Aufzeichnungen nennen wollen«.

Was denn nun – wurden sie identifiziert oder nicht? Oder wurden sie nur »ein bißchen« identifiziert? Bei einer DNA-Analyse gibt es jedoch kein Sowohl-als-Auch. Diese Methode ist so unbestechlich, daß eine Person entweder identifiziert wird oder nicht. Die Scheu, dieses »Identifizierungsergebnis« in offizielle Dokumente zu übernehmen, spricht für sich. Das Ende vom Lied: Die vier angeblichen Hijacker von Flug United Airlines 93 bekamen Totenscheine auf den Namen »John Doe« ausgestellt, was soviel heißt wie »Otto Normalverbraucher« oder auch »Hans Hase«.[158]

Masterminds of Terror
Das Geständnis der »Drahtzieher«

Und doch: Im Mai 2003 ereilte mich ein herber Schlag. Ein neues Buch zum Thema 11. 9. erschien auf dem Markt; es legte nahe, daß ich alles bisher Dargestellte umsonst geschrieben hatte. Zwei Journalisten präsentierten darin den scheinbar unumstößlichen Beweis für die Schuld des angeblichen Terrornetzwerks Al-Qaida und Osama Bin Ladens an den Anschlägen vom 11. September 2001. In ihrem Werk *Masterminds of Terror* versprechen die Autoren Nick Fielding und Yosri Fouda: »Die Drahtzieher des 11. September berichten.« Nach ihren Erkenntnissen sind diese Drahtzieher exakt dort zu suchen, wo sie George W. Bush ebenfalls vermuten würde: Sie sind arabische Islamisten und Mitglieder von Al-Qaida, und auf der Titelseite des Buches prangen ihre Paßbilder. Darunter stehen die Namen Ramzi Binalshibh und Khalid Sheikh Mohammed.

Sie erinnern sich bestimmt: Mitte 2002 und Anfang 2003 gingen bereits Bilder von den beiden durch die Presse;

auf dem einen war Ramzi Binalshibh mit verbundenen Augen zu sehen, wie er eingekeilt zwischen Sicherheitskräften abgeführt wird. Auf dem anderen sieht man einen etwas verstrubbelten, stark behaarten Herrn im Unterhemd mißmutig in die Kamera blicken. Das sind also die beiden Super-Masterminds.

Das Buch versprach das Aus für jede »Verschwörungstheorie«, denn der Autor Yosri Fouda will mit Binalshibh und Sheikh Mohammed lange vor ihrer Verhaftung zusammengetroffen sein, wobei sie ihm ihre führende Beteiligung an den Anschlägen vom 11. September 2001 gestanden hätten: »Erst als Yosri Fouda von seinem Zusammentreffen mit Khalid Sheikh Mohammed und Ramzi Binalshibh in Karatschi in Südpakistan zurückkehrte und sein Bericht im September 2002 [damals in Zeitungen und im Fernsehen; G. W.] erschien, erfuhr die Öffentlichkeit, wer die wahren Drahtzieher waren, die den verheerendsten Terroranschlag geplant und ausgeführt hatten, den die Welt je gesehen hat. 48 Stunden lang war Yosri Fouda mit ihnen zusammen, hat mit ihnen gegessen und gebetet. Khalid, der Vorsitzende des militärischen Komitees von Al-Qaida, und sein getreuer Koordinator, Ramzi Binalshibh, waren sehr stolz auf ihre ›große Stunde‹ (...) Jetzt endlich erfahren wir, was 19 junge Männer getrieben hat, für ihren Glauben zu sterben und das Leben von 3.000 Menschen auszulöschen ...« Und: »Die Bekenntnisse von Khalid Sheikh Mohammed und Ramzi Binalshibh geben Antwort auf die Frage, wer die Anschläge auf Amerika geplant hat.«[159]

Starker Tobak. Inmitten weltweit wachsender Zweifel und zunehmenden Mißtrauens muß dieses Buch geradezu wie ein Befreiungsschlag für die Bush-Regierung wirken. Doch kann es diesem Anspruch genügen?

Unter Hochspannung mache ich mich an die Lektüre. Ich erfahre, wie Yosri Fouda, Reporter des arabischen Senders *Al-Dschasira,* im Jahr 2002 telefonisch von einem geheimnisvollen Araber kontaktiert wird, wie der ihn überredet, nach Karatschi zu kommen, und wie er schließlich nach Pakistan fliegt. In Karatschi stellen sich Mittelsmänner mit der Parole vor: »Ich habe gerade meine Schwiegermutter nach Hause gefahren«, anschließend wird er mit verbundenen Augen quer durch die Stadt gefahren. Schließlich halten sie vor einem Haus und Fouda muß, immer noch mit verbundenen Augen, aussteigen. Zitat: »›Kannst du mir helfen, die Kiste reinzutragen?‹, fragte der Fahrer plötzlich auf arabisch. Fouda spürte, wie er ihm etwas in die Hand gab, und er erwartete etwas Schweres. Aber die Kiste war leer. Erst war er verblüfft, doch dann wurde ihm klar warum. Es könnte Verdacht erregen, wenn jemand sieht, wie ein Mann einen anderen die Treppe hoch geleitet. Aber mit der Kiste sah es aus wie die natürlichste Sache der Welt. Eine simple und zugleich clevere Idee. Hier waren Profis am Werk.«[160]

Dieselben Profis haben leider vergessen, ihren journalistischen Gast darauf aufmerksam zu machen, daß er kein Handy mit sich führen darf. Denn ein eingeschaltetes Handy kann man unter Umständen auf wenige Dutzend Meter genau orten. Das Handy wird erst im Unterschlupf der »Drahtzieher« ausgeschaltet. Ein peinlicher Fehler von Leuten, die die einzige Supermacht der Welt mit vier entführten Flugzeugen angegriffen haben.

Aber waren sie es überhaupt? Der investigative Reporter Yosri Fouda stellt ihnen eine Fangfrage: »Man sagt, ihr seid Terroristen.« »Mastermind« Ramzi Binalshibh antwortet: »Stimmt. Das ist unser Beruf.«[161]

»Aber dann«, berichtet das Buch über die »Drahtzieher« des 11. September, »kam Khalid doch noch zur Sache. Was er zu sagen hatte, traf Fouda wie ein Schlag: ›Ich bin Chef des militärischen Komitees von Al-Qaida‹, sagte er. ›Und Ramzi ist der Koordinator der Einsätze vom heiligen Dienstag. Ja. Wir waren es.‹«

»Heiliger Dienstag«? Nun ja, natürlich war der 11. September 2001 ein Dienstag, aber das kommt im Jahr schließlich 52mal vor. Und da der geständige Superterrorist nicht einmal eine Jahreszahl nennt, kommt im Grunde jeder Dienstag innerhalb seiner Lebenszeit in Frage. Ein bißchen schwammig also, dieses Geständnis.

Aber diese Zweifel werden schnell zerstreut, denn die Herren laden schließlich zum Fernsehinterview und bekennen sich dabei zu Osama Bin Laden: »In dem 70minütigen Interview nannte Khalid seinen ›Chef‹ manchmal ›Scheich Abu Abdullah‹, manchmal ›Scheich Osama‹ oder einfach ›Scheich‹«, berichtet Fouda. Ein zweiter Volltreffer: Khalid Sheikh Mohammed bestätigt also die Führerschaft Osama Bin Ladens bei den Attentaten, eine Erkenntnis, die bis heute nicht in die Steckbriefe des FBI eingeflossen ist. Nach Khalid ist Ramzi Binalshibh an der Reihe, aufgenommen zu werden. Er sagt: »Kein rechtschaffener Muslim wird daran zweifeln, daß der ›heilige Dienstag‹ einer der größten Tage für den Islam war, auf einer Stufe mit den Ghazwahs von Badr, Hattin, al-Quadisiya, al-Yarmuk und Ain Dschalut.«[162]

Schon wieder nur »heiliger Dienstag«. Auch Ramzi Binalshibh nennt die Dinge, um die es eigentlich geht, nicht beim Namen. Dann redete er »in sehr schönem Arabisch noch etwas über religiöse Dinge«, um sich schließlich über die »Koordinierung« auszulassen: »Was die Koordinierung betrifft, da brauchten wir eine Schaltstelle, wo die Kommunikation der Zellen untereinander zusammenlief und wo die Befehle vom Oberkommando in Afghanistan eingingen. Dann mußten Prioritäten festgelegt werden, was jede Zelle in welcher Reihenfolge zu tun hatte, und wir mußten verfolgen, wie sie in jeder Phase mit ihren Aktionen vorankamen, bis zu dem großen Moment. Außerdem mußten wir ihnen auch noch den Rücken freihalten und einen Schutzschild errichten, unter dem jeder einzelne Bruder ungeniert agieren konnte.«[163]

Bis zu diesem Interview in Karatschi, räumen die Autoren des Buches, Yosri Fouda und Nick Fielding, ein, »gab es keinen hieb- und stichfesten Beweis dafür, daß Al-Qaida tatsächlich hinter den Anschlägen des 11. September steckte«.[164]

Das ist wahr – aber gibt es ihn jetzt? Denn so langsam zerrinnt beim Leser der Traum, hier einen tiefen Einblick in die Operationen des 11. September nehmen zu können. Statt harter Fakten haben die angeblichen »Drahtzieher« fast ausschließlich nicht nachprüfbare Erzählungen zu bieten. Über Einzelheiten des 11. September verraten sie nichts, was sie als Täter ausweisen würde. Zwar erzählen sie anscheinend eine Menge über die Reisen Mohammed Attas und der anderen – aber ob das alles stimmt, wissen nur sie selbst. Die Inhalte, die sie zu bieten haben, sind ein typisches Beispiel für Menschen, die sich selbst eines Verbrechens bezichtigen, ohne nachprüfbares Täterwissen zu besitzen. Da dies immer wieder mal vorkommt, achtet beispielsweise die Polizei bei Geständnissen streng darauf, ob solches Täterwissen wirklich offenbart wird. In diesem Fall kommt es aber noch dicker: Die beiden »Drahtzieher« offenbaren nicht nur kein Täterwissen – sie offenbaren sogar noch weniger Details über den 11. September, als auf jeder besseren Internetseite über dieses Thema zu lesen ist.

Statt dessen reden sie ganz einfach Unsinn. Zum Beispiel hätten die Entführer Anweisung gehabt, die Flugzeuge »entweder während der Startphase zu kapern oder gar nicht. ›Die ersten fünfzehn Minuten waren entscheidend, um die Kontrolle über das Flugzeug an sich zu reißen‹, sagte Binalshibh.«[165]

Eine Anweisung, die sie an ihre eigenen Kommandos offenbar nicht weitergaben. Denn merkwürdigerweise kommunizierten zum Beispiel die Piloten von Flug United Airlines 175 (Südturm) um 8.41 Uhr, also noch 37 Minuten nach dem Start, ganz normal mit dem Kontrollzentrum.

Das wie auch immer geartete Hijacking kann frühestens eine Minute später erfolgt sein, also um 8.42 Uhr oder 38 Minuten nach dem Start. Das Transpondersignal verschwand sogar erst um 8.46 Uhr. Nach offizieller Darstellung muß das »Abschalten« des Transponders aber der erste Akt der Hijacker im Cockpit gewesen sein, um ein Alarmzeichen der Piloten zu verhindern. Das hieße also, daß die Entführung von Flug United Airlines 175 erst 42 Minuten nach dem Start begann. Flug American Airlines 77 (Pentagon) wich erstmals um 8.46 Uhr deutlich vom Kurs ab, was allgemein als Zeichen seiner »Entführung« gewertet wird – also 26 Minuten nach dem Start. Der Pilot von Flug 93 (Shanksville) bestätigte noch um 9.01 Uhr eine Funkwarnung vor möglichen Cockpiteindringlingen – 19 Minuten nach dem Start um 8.42 Uhr. Um 9.16 Uhr informierte die Flugaufsichtsbehörde FAA das Militär, daß Flug 93 gekidnapped worden sein könnte – 34 Minuten nach dem Start. Auch bei Flug American Airlines 11 (Nordturm) ist fraglich, ob sich die Hijacker an die angeblich strikte Anweisung der »Drahtzieher« gehalten haben. Denn nach dem Start um 7.59 Uhr findet die letzte Routinekommunikation noch um 8.13 Uhr statt, also 14 Minuten nach dem Start. Und das kann natürlich nicht während eines Hijacking gewesen sein – das muß irgendwann später erfolgt sein. Die Übertragung des Transpondersignals endete jedenfalls erst um 8.20 Uhr, also 21 Minuten nach dem Abheben. Um dieselbe Zeit wich die Maschine auch stark vom Kurs ab (siehe Tabelle auf Seite 80).

Aber die »Drahtzieher« haben noch mehr »Beweise« für ihre Täterschaft in petto. »Dann kam Ramzi mit einem kleinen schmuddeligen Koffer«, berichten die Buchautoren. »Er zog den Reißverschluß auf und sagte: ›Schau mal. Hier sind meine Souvenirs aus Hamburg.[166] Du bist der erste Außenstehende, der das sehen darf.‹ Er packte die ›Souvenirs‹ aus: Sachen, die Mohammed Atta und die anderen

Entführer für die Vorbereitung der Anschläge gebraucht hatten. Es war ein Sammelsurium von Dingen: ein Boeing-Glanzmagazin, Flugpläne, ein Handbuch mit dem Titel ›Anleitung zum Fliegen‹, eine Karte des Luftraums über der amerikanischen Ostküste, Englisch-Lehrbücher, Disketten und ein Flugsimulator-Programm auf CD. Das alles stammte aus der Wohnung in der Marienstraße, wo er mit Atta, al-Shehhi, Bahaji und Essaber gelebt hatte, und Ramzi hatte es mitgenommen, als er Deutschland verließ, um nach Pakistan zu fliehen. (...) Fouda half Ramzi, seine ›Souvenirs‹ auf dem Boden von Raum 5 auszubreiten. Später sollte er sie auch filmen.«[167]

Allerdings erfährt man von der Dokumentation dieser »Beweise« nie wieder etwas. Aber immerhin kam es doch noch zu dem 70minütigen Fernsehinterview mit den beiden »Drahtziehern«. Das sollte als Beweis für das Treffen und für die Täterschaft der beiden wohl reichen. Allerdings erlebt der Leser im Zusammenhang mit diesem bedeutenden Filmmaterial einige Überraschungen. Die erste: Seine beiden Gesprächspartner wollen dem Fernsehmann die historischen Geständnisse gar nicht mitgeben: »Du kriegst sie in ein paar Wochen. (...) Wir müssen unsere Stimmen verzerren und alles rausschneiden, was uns nicht paßt, und vielleicht auch unsere Gesichter unkenntlich machen.«[168]

Auch ein Video mit einem angeblichen Testament Mohammed Attas bekommt Fouda nicht zu sehen: »Das werden wir erst mal wie einen Schatz hüten«, sagt Ramzi.[169]

So reist der Reporter Yosri Fouda mit leeren Händen ab – und damit ohne jeden Beweis, daß das Treffen überhaupt stattgefunden hat und daß sich irgendwelche Araber zu den Anschlägen vom 11. September bekannt haben. Im folgenden schildern Fouda und sein Co-Autor Nick Fielding ein wochenlanges telefonisches Tauziehen um die Aufnahmen. Nun wollen irgendwelche Dunkelmänner angeblich 1 Million Dollar für die Bänder haben, dann nur noch 17.000 Dollar. Erst viel später will Fouda eine CD-ROM mit einer Tonaufnahme des Interviews mit Drahtzieher Ramzi Binalshibh und einen Brief mit Antworten auf ein paar Fragen von ihm bekommen haben – ein kümmerlicher Rest. Keine Videobänder, nichts. Schriftlicher Kommentar des »Masterminds«: »Hier sind die Antworten auf die Fragen, die du uns geschickt hast. Beigefügt ist eine Tonaufnahme unseres Interviews. Leider konnten wir die Masteraufnahme nicht mehr auftreiben aus den Gründen, die du ja schon kennst.« Mit Masteraufnahme sind wohl die 70minütigen Videobänder gemeint, mit den »bekannten Gründen« der seltsame Hickhack um die angeblich verlangte Bezahlung der Bänder. Sonst, so Fouda und Fielding, enthielt die Sendung »nichts«: »Nichts von den Interviews mit Khalid oder mit Abu Anas und nichts von den ›Hamburger Souvenirs‹ aus dem Koffer.«

Was wir hier vor uns haben, ist nichts anderes als eine journalistische Bankrotterklärung. Der investigative *Al-Dschasira*-Reporter Fouda wird von den genialsten Terroristen der Geschichte zu einem Fernsehgeständnis eingeladen – und kommt ohne ein einziges Bild davon nach Hause. Eine größere Pleite ist eigentlich kaum noch vorstellbar, aber Fouda und sein Co-Autor Fielding machen aus der Not eine Tugend. Sie verkaufen zwei Geschichten gleichzeitig: Zum einen, wie sie einmal unumstößliche Beweise für die Schuld von Al-Qaida und Bin Laden in den Händen hielten, und zum anderen, wie diese Beweise leider wieder verlorengingen. Denn auch die Tonaufnahme des Interviews auf der CD-ROM ist als Beweis nicht zu gebrauchen, weil sie verzerrt war. Zwar behauptet Fouda, die Stimme entzerrt zu haben, bis er Ramzis Stimme wieder im Original hören konnte. In den Genuß dieser Stimme kam aber nur er selbst, denn »dann entschied er sich dafür, doch die verzerrte Version zu senden, die sie ihm geschickt hatten. So hatten sie dies schließlich vereinbart.«[170]

Das ist das ziemlich unrühmliche Ende des Knüllers von zwei Journalisten, die ein für allemal die Schuld von Al-Qaida und Bin Laden an den Attentaten vom 11. September beweisen wollten. Irgendwie muß das auch den Autoren klargeworden sein, denn nun versuchen sie in ihrem Buch, das reale oder auch nicht reale Treffen mit den »Drahtziehern« des 11. September auf andere Weise zu retten. Und zwar habe Khalid Sheikh Mohammed, also einer der beiden Drahtzieher, sich am Morgen des 21. September 2002 schriftlich geäußert und dabei das Interview bestätigt: »Das Treffen fand unter unseren eigenen Sicherheitsvorkehrungen statt, und Herr Yosri Fouda hielt sich an alle Vereinbarungen. Er hat alle Sachverhalte wahrheitsgemäß dargestellt.«[171]

Ein Zeugnis erster Klasse also für unseren Reporter. Doch leider stand es nur in einem Internet-Forum, in das schließlich jeder etwas hineinschreiben kann. Wie Fouda darauf kommt, es könne von Khalid Sheikh Mohammed stammen, ist unklar. Denn unter dem Internetdokument befinden sich nur die Worte »Al-Qaida (Medienabteilung)«. Aber auch wenn dort der Namenszug von Khalid Sheikh Mohammed gestanden hätte, hätte das in dieser elektronischen Form überhaupt nichts bedeutet. In einem Internetforum kann schließlich jeder jeden Namen annehmen.

So ist es möglicherweise an der Zeit, sich statt mit den beiden sagenhaften »Drahtziehern« einmal mit den beiden Autoren von *Masterminds of Terror* zu beschäftigen, deren Buch zuerst in einem Verlag mit dem vielsagenden Namen »Mainstream Publishing« erschien. Während Yosri Fouda wie gesagt für den undurchsichtigen arabischen Sender *Al-Dschasira* arbeitet, ist Nick Fielding ein hohes Tier bei der Londoner *Sunday Times*. In seinem Nachwort dankt er ausdrücklich deren Herausgeber John Whiterow.

Nun ist die *Sunday Times* nicht irgendeine Zeitung. Sie gehört der Firma Times Newspapers Limited, einem der

Schlachtschiffe im Imperium des ultrarechten Medien-Tycoons Rupert Murdoch, der der reaktionären britischen Exponentin Margaret Thatcher ebenso nahestand wie ihrem amerikanischen Pendant Ronald Reagan. Murdochs Zeitungen »manipulieren und intrigieren schamlos«, schrieb 1994 *Die Zeit*.[172] Über 100 Millionen Leser in vier Kontinenten würden täglich oder wöchentlich mit einer Mixtur aus schrillen Schlagzeilen (»Kopflose Leiche in Oben-ohne-Bar«), gräßlichen Übertreibungen, Sex & Crime, banalem Klatsch und ultrakonservativen Kommentaren versorgt, meinen Kritiker. Mike Royko, ehemaliger Kolumnist der *Chicago Sun-Times* bringt es auf den Punkt: »Kein Fisch, der nur ein bißchen auf sich hält, möchte in ein Murdoch-Blatt eingewickelt werden.«[173]

Besonders die Londoner *Sunday Times* säuberte Murdoch nach der Übernahme von lästigem journalistischem Sachverstand. So zerschlug er das gefürchtete »Insight Team« der *Sunday Times,* das in den Jahren zuvor immer wieder große Skandale aufgedeckt hatte.[174] Der heutige Chefreporter Nick Fielding, einer der beiden Enthüller der »Drahtzieher« des 11. September 2001, ist demnach einer der modernen Nachfolger dieses legendären »Insight-Teams«.

In den USA betreibt Murdoch den Hardcore-Propagandasender *Fox News:* »Vor allem die TV-Sender und Billigblätter des Murdoch-Konzerns, obskure Psychokrieger aus dem Pentagon und PR-Agenten mächtiger Pressure Groups blasen zum Angriffskrieg und zur Minderheitenjagd – mit Phantasieberichten, Fälschungen und gezielter Irreführung«, schrieb am 12. März 2003 *Spiegel Online* über die »PR-Maschine der Bush-Krieger«.[175]

Teil II: Was passierte wirklich?

Wie wir gesehen haben, stimmt an der offiziellen Geschichtsschreibung des 11. September 2001 so gut wie gar nichts:

- Die Attentäter verhalten sich so auffällig, daß sie bei jedem Dorfpolizisten Verdacht erregen.
- Weder können sie eine Boeing fliegen, noch dürften sie in der Lage gewesen sein, deren Crew und Passagiere auf Anhieb und schlagartig zu überwältigen.
- Weder dürften sie die Nerven besessen haben, eine Passagiermaschine zielsicher mit dem 1. Versuch in ein Gebäude zu steuern, noch wurden dort oder anderswo ihre Leichen gefunden.
- Weder wären die Türme des World Trade Centers von Maschinen dieses Kalibers zu Fall zu bringen gewesen, noch ist erwiesen, daß im Pentagon oder in dem Krater von Shanksville eine Boeing gefunden wurde.

An all das schließt sich natürlich die Frage an, was wirklich geschah. An dem offiziellen Erklärungsmodell des 11. September wurden bereits viele Zweifel angemeldet, aber bis jetzt wurde noch kein Gegenmodell entworfen: Was sollte das alles? Wer oder was flog wirklich in die Türme des World Trade Centers, in den Krater von Shanksville und ins Pentagon? Wer saß wirklich am Steuer dieser Maschinen oder Flugkörper? Wie kamen die beiden äußerst stabilen WTC-Gebäude wirklich zu Fall? Und wenn wir hier nicht die Operation von einigen fanatischen Arabern vor uns haben, mit was für einer Operation haben wir es dann zu tun? Auf den folgenden Seiten will ich versuchen, darauf Schritt für Schritt Antworten zu entwickeln.

Ein geheimnisvoller Qualm
Die Sprengung des World Trade Centers II

Beginnen wir mit dem World Trade Center. Wie gesagt, waren die beiden Flugzeuge – wahrscheinlich baugleich oder zumindest ähnlich mit jenen Maschinen, die in Boston und Washington gestartet waren – nicht geeignet, die Türme des World Trade Centers zum Einsturz zu bringen, auch dann nicht, wenn sie mehr Sprit gehabt haben sollten als die »Originale«. Daher mußten die Gebäude bereits längere Zeit vorher für eine Sprengung präpariert werden. Die Hinweise auf eine Sprengung sind zahlreich: viele Zeugen haben Explosionen gehört, und auch Experten waren der Meinung, daß Sprengstoff im Spiel gewesen sein muß. Darüber hinaus gibt es aber auch Beweise in Form von Filmaufnahmen. Zum Beispiel ein Filmdokument des amerikanischen Fernsehsenders *NBC,* das die These einer Sprengung überzeugend untermauert. In dem Film sieht man die beiden Türme von der Seite, links den Südturm, rechts den Nordturm. Aus beiden Gebäuden dringt schwarzer Brandrauch, wie man ihn erwarten würde, wenn die unterschiedlichsten Materialien wie Holz, Kunststoff, Teppiche und Büromöbel brennen. Das Video wurde bei 30 Bildern (»Frames«) pro Sekunde gedreht. Ungefähr ab Frame 131 ist etwa auf Höhe des 79. Stockwerks eine horizontale Wolke zu sehen, die sich schnurgerade über zwei Drittel der Seitenlänge des Turmes erstreckt. Während diese Wolke wulstig aufpilzt, entsteht wenig später – bei Frame 203 – ein paar Stockwerke tiefer eine neue feine Linie aus weißlich-grauem Staub, die – während die obere Rauchwolke bereits von schwarzem Brandrauch eingehüllt wird – ebenfalls wulstig aufpilzt. Was wir hier sehen, sind zwei Sprengungen im World Trade Center.

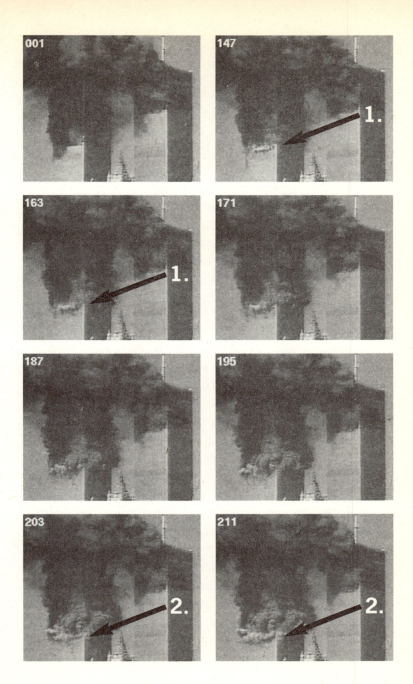

Die Analyse von Einzelbildern aus einer Videosequenz des Senders NBC *bringt es an den Tag: Sprengungen im World Trade Center*

Die Farbe des Rauches

Wie wir deutlich sehen, hat der Brandrauch des World Trade Centers eine tief schwarze Farbe. Sie entsteht vor allem durch Verbrennungsrückstände der brennenden Materialien, kurz gesagt: es handelt sich um Ruß. Wenn die horizontale Wolke mit diesen Verbrennungsprozessen zu tun hätte, mußte sie ebenfalls schwarz sein. Die beiden Wolken des 75. und 79. Stockwerks sind dagegen nicht schwarz und enthalten daher offenbar keinen Ruß. Sie rühren deshalb sehr wahrscheinlich nicht von einem Verbrennungsprozeß her, sondern enthalten Materialien wie Beton, Gips und Asbest in nicht verbrannter Form, also nicht als Ruß, sondern als Staub. Der Staub dieser Materialien wurde nicht durch eine Verbrennung, sondern durch einen anderen Vorgang aus den Fenstern der Fassade geschleudert.

Bei diesem Vorgang kann es sich nur um eine Explosion handeln. Dabei würde genau der Effekt entstehen, den wir hier vor Augen haben. Die Sprengladungen würden die Bauteile in Staub auflösen, und ihre sich schnell ausdehnenden Gase würden den grauen Betonstaub unverbrannt aus den Fenstern schleudern.

Zwar gäbe es theoretisch auch noch eine andere Möglichkeit für die Entstehung einer ähnlichen Wolke: Nämlich daß der fallende Turm wie eine Art Kolben in einer Spritze den Brandrauch aus den Fenstern der tieferliegenden Stockwerke drückt. Weil es aber Brandrauch wäre, müßte dieser Rauch allerdings dieselbe Farbe haben, wie der übrige Brandrauch: schwarz und nicht weiß-grau.

Die Bewegung der Staubwolken

Über mindestens 40 Meter dringen die Staubwolken quasi »im Gleichschritt« aus der Fassade des Gebäudes. Das würde man bei einem Verbrennungsprozeß, der sich ja eher aus zufällig verteilten Quellen speist, nicht erwarten. Um diese Zeit, eine dreiviertel Stunde nach dem Einschlag des Flugzeugs in das Gebäude, dürfte das gesamte Kerosin längst verbrannt sein und statt dessen nur noch Teppichböden, Büromöbel, Kabel und ähnliches brennen. Daher auch der stark rußhaltige Brandrauch. Diese räumlich eher zufällig verteilten Materialen würden aber nicht eine sich über etwa 40 Meter völlig gleichmäßig ausbreitende Wolke erzeugen. Darüber hinaus bewegt sich die Wolke nicht nur gleichmäßig, sondern auch noch sehr schnell. Die längliche Wolke schießt praktisch aus dem Turm heraus. Das plötzliche Auftreten, die Gleichmäßigkeit und die Geschwindigkeit der Ausbreitung sprechen für eine Explosion.

Die Form der Staubwolken

Schließlich fällt die akkurate Form der beiden Rauchwolken auf, die eigentlich besser Staubwolken heißen müßten, da sie sehr wahrscheinlich nicht durch Verbrennung, sondern durch mechanische Zertrümmerung ihrer Ausgangsmaterialien entstanden sind. Bei einem Verbrennungsprozeß würde man nicht eine gerade und horizontale Wolke

Sprengebene bei einem Abrißgebäude

erwarten, die im wesentlichen gleichmäßig gestaltet ist, sondern eine chaotischere Form, je nach dem, welche Brandherde hinter den Fenstern liegen. Für die längliche und gleichmäßige Form der Staubwolken gibt es eine ganz einfache Erklärung. Fachleute nennen das, was wir hier sehen, eine »Sprengebene«. Unter einer Sprengebene versteht man jene Ebene, in der in einer zu sprengenden Struktur die Sprengladungen angebracht werden. Die Sprengladungen werden dabei meistens über die ganze Länge einer Mauer oder die gesamte seitliche Ausdehnung eines Gebäudes auf exakt derselben Höhe angebracht. Sinn ist es, das Gebäude an dieser Stelle sauber »durchzusägen«.

Das Bild oben zeigt anschaulich den Ursprungsort einer solchen horizontalen, länglichen Explosionswolke: eine exakt gerade angebrachte Reihe von Bohrlöchern, die für die Sprengung mit Sprengstoff geladen werden. Hier erkennen wir auch, daß eine von »Terroristen« im Gebäude plazierte »Bombe« keine Erklärung für ein solches Phänomen sein kann. Denn eine Bombe würde eher eine punktförmige Staubwolke erzeugen, nicht eine lineare.

Die Frage ist nur, *was* hier eigentlich gesprengt wurde. Sehen wir uns dazu nochmals eines der Bilder an:

Dem laufenden Film und den Standbildern können wir entnehmen, daß

- die längliche Wolke aus dem Inneren des Gebäudes nach außen dringt,
- die Ausdehnung der Wolke etwa zwei Drittel der 63 Meter messenden Fassade beträgt, also etwa 40 Meter,
- die gesprengte Struktur zumindest zum Teil nicht nur aus Stahl, sondern auch aus anderen Baustoffen besteht, der Farbe der Staubwolke nach zu urteilen wahrscheinlich aus Beton.

Gesucht wird also eine Betonstruktur im Inneren des Turmes mit etwa 40 Metern seitlicher Ausdehnung. Nun, diese Struktur gibt es. Es ist der mächtige Kern aus Stahl und Beton, sozusagen die Wirbelsäule des World Trade Centers.

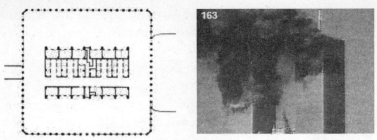

Zum Vergleich: der Grundriß des Gebäudekerns und die Ausdehnung der Explosionswolke

Während die Außenhülle einen großen Teil der horizontalen Windkräfte abfedert, trägt der Kern sehr viel von den senkrechten Lasten. Ihn zu sprengen, war deshalb die Grundbedingung, um das World Trade Center zu Fall zu bringen.

Damit wäre die Natur dieser Wolke im wesentlichen aufgeklärt. Die Frage ist, warum niemand bisher diese Wolken bemerkt zu haben scheint. Die Antwort ist ganz einfach. Dieser Film zum Beispiel ist gar nicht mehr so leicht zu bekommen. Auf der Website von *NBC* ist er nicht zu finden, in deutschen TV-Dokumentationen tauchte er nicht auf. Außerdem starrt man normalerweise wie hypnotisiert auf die brennenden und zusammensackenden Spitzen der Türme und kümmert sich nicht darum, was darunter geschieht. Die brennenden Spitzen sind das, was unsere Aufmerksamkeit auf sich zieht. Sie sind aber nicht identisch mit jenen technisch relevanten Bereichen, in denen eine Sprengung stattfinden müßte, um die Gebäude zum Einsturz zu bringen. Außerdem laufen die Vorgänge extrem schnell ab. Die grauen Sprengwolken verschwimmen fast augenblicklich und werden von den riesigen Brand- und Staubwolken des Zusammenbruchs verschlungen. Man muß schon erst einmal einen »Sprengmeisterblick« entwickeln, mit dem man auch schnell ablaufende Vorgänge geistig aufnehmen kann, oder sich die Szenen wieder und wieder im Video-Recorder anschauen. Auch dann muß man aber wissen, wonach man eigentlich sucht. Unbewußt haben bestimmt schon viele zumindest die unterschiedlichen Farben des Rauchs beim Zusammenbruch der Gebäude wahrgenommen. Man muß aber auch eine Vorstellung davon haben, auf welchen Tatsachen diese unterschiedlichen Farben beruhen könnten.

Vertraue der Schwerkraft
Die Geschichte von Controlled Demolition

Interessant ist in diesem Zusammenhang, wer für die Beseitigung des WTC-Schrotts federführend verantwortlich war. Das Kernstück des Masterplans zur Beseitigung der WTC-Trümmer wurde am 22. September 2001 von einer Firma namens Controlled Demolition an die Baubehörde der Stadt New York geliefert, berichtet die Zeitschrift *Engineering News-Record*. Die Hinzuziehung von Controlled Demolition erfolgte im Einvernehmen mit den anderen Abbruchunternehmen am Ort der Katastrophe, so die Zeitschrift. Das Ziel sei ein Master-Aufräumplan für die gesamte Katastrophenstätte gewesen.[176]

Controlled Demolition ist nicht irgend jemand, sondern die renommierteste Abbruchfirma der Vereinigten Staaten; aber das ist vielleicht noch nicht die eigentliche Nachricht. Denn interessant ist schon eher, *wie* Controlled Demolition seit Jahrzehnten alte Hochhäuser, Wolkenkratzer und Wohnsilos in den USA zu Fall bringt: durch Sprengstoff. Controlled Demolition ist die weltweit erfahrenste Sprengfirma. Das Unternehmen ist darauf spezialisiert, auch die höchsten Wolkenkratzer fein säuberlich aus ihrer städtischen Umgebung herauszutrennen, ohne daß die Gebäude dabei zum Beispiel umkippen und unvorhersehbaren Schaden anrichten.

»Controlled Demolition gilt weltweit als Vorreiter für kontrollierten Abriß und Implosion von Strukturen«, heißt es in einer Selbstdarstellung des Unternehmens. Controlled Demolitions 52jährige Geschichte verzeichne die unerreichte Zahl von 7.000 kontrollierten Abrissen, explosiven Abrissen und Implosionen von Gebäuden, Brücken und anderen Strukturen. Regierungsbehörden und Immobilienbesitzern, die Gebäude schnell, effizient und sicher beseitigen wollen, verspricht Controlled Demolition modernste Technologie und unerreichten Service.

Und Controlled Demolition ist darüber hinaus ein eingeschworenes Familienunternehmen. Gegründet wurde es von dem Abrißpionier Jack Loizeaux. Berichten zufolge war Loizeaux der erste, der die Schwerkraft nutzte, und nichts als die Schwerkraft, um ein Gebäude zu Fall zu bringen. Und ein bißchen Sprengstoff, natürlich. Damit beraubte er ein Bauwerk derart seiner Basis, daß es im freien Fall zu Boden stürzte. Wahlspruch: »Vertraue der Schwerkraft, die Schwerkraft ist zuverlässig.« Und: »Was immer der Mensch erbaut hat, kann ich in einer Woche zerstören« – womit nicht etwa die Dauer des Zusammenbruches gemeint ist, sondern der Vorbereitungen. »Die Loizeaux-Familie hält die Weltrekorde für die Sprengung des höchsten Gebäudes, der längsten Brücke und der meisten Gebäude in einer einzigen Serie«, berichtet das *Georgia Magazine*.[177] 1998 sprengten die Loizeauxs in Puerto Rico 17 Gebäude auf einmal. So verfügt das Unternehmen auch über jede Menge Erfahrung in der simultanen Sprengung von ganzen Gebäudekomplexen.

Inhaber der Firma sind heute die beiden Söhne von Jack Loizeaux, Mark und Douglas Loizeaux. Marks Tochter Stacey hilft ebenfalls mit, und so bleibt vieles, wenn nicht alles, in der Familie. Kein Wunder, daß den Loizeauxs auch heikle Jobs anvertraut werden. So arbeitet Controlled Demolition unter anderem als »Special consultant« für das

FBI, das Army Corps of Engineers und das US State Departement.[178]

Unter den Regierungsbehörden, für die Controlled Demolition arbeitet, steht das Departement of Defense ganz oben – das Verteidigungsministerium. Zitat: »Controlled Demolition Incorporated (CDI) hat die nötige Erfahrung und das Fachwissen, um Behörden und Subunternehmern des Verteidigungsministeriums sowohl national als auch international bei sensitiven Abrißoperationen zu assistieren.«[179]

Nicht nur beim World Trade Center, auch bei anderen spektakulären Sprengstoffanschlägen war Controlled Demolition zur Stelle, im nachhinein natürlich. So sprengte die Familie Loizeaux auch die Überreste des durch einen Bombenanschlag schwer beschädigten Regierungsgebäudes in Oklahoma City und räumte anschließend den Schutt weg. Auch am offiziell dargestellten Hergang jenes Attentats gibt es bis heute massive Zweifel.

Chaos im Kontrollraum
Radar und Transponder

Wie aber kamen die Maschinen ins World Trade Center, und um was für Maschinen handelte es sich eigentlich? Begeben wir uns zur Klärung dieser Frage zurück zum 11. September. Es ist kurz nach halb neun. Vor wenigen Minuten haben die Controller jede Spur des Flugs American Airlines 11 auf dem Weg von Boston nach Los Angeles verloren. Verzweifelt versuchen die Fluglotsen im New Yorker Kontrollzentrum, die Boeing 767 wieder zu lokalisieren. Aber sie finden sie nicht. Statt dessen bemerken sie eine unbekannte Maschine. Die Vermutung, sie könnte vielleicht irgendwo in der Umgebung New Yorks landen, bestätigt sich nicht: »Nein, er landet nicht«, sagt ein Lotse: »Er fliegt hinein.«

So nimmt das Drama des 11. September 2001 seinen Lauf. Um 8.46 Uhr kracht ein Flugzeug in den Nordturm des World Trade Centers. Um 9.03 Uhr trifft eine andere Maschine den Südturm. Wenig später gibt es Hinweise auf weitere Flugzeugabstürze in Pennsylvania und auf das Pentagon.

So furchtbar dieser Tag auch war, so klar scheint der Ablauf der Ereignisse heute zu sein: Auf ihren Flügen von Boston und Washington nach Los Angeles wurden drei Passagiermaschinen gekidnappt und von ihren Entführern in Kamikaze-Manier in das World Trade Center und das Pentagon gesteuert. In einer vierten entführten Maschine gelang es den Passagieren, die Entführer zu überwältigen und das Flugzeug über freiem Feld zum Absturz zu bringen.

In Wirklichkeit ist gar nichts klar. Weder aus der Analyse der Flugschreiber noch aus den Radardaten läßt sich die offizielle Version des 11. September 2001 stützen. Die Flugschreiber (Flight-Data-Recorder) gingen verloren oder ihre Daten wurden nie veröffentlicht. Und aus den Geschehnissen in den Kontrollräumen der Fluglotsen ergibt sich ein ganz anderes als das wohlbekannte Bild. Anstatt die offizielle Version bestätigen zu können, verloren die Fluglotsen an dem »mit Chaos und Unsicherheit gefüllten Himmel«[180] über New York und Washington schlicht den Überblick. Die Lotsen verloren die Passagierflugzeuge aus den Augen und bekamen es statt dessen mit einer Reihe von nicht identifizierten Flugzeugen zu tun. In Wirklichkeit kann niemand genau sagen, welche Maschinen letztlich wohin geflogen sind und welche im World Trade Center und im Pentagon einschlugen. Ob jemals eine der in Boston und Washington gestarteten Passagiermaschinen das World Trade Center oder das Pentagon erreichte, läßt sich aus den Erkenntnissen der Fluglotsen jedenfalls nicht ableiten.

Wie ist das möglich? Um das zu begreifen, müssen wir uns vor Augen halten, was die Fluglotsen auf ihren Radarbildschirmen eigentlich sehen. Sie sehen zweierlei. Erstens das sogenannte Primärsignal. Das ist das physikalische Radarecho, das die Maschine zurückwirft. Auf dem Bildschirm erscheint es als kleiner grüner Punkt. Damit wissen die Controller natürlich noch nicht, welche Maschine das ist. Deshalb gibt es das Sekundärsignal. Es wird von einem speziellen Sender an Bord der Maschine gesendet, dem sogenannten Transponder. Vor dem Flug erhält der Pilot von der Flugsicherung eine vierstellige Ziffer, die er in den Transponder eintippt. Diese Ziffer sendet der Transponder während des ganzen Flugs an die Bodenkontrolle. Dort wird sie von einem Computer erkannt und in das Rufzeichen der Maschine umgewandelt (zum Beispiel »AAL 11« für Flug American Airlines 11). Anschließend wird das Rufzeichen der Maschine zusammen mit einigen weiteren Daten auf dem Lotsenbildschirm neben dem Primärsignal dargestellt, also neben dem kleinen grünen Punkt. Damit erhält das Flugzeug sozusagen seine unverwechselbare »Autonummer«, die die ganze Zeit zusammen mit dem kleinen grünen Punkt über den Bildschirm wandert. So weiß der Controller jederzeit, welche Maschine er hier vor sich hat. Sollte das Transpondersignal verschwinden, wird es unter Umständen schwierig, die Maschine in dem Durcheinander von grünen Punkten und Kennungen zu identifizieren. »Wenn jetzt die Terroristen beispielsweise, wie das heute auch in den Nachrichten zu hören war, diesen Transponder ausschalten, dann bleibt von dem Flugzeug nur mehr ein winzig kleiner grüner Punkt«, so der Flugkapitän Jörg Kujak: »Davon haben Sie aber sehr viele. Jede kleine Cessna ist ein winzig kleiner grüner Punkt auf dem Radarschirm der Lotsen, und Sie können sich vorstellen, im New Yorker Luftraum geht sehr leicht der Überblick verloren, wenn diese Transponderinformation nicht dabei ist.«[181]

Verfolgen wir als erstes das Schicksal von Flug American Airlines 11 (AA 11), der angeblich um 8.46 Uhr in den

Nordturm des World Trade Centers krachte. Um 7.59 Uhr startet er in Boston. Etwa um 8.13 Uhr findet die letzte Routinekommunikation mit den Fluglotsen statt. Wenig später erhalten die Fluglotsen schon keine Antwort mehr. Um 8.20 Uhr weicht Flug American AA 11 vom Kurs ab. Über das weitere Schicksal der Maschine berichtet die *Washington Post*: »Die Lotsen verloren ihre Spur, als sie etwa auf 29.000 Fuß Höhe flog.«[182]

Das kann erstens bedeuten, daß die Maschine kein Transpondersignal mehr sendete und die Lotsen nicht in der Lage waren, den noch sichtbaren grünen Punkt des Primärsignals als Flug American AA 11 zu erkennen. Natürlich kann das aber auch heißen, daß das Flugzeug komplett vom Radarschirm verschwand, also mit Primär- und Sekundärsignal. Wenn aber das primäre Radarsignal von keinem physikalischen Körper im Raum zurückgeworfen wird, dann befindet sich dort auch kein physikalischer Körper mehr. Die Ursache dafür kann zum Beispiel ein Absturz oder ein plötzlicher Tiefflug sein.

Heute wird uns mitgeteilt, die Entführer der vier Maschinen hätten den Transponder der Flugzeuge abgeschaltet, bevor die Piloten auch nur einen Notruf absetzen konnten. Das ist in etwa so wahrscheinlich, wie ein vierfacher Lottogewinn, denn es bedeutet, daß die Entführer die Piloten in vier Fällen blitzartig außer Gefecht setzen konnten: »Mit einem Knopfdruck auf ihrem Steuerhorn haben die Piloten eine sofortige Verbindung zur Flugsicherung«, schreibt der Sicherheitsexperte Joel Skousen, Herausgeber des »World Affairs Brief«: »Dagegen brauchen die Entführer Zeit, um die Passagierkabine unter Kontrolle zu bringen und sich dann um die Piloten hinter ihrer Aluminium-Schiebetür zu kümmern. Wir wissen von der FAA [US-Flugaufsichtsbehörde; G.W.], daß die Piloten bisher in jedem Fall Zeit hatten, ihren Notfall der Flugsicherung zu melden. In mindestens zwei Fällen konnten die Piloten sogar den

Transponder auf den Code 7700 für ›Notfall‹ umstellen, bevor die Entführer die Kontrolle übernahmen und den Transponder ausschalteten.«[183]

Aus eins mach zwei
Ein Flugzeug wird geklont

Es bleibt also ein Rätsel, warum keine einzige der vier Flugzeugbesatzungen die Transpondercodes für »Notfall« oder »Entführung« senden konnte, sondern die Transponder angeblich durch die Entführer abgeschaltet wurden. Tatsächlich ist die Sache mit dem abgeschalteten Transponder zumindest im Fall von AA 11 aber keine Tatsache, sondern das Ergebnis einer Sprachregelung. Erst später sei beschlossen oder festgelegt (»determined«) worden, »daß der Pilot *wahrscheinlich* den Transponder der Maschine abgeschaltet hatte«, berichtet die *Washington Post* am 17. September 2001 (Hervorhebung G.W.). Das Abschalten des Transponders wird als Ursache für das Verschwinden der Maschine vom Radarschirm also lediglich *vermutet*. Und auf diese Vermutung einigt man sich per Beschluß oder Festlegung. Wenn der Transponder lediglich »abgeschaltet« wurde, legt das nahe, daß die Maschine noch vorhanden ist, so die offizielle Lesart. Man könnte das Verschwinden des Transpondersignals unter Umständen aber auch ganz anders interpretieren, nämlich so, daß die Maschine verschollen ist.

Als Grund für ihr Verschwinden vom Radarschirm sind neben dem nur behaupteten Abschalten des Transponders auch andere gängige Erklärungen denkbar, zum Beispiel eben auch ein Absturz oder ein plötzlicher Tiefflug. Denn trotz intensiver Suche südlich seines ursprünglich genehmigten Flugweges können die Lotsen Flug AA 11 nicht wiederfinden. Das heißt also, daß sie auch das Primärsignal nicht sehen oder nicht identifizieren konnten. Statt dessen finden sie ein anderes Flugzeug: »Sieh mal«, sagt ein Lotse zum anderen, »da ist ein Eindringling über Allentown.«[184] Allentown ist eine Ortschaft in Pennsylvania, westlich von New York. Ein »Eindringling« sei in der Lotsensprache ein Flugzeug mit einem arbeitenden Transponder, das ohne Genehmigung in einen gesperrten Luftraum einfliege, erklärt die *Washington Post*. Kurz nach dem Verschwinden von Flug AA 11 war da also wieder eine Maschine mit einem aktiven Transponder. Offenbar ist das aber nicht Flug AA 11, sonst hätten ihn die Losten an seiner Kennung ja wiedererkannt. Es ist auch kein anderer regulärer Flug, denn sonst hätten ihn die Lotsen ebenfalls anhand seiner Kennung identifiziert. Statt dessen reden sie von einem unbekannten »Eindringling«.

Mit anderen Worten: Wir haben es hier plötzlich mit zwei Maschinen zu tun: Mit einer bekannten, die verschwand (Flug AA 11) und einer unbekannten, die plötzlich auftauchte (»Eindringling«). Nur in der Berichterstattung werden diese beiden Maschinen wieder zu einer einzigen zusammengeschmolzen. Wie das geht, demonstriert die *Washington Post:* »Dieses Mal versuchten die Entführer einen anderen Winkelzug oder machten einen Fehler. Statt den Transponder abzuschalten und die Controller im dunkeln zu lassen, schalteten sie ihn für 30 Sekunden aus und dann wieder ein – mit einer Kennung, die an diesem Tag an kein Flugzeug vergeben war.«[185] So wird aus einem unbekannten Flugzeug mit einer fremden Kennung plötzlich wieder Flug American Airlines 11. Die nüchternen Fakten jedoch sagen: Nachdem die Lotsen die Spur von Flug American Airlines 11 verloren hatten, tauchte wenig später ein unbekanntes Flugzeug auf. Dieses Flugzeug nahm Kurs auf New York. Dafür, daß es sich dabei um Flug American Airlines 11 handeln könnte, gibt es keinen Hinweis. Tatsächlich sagte ein Controller: »Ich glaube, wir könnten es hier mit zwei Maschinen zu tun haben.«[186]

Exitus am Himmel?
Das ELT-Signal

Das ist eine Sensation, aber nicht die einzige. Ein ähnliches Bild ergibt sich bei Flug United Airlines 175 (UA 175), der angeblich in den Südturm des World Trade Centers flog. Am 11. September 2001 startet er um 8.14 Uhr vom Bostoner Flughafen. Etwa 28 Minuten später bekamen die Fluglotsen nach einem Bericht der *New York Times* keine Transponderdaten mehr. Man habe »keinen Transponder, gar nichts«, sagte ein Lotse.[187] Wenn überhaupt, dann sahen die Controller die Maschine also nur noch als blassen grünen Punkt. Und dann stehen wir plötzlich vor demselben Phänomen wie bei Flug American Airlines 11: Nach einem Bericht von *Newsday* vom 10. September 2002 »wechselte« Flug UA 175 sein Transpondersignal. Das heißt also, daß doch wieder ein Transpondersignal auftauchte, aber mit einer anderen Kennung als vorher. Daß damit die Maschine ihr Transpondersignal »wechselte«, ist aber nur *eine* mögliche Interpretation. Daß ganz einfach *eine zweite* Maschine auftauchte, eine andere.

Und anders als bei Flug AA 11 haben wir in diesem Fall sogar noch einen Hinweis, was mit dem »Originalflug« United Airlines 175 passiert sein könnte. Um 8.44 Uhr meldet sich der Pilot einer nicht am Geschehen beteiligten Maschine bei der Bodenkontrolle und übermittelt eine Wahrnehmung hinsichtlich Flug United Airlines 175. Er habe gerade ein ELT-Signal empfangen, sagt er. ELT heißt Emergency Location Transmitter, zu deutsch Unfallstellensender. Oder noch kürzer: Crash-Sender. Dieses Gerät arbeitet nach dem Airbag-Prinzip. Bei einer extremen Verzögerung löst es eine Elektronik aus, die auf den Frequenzen 121,5 und 243 Megahertz ein Notsignal aussendet. Der Apparat dient dem schnellen Auffinden einer Absturzstelle. Das Senden eines ELT-Signals hat eine ähnliche Bedeutung wie eine durchgezogene Linie auf dem EKG eines Menschen: Exitus. Sollte dieses Signal tatsächlich von Flug United Airlines 175 gekommen sein, wäre dies ein starker Hinweis darauf, daß die Maschine abstürzte. Daß die Lotsen verwirrt reagieren, ist angesichts dieser Nachricht kein Wunder: »O.K.«, antwortet die Bodenstation, »sie sagen, das ist bestätigt, glaub es oder glaub es nicht, wir sind noch nicht sicher, also versuchen wir immer noch, auf eine andere Maschine zu gehen, um zu sehen, welche Höhe er hat ...«[188] Mit »sie« könnte eine Maschine der Delta Airlines (DAL), gemeint sein, die sich um dieselbe Zeit aus 29.000 Fuß Höhe (290) meldet: »DAL auf 290. Wir haben das ELT ebenfalls empfangen, aber es ist sehr schwach.«[189] Die Lotsen selbst versuchen, sich Gewißheit über das Schicksal von United Airlines 175 zu verschaffen, indem sie »auf eine andere Maschine gehen«, das heißt, die Piloten eines anderen Flugzeugs bitten, nachzusehen, wo sich UA 175 befindet. Das läßt sich eigentlich nur so zusammenfassen: United Airlines 175 verschwand vom Radarschirm und sendete dabei ein Crash-Signal. An ihrer Stelle flog eine andere Maschine weiter.

Wo ist Flug American Airlines 77?
Der Jäger am Pentagon

Im ersten Teil des Buches bin ich bereits auf Flug 77 eingegangen, der ins Pentagon gestürzt sein soll. In diesem zweiten Teil, der unter der Überschrift steht: »Was passierte wirklich?«, greife ich die Geschehnisse um das Pentagon nochmals auf und vertiefe die Analyse weiter.

Flug American Airlines 77, der angeblich ins Pentagon flog, startet um 8.20 Uhr von Washington Dulles Richtung Los Angeles. Etwa um 8.46 Uhr weicht die Maschine plötzlich von ihrem schnurgeraden Ost-West-Kurs über den Kontinent ab. Völlig unmotiviert fliegt sie geradewegs nach Norden, dreht um und fliegt dann ebenso gerade nach Süden zurück. Nach etwa 15 Meilen und 5 Minuten Flugzeit fliegt sie auf ihrem ursprünglichen Kurs weiter nach Westen, als sei nichts geschehen. Um etwa 8.55 Uhr fliegt American Airlines 77 in eine sanfte Kurve »und verschwindet plötzlich vom Radarschirm«, so die Zeitschrift *Newsday* am 23. September 2001. »Um 8.56 war klar, daß Flug American Airlines 77 verloren war«, berichtet die *New York Times* am 16. Oktober 2001. Warum sollte man solche Formulierungen nicht ernst nehmen? Laut *Newsday* und *New York Times* ist die Maschine verschwunden, die Fluglotsen betrachteten Flug AA 77 als »verloren«. Vom »Abschalten des Transponders« ist hier nicht die Rede.

Statt dessen stehen wir vor demselben Phänomen, wie bei den vorangegangenen beiden Flügen. Anstelle von American Airlines 77 taucht plötzlich eine andere Maschine auf. Sie dringt *von Westen her* in den Luftkontrollsektor von Leesburg ein, den American Airlines 77 zuvor *Richtung Westen* verlassen hatte. Daß es sich dabei um American Airlines 77 auf dem »Rückweg« nach Washington handelt, ist nur eine fromme Vermutung. Laut *Newsday* waren die Fluglotsen von Leesburg der Ansicht, daß sie ein »neues«, nach Osten fliegendes Flugzeug auf ihrem Radarschirm hatten, »aber sie wußten nicht, daß es sich um Flug AA 77 handelte. Das Flugzeug flog ohne Funkkontakt und ohne Transpondersignal in ihren Luftraum«.[190]

Über das Schicksal von Flug American Airlines 77 hatten die Lotsen ganz konkrete Vorstellungen. Unter ihnen kursierten Gerüchte, die Maschine sei mitten in der Luft explodiert.[191] Eine interessante Idee. Könnte das vielleicht auch die Erklärung für das zuvor von Flug United Airlines 175 empfangene Crash-Signal sein? Denn dieses Crash-Signal war nur kurz, dann ging es aus. Bei einem Absturz bleibt das Crash-Signal normalerweise so lange an, bis die Maschine gefunden wird und der Sender abgeschaltet werden kann. Eine Explosion in der Luft könnte freilich erklären, warum der Sender nur kurz ansprach: Zunächst registrierte er die Explosion, dann wurde er selbst zerstört.

Auf jeden Fall herrscht über das weitere Schicksal von Flug AA 77 keine Gewißheit. Denn anders als uns Medien und Propaganda glauben machen wollen, tauchte das Flugzeug über Washington nicht wieder auf. Statt dessen bemerkte die schon zitierte Fluglotsin Danielle O'Brien im Kontrollzentrum Washington Dulles – wieder einmal – etwas ganz anderes, nämlich ein »nicht identifiziertes Flugzeug«. Es bewegte sich sehr schnell: »Ich hatte buchstäblich nur einen Punkt und sonst nichts.« Aber der Punkt war nicht über West Virginia, wo Flug AA 77 verschwand, sondern eben 250 Meilen weiter östlich in der Nähe von Washington. Was hatten diese beiden Maschinen miteinander zu tun? Gar nichts. Denn aus O'Briens Sicht liegt auf der Hand, daß es sich bei dem von ihr georteten Flugzeug nicht um eine zivile Passagiermaschine handeln konnte: »Aufgrund der Geschwindigkeit, der Wendigkeit und der Art und Weise, wie er Kurven flog, dachten wir alle im Radarraum, alle wir erfahrenen Fluglotsen, daß dies ein militärisches Flugzeug sein muß. Man kann eine Boeing 757 nicht auf diese Weise fliegen, das ist gefährlich«, erklärte O'Brien in einem Interview mit dem Fernsehsender *ABC*. Für sie war klar: Die Maschine, die hier mit hoher Geschwindigkeit auf das Pentagon zuflog, »muß ein Jäger sein«.[192] Das Schicksal von Flug American Airlines 77 ist somit aus der Sicht der Flugsicherung nicht aufgeklärt. Wie die Maschine vom Ort ihres Verschwindens ins Pentagon gelangt sein soll, ist unklar, wie die folgende Grafik zeigt.

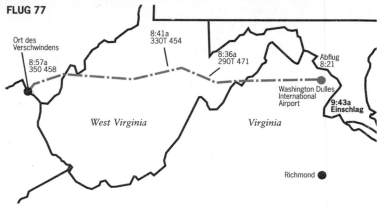

Wie kommt Flug 77 zum Pentagon?

In der Nähe des Pentagons sahen die Fluglotsen also einen Jäger herumrasen. Nehmen wir uns deshalb nochmals das Foto von der Pentagon-Überwachungskamera vor, das zeigt, wie ein geheimnisvolles Objekt auf das Verteidigungsministerium zurast.

Zeigt die Überwachungskamera des Pentagons hier wirklich eine Boeing 757? Das Datum »Sep. 12« stammt von der Archivierung am nächsten Tag.

235

Die Überlegungen des ehemaligen Flugkapitäns Leonard W. Clampett bestätigen die Vermutung, daß hier ein Jagdflugzeug im Spiel gewesen sein könnte: »Die Behörden behaupten, daß die vier veröffentlichten Fotos in einem Abstand von jeweils 4 Hundertstelsekunden aufgenommen wurden.« (Clampett spricht von vier statt fünf Fotos, weil die Bilder erst ab dem zweiten Foto fortlaufend bis 4 numeriert wurden. Das erste Bild trägt nur den Titel »Plane«, also »Flugzeug« und wird in der Numerierung nicht mitgezählt.) »Das Problem mit dieser Behauptung besteht darin, daß, wenn das wahr wäre, die vier Fotografien nur den Anflug und nicht den Einschlag zeigen könnten, denn ein Flugzeug wie eine Boeing 757 hätte sich in vier Hundertstel Sekunden nicht weit genug fortbewegen können, um das Gebäude zu treffen.« In 4 Hundertstelsekunden hätte sich das Flugzeug bei einer angenommenen Geschwindigkeit von etwa 830 Stundenkilometern gerade mal 10 Meter weit fortbewegt, so Clampett. Auf dem ersten Bild scheint die Maschine aber deutlich weiter als 10 Meter vom Pentagon entfernt zu sein, im nächsten Bild ist bereits der Einschlag zu sehen.[193]

Laut *Washington Post* ist der Zeitrahmen der fünf Bilder sogar noch enger. Danach umfassen alle fünf Fotos *insgesamt* eine Zeitspanne von 4 Hundertstelsekunden.[194] Damit würde der Abstand zwischen den fünf Bildern auf 1 knappe Hundertstelsekunde schrumpfen, eine Zeit, in der ein 830 Stundenkilometer schneller Jet gerade mal 2 bis 3 Meter zurücklegen würde. Das gilt allerdings auch für eine Cruise Missile, die etwa 880 Stundenkilometer schnell fliegt. Sollte also die Zeitrechnung stimmen, fällt beides aus: ein Airliner und eine Cruise Missile. Demnach müßte es sich um ein schnelleres Fluggerät handeln. Schauen wir etwas genauer hin: Wenn man die Aufnahme vergrößert, sieht man tatsächlich die Konturen des Rumpfes und des Seitenleitwerks eines Flugzeugs. Aber: Dieses Flugzeug ist erstens zu klein für einen Airliner und zieht zweitens eine weiße Rauchfahne hinter sich her, die einen Airliner ebenfalls ausschließt.

Normalerweise gehört eine weiße Rauchfahne nicht zu einem Jettriebwerk, sondern zu einer Rakete. Zu dieser Auffassung kommt auch der französische Waffenexperte Pierre-

Die Rauchfahne des mysteriösen Geschosses, das das Pentagon traf

Henri Bunuel, den der Autor Thierry Meyssan in seinem neuen Buch *Pentagate* zitiert. Laut Meyssan kämpfte Bunuel im Golfkrieg von 1991 an der Seite der Generäle Schwarzkopf und Roquejeoffre und hatte dabei eine besondere Aufgabe zu erfüllen: Die Abschätzung und Beurteilung von Kampfschäden an Gebäuden. Mithin ist Bunuel offenbar genau der richtige Mann, um sich die Lage am Pentagon einmal genauer anzusehen. Als Artillerieexperte ist er natürlich auch in der Lage, Aussagen über jenes Objekt zu treffen, das sich mit rasender Geschwindigkeit dem Pentagon näherte. Die weißgraue Rauchspur des Objekts, so Bunuel, »erinnert eindeutig an den Rauch, der der Antriebsdüse eines Flugkörpers entweicht. Im Unterschied zu dem Rauch, der aus den beiden Kerosinmotoren austreten würde, ist dieser Rauch eindeutig weiß. (...) Schon die Untersuchung dieses Fotos läßt eher an einen einmotorigen Flugkörper denken, der viel kleiner ist als eine Verkehrsmaschine, aber nicht an zwei Turbotriebwerke von General Electric«[195] – wie sie beispielsweise an einer Boeing 757 angebracht wären.

Andererseits sind aber die Konturen des Objekts, vor allem des Seitenleitwerks, für eine Rakete zu groß. Ein scheinbar unauflöslicher Widerspruch, der sich eigentlich nur beseitigen läßt, wenn man davon ausgeht, daß es sich um *beides* handelt: um ein Flugzeug *und* um eine Rakete. Tatsächlich könnte das, was wir hier sehen, zu folgender Situation passen:

Ein F16-Jäger schießt eine Rakete ab

Damit hätten wir sowohl das optische Erscheinungsbild als auch die hohe Geschwindigkeit des oder der Objekte(s) erklärt. Denn ein Jagdflugzeug kann sich natürlich viel schneller bewegen als ein Airliner oder eine Cruise Missile. Die Frage ist nur, was das für einen Sinn macht: ein Jet, der kurz vor dem Einschlag in das Pentagon auch noch eine oder mehrere Raketen abschießt. Nun, auf diese Weise könnte sich der Jet entweder leichter seinen Weg in das Gebäude bahnen, um vollkommen darin zu verschwinden – und nicht etwa als Wrack vor dem Gebäude liegen zu bleiben. Oder die Übung dient dazu, ein großflächigeres Zerstörungsbild zu erzeugen, wie es beim Einschlag eines großen Airliners zu erwarten wäre.

Tatsächlich läßt sich diese Spur noch etwas weiterverfolgen. Normalerweise kennen wir nur ein Schadensbild: die zusammengebrochene Front des Pentagon. Mindestens genauso interessant ist jedoch, was der Angreifer im Inneren anrichtete.

Luftaufnahme der Schäden am Pentagon: deutlich sind drei Austrittslöcher zu erkennen

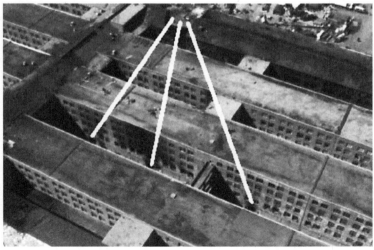

Wie man sieht, gibt es hier *drei* Austrittslöcher: ein großes in der Mitte und zwei kleine seitlich davon. Etwas in dieser Art könnte man erwarten, wenn ein Kampfjet zwei seitlich unter seinen Flügeln angebrachte Raketen abschießt und anschließend selbst in das Gebäude kracht. Könnte es sich dabei nicht auch um den Rumpf des Airliners und die beiden Triebwerke handeln? Wohl kaum, denn – von dem fehlenden Wrack eines Airliners im Pentagon einmal abgesehen – an den kleinen Austrittsöffnungen sieht man, daß es sich hier um mit hoher Dynamik fliegende Objekte gehandelt haben muß, aber nicht um Triebwerke, die nach der Zerlegung des Flugzeugs jeden Auftrieb verlieren und in einer nach vorn und nach unten gerichteten Bewegung auf den Boden knallen. Der Boden an der Austrittsöffnung ist jedoch vollkommen unbeschädigt (siehe Foto auf S. 241). Er weist keinerlei Schleifspuren oder ähnliches auf, was bedeutet, daß ein Objekt mit hoher Durchschlagskraft in geringer Höhe durch die Wand geschossen sein muß – etwas wie eine Rakete also.

Und wirklich begründet auch der Waffenexperte Pierre-Henri Bunuel in Meyssans Buch *Pentagate* überzeugend, warum wir es hier nicht mit dem Einschlag eines großen Airliners zu tun haben. Das erste, was ihm auffällt, ist, daß die Feuerwehr am Pentagon hauptsächlich mit Wasser und nicht mit Schaum löscht. Tatsächlich sieht man auf den Fotos deutlich dicke, graue Wasserstrahlen aus den Spritzdüsen der Feuerwehrfahrzeuge austreten: »Der im Pentagon bekämpfte Hauptbrand ist kein Brand von Kohlenwasserstoffen [wie etwa Flugbenzin; G. W.], denn es sind keine Schaumkanonen zu sehen, die für Feuerwehreinsätze bei Flugunfällen kennzeichnend sind, ebensowenig Werfer, die Spezialmittel ausstoßen.«[196]

Tatsächlich ist Wasser bei einem Kerosinbrand eher kontraproduktiv: »Bei Flugzeugkatastrophen oder Autounfällen brennen vor allem die flüssigen Treibstoffe Kero-

Nahaufnahme einer der Austrittsöffnungen

sin oder Benzin. Löscht man diese Flüssigkeiten mit Wasser, wird der Brand sogar verstärkt, da Benzin oder Kerosin beim Auftreffen der Wassertröpfchen aufgewirbelt werden und diese Tröpfchen noch leichter Feuer fangen. Schäume breiten sich über dem Brennstoff aus und trennen ihn vom Sauerstoff. Zugleich kühlt der Wasseranteil im Schaum und entzieht dem Feuer die Energie.«[197]

Statt eines massiven Schaumeinsatzes, wie man ihn bei einer großen Flugzeugkatastrophe erwarten würde, sieht man an der Fassade des Pentagon aber nur geringe Reste von Kohlensäureschaum. »Der Schaum«, so Bunuel, »galt offenbar im wesentlichen nicht dem Brand des Gebäudes, sondern liegt auf dem davor befindlichen Rasen, wie wenn man ein von der Explosion entzündetes Nebenfeuer gelöscht hätte.«[198] Tatsächlich hätten Zeugen auch von einem brennenden Lastwagen oder Hubschrauber vor dem Verteidigungsministerium berichtet. Eine andere Möglichkeit wäre vielleicht auch ein sehr kleiner Jet, der neben den Raketen in die Fassade raste.

Auch der zu beobachtende Rauch läßt Bunuel nicht an den Einschlag eines großen Airliners glauben: »Was auf den Bildern an Rauch sichtbar ist, entspricht ganz und gar dem Rauch, der bei einem normalen Brand in einem städtischen Wohnhaus zu beobachten ist, sowohl in den Farben als auch im Erscheinungsbild der Rauchschwaden.« Vor allen Dingen bestehe keinerlei Ähnlichkeit mit dem schwarzen, fetten Qualm, der aus dem World Trade Center aufgestiegen sei.[199]

Das Aussehen des oben abgebildeten Austrittslochs schließlich erinnere »eindeutig an die Wirkungen panzerbrechender Hohlladungen, die ich auf einigen Schlachtfeldern beobachten konnte«. Das Fazit des Waffenexperten über die Geschehnisse am Pentagon besteht in der Annahme, »daß die Detonation, die das Gebäude traf, die einer leistungsstarken Hohlladung gewesen ist, die bei der Zerstörung von Hartbetongebäuden eingesetzt und von einem Flugkörper, einer Luft-Boden-Rakete, getragen wird«.[200]

Die Annahme, das Pentagon sei von einem Militärjet mit Luft-Boden-Raketen angegriffen worden, würde auch erklären, warum die Abwehrsysteme des Verteidigungsministeriums nicht ansprachen. Denn solche Abwehrsysteme identifizieren im Luftraum operierende Flugkörper und

Flugzeuge über eine spezielle Fähigkeit der dazugehörigen Transponder, die eine Freund-Feind-Kennung senden. Im Prinzip ist das nichts anderes als die alte »Parole«: Der Transponder eines befreundeten Fluggeräts sendet ständig eine Parole, die den Abwehrsystemen bekannt ist, und deshalb wird dieses Fluggerät nicht angegriffen, vielleicht sogar bis zum letzten Moment ignoriert. »Eine Raketenabwehrbatterie wird zum Beispiel beim Passieren eines befreundeten Missiles nicht reagieren«, so Thierry Meyssan. »Es ist nicht ausgeschlossen, daß sich dies am 11. September 2001 im Pentagon abgespielt hat.«[201]

Eine Ewigkeit für einen Knall
Noch mehr seismographische Daten

Der letzte Todeskandidat ist Flug United Airlines 93 (UA 93). Er hebt um 8.42 Uhr von der Startbahn in Newark Richtung San Francisco ab. Um kurz nach 9.00 Uhr, nach dem Crash der ersten Maschine in das World Trade Center, warnt die Fluggesellschaft United Airlines ihre Piloten vor möglichen Cockpit-Eindringlingen und ermahnt sie, die Türen fest zu verschließen. Die Piloten von Flug UA 93 bestätigen den Erhalt der Warnung.[202] Damit verschärfen sich in diesem Fall noch die Schwierigkeiten eines Hijackers, überraschend in das Cockpit einzudringen und ohne ein weiteres Notsignal der Piloten den Transponder abzuschalten.

Das nächste Lebenszeichen von Flug United Airlines 93 ist eine Bodenerschütterung. Sie wird um 9.22 Uhr von einer Erdbebenstation ganz in der Nähe des wahrscheinlichen Aufenthaltsorts des Passagierflugzeugs registriert. Doch statt einen Absturz in Betracht zu ziehen, berichten die Medien, bei dieser Bodenerschütterung habe es sich um den Überschallknall eines Flugzeugs gehandelt. Sie folgern daraus, daß in der Nähe von Flug UA 93 eine überschallschnelle

Militärmaschine vorbeigeflogen sein muß. Der britische *Daily Mirror* bezeichnete diese Annahme am 13. September 2002 als »wissenschaftlich unangreifbar«: »Um 9.22 Uhr wurde ein Überschallknall, verursacht von einem Überschallflug, von einer Erdbebenstation in Südpennsylvania, 60 Meilen von Shanksville [dem angeblichen Absturzort von Flug UA 93; G.W.] entfernt, registriert.«

Noch alles in Ordnung also mit Flug United Airlines 93? Es scheint so: 3 Minuten nach dem Knall soll sich der Kapitän noch mit einem freundlichen »Guten Morgen« beim Kontrollzentrum Cleveland gemeldet haben. Aber schon 5 weitere Minuten später, um 9.30 Uhr, verlieren die Fluglotsen das Transpondersignal von Flug United Airlines 93. Da sich der Pilot offenbar noch meldete und das Transpondersignal erst 8 Minuten nach dem Knall vom Radarschirm verschwand, scheint beides nichts miteinander zu tun zu haben. Oder liegt das an einer gewissen Unschärfe der Zeitangaben?

Nachdenklich stimmt jedenfalls, daß der »Überschallknall« gar kein Überschallknall war. Das sagt jedenfalls ein Mann, der es wissen muß: der Luft- und Raumfahrtingenieur Ed Hearing vom Dryden Flight Research Center der NASA, Experte für Überschallknallgeräusche: »Unter dem Strich glaube ich nicht, daß das, was dieser Seismograph am 11. 9. 2001 in Pennsylvania gemessen hat, ein Überschallknall ist«, sagt er. Sowohl die Form der Kurve als auch die Dauer des Ereignisses von über 1 Sekunde (Haering: »eine Ewigkeit für einen Überschallknall«) sprächen gegen einen »Sonic boom«. Fazit: »Ich weiß nicht, was diese Erschütterungen verursacht hat, aber für mich sieht es nicht nach einem Überschallknall aus.«[203]

Halten wir also fest: Um 9.30 Uhr, also in zeitlicher Nähe mit einer nicht definierten Bodenerschütterung um 9.22 Uhr, und lange vor der »offiziellen« Absturzzeit von 10.03 Uhr, verschwand Flug UA 93 *als solcher* vom Radarschirm. Zu sehen war lediglich noch ein primäres Radarsignal, also der berühmte grüne Punkt. Aber war das tatsächlich noch Flug United Airlines 93?

Ein rasender Airliner
United Airlines 93 fliegt zu schnell

Zweifel sind angebracht, denn die Maschine, die die Fluglotsen nun auf ihren Radarschirmen beobachteten, führte sich ganz anders auf als ein schwerer Airliner. Das Wichtigste: Ihre Geschwindigkeit schwankt wild zwischen 400 und 600 Meilen pro Stunde. Das ist hart an der Grenze dessen, was einen noch an eine Boeing 757 glauben läßt. Denn 600 Meilen pro Stunde entsprechen 965 Stundenkilometern, die Boeing 757 schafft aber nur 935 Stundenkilometer. Und das auch nur dann, wenn sie in großer Höhe, also in dünner Luft fliegt. Das scheint aber nicht der Fall gewesen zu sein, denn kurz darauf passiert etwas inzwischen Vertrautes: Das Transpondersignal kommt zurück und liefert die Flughöhe der Maschine: knapp 2.000 Meter. Zu niedrig für die Höchstgeschwindigkeit einer Boeing 757. Air Traffic Manager Dennis Fritz vom nahegelegenen Flughafen Johnstown sagte: »Es war ein Flugzeug, das in niedriger Höhe einige, für eine Maschine dieser Größe ungewöhnliche Manöver durchführte. Es geschah so schnell ...«[204]

Dieses Phänomen einer ungewöhnlich wendigen und schnellen Passagiermaschine kennt man bereits vom Pentagon. Auch da beobachtete die Fluglotsin Danielle O'Brien keine große Passagiermaschine, sondern etwas völlig anderes: »Aufgrund der Geschwindigkeit, der Wendigkeit und der Art und Weise, wie er Kurven flog, dachten wir alle im Radarraum, alle wir erfahrenen Fluglotsen, daß dies ein militärisches Flugzeug sein muß. Man kann eine Boeing

757 nicht auf diese Weise fliegen, das ist gefährlich«, erklärte O'Brien in dem Interview mit dem Fernsehsender *ABC*. Für sie war klar: Die Maschine, die hier mit hoher Geschwindigkeit auf das Pentagon zuflog, »muß ein Jäger sein«.[205]

Bei Flug UA 93 wundert sich die Fluglotsin Stacey Taylor aus dem Kontrollzentrum Cleveland über die Rückkehr des Transpondersignals, kann es sich aber auch nicht erklären: »Das ist etwas, was wir gern wissen würden. Warum kam das Transpondersignal zurück? Immerhin hatten die Entführer es abgeschaltet, damit sie nicht verfolgt werden konnten – obwohl wir sie immer noch auf dem Radarschirm hatten. Jetzt bekamen wir wieder eine Höhenangabe des Flugzeugs auf dem Monitor. An die genauen Zahlen kann ich mich nicht erinnern, aber es waren ungefähr 6.400 Fuß, dann etwa 5.800 Fuß [1950 bzw. 1800 Meter; G.W.]. Und wir überlegten: ›Wer weiß? Vielleicht ist irgendwas passiert? Vielleicht ist das gar nicht das, was wir glauben?‹«[206]

Ein Loch ist im Boden ...
Der Krater von Shanksville

Tja, vielleicht. Bemerkenswerterweise erwähnt Taylor nur die Höhenangabe des Flugzeugs. Von der Kennung der Maschine erwähnt sie nichts. War es also tatsächlich Flug United Airlines 93, der sich hier auf dem Radarschirm »zurückmeldete«, oder handelte es sich erneut um ein ganz anderes Flugzeug? Hatte die Erdbebenstation zuvor vielleicht statt eines Überschallknalls eine Explosion oder einen Aufprall registriert, und hatte sich danach ein ganz anderer Pilot mit »Guten Morgen« gemeldet? Wenige Minuten später, um 10.03 Uhr, verschwand die Transponderinformation erneut vom Monitor der Controller, diesmal zusammen mit dem Primärecho. »Ich betreute noch eine andere

Maschine«, erzählt Stacey Taylor, »und sagte zu dem Piloten: ›Sir, ich glaube, da ist eine Maschine abgestürzt. Es ist allein Ihre Entscheidung, aber würden Sie zu dem Punkt fliegen, an dem wir die Maschine zuletzt geortet haben und nachsehen, ob etwas Ungewöhnliches feststellbar ist? Vielleicht Rauch – irgendwas?‹ Und er sagte: ›Ja, das machen

Die Absturzstelle von Flug United Airlines 93: Wo ist das Flugzeug?

wir.‹ Also flog er dorthin, zuerst sah er gar nichts. Aber dann sagte er: ›Wir sehen einen großen Pilz oder eine Rauchwolke.‹«[207]

Aber welche Maschine stürzte hier ab? Handelte es sich um Flug UA 93 oder um ein Flugzeug mit einer ganz anderen Kennung, das zudem viel zu schnell flog? Oder hatte der Rauchpilz eine ganz andere Ursache?

An der Absturzstelle in der Nähe der Ortschaft Shanksville, 80 Meilen südöstlich von Pittsburgh und 124 Meilen von Washington entfernt, sieht man jedenfalls kein Flugzeug. Anders als bei anderen Abstürzen – auch aus großer Höhe – gibt es keine Bilder von Trümmern. Reporter und Fotografen werden in so großer Entfernung aufgehalten, daß auch die besten Teleobjektive nichts mehr ausrichten können. Der schwarze Fleck und die Rauchfahne, die sie aus großer Entfernung zu sehen bekommen, könnten die Absturzstelle eines Flugzeugs sein – oder irgend etwas anderes.

Über den Zeitpunkt des Absturzes gibt es widersprüchliche Angaben. Während die Behörden den Crash auf 10.03 Uhr terminieren, verzeichnete eine Erdbebenstation um 10.06 Uhr eine Erschütterung. Das wäre dann schon die zweite Bodenerschütterung im Zusammenhang mit Flug UA 93. Die erste war um 9.22 Uhr, der sogenannte »Überschallknall«. Aber daß sie beide von derselben Maschine herrühren, ist unwahrscheinlich. Schließlich kann das Flugzeug nicht zweimal abstürzen. Es kann auch nicht um 9.22 Uhr in der Luft explodieren, oder, wie manche meinen, von einer Rakete getroffen werden, und erst eine Dreiviertelstunde später auf dem Boden aufprallen. Oder sind hier tatsächlich zwei Maschinen abgestürzt?

Bei jedem anderen Absturz könnten all diese Zweifel und Fragen mit Hilfe unbestechlicher Zeugen sehr schnell aufgeklärt werden – dem Flugschreiber und dem Cockpit-Voice-Recorder. Während der Flugschreiber die Betriebszustände des Flugzeugs aufzeichnet, bannt der Cockpit-Voice-Recorder die Gespräche im Cockpit auf Band. Beide Geräte sind praktisch unzerstörbar, und noch nie hat man davon gehört, daß sie bei vier Flugzeugabstürzen hintereinander entweder nicht zu bergen oder aber ihre Daten nicht brauchbar gewesen seien. Denn schließlich sind die Geräte dafür gebaut worden, auch den schlimmsten Crash zu überstehen. Doch dummerweise wurden die Ermittlungen hier insofern von einem geradezu unglaublichen Mißgeschick heimgesucht, als alle acht Geräte der vier Flugzeuge entweder verschollen, unbrauchbar oder mit verwirrenden Daten angefüllt sind. Dort, wo Inhalte vorhanden sind, werden sie von den Untersuchungsbehörden geheimgehalten und sickern, wenn überhaupt, nur bruchstückhaft an die Öffentlichkeit. Im Fall von Flug UA 93 durften nach langem Drängen nur die Angehörigen der Insassen des Band des Cockpit-Voice-Recorders hören. Und das, was sie hörten, stimmt mit der offiziellen Version von einem heldenhaften Einschreiten von Passagieren an Bord nicht überein.

Was versteht man unter »Leichen«?
Die Identifizierung III

Und wo kamen die Leichenteile und der undefinierbare »Schrott« an der »Absturzstelle« von Flug UA 93 eigentlich her? Da es dort kein Flugzeug gab, kann der Schrott nicht von einem Absturz herrühren. Auch Leichenteile sind im wahrsten Sinne des Wortes »dünn gesät«. »Keine Leichen wurden dort geborgen, zumindest nichts, was wir normalerweise unter Leichen verstehen«, schreibt geheimnisvoll der *Arizona Daily Star Online* am 11. September 2002. »Die Menschen an Bord von Flug United Airlines 93 haben sich buchstäblich aufgelöst. Fahnder fanden Knochenteile, kleine Fleischstücke, eine Hand. Aber keine Leichen.«[208]

Das Blatt erklärt sich das mit der »katastrophalen Gewalt« des Aufpralls. Wie uns renommierte Gerichtsmediziner erzählt haben, ist aber auch ein Absturz aus 11.000 Metern Höhe kein Grund, nicht noch gut erhaltene und sogar äußerlich unverletzte Leichen zu finden. Auch nach Explosionen und Bränden findet man noch wesentlich mehr als nur kleine Stückchen, zum Beispiel den Torso.

Das FBI erklärt, daß die Leichenteile in einem so schlechten Zustand seien, daß man aus ihnen keine Rückschlüsse auf die Ereignisse an Bord ziehen könne. Doch erstaunlicherweise wurden an einigen der minimalen menschlichen Überreste in dem geheimnisvollen Krater von Shanksville tatsächlich Stich- und Schnittwunden gefunden. Normalerweise ist das ein Highlight in einer gerichtsmedizinischen Untersuchung, denn das können natürlich handfeste Hinweise auf den Ablauf des Geschehens sein. In diesem Fall deuteten sie darauf hin, daß, wer auch immer hier lag, tatsächlich ermordet worden war. Doch noch erstaunlicher ist der Umstand, daß sich das FBI nicht für diese Stichwunden interessierte: »Fahnder machten FBI-Pathologen auf mögliche Stich- und Schnittwunden von der Absturzstelle aufmerksam, sagte der Somerset County-Leichenbeschauer Wallace Miller gestern«, berichtet die *Pittsburgh Post Gazette*.[209] »Aber das FBI antwortete, daß ›die katatrophale Natur des Crashs und die Zerstückelung der Leichen‹ es ihnen nicht ermöglicht, Schlüsse zu ziehen.«

Damit dürften die FBI-Pathologen wohl die ersten gewesen sein, die handfeste Beweise für ein Verbrechen an der Absturzstelle eines Flugzeugs einfach ignorierten. Und zwar möglicherweise Beweise für ein Verbrechen, dem sie ja gerade auf der Spur waren, nämlich die bewaffnete Flugzeugentführung. Oder handelte es sich hier etwa um ein Verbrechen, dem das FBI *nicht* auf der Spur war? Manches deutet darauf hin. So macht Leichenbeschauer Miller eine weitere gruselige Entdeckung: »Als langjähriger Leichenbeschauer und Bestatter ist Miller vertraut mit dem Anblick des gewaltsamen und plötzlichen Todes, wenn auch nicht in diesem Ausmaß«, berichtet die Tageszeitung *The Age*. »›Ich habe eine Menge Autounfälle mit zerstückelten Leichen gesehen‹, sagte Miller. ›Das Interessante an diesem speziellen Fall ist, daß ich bis zum heutigen Tag, 11 Monate später, keinen einzigen Tropfen Blut gesehen habe. Keinen Tropfen.‹« Kein Blut? Der Leichenbestatter behilft sich mit der Erklärung, daß der Absturz »in einer halben Sekunde« vorübergewesen sein müsse. »Es gab einen 15 bis 20 Meter hohen Feuerball, so daß das gesamte Material ganz einfach verdampfte.«[210]

Bei allem Verständnis für die kognitiven und moralischen Konflikte von Menschen wie Wallace Miller und Ernie Stull – solange wir an Physik glauben, müssen wir die Vorstellung ablehnen, daß ein ganzer Airliner samt Passagieren in einer halben Sekunde verpufft und den wenigen verbleibenden Leichenteilen dabei auch noch das Blut aus den Adern saugt. Das fehlende Blut, die anscheinend zusammenhanglosen Leichenteile und die vom FBI ignorierten Stichwunden deuten auf einen ganz anderen Sachverhalt hin. Nämlich darauf, daß hier *irgendwelche* alten Leichenteile abgeladen wurden, möglicherweise mit den unterschiedlichsten Schicksalen. Vielleicht handelte es sich um Präparate aus Pathologien und/oder um die Überreste von anderen Verbrechen, die in diesem Zusammenhang natürlich nicht interessant waren. Auch die minimale Menge der Leichenteile könnte für diese Version sprechen. Denn wenn jemand eine solche »Unfallstelle« präparieren wollte, würde ihm wohl kaum das den ursprünglichen Insassen entsprechende Gewicht von 3,5 Tonnen zur Verfügung stehen.

In diesem Zusammenhang ist Wallace Millers erster Eindruck von der »Unfallstelle« interessant. Zunächst einmal war er fassungslos, wie klein der Aufschlagkrater war. Er sagte, das Ganze habe ausgesehen, als habe jemand einen Müllwagen genommen, ein drei Meter tiefes Loch gegraben und anschließend den ganzen Schrott hineingekippt.[211]

Das würde vielleicht auch erklären, weshalb man an dieser »Absturzstelle« zwar kaum Leichenteile und noch weniger Flugzeugteile fand, sehr wohl aber ein den Hijackern zugeschriebenes Dokument. Die katastrophale Zerstörungskraft des Aufpralls, die einen ganzen Airliner samt Insassen praktisch verdampfen ließ, konnte einem Stück Papier erstaunlicherweise nichts anhaben – nämlich der mysteriösen »Terroranweisung«, die die Hijacker angeblich vor dem Anschlag studiert haben. Sie wurde nach Angaben der Behörden unter anderem auch an dieser Absturzstelle gefunden.[212]

Eine Geschichte, die keiner will
Der mutmaßliche Bomber

Fragt sich noch, wie eigentlich der schöne Absturzkrater entstand, wenn schon nicht durch eine Boeing 757. War er ein Überbleibsel des Tagebaus, der hier früher war, und somit schon vorher da? Oder entstand er durch ein geheimnisvolles Flugzeug, das kurz vor dem Knall in der Gegend gesehen wurde: »Der nicht gekennzeichnete militärartige Jet schoß mit hoher Geschwindigkeit herab und durch das Tal, umkreiste zweimal die schmorende, schwarze Narbe, wo sich nur Sekunden zuvor Flug UA 93 in den Grund bohrte und raste dann davon über den Horizont«, schrieb am 12. September 2002 Richard Wallace, der US-Redakteur der britischen Tageszeitung *The Mirror*. Bemerkenswerterweise schreibt auch Richard Wallace nicht, daß die Maschine das Wrack von Flug UA 93 umkreist habe, sondern nur eine »schmorende, schwarze Narbe«. Er fährt fort: »Susan Mcelwain, 51, die nur 2 Meilen von der Absturzstelle entfernt lebt, weiß, was sie sah – das weiße Flugzeug rauschte direkt über ihren Kopf hinweg«, so Wallace. »›Es flog direkt über mir, ich schätze, 12 bis 15 Meter über meinem Mini-Van‹, erinnert sie sich. ›Es war so niedrig, daß ich mich instinktiv duckte. Es flog wirklich sehr schnell, aber machte kaum Geräusche. (…) Dann verschwand es hinter einigen Bäumen. Ein paar Sekunden später hörte ich diese riesige Explosion und sah diesen Feuerball über den Bäumen hochsteigen, deshalb dachte ich, das Flugzeug ist abgestürzt. Der Boden wackelte richtig.‹«

Merkwürdigerweise erwähnt Mcelwain nichts von der riesigen Boeing 757, obwohl sie sich doch nur 2 Meilen von der »Absturzstelle« entfernt befand. Tatsächlich glaubte sie ja auch, das unbekannte weiße Flugzeug sei dort abgestürzt. Daß alles ganz anders gewesen sei, erfuhr die unmittelbare Augenzeugin nicht durch eigene Anschauung, sondern aus den Medien. Erst als sie nach Hause kam, erfuhr sie aus dem Fernsehen, daß es sich nicht um die Absturzstelle eines kleinen weißen Jets, sondern um jene von Flug United Airlines 93 gehandelt haben soll. Sie habe erstmal nicht weiter darüber nachgedacht, sagt sie laut dem *Mirror*-Bericht – bis die Behörden behaupteten, dort sei gar kein anderes Flugzeug gewesen. Das ist merkwürdig, denn außer Susan Mcelwain haben den weißen Jet noch ein halbes Dutzend andere Zeugen gesehen. Aber: »Das FBI kam und redete mit mir und sagte, da war kein anderes Flugzeug. (…) Dann änderten sie ihre Geschichte und versuchten zu behaupten, daß es ein Flugzeug war, das die Absturzstelle aus 1.000 Metern Höhe fotografierte. (…) Aber ich sah es, und es war da vor dem Crash, und es war 12 Meter über meinem Kopf. Sie wollten meine Geschichte einfach nicht – niemand hier wollte sie.«[213]

Anders als Susan Mcelwain glaubte, war aber auch der weiße Jet nicht abgestürzt. Auch von einem solchen Flugzeug fanden sich keine Trümmer in dem »Absturzkrater« von Flug UA 93. Welche Bedeutung hatte dann aber das unbekannte Flugzeug? Die detaillierte Beschreibung, die Susan Mcelwain von der unbekannten Maschine lieferte, paßt weniger auf ein ziviles, denn auf ein militärisches Flugzeug: »Es hatte zwei rückwärtige Triebwerke, eine große, hintere Flosse, wie der Spoiler am Heck eines Autos, und zwei senkrechte Flossen an den Seiten. Ich habe so etwas nicht im Internet gefunden. Es war definitiv kein Geschäftsflugzeug.«

Tatsächlich sind zivile Jets mit zwei rückwärtigen Triebwerken und zwei senkrechten Leitwerken äußerst dünn gesät, wenn es sie denn überhaupt gibt. Das doppelte Seitenleitenwerk ist dagegen ein häufiges Kennzeichen von Militärjets. Die F-14 Tomcat hat zwei Seitenleitwerke, die F-22 Raptor, die F-35 JSF und so weiter. Allerdings haben diese Kampfjets keine auffällig am Rumpf angebrachten rückwärtigen Triebwerke. Das ist vielmehr eine Spezialität von Erdkampfflugzeugen wie beispielsweise der A-10 Thunderbolt. »Erdkampf« deshalb, weil die Maschine darauf spezialisiert ist, aus niedriger Höhe Panzer mit Maschinengewehren zu bekämpfen und Bomben abzuwerfen. Zwar gab es nun in dieser Gegend keine Panzer, aber es könnte ja sein, daß dieses oder ein ähnliches Flugzeug geeignet erschien, mit Hilfe einer Bombe einen »Krater« zu produzieren, den man hinterher als »Absturzstelle« des Fluges United Airlines 93 verkaufen konnte. Denn genau das ist es ja, was viele Zeugen beschrieben haben: Ein Krater »mit nichts drin«, oder jedenfalls mit viel zu wenig. Diese Maschine ist wie geschaffen, um im Tiefflug Bombenkrater zu erzeugen, wobei sie aufgrund der niedrigen Flughöhe im Radar nur schlecht gesehen werden kann. Radartechnisch gesehen, gab es sie also gar nicht – insoweit hat das FBI auch wieder Recht.

Eine verblüffende Ähnlichkeit
Der Rauchpilz

Dazu paßt ein weiteres interessantes Indiz: der Rauchpilz, den eine Zeugin aus der Gegend von Shanksville geistesgegenwärtig auf Film bannte. Man sieht eine dunkle, ziemlich symmetrische Wolke, die kerzengerade in den Himmel steigt. Unten weist sie einen für ein angeblich brennendes oder explodierendes Flugzeug relativ schmalen Kamin auf, oben pilzt sie rundlich auf. Unterhalb der Wolke sieht man keinen Hinweis auf einen Brand oder ein Flugzeugwrack. Kurze Zeit später lieferte uns das Fernsehen interessanterweise gleich mehrere solche Rauchpilze frei Haus. Allerdings nicht als Folge von Flugzeugabstürzen, sondern von Bombenabwürfen oder Raketeneinschlägen in Afghanistan. Diese produzieren exakt den gleichen Rauchpilz, wie wir ihn in Shanksville gesehen haben.

Der Rauchpilz von Shanksville

Ein Bild aus dem Afghanistan-Feldzug

Die Anomalien des 11. September
Die Flugrouten

Wahrscheinlich hat Susan McElwain also einfach einen Bomber gesehen, der in der Nähe von Shanksville eine Bombe abwarf. Jedenfalls wurde Susan McElwain, als sie nach Hause kam, mit einem an diesem Tag häufigen Phänomen konfrontiert: Eine Maschine, die sie gesehen hatte (der Bomber), verschwand, und eine andere, die sie nicht gesehen hatte, tauchte angeblich auf, wenn auch nur, um sofort wieder in einem mysteriösen Krater zu verschwinden: Flug United Airlines 93.

Außer den wechselnden Transponder-Codes gibt es weitere Indizien für ein reges »Bäumchen wechsel dich«-Spiel am Himmel über den USA am 11. September 2001. Diese Indizien sind die seltsamen Flugwege der angeblichen Selbstmord-Airliner, wie sie von verschiedenen Medien veröffentlicht wurden, unter anderem von *USAToday*.

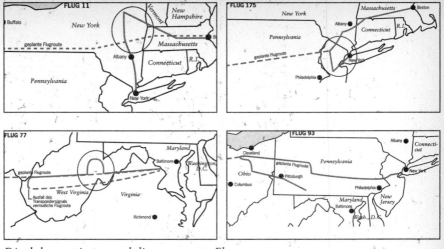

Die dokumentierten und die vermuteten Flugwege

Hier sind die planmäßigen Routen der Maschinen mit einer gestrichelten Linie und die tatsächlichen Flugwege mit einer durchgehenden Linie gekennzeichnet. Eine anschauliche Animation der Flugwege wird im Internet angeboten unter: http://www.usatoday.com/graphics/news/gra/gflightpath2/flash.htm. Wenn wir aber etwas aus den Wahrnehmungen der Controller gelernt haben, dann, daß diese durchgezogenen Linien Fiktion sind. Alle Maschinen zeigen unterbrochene Transpondersignale oder verschwinden sogar ganz vom Radarschirm. Zumindest bei einigen Maschinen müssen wir uns deshalb massive Unterbrechungen der durchgezogenen Linien vorstellen. Aber wo? Wahrscheinlich da, wo die angeblichen Flugwege der Flüge American Airlines 11, United Airlines 175 und American Airlines 77 äußerst interessante Anomalien aufweisen. Tatsächlich benehmen sich die Maschinen um den Zeitpunkt ihrer mutmaßlichen Entführung herum sehr merkwürdig. In keinem der drei Fälle halten die Hijacker, wie es normal gewesen wäre, nach der Übernahme der Gewalt an Bord direkt auf ihre Ziele in New York und Washington zu. Statt dessen tun sie etwas, was man von einem Hijacker, der damit rechnen muß, in Kürze von allen Höllen-, oder besser: Himmelhunden gejagt zu werden, unter keinen Umständen erwarten würde: sie fliegen einen Umweg. Als hätten die Entführer alle Zeit der Welt, biegt etwa Flug American Airlines 11 zunächst nach Nordwesten ab – das World Trade Center liegt aber im Süden. Erst später scheint er sich auf sein Ziel zu besinnen, dreht direkt nach Süden, kreuzt den ursprünglich geplanten Flugweg nach Los Angeles und hält auf New York zu.

Ein ähnliches Phänomen bei Flug United Airlines 175. Als er von dem geplanten Flugweg (»Intended route«) abweicht und sich damit endgültig als außer Kontrolle geraten verrät, hält er ebenfalls nicht schnurstracks nach Osten auf die Türme des World Trade Centers zu. Vielmehr fliegt er erst einmal von seinem Ziel weg nach Süden, dreht erst dann eine zackige Kurve und fliegt nach New York zurück. Was soll das? Sehen wir uns Flug American Airlines 77 an. Dessen Kapriolen sind fast noch auffälliger. Mitten auf seiner genehmigten Ost-West-Route weicht er plötzlich nach Norden vom Kurs ab, dreht eine Kurve und fliegt wieder nach Süden in seinen ursprünglichen Kurs hinein. Später wendet die Maschine und verschwindet vom Radarschirm.

Die gestrichelte Linie in dem Weg von Flug 77 ist eine reine Annahme. In Wirklichkeit gibt es für den weiteren Flugweg der Maschine ab West Virginia überhaupt keine Anhaltspunkte. Aus dem dortigen Verschwinden des Flugzeugs und dem Knall im Pentagon wird einfach gefolgert, daß hier eine Verbindung besteht, und dies wird durch die gestrichelte Linie ausgedrückt. Den einigermaßen sicher belegbaren Flugweg zeigt die Grafik auf S. 259.

Dies »Anomalien« zu nennen, ist wohl nicht übertrieben. Denn es widerspricht radikal dem, was man von authentischen Hijackern, die mit der unerbittlichen Verfolgung durch die US Air Force zu rechnen hätten, erwarten

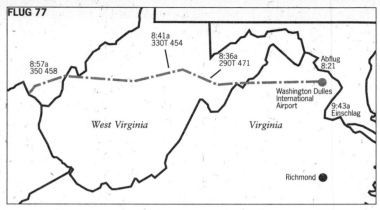

Die Strecke zwischen dem Ort des Verschwindens von Flug 77 und dem Einschlag in Washington ist nicht dokumentiert

würde. Wie ich schon in dem Abschnitt über Geisterflugzeuge ausgeführt habe, ist die Verfolgung von außer Kontrolle geratenen Flugzeugen durch Kampfjets tägliche Routine. Nicht, weil man dauernd mit einem Terroranschlag rechnen würde, sondern weil Maschinen, die ohne Genehmigung ihren Kurs verlassen, eine Gefahr für die Flugsicherheit darstellen. Derart auffällig vom Kurs abweichende Maschinen hätten binnen weniger Minuten schon aus Gründen der Flugsicherheit eine Eskorte an ihrer Seite, jedenfalls dann, wenn auch keine Funk- und keine Transponderverbindung mehr besteht. Echte Hijacker hätten davon jedenfalls ausgehen müssen. Die Entführer hätten unter normalen Bedingungen keine Chance gehabt, mit den Maschinen auch nur in die Nähe von Washington oder New York zu kommen. Wenn überhaupt, dann hätten sie sofort nach dem Bekanntwerden der Entführung den Kurs ändern und mit Höchstgeschwindigkeit auf ihre Ziele zuhalten müssen. Das tun sie aber nicht, statt dessen fliegen sie einen Umweg.

Wie gesagt, die durchgezogenen Linien auf S. 257 sind reine Phantasie. In Wirklichkeit spricht nicht viel dafür, daß wir es hier mit ein und denselben Maschinen zu tun haben. Zumindest die Transpondersignale waren unterbrochen, manchmal waren die Maschinen gar nicht mehr weiterzuverfolgen, in einem Fall gab es ein Crash-Signal, und fast immer tauchten plötzlich nicht identifizierte Flugzeuge auf. Für die seltsamen »Wendeschleifen« der Flugzeuge gibt es deshalb noch eine andere Erklärung, nämlich die, daß gar nicht ein und dieselbe Maschine aus dem Kurs heraus und wieder hineinflog, sondern daß die Maschinen hier ausgewechselt wurden: die Passagiermaschine flog aus dem Kurs heraus, und das Double flog in das Geschehen hinein und wurde fürderhin als die »echte« Passagiermaschine angesehen.

Was aber soll das Ganze? Wie ich bereits früher ausgeführt habe, eignen sich entführte Maschinen höchstens in der Grusel-Propaganda, aber nicht in der Wirklichkeit als Kamikaze-Flugzeuge und Angriffswaffen. Jedenfalls dann nicht, wenn die Angriffe hundertprozentig zuverlässig sein müssen. Die Unsicherheitsfaktoren, die in den Kidnappern, den Piloten und den Passagieren liegen, sind bei einer solchen Präzisionsoperation nicht akzeptabel. Der Streß der Todespiloten, die mögliche Gegenwehr von Besatzung und Passagieren, all das kann man nicht ernsthaft bei einer Operation akzeptieren, bei der es auf absolute Präzision ankommt. Deshalb konnten die Masterminds die »echten« Passagiermaschinen nicht gebrauchen und ersetzten sie durch ferngelenkte Flugzeuge, sogenannte »Drohnen«.

Der Flug der Drohne
Die Fernbedienung II

Das erklärt auch, warum überhaupt ein anderes Transpondersignal auftauchte: Das brauchte man für die Fernbedienung der Drohnen. Am 8. März 2002 berichtete nicht etwa eine große amerikanische Tageszeitung, sondern *The News*, »Portugals Wochenendzeitung in Englisch«, über eine unabhängige Kommission, die die Ereignisse vom 11. September untersuchte:

»In einer ausführlichen Presserklärung der privaten Gruppe von Zivil- und Militärpiloten heißt es: ›Die sogenannten terroristischen Attacken waren in Wirklichkeit eine großartig durchgeführte, gegen die USA gerichtete militärische Operation, die äußerst professionelle militärische Fähigkeiten in den Bereichen Kommando, Kommunikation und Steuerung verlangte. Sie war makellos im Timing, in der Auswahl der Flugzeuge für die Rolle als Lenkwaffe sowie in der koordinierten Steuerung dieser Geschosse in ihre ausgewählten Ziele.‹ (...) Colonel de Grand sagte, es sei unmöglich für Neulinge, die Kontrolle über die vier Flugzeuge zu übernehmen und einen solchen schrecklichen Akt zu orchestrieren, der die höchste Form von militärischer Präzision verlangte. Ein Mitglied des Teams, ein US-Air-Force-Offizier, der im Vietnam-Krieg über 100 Einsätze flog, sagte bei der Pressekonferenz: ›Diese Vögel hatten entweder einen Top-Kampfpiloten auf dem linken Sitz, oder sie wurden ferngesteuert.‹ Captain Kent Hill (pensioniert) von der US Airforce, ein Freund von Chic Burlingame, jenem Piloten, der bei dem Pentagon-Crash ums Leben kam, sagte, daß die Vereinigten Staaten bei verschiedenen Gelegenheiten ein unbemanntes Flugzeug in der Größe einer Boeing 737 von der Edwards Air Force Base in Kalifornien aus über den Pazifik nach Südaustralien geflogen haben. Laut Hill flog es unter der Kontrolle eines Piloten in einer Bodenstation auf einem vorprogrammierten Kurs.

(...) Eine weitere von der Gruppe gestellte Frage lautete, warum keiner der betroffenen Piloten die Flugsicherung alarmiert hatte. Sie stellte fest, daß alle Piloten trainiert werden, einen vierstelligen Code in den Transponder einzutippen, um die Bodenkontrolle auf eine Flugzeugentführung aufmerksam zu machen – dies geschah aber nicht.

Während der Pressekonferenz behauptete Captain Hill, daß die vier Airliner durch ein Airborne Warning and Control System

(AWACS) choreographiert worden sein müßten. Dieses System kann sich in verschiedene Flugzeuge gleichzeitig einschalten, indem es ihre Bordsysteme ausschaltet. Er sagte, alle Beweise deuten auf die Tatsache, daß die Piloten und ihre Besatzungen keinerlei Maßnahmen getroffen hätten, um den behaupteten Hijackern Widerstand zu leisten.

Um die Glaubwürdigkeit dieser Ergebnisse weiter zu untersuchen, sprach *The News* mit einem an der Algarve beheimateten Piloten, der mehr als 20 Jahre Erfahrung im Fliegen von Passagierjets hat. Captain Colin McHattie, der zur Zeit mit Cathay Pacific fliegt, stimmt mit den Resultaten der unabhängigen Kommission überein. Dennoch erklärte er: Während es möglich sei, ein Flugzeug vom Boden aus zu steuern, sei die Installation der nötigen Ausrüstung eine zeitraubende und planungsintensive Angelegenheit. (...)«[214]

Dies ist eine äußerst interessante Feststellung, spricht sie doch gegen die Theorie der Übernahme der bemannten Airliner von außen. Vielmehr stützt dies die Vorstellung, daß komplette, eigens für diesen Zweck hergerichtete Drohnen für die Operation verwendet werden mußten.

The News fährt fort: »Colonel Donn de Grand sagte, falls Präsident Bush lügen sollte, wäre das nicht das erste Mal, daß das amerikanische Volk in die Irre geführt werde. Er erwähnte die kürzlich geöffneten Regierungsarchive, die Präsident Roosevelts Doppelspiel bei der Täuschung der Amerikaner über den Angriff der Japaner auf Pearl Harbor dokumentierten, der in den Zweiten Weltkrieg führte.«

Einige Zeit später veröffentliche *The News* ein ausführliches Interview mit dem bereits für die frühere Story befragten Flugkapitän McHattie. Darin sagte er, es sei sehr unwahrscheinlich, daß die betroffenen Piloten tatsächlich am Steuer ihrer Flugzeuge waren. Das von der unabhängigen Kommission erwähnte AWACS-System sei jedoch nur in der Lage, den Flugweg der Maschinen zu verfolgen. Zwar stünde außer Frage, daß es möglich sei, mit einer sogenannten »Global-Hawk«-Fernsteuerung die Kontrolle über die Maschinen zu übernehmen. Dennoch zweifle er aufgrund der mit dem Einbau verbundenen komplizierten Prozeduren daran, daß ein solches System am 11. September zur Anwendung gekommen sei. »Er verwies darauf, wie die Mehrzahl der in Afghanistan operierenden amerikanischen Kampfjets mit einem GHS-System ausgerüstet werde: ›Dies sind unbemannte Roboter-Kampfjets‹, sagte er, ›die von einem außenstehenden Agenten bedient werden, dessen Basis sich irgendwo in der Welt befinden kann. In Kalifornien oder London stationierte Bodenteams können jede einzelne Funktion einer solchen Maschine kontrollieren, angefangen beim Start über Bombenabwürfe bis hin zur Landung. Die nächste Generation von Kampfjets wird vollständig mit diesem System ausgerüstet sein.‹ (...) Captain McHattie äußerte sich auch zu dem Versäumnis der Piloten, den vierstelligen Alarmcode in die Transpondergeräte einzutippen. (...) Er bestätigte, daß es in dem höchst unwahrscheinlichen Fall, daß es den Hijackern gelänge, den Transponder abzuschalten, tatsächlich eine weitere einfache Prozedur gäbe, um die Flugsicherung zu informieren – ein Verfahren, das er nicht weiter ausführen wollte. Das Fehlen jeglichen Notrufs von den Airlinern sei in der Tat rätselhaft.«[215]

Operation Northwoods
Terror nach Generalstabsplan

Das Rätsel läßt sich nur lösen, wenn man annimmt, daß überhaupt keine Piloten an Bord waren, die auf irgendwelche Knöpfe hätten drücken können. Daß es sich also um exakt solche Drohnen handelte, wie sie Captain McHattie erwähnte – nämlich vollkommen unbemannte Flugzeuge, die sich von jedem Ort der Welt aus steuern lassen. Weit hergeholt? Nicht wirklich. Erstens dürften sich die Behörden mit dem Beweis, daß die beiden Maschinen im World Trade Center Menschen an Bord hatten, wie gesagt schwertun. Nach dem Kollaps der Türme konnte man kaum hoffen, solche Beweise zu finden. Wahrscheinlicher ist, daß in den Ruinen des World Trade Centers weder sterbliche Überreste von der Besatzung und den Passagieren, noch von den angeblichen Terrorpiloten gefunden wurden. Zweitens muß man nur einen Blick in die Archive der Dienste werfen, und schon stößt man auf eine Art Schnittmuster für die »Operation 9/11«. Vor einigen Jahren verabschiedete der Kongress ein Gesetz zur Freigabe von bis dahin geheimgehaltenen Dokumenten. Unter diesen Dokumenten war auch ein Plan von Präsident John F. Kennedys Generalstabschef und Intimfeind General L. L. Lemnitzer, mit dem der Militär den Präsidenten endlich in einen Krieg gegen Kuba treiben wollte. Nach verschiedenen gescheiterten Versuchen, unter anderem der desaströsen Invasion in der Schweinebucht 1961, wollten die US-Militärs endlich über Kuba herfallen. Was fehlte, war eine Rechtfertigung für eine Invasion, der sich auch der Präsident nicht entziehen konnte.

Die Zahl der Geheimhaltungsvermerke auf dem Dokument zeigt, daß man sich dessen Ungeheuerlichkeit durchaus bewußt war: »Streng geheim«, »besondere Handhabung« und »nicht für Ausländer«, steht da etwa zu lesen. Ein Stempel besagt: »Von der automatischen Rückstufung ausgenommen.« Das Dokument sollte also nicht, wie das sonst üblich ist, im Laufe der Jahre geringere Geheimhaltungsstufen erhalten. Ein anderer Stempel aus dem Jahr 1984 lautet: »Systematische Sichtung durch den Generalstab am 21. Mai 84. Geheimhaltung beibehalten.«

Was die Generäle da zu verbergen hatten, war ja auch nicht von Pappe. In dem Dokument ging es darum, wie man einen Präsidenten zwingt, dem Generalstab zu Willen zu sein. In der Bundesrepublik würde man von »Nötigung« oder »Erpressung von Verfassungsorganen« sprechen, aber man könnte es auch einen Staatsstreich oder Militärputsch nennen. Oder Hochverrat, je nachdem. Die Generäle hatten akribisch niedergelegt, wie sie sich die Rechtfertigung für einen Krieg gegen ein anderes Land vorstellen, und dieses andere Land hieß damals noch Kuba, nicht Afghanistan oder Irak. Gleichzeitig fertigten sie ein Lehrstück für die zynische Manipulation der Öffentlichkeit und der politischen Entscheidungsträger an. Sie schufen einen Klassiker der Geheimpolitik, dessen Zutaten man auch heute noch in vielen scheinbar zufälligen Ereignissen des Alltags wiedererkennen kann – unter anderem in den Angriffen auf das World Trade Center und das Pentagon. Der Name des Plans: Operation Northwoods.

Eine Serie von Zwischenfällen
Der Austausch der Flugzeuge

»Der Vereinigte Generalstab«, heißt es in der Einleitung zu dem Dokument, habe das Papier als Vorschlag für »eine Rechtfertigung für eine US-Militärintervention in Kuba« entwickelt: Es geht um »eine Serie von sorgfältig koordinierten Zwischenfällen in und um Guantanamo [US-Militärbasis auf Kuba, heute ein rechtsfreies Gefangenenlager der USA; G.W.]«, die »den überzeugenden Eindruck eines Angriffs feindlicher kubanischer Kräfte erwecken« soll. Kernstück ist ein Szenario für einen von A bis Z gefälschten Luftzwischenfall, der uns vor dem Hintergrund der oben beschriebenen Ereignisse verblüffend bekannt vorkommt – einschließlich des Austauschs von Maschinen in der Luft:

»Es ist möglich, einen Zwischenfall zu schaffen, der überzeugend demonstriert, daß eine kubanische Maschine ein ziviles Charterflugzeug auf dem Weg von den Vereinigten Staaten nach Jamaika, Guatemala, Panama oder Venezuela angegriffen und abgeschossen hat. Das Flugziel wird allein im Hinblick auf einen erforderlichen Überflug von Kuba ausgewählt. Die Passagiere wären eine Gruppe von College-Studenten auf dem Weg in die Ferien oder irgendeine andere Gruppe mit einem triftigen Grund für die Nutzung einer gecharterten Maschine.«

Und so stellten sich die Militärs die Operation genau vor:

»Ein Flugzeug auf der Eglin Airforce Base würde als exaktes Duplikat eines registrierten, zivilen Flugzeugs einer CIA-Einrichtung im Gebiet von Miami bemalt und numeriert werden [die CIA unterhielt diverse Charterflugunternehmen; G.W.]. Zu einem festgelegten Zeitpunkt würde das zivile Flugzeug [der CIA; G.W.] durch das Duplikat ersetzt werden, das die ausgewählten Passagiere an Bord nehmen würde – alle mit sorgfältig präparierten Legenden versehen. Das registrierte Flugzeug [der CIA; G.W.] würde in eine ferngelenkte Drohne verwandelt werden.«

Das heißt also:
1. Auf irgendeinem Flughafen würde statt der legal registrierten CIA-Chartermaschine das Double auftauchen und die Studenten an Bord nehmen.
2. Die legal registrierte CIA-Maschine würde leer und ferngesteuert von einem anderen Flugplatz starten.

»Die Startzeiten der Drohne und des tatsächlichen Flugzeugs werden so aufeinander abgestimmt, daß ein Rendezvous südlich von Florida möglich wird. Ab dem Rendezvous-Punkt wird das Flugzeug mit den Passagieren auf eine minimale Flughöhe sinken und direkt zu einem Behelfsfeld auf der Eglin Airforce Base fliegen, wo bereits Vorkehrungen getroffen sein werden, um die Passagiere zu evakuieren und das Flugzeug seiner früheren Bestimmung zuzuführen.«

Das Double mit den Menschen an Bord würde also unauffällig abtauchen und von der Bildfläche, oder besser gesagt: vom Radarschirm, verschwinden. Auf der Eglin Airforce Base würden die Studenten aussteigen und das Double wieder »abgeschminkt« werden. Die echte, legal registrierte Maschine würde inzwischen an seiner Stelle weiterfliegen – allerdings ferngelenkt und leer:

»Die Drohne wird inzwischen weiter gemäß ihrem eingereichten Flugplan fliegen. Über Kuba angekommen, wird die Drohne auf der internationalen Notfrequenz eine »MAYDAY«-Botschaft mit dem Inhalt senden, sie werde von einer kubanischen MiG attackiert. Die Meldung wird durch die fernausgelöste Zerstörung der Maschine unterbrochen. Das erlaubt es den Funkstationen der ICAO [= International Civil Aviation Organisation, Internationale Zivile Luftfahrtbehörde; G.W.] in der westlichen Hemisphäre, den Zwischenfall den USA zu berichten, statt daß die USA versuchen müssen, den Zwischenfall ›zu verkaufen‹.«

Angesichts der Nachricht vom Abschuß einer amerikanischen Maschine durch die Kubaner würden die USA also ganz die verfolgte Unschuld spielen und entsprechend empört reagieren können.

Unter Punkt 9 entwerfen die Militärs ein weiteres Szenario für einen Luftzwischenfall. Dabei sollte der Pilot einer amerikanischen F-101-Maschine in der Nähe von Kuba melden, er werde von MiGs angegriffen und anschließend verstummen. Danach sollte er auf Wellenhöhe abtauchen und auf einer »sicheren Basis« landen, einem Behelfsfeld der Eglin Airforce Base. Dort würde die Maschine schon erwartet, umgehend in einen Hangar befördert und mit einer neuen Nummer versehen. Der Pilot, der die Mission unter einem falschen Namen geflogen haben würde, würde wieder in seine echte Identität schlüpfen und an seinen normalen Arbeitsplatz zurückkehren: »Der Pilot und das Flugzeug wären dann verschwunden«, so das Papier. Und: »Zu exakt derselben Zeit des mutmaßlichen Abschusses würde ein U-Boot oder ein kleines Schiff etwa 15 bis 20 Meilen von der kubanischen Küste entfernt F-101-Flugzeugteile, einen Fallschirm und anderes mehr verteilen und dann verschwinden. Suchflugzeuge und Schiffe würden in Marsch gesetzt und Teile des Flugzeugs finden.«

Mir ist kein anderes Papier bekannt, in dem der unbedingte und perfide Wille des US-Militärs zur Inszenierung und Manipulation derart zum Ausdruck kommt, wie in dem Dokument zur »Operation Northwoods«. Es ist vielleicht ganz heilsam, all jene in dieser Form einmal mit einer waschechten Verschwörung zu konfrontieren, die jeden, der nach Hintergründen fragt, gleich als »Verschwörungstheoretiker« diffamieren. Hier hat das US-Militär seine eigene Verschwörung schwarz auf weiß aufgeschrieben – eine Verschwörung gegen die Regierung und Bevölkerung von Kuba, gegen die US-Regierung und gegen den Weltfrieden, also gegen jeden Menschen auf der Welt.

Die Verschwörung ist das, was dem Papier zugrunde liegt. Bei dem Dokument selbst handelt es sich um ein Drehbuch, oder genauer: um ein »Treatment«. Anders als ein Drehbuch skizziert dieses »Treatment« den Ablauf der Inszenierung nur grob. Es wird also nicht jede Einstellung und nicht jeder Dialog beschrieben. Der eigentliche, genaue Plan sollte erst noch ausgearbeitet werden. Spannend für unseren Fall sind jedoch die technischen und dramaturgischen Werkzeuge, die den Generälen offenbar schon vor 40 Jahren zur Verfügung standen. Dazu gehören:

- Das Umschminken eines Flugzeugs, um es einem anderen zum Verwechseln ähnlich erscheinen zu lassen; das könnte beispielsweise erklären, warum Zeugen glaubten, am Pentagon eine Boeing der American Airlines vorbeihuschen zu sehen,

- der Einsatz von Statisten-Passagieren mit gefälschten Identitäten,
- das heimliche Verschwinden von Maschinen und das heimliche Auftauchen von anderen Maschinen,
- die Produktion von simulierten Trümmerfeldern (in diesem Fall auf See),
- die komplette Fernbedienung eines zivilen Flugzeugs,
- die Simulation des Funkverkehrs, als würde er von Bord der ferngelenkten Maschine ausgehen,
- die Sprengung der fernbedienten Maschine per Fernzündung.

Ebenfalls in dem Szenario vorgesehen waren:

- die Inszenierung von falschen Beerdigungen,
- die Veröffentlichung von falschen Opfer-Listen in US-Medien, um die Stimmung gegen den vermeintlichen Feind anzuheizen.

Bei der Operation Northwoods handelt es sich also um einen Plan des amerikanischen Generalstabs. Exakt desselben Generalstabs, der am 11. September 2001 auch das Kommando über die aus unerfindlichen Gründen versagende Luftabwehr innehatte. In seinem Buch *Pentagate* weist Thierry Meyssan darauf hin, daß im Zusammenhang mit der versagenden Luftabwehr am 11. September zwar immer wieder das NORAD (North American Aerospace Defense Command) erwähnt wird. In Wirklichkeit sei bei einer Flugzeugentführung aber das National Military Command Center (NMCC) zuständig. »Das NMCC, und nicht des NORAD, zentralisiert nämlich sämtliche Informationen über Flugzeugentführungen und steuert die Militäroperationen.« Eine Verordnung der Joint Chiefs of Staff (Chefs des Generalstabs), die schon den Plan Northwoods entwarfen, bestimmt, daß das NMCC bei Flugzeugentführungen als Koordinationsbehörde zu dienen hat. Und auch die amerikanische Flugaufsichtsbehörde FAA legt fest: »Für Entführungssituationen wird der FAA-Verantwortliche, der mit dem National Military Command Center eng zusammenarbeitet, eine Militäreskorte anfordern.«[216]

Wo aber befindet sich dieses NMCC, und von wem wird es befehligt? Nun, das NMCC liegt nirgendwo anders als »im Herzen des Pentagons« (Meyssan), und »im NMCC ist die Persönlichkeit mit den größten Machtbefugnissen der Generalstabsschef der Streitkräfte«.[217]

Passagiere und andere Unbekannte
Fünf restliche Rätsel

Die bisherige Analyse deutet darauf hin, daß

- nicht die in Boston und Washington gestarteten vier Passagiermaschinen in das World Trade Center, das Pentagon und das ehemalige Tagebaugebiet bei Shanksville gestürzt sind;
- die vier Maschinen statt dessen gegen zwei bis vier andere Maschinen ausgetauscht wurden. Zwei Doubles krachten in das World Trade Center, das Schicksal der anderen beiden Doubles ist unklar. Es muß sich nicht um 1:1-Kopien gehandelt haben, sondern es konnten auch ganz andere, vielleicht »angemalte«, Flugzeuge gewesen sein, etwa Militärjets, die zum Beispiel Geschosse auf das Pentagon abfeuerten und/oder hineinrasten oder Bomben in das ehemalige Tagebaugebiet bei Shanksville warfen;
- das World Trade Center nicht durch die Einwirkung der Flugzeuge zusammenstürzte, sondern professionell gesprengt wurde;
- die ganze Operation möglicherweise auf der vor Jahrzehnten entworfenen »Operation Northwoods« basiert.

Für letzteres gibt es zwar keine eindeutigen Beweise, aber deutlich mehr Beweise als für die Verschwörungstheorie, fanatische arabische Hobbypiloten hätten drei Passagierflugzeuge zielsicher in das World Trade Center und das Pentagon gesteuert. Da wir sonst über keine weiteren Spuren mehr verfügen, kann uns auch nur die Operation Northwoods Ideen liefern, wie die zahlreichen noch offenen Fragen zu beantworten sein könnten:

1. Wo sind die »echten Maschinen« geblieben?
2. Wo sind die Passagiere geblieben?
3. Wie kam es zu den, wenn auch seltenen, Trümmerfunden?
4. Woher kamen die Leichenteile, von denen in einigen Fällen berichtet wurde?
5. Welche Rolle spielten die »Hijacker«, und wo sind sie?

Wo sind die »echten Maschinen« geblieben?

Im Prinzip gibt es zwei Möglichkeiten: Entweder wurden die originalen Maschinen an ganz anderen Orten abgeschossen, beispielsweise über dem Meer. Oder sie wurden auf geheimen Basen gelandet, so wie es die Operation Northwoods vorsieht. Der Ablauf des Austauschs spricht für die letztere Version. Offensichtlich verschwanden die Originale über Land, während die Doubles kurze Zeit später in der Nähe auftauchten. Dies spricht für einen plötzlichen Tiefflug der Originale, ein Verfahren, das ebenfalls in Operation Northwoods vorgesehen ist. Durch Abschalten des Transponders und Tiefflug können sowohl das primäre als auch das sekundäre Radarsignal vom Radarschirm verschwinden. Diese Operation wird bereits in der Nähe einer geheimen Landebahn durchgeführt, damit die Originale möglichst schnell aus dem Verkehr gezogen werden können. Während diese Operation abgespult wird, speist ein unbekannter Sender dubiose Hilferufe in den Äther ein, die den Eindruck einer Entführung erwecken sollen. Für die Drahtzieher wäre diese Version der Vernichtung der Flugzeuge eindeutig vorzuziehen. Denn erstens gäbe es keine erklärungsbedürftigen »echten« Trümmerfelder zu Lande oder zu Wasser. Und zweitens repräsentieren die Jets einen Wert von zig Millionen Dollar. Und wie wir durch die dubiosen Börsenoperationen im Vorfeld der Attentate wissen, war der 11. September nicht zuletzt ein Riesengeschäft. Also läge es nahe, die Maschinen mit einer neuen Identität zu versehen und auf dem Gebrauchtmarkt anzubieten – zum Beispiel über irgendeinen, mit derartigen Geschäften vertrauten Flugzeugmakler.

Wo sind die Passagiere geblieben?

Die Passagiere sind die große Unbekannte in dem Spiel. Operation Northwoods sieht »mit sorgfältig präparierten Legenden« versehene Statisten als Passagiere vor. Also real existierende Menschen mit falschen Namen und Lebensläufen. Prinzipiell ist die gesamte Bandbreite der Möglichkeiten denkbar. Angefangen bei der Version, daß die Passagiere nur auf dem Papier existierten und nie an Bord waren, bis hin zu jener Möglichkeit, daß die Passagiere ebenso authentisch wie ahnungslos waren. Dann könnten sie dieses Abenteuer mit dem Leben bezahlt haben, allerdings nicht unbedingt als Opfer eines Flugzeugabsturzes, sondern einer Kugel, die nach der geheimen Landung aus dem Lauf irgendeines Mitglieds eines Sonderkommandos kam. Das sind freilich reine Spekulationen, die sich momentan nicht durch weitere Anhaltspunkte erhärten lassen.

Wie kam es zu den, wenn auch seltenen, Trümmerfunden?

Bereits die Operation Northwoods sieht die Installation von falschen Trümmerfeldern an angeblichen Absturzorten vor. Im Falle der Kuba-Provokation »würde ein U-Boot oder ein kleines Schiff etwa 15 bis 20 Meilen von der kubanischen Küste entfernt F-101-Flugzeugteile, einen Fallschirm und anderes mehr verteilen und dann verschwinden. Suchflugzeuge und Schiffe würden in Marsch gesetzt werden und Teile des Flugzeugs finden«. Das könnte auch erklären, warum die wenigen gefundenen Trümmerteile bei Shanksville und am Pentagon sowohl nach Größe als auch nach Anzahl nicht zum realen Absturz eines großen Airliners passen. Denn die Erzeugung eines echt aussehenden Trümmerfelds einer Boeing 757 stellt natürlich einen erheblichen logistischen Aufwand dar. Erstens will man die Maschinen aufgrund ihres Werts möglicherweise gar nicht zerstören. Und eine Schrottmaschine ist vielleicht ebensowenig zu bekommen – abgesehen von dem auffälligen Aufwand, sie zu zerkleinern und an die »Absturzstelle« zu transportieren.

Woher kamen die Leichenteile, von denen in einigen Fällen berichtet wurde?

Was für die dünn gesäten Trümmerstücke gilt, gilt möglicherweise auch für die offenbar sehr raren Leichenteile. Wie wir gesehen haben, ist von den Insassen auch in den Augen mit Flugzeugabstürzen erfahrener Gerichtsmediziner auffallend wenig übriggeblieben. Die Identifizierung der Leichenteile erfolgte durch ein Labor der Armee. Es ist nicht sicher, daß die Leichenteile an den angeblichen Absturzstellen etwas mit jenen Personen zu tun haben, die auf den

Passagierlisten geführt wurden. Der Mangel an Leichenteilen könnte daran liegen, daß es noch schwieriger sein könnte, die Überreste von Menschen zu beschaffen als die von Flugzeugen.

Welche Rolle spielten die »Hijacker«, und wo sind sie?

Ob die angeblichen Entführer überhaupt an Bord der Maschinen gingen, ist ebenso fraglich, wie bei den anderen Insassen. Wie sagte der Journalist Tom Flocco von der kritischen Bürgerbewegung *unanswered questions.org* in meinem Interview mit ihm am 8. März 2003:

»Ich würde gern wissen, ob da wirklich Saudis an Bord waren. Ich möchte das Boarding-Personal sehen, das sich vor den Kongreß hinstellt oder eine Kommission oder ein Gericht, und sagt: Ich habe diese fünf Entführer in das Flugzeug steigen sehen. Solange *das* nicht passiert, glaube ich nicht notwendigerweise, daß die Araber das getan haben.«

Das angebliche Atta-Foto vom Flughafen Portland zeigt diesen nicht beim Boarding, sondern nur nach der Sicherheitskontrolle. Atta befindet sich dabei auch nicht am Ausgangsflughafen eines der Todesflüge, sondern nur eines Zubringerflugs. (Wobei auch schon das Wort »Zubringerflug« eine Interpretation ist.) Vielleicht wurden die Sündenböcke bereits vorher aus dem Verkehr gezogen (denn an Bord der Maschinen gab es für diese Laien beim besten Willen nichts zu tun), oder aber sie wurden nach der geheimen Landung auf irgendeiner Basis auf die eine oder andere Weise »stillgelegt«. Wichtig ist in diesem Zusammenhang, daß die Leichen der Hijacker nach Angaben der Behörden nicht positiv identifiziert werden konnten, sondern im Ausschlußverfahren: Im Fall von Flug United Airlines 93 etwa habe man dasjenige DNA-Material, das sich keinem Passagier habe zuordnen lassen, eben den Hijackern zugeordnet.

Das ist natürlich keine seriöse Identifizierung, sondern auf diese Weise könnte man höchstens feststellen, daß sich vier Unbekannte an Bord des Flugs befanden. Auf die Totenscheine wurde denn auch der Name »John Doe« geschrieben, was soviel heißt wie »Otto Normalverbraucher« oder auch »Hans Hase«. Wo also sind die Entführer oder ihre Leichen?

Ein Familientreffen der Navy
Die Insassen von Flug AA 77

Dasselbe Mißtrauen gilt der Identifizierung der Passagiere und Besatzungsmitglieder der Todesmaschinen. Was ist zum Beispiel mit den Insassen von Flug American Airlines 77 passiert, der angeblich ins Pentagon crashte? Starben sie im Pentagon, starben sie woanders, oder starben sie etwa überhaupt nicht? Werfen wir noch einmal einen genaueren Blick auf diese Maschine.

Der Flug von American Airlines 77 stellt eine Besonderheit in der Viererphalanx der Airliner dar. Denn dieser Airliner hatte nicht nur besonders viele Militärs an Bord, sondern er crashte mit dieser illustren Gesellschaft auch noch ausgerechnet ins Pentagon. Manche der Insassen arbeiteten sogar in dem Flügel, der angeblich von der Maschine getroffen wurde. Der Vater eines bei dem Crash getöteten (oder besser: seither vermißten) Jungen hatte dort seinen Schreibtisch. Von den 59 Passagieren hatten 10 einen militärischen Hintergrund. Weitere 21 Passagiere waren mit Regierungs- oder Verteidigungsaufgaben befaßt. Mehr als die Hälfte der Fluggäste hatte also im engeren oder weiteren Sinne mit dem Militär, der Verteidigung oder der Regierung zu tun. Haben wir es hier mit einem Zufall zu tun? Oder ist das bei einer Maschine, die in Washington startet, ganz normal?

Sehen wir uns einmal die Insassen an: Da wäre zunächst der 51jährige Kapitän von Todes-Flug American Airlines 77 (Pentagon), Charles »Chic« F. Burlingame aus Herndon, Virginia. Er war nicht irgendein Pilot, sondern ein hochkarätiger Experte der Navy. Vor seiner Zeit als Airline-Pilot gehörte er zum Kader der sagenhaften Miramar Naval Air Station in Kalifornien, besser bekannt unter dem Spitznamen »Top Gun«. Die »Fliegenden Ledernacken« (so der Name eines Luftfahrtmuseums in Miramar) gelten als eisenharte Militärs. Burlingame war bei George Bush seniors Golfkrieg Nr. 1 dabei und wurde mit der «Defense Superior Service Medal« ausgezeichnet. Darüber hinaus war Burlingame aber nicht nur ein Praktiker an den Kontrollen der verschiedensten Jets, sondern glänzte außerdem als studierter Luftfahrtingenieur. Und obendrein war Burlingame ein glühender Patriot, der auch noch nach dem Ende seines aktiven Dienstes im Soldatenleben aufging. »Seine Familie ist sicher, daß die Hijacker ›Chic‹ töteten, bevor seine Maschine in das Pentagon crashte«, heißt es auf einer Gedächtnis-Webseite für Burlingame. »Er hätte die Maschine auf keinen Fall selbst in das Gebäude gesteuert – auch nicht mit einem Messer an der Kehle.« Das kann man glatt glauben, nicht nur deshalb, weil es überhaupt wenig Sinn macht, einen Menschen mit einem Messer an der Kehle zu Selbstmord und Mord zu zwingen. »Chic« Burlingame wäre auch deshalb nur ungern in das Pentagon geflogen, weil er zu einer Zeit, als er schon längst als Pilot bei American Airlines arbeitete, immer noch in dessen Diensten stand – und zwar als »Liaison«. Was genau Burlingame dort trieb, bleibt einstweilen unklar. »Liaison« bedeutet normalerweise »Verbindungsmann« oder »-offizier«. Aber wen oder was Burlingame genau mit dem Pentagon verband, wissen wir nicht. Sicher ist nur, daß das Pentagon für Burlingame »geheiligte Erde« war, so steht es auf der Burlingame-Gedächtnisseite.[218]

Ähnlich spektakulär ist das Schicksal des 11jährigen Bernard Brown und seiner Familie. Der Junge krachte mit Flug American Airlines 77 just in jenen weitgehend leeren Pentagonflügel, in dem der Schreibtisch seines Vaters stand, eines Navy-Offiziers. Wie wir wissen, flog das von wem auch immer gesteuerte Luftfahrzeug gezielt in den weitgehend leeren Flügel, indem es eine große Schleife um das Pentagon drehte. Wie durch ein Wunder kam Bernard Browns Vater dabei aber nicht ums Leben – und zwar, weil er sich ausgerechnet an diesem Tag frei genommen hatte.

Ein weiterer Insasse von Flug American Airlines 77 war der Physiker William E. Caswell, seines Zeichens Senior-Wissenschaftler für die Navy. Was genau seine Aufgaben bei der Navy waren, war so geheim, daß nicht einmal seine Familie wußte, was er jeden Tag trieb. Auch warum er von Washington nach Los Angeles wollte, wußten seine Angehörigen nicht: »Es war eine Reise, die er öfter machte. Wir wußten nie, was er da machte, er durfte das nicht sagen. Man lernt, keine Fragen zu stellen«, wird seine Mutter zitiert.[219]

1983 kam Caswell zum Naval Surface Weapons Center, wo er fünf Meilen von Washington entfernt im Bereich angewandter künstlicher Intelligenz arbeitete. Ab 1985 wirkte er an einem hochgeheimen Waffenprojekt mit. Das heutige Naval Surface Warfare Center wurde 1944 als Forschungseinrichtung der Artillerie gegründet. Die ursprüngliche Aufgabe bestand in der Arbeit an Kanonen und Sprengstoffen. Später kamen Torpedos, Minen und Geschosse dazu.[220]

Charles Droz, 52, war ebenfalls für die Navy tätig. Obwohl pensioniert (im Dienstgrad eines Lieutenant Commander der Navy), erhielt er eine Heldenbestattung in Arlington. Er arbeitete zuletzt für die Software-Firma EM Solutions in Arlington, in der Nähe des Pentagons.

Der nächste im Navy-Bunde war ein ganz hohes Tier: der enttäuschte Navy-Admiral Wilson Flagg, 63. Im Verteidigungsministerium war Flagg unter anderem für Luftkriegsoperationen der Navy zuständig. 1991 erfuhr er einen hochnotpeinlichen Karriereknick. Nach einem Sexskandal bei einer Navy-Tagung im Pentagon war es vorbei mit dem schnellen Aufstieg des erfahrenen Navy-Kampfpiloten. 1995 wurde er pensioniert, flog aber genau wie der Kapitän von Flug American Airlines 77, Burlingame, als Kapitän für American Airlines.

John Yamnicky, 71, ebenfalls ein pensionierter Navy-Haudegen, Testpilot und Luftfahrtexperte, arbeitete für die Veridian Corporation, »spezialisiert auf einsatzkritische Programme der nationalen Sicherheit für die nationale Geheimdienstgemeinde, das Verteidigungsministerium und mit der inneren Sicherheit befaßte Regierungsbehörden«, so eine Unternehmenspräsentation. Yamnicky war an der Entwicklung moderner Kampfjets beteiligt (wie der F/A-18).

Stanley Hall, 68, war ausnahmsweise ein pensionierter Armeeoffizier. Um so interessanter in unserem Zusammenhang war seine Tätigkeit zum Zeitpunkt seines Todes. Er diente der Rüstungsfirma Raytheon und gilt als einer der Väter von Antiradartechnologien, das sind Verfahren, die Objekte wie Flugzeuge für Radareinrichtungen unsichtbar machen. Seine Kollegen bezeichneten ihn als den »Dean« (»Dekan«) der elektronischen Kriegsführung.

Auch Brian Jack, 48, kannte das Pentagon ausgezeichnet, arbeitete er doch seit 23 Jahren hier. Er war ein brillanter Mathematiker und Haushaltsexperte. Mit Flug American Airlines 77 befand er sich auf dem Weg zu einem Vortrag vor der Navy Postgraduate School in Kalifornien.

Steven Jacoby, 43, war Experte für drahtlose Kommunikation.

Chandler Raymond Keller, 29, war Fachmann für Raketenantriebe, ebenso wie Ruben Ornedo, 39. »Er spielte eine Schlüsselrolle in für die Verteidigung und Sicherheit der Nation lebenswichtigen Projekten.«

Weitere Waffenexperten an Bord waren

- der Air-Force- und Geheimdienstmann Dong Lee, 48. Er arbeitete für Boeing an Integrierten Verteidigungssystemen und für die National Security Agency (NSA) als Netzwerkspezialist;
- der Elektroingenieur Robert Penniger, 63, angestellt bei der Rüstungsfirma BAE Systems, einem Ableger des Rüstungskonzerns British Aerospace. Unter anderem beschäftigt sich die Firma intensiv mit der Steuerung von sogenannten UAVs – Unmanned Aerial Vehicles, also unbemannten Luftfahrzeugen;
- der Softwareentwickler Robert Ploger, 59, von der Luft-, Rüstungs- und Raumfahrtfirma Lockheed Martin, Sohn des Generalmajors Robert Ploger senior;
- der technische Manager John Sammartino, 37, früher tätig am Naval Research Laboratory der Navy, jetzt bei der Rüstungs- und Raketenfirma XonTech, tätig auch im Bereich von »threat representative target and experiment systems«, das sind mehr oder weniger ferngesteuerte Fluggeräte, die zu Übungszwecken einen Angreifer simulieren;
- Leonard Taylor, 44, ebenfalls von XonTech;
- Vicky Yancey, 43, eine ehemalige Elektronikexpertin der Navy. Sie diente der Navy sechs Jahre, vier davon in Pearl Harbor.

Abgesehen von der Frau des Generalstaatsanwalts Ted Olson, die es unter all diesen Kommunikations- und Elektronikexperten als einzige geschafft haben soll, zu telefonieren, sollen in der Hauptsache Kinder auf dem Weg zu einer Bildungsfreizeit an Bord gewesen sein. Darunter der kleine Brown, dessen Vater just in dem angegriffenen Pentagon-Flügel arbeitete.

Ansonsten war Flug American Airlines 77 nahezu ein reines Navy-Familientreffen. Die Insassen hatten fundierte

Kenntnisse in Elektronik und elektronischer Kriegführung. Die Firmen, für die sie arbeiteten, sind für das Verteidigungsministerium ebenso tätig wie für zahlreiche Behörden des Geheimdienstapparats. Sie befassen sich mit der Steuerung von bemannten und unbemannten Flugzeugen und Fluggeräten, der Abschirmung von Flugzeugen gegen Radarstrahlen sowie mit Antrieben für Raketengeschosse. Diese hochkarätigen Militärs, Exmilitärs und Rüstungsexperten waren (früher) fast ausnahmslos für die Navy tätig und fast alle geprüfte Geheimnisträger.

Zur Navy, genauer gesagt: zum Geheimdienst der Navy, gehörte auch jener geheimnisvolle Leutnant Delmart Edward Vreeland, der vor dem 11. September 2001 wegen Scheckbetrugs in Kanada verhaftet wurde. Er berichtete den Behörden von den bevorstehenden Attentaten in New York, und am 12. August 2001 überreichte er der Gefängnisleitung sogar einen verschlossenen Briefumschlag mit näheren Angaben zu den geplanten Anschlägen: »Die kanadischen Behörden maßen dem keine Bedeutung bei. Am 14. September öffneten sie den Briefumschlag und fanden eine genaue Beschreibung der Anschläge, die drei Tage zuvor in New York stattgefunden hatten«, berichtet der französische Autor Thierry Meyssan.[221] Weitere Recherchen der Kanadier hätten ergeben, daß Vreeland tatsächlich zum Naval Intelligence Service der Amerikaner gehört habe. Was auf den ersten Blick wie eine moderne Legende wirkt, ist in Wirklichkeit vielfach belegt, würde aber den Rahmen dieses Abschnitts sprengen. Der Fall Vreeland ist im Internet ausführlich dokumentiert, eine einfache Recherche in einer Suchmaschine genügt.

Was Flug 77 angeht: Könnte es nicht so sein, daß wir hier exakt jenes Personal vor uns haben, das für eine Operation wie »Northwoods« oder »9/11« gebraucht wurde? Natürlich wäre das genial, denn erstens könnte man auf diese Weise vor aller Augen Täter verschwinden lassen, ohne daß irgend jemand lästige Fragen über den Verbleib dieses Personals stellen würde. Und zweitens würde dasselbe Personal gleichzeitig zu unangreifbaren Nationalhelden erklärt. Daß man zur »Verharmlosung« so einer Operation unbedingt Kinder braucht, liegt ebenfalls auf der Hand.

Fragen kann man die Insassen leider nicht mehr, denn sie alle sind verschwunden. Ob ihre Leichen wirklich im Pentagon lagen, ist fraglich. Die Toten wurden von einem Armeelabor identifiziert. Auch Nachforschungen im Pentagon selbst könnten unter Umständen schwerfallen, denn der Flügel, zu dem einige von ihnen Beziehungen unterhielten, wurde nach dem Attentat komplett abgerissen und fein säuberlich aus dem Pentagon herausgetrennt. Sollte dies ein »Tatort« gewesen sein, existiert er also nicht mehr.

Allerdings, das muß hier ganz klar und deutlich gesagt werden, sind dies Spekulationen, für die es einstweilen keine Beweise gibt. Möglicherweise waren die Insassen von Flug 77 tatsächlich unschuldige Opfer des 11. September.

Die Technik des Terrors
Der technische und der propagandistische Teil

Es sieht ganz so aus, als könnten wir die Attentate vom 11. September 2001 in zwei Teile zerlegen,

1. einen technischen und
2. einen propagandistischen Teil.

Offiziell wird uns erzählt, daß beide Teile ein und dasselbe seien, daß also wirklich perfide arabische Terroristen über sich hinauswuchsen, drei Jets sicher in ihre Ziele steuerten, und daß so der Konflikt zwischen den USA und der arabischen Welt zustande kam, in dessen Verlauf sich die Supermacht des arabischen Öls bemächtigen konnte. Daß also alle Geschehnisse des 11. 9. mit sich selbst identisch und authentisch seien. Ende der Geschichte.

Der Nachteil dieser Version besteht darin, daß sie nicht funktionieren kann, wie ich dargelegt habe. Die Identität von Propaganda und Realität dürfte bei diesen Operationen nur sehr selten vorgelegen haben, vielleicht zum Beispiel beim realen Start der Passagierflugzeuge von den Flughäfen Boston und Washington. Doch auch hier wissen wir nicht, wer sich überhaupt an Bord befand.

Der technische und der propagandistische Teil verhalten sich zueinander wie Basis und Überbau, wobei die Grenzziehung nicht immer eindeutig ist. Versuchen wir einmal, eine Skizze des »technischen Teils« zu entwerfen. Er bestand u. a. aus:

- dem Start von vier Passagierflugzeugen,
- der Sprengung des World Trade Centers,
- einer Explosion in der Nähe von Shanksville,
- einer Explosion und einem Brand im Pentagon.

Das war damit gemeint, als es zu Beginn dieses Buchs hieß, »die organisatorischen und technischen Abläufe« müßten »auf ein absolut todsicheres und perfektes Maß« reduziert werden. Das ist also im wesentlichen das, was real passierte und was die Öffentlichkeit ohne einen propagandistischen Überbau wahrgenommen hätte. Wie man schon sieht, ist die technische Basis äußerst rudimentär und hat nur wenige Ähnlichkeiten mit der komplexen Geschichte, die uns schließlich über den 11. 9. erzählt wurde. Für sich genommen, hätten diese mehr oder weniger seltsamen Ereignisse für eine komplette Umkrempelung des internationalen Systems und einen »Krieg gegen den Terror« kaum ausgereicht. Aus alldem wäre ohne einen propagandistischen Überbau wohl kaum jemand schlau geworden. Um die Geschichte komplett zu machen, wurden daher weitere fiktive oder inszenierte

Elemente benötigt, wobei die Verbindung zwischen beiden Ebenen äußerst lose erscheint. Diese äußerst lose und unplausible Verbindung ist der wichtigste Grund für die zahlreichen alternativen Theorien zum 11. September, die in der Propagandasprache als »Verschwörungstheorien« bezeichnet werden. Die technische und die propagandistische Ebenen der Attentate standen in keinem anderen Verhältnis zueinander als die Special effects in einem Hollywood-Film zu dem, was der Zuschauer als Geschichte wahrnimmt. Zur propagandistischen Ebene gehörten:

- die Präparierung der Sündenböcke (Reisen durch die USA, Flugstunden, Hotelübernachtungen etc.),
- die Präparierung von »Spuren« oder bloßen Nachrichten über angebliche Spuren (»Testament«, »Terroranweisung«, Flughandbuch etc.),
- der Einschlag der Flugzeuge in das World Trade Center, denn mit der »Technik« oder Physik des Zusammenbruchs hatte er nichts zu tun. Dafür hätte man die Flugzeuge nicht gebraucht. Sie sollten uns vielmehr erklären, wie Araber in der Lage sein konnten, die High-Tech-Supermacht USA anzugreifen,
- die Funksprüche und möglicherweise auch die Handyanrufe.

Erst diese Elemente hauchten dem nackten technischen Geschehen Leben ein und halfen, daraus eine Geschichte zu konstruieren.

Haben nach all dem also Kräfte aus den Vereinigten Staaten selbst die Attentate inszeniert, hat sogar die Regierung daran mitgewirkt? »Das ist eine harte Frage, wahrscheinlich die härteste Frage, die Sie bisher gestellt haben«, sagte dazu der Journalist und Bürgerrechtler Tom Flocco, als ich ihn zusammen mit meinem Kollegen Willy Brunner im März 2003 für Dreharbeiten zu *Aktenzeichen 9/11 ungelöst* in Philadelphia besuchte. »Denn Sie fragen mich, ob meine eigene Regierung diese Sache inszeniert hat. Und das Schlimme ist: ich bin nicht wirklich sicher, weil ich genau weiß, welche Beweise fehlen, was nicht verfolgt wurde, Zeugenaussagen, die weder vor Gericht noch vor dem Kongreß gehört wurden. Und ohne diese Antworten kann ich nicht definitiv sagen, daß Mitglieder unserer eigenen Regierung nicht in die Anschläge involviert waren oder vorher davon wußten. Wenn sie davon wußten oder es planten, dann reden wir hier von Verrat und kapitalen Verbrechen. Wir wissen es nicht, aber es gibt viele Leute in diesem Land, die darin übereinstimmen, daß wir nicht genügend Informationen haben, um ein Urteil zu fällen in der einen oder anderen Richtung. Deshalb haben viele von uns ein Problem. Die Beweise sind irgendwo verborgen. Schlamperei und Inkompetenz? Natürlich. Aber Schlamperei und Inkompetenz reichen aus, um einen Präsidenten des Amts zu entheben. Und das ist noch das Mindeste, womit wir es hier zu tun haben. Damit muß man sich befassen.«

Bei der Beantwortung der Frage, ob die Inszenierung der Anschläge durch die USA selbst bewiesen ist, kommt es darauf an, welche Anforderungen man an Beweise stellt. Gemäß den Maßstäben, die die USA selbst gewöhnlich anlegen, wenn sie den Stab über andere Länder brechen, dürften die Beweise wohl reichen. Die USA haben bereits aufgrund von wesentlich weniger Beweisen Menschen zum Tode zu verurteilt und durch den elektrischen Stuhl oder Bombenteppiche hingerichtet. Die USA haben weder in Vietnam, noch in Kuba, noch in Afghanistan oder im Irak Beweise gebraucht, um das Todesurteil über Tausende und Abertausende von Menschen zu fällen. An strafrechtlichen Maßstäben gemessen, könnte die Beweislage vielleicht für einen Anfangsverdacht reichen, möglicherweise sogar für eine Anklageerhebung. In jedem Fall ist die Operation Northwoods eine akzeptable Diskussionsgrundlage dafür, was am 11. September 2001 wirklich geschah. In jedem Fall liefert sie plausiblere Aussagen, als die zum größten Teil aus der Luft gegriffenen Behauptungen der Regierung Bush, am 11. September hätten Laienpiloten und Amateurterroristen den spektakulärsten Anschlag der Geschichte verübt.

Teil III: Die Hintergründe

Ein sinnloser Nadelstich
Das arabische Motiv (These)

Die wichtigste Spur zur Aufklärung eines Verbrechens ist das Motiv. Während man Fingerabdrücke, Telefonanrufe, Funksprüche, Trümmerteile und sogar Leichenteile präparieren oder nach Gutdünken verschwinden lassen kann, kann das Motiv niemals verschwinden. Denn ohne das Motiv hätte es die Tat nicht gegeben. Man kann höchstens versuchen, falsche Motive zur Verfügung zu stellen, um das wahre Motiv zu überlagern, wie das etwa bei der sogenannten »Dritten Generation der RAF« geschah. Auch in Sachen 11. 9. sind falsche und echte Motive in Umlauf. Machen wir die Probe aufs Exempel: Welches Motiv könnte Osama Bin Laden haben, das World Trade Center und das Pentagon anzugreifen? Gar keins. Denn Osama Bin Laden ist nicht nur ein alter Bekannter der Familie Bush, sondern auch des amerikanischen Geheimdienstes CIA.

In den siebziger Jahren gab es zwei große Operationen zur Destabilisierung des Ostblocks. Die eine war die Wahl eines Polen zum Papst, die andere war die Schulung und Einschleusung von Rebellen in das sowjetische Nachbarland Afghanistan. Der Gedanke war, das kommunistische Imperium an der Peripherie anzugreifen, oder besser gesagt: zu destabilisieren. Geheimdienstliche oder gar militärische Operationen im Zentrum des Ostblocks wären zu gefährlich gewesen. Statt dessen versuchte man den russischen Bären aus seiner sicheren Höhle heraus aufs Glatteis zu locken und dort zu Fall zu bringen. Mit der Afghanistan-Operation wollten die Vereinigten Staaten der Sowjetunion ihr eigenes Vietnam bereiten. Tatsächlich wird der langjährige Aufenthalt der Sowjets in dem Berg- und Wüstenstaat heute als der wirkliche Anfang vom Ende des Ostblocks angesehen. Die Sowjets wurden der angeblichen Freiheitskämpfer oder Mudschaheddin nicht Herr, rieben sich auf und verstrickten sich in immer größere politische und moralische Widersprüche. Die Auflösungserscheinungen in Afghanistan wirkten schließlich auf Moskau zurück und trugen dort zu einem radikalen Kurswechsel und 1988 bis 1989 zum letztendlichen Abzug aus Afghanistan bei. Zwei Jahre später löste sich die Sowjetunion auf.

Statt also den Bären selbst zu attackieren, inszenierten die Vereinigten Staaten in Afghanistan einen Stellvertreterkrieg. Das vordergründige Ziel war nicht die Sowjetunion, sondern die prosowjetische Regierung in Kabul. Und auch der Angreifer kämpfte nicht mit offenem Visier, sondern versteckte sich hinter der Maske der Mudschaheddin. Damit war Afghanistan zum Schauplatz einer Kraftprobe der beiden Blöcke geworden. Während die USA behaupteten, die Rebellen erst als Reaktion auf den russischen Einmarsch vom 24. Dezember 1979 unterstützt zu haben, verhielt es sich in Wirklichkeit genau umgekehrt. »Die Wahrheit, die bis heute geheimgehalten wird, ist eine völlig andere: Tatsächlich unterzeichnete Präsident Carter die erste Direktive zur geheimen Unterstützung der Gegenspieler der prosowjetischen Regierung in Kabul am 3. Juli 1979«, räumte der frühere amerikanische Sicherheitsberater Zbigniew Brzezinski ein. »Und an genau diesem Tag schrieb ich eine Note an den Präsidenten, in der ich ihm erklärte, daß nach meiner Meinung diese Unterstützung eine militärische Intervention durch die Sowjets verursachen werde.«[222]

So kam es denn auch. Doch mit dem Einmarsch der Sowjets war der Zweck der Aktion natürlich noch nicht erreicht. Vielmehr mußte es nun darum gehen, die Rebellen weiterhin zu unterstützen und die Krise am Köcheln zu halten, damit sie ihre destabilisierende Wirkung auf Moskau voll entfalten konnte. Denn nur eine dauerhafte sowjetische Intervention würde den Ostblock international in eine politische und publizistische Defensive bringen und einer innerlichen Zerreißprobe aussetzen, genauso, wie es den USA während des bis 1975 tobenden Vietnam-Kriegs widerfahren war. Langfristig würde sich der gewaltsame Einmarsch nicht mit dem vom Ostblock zur Schau getragenen Prinzip der Brüderlichkeit und des sozialistischen Internationalismus vereinbaren lassen, und das ganze System würde früher oder später an diesen Widersprüchen zerbrechen.

So mußte den Freiheitskämpfern lediglich ständig frisches Blut zugeführt werden, und der Mann, der diesen Job für die CIA erledigte, hieß Osama Bin Laden. Der heutige US-Staatsfeind Nr. 1 kämpfte damals an vorderster Front für die Sache des Westens und holte für die Vereinigten Staaten die Kastanien aus dem Feuer. Ausgerüstet mit Dollars aus der später geschlossenen Skandal- und Geheimdienstbank BCCI (Bank of Credit and Commerce International) heuerte Bin Laden saudische Söldner für den Kampf der USA in Afghanistan an.

Vermutlich haben sich Osama Bin Laden und die CIA deshalb wechselseitig viel zu verdanken. Aus diesem Grund macht ein Angriff Bin Ladens auf die USA keinen Sinn.

Umgekehrt macht der Angriff der USA auf Afghanistan keinen Sinn. Oder besser: Er macht nicht den behaupteten Sinn. Denn die Terrorcamps, in denen der angebliche Attentäter Osama Bin Laden seine Terroristen trainiert haben soll, wurden u. a. über Umwege von der CIA finanziert und aufgebaut. Des weiteren ist Osama Bin Laden kein Afghane, sondern Saudi. Die Hauptunterstützer Bin Ladens waren nicht die Taliban, sondern die USA.

Doch welches Motiv hatten die Taliban, die USA anzugreifen? Auch keins. Es liegt auf der Hand, daß jeder, der die größte Macht der Welt angreift, mit der umgehenden Selbstvernichtung zu rechnen hat. Daß es sehr wohl Selbstmordattentate gibt, hat damit nichts zu tun. Denn bei solchen Suizidattacken werden Einzeltäter eingesetzt, um den höheren Zielen einer Gruppe zu dienen. Daß aber ein Staat oder eine Gruppe durch einen Angriff auf einen hoffnungslos überlegenen Gegner als Ganzes Selbstmord begeht, ist äußerst unwahrscheinlich. Nicht umsonst sagte US-Präsident George W. Bush unmittelbar nach den Attentaten: »Diejenigen, die gegen die USA Krieg führen, haben ihre eigene Vernichtung gewählt.«[223]

Natürlich mußte das jedem Attentäter schon vor den Anschlägen klar sein. Die Vereinigten Staaten sind zur Zeit militärisch nicht zu bezwingen und daher kein plausibles Ziel für einen Angriff von außen. Und das ist auch einer der wesentlichen Gründe, warum man die Täter im Inneren der USA suchen muß.

Zieht man eine nüchterne Bilanz nach dem »Wem nützt es«-Prinzip, stellt man fest, daß fast die gesamte Welt nur Nachteile durch die Anschläge vom 11. September 2001 hatte. Die Wirtschaftskrise verschärfte sich, das Geschäftsklima verschlechterte sich, so daß die Konjunktur weltweit gedämpft wurde. Die gesamte Welt stand unter Generalverdacht und sah sich einer globalen Kriegserklärung gegenüber. Jeder Staat, der Terroristen beherbergt und unterstützt, kann seitdem zum US-Kriegsziel werden, und das ist prinzipiell jeder Staat. Denn kein Land der Erde kann ausschließen, daß sich auf seinem Boden »Terroristen« bewegen oder, wenn es sein muß, von der CIA eingeschleust werden.

Die Palästinenser gerieten dadurch in die Defensive, und die Israelis erhielten die Legitimation, ihre Nachbarn immer brutaler zu bekämpfen und einen Friedensschluß zu torpedieren. Er könne sich vorstellen, sagt das ehemalige Mitglied der PFLP (Volksfront für die Befreiung Palästinas) Marc Rudin, »daß viele Menschen im Nahen Osten im ersten Augenblick sogar gedacht haben, die Attentate seien von Leuten aus ihren Reihen durchgeführt worden, und dabei Stolz empfunden hätten«. »Aber«, so Rudin laut der schweizerischen *Wochenzeitung*, »die gleichen Leute haben im nächsten Moment schon gewußt, daß sie es sein werden, die

die Folgen zu tragen haben, wenn sich der Verdacht einer islamischen oder arabischen Täterschaft erhärtet.«[224]

Plötzlich stand die gesamte arabische Welt unter Verdacht, Afghanistan und der Irak wurden mit Krieg überzogen, Syrien und der Iran wurden bedroht. Heute sehen sich die arabischen Staaten der Gefahr ausgesetzt, daß ihnen die Hoheit über ihre Ölfelder genommen werden könnte.

Nach dem 11. 9. galt der Islam plötzlich als Religion von Terroristen, Moslems in aller Welt haben seitdem unter Repressalien zu leiden. Moscheen und islamische Vereinigungen wurden und werden durchsucht und teilweise geschlossen, Ermittlungsverfahren gegen Moslems eingeleitet.

Die einzigen Staaten, denen die Angriffe vom 11. September wirklich nützten, waren die Vereinigten Staaten selbst und Israel. Die USA nutzten die einmalige Gelegenheit und Legitimation, den gesamten Globus in den Griff zu bekommen. Sie konnten von ihrer verheerenden wirtschaftlichen Situation und den hausgemachten Finanzskandalen ablenken sowie gleichzeitig Rettung im Zugriff auf die Ölquellen der arabischen Welt suchen. Überdies konnten sie einen international bereits zur Witzfigur abqualifizierten Präsidenten stärken. »Ohne Bin Laden wäre George W. Bush bestenfalls ein durchschnittlicher Präsident«, schreibt der Sicherheitsexperte der österreichischen Grünen, Peter Pilz, in seinem Buch *Mit Gott gegen alle:* »Mit ihm ist er der Schutzherr einer Welt, die in größter Gefahr ist.«[225] Mit Hilfe des 11. September machte George W. Bush einen Karrieresprung vom bereits abgeschriebenen Politcowboy zum furchterregenden Imperator.

Es stellt sich also die Frage, welche Desperados von außerhalb den USA diesen geopolitischen Gefallen hätten tun sollen. Daß ausgerechnet Araber den USA die Vorlage für einen Generalangriff auf die arabische Welt hätten liefern sollen, ist äußerst unwahrscheinlich. Immerhin verschafft ein Angriff auf ein ziviles Ziel wie das World Trade

Center und ein Verwaltungsziel wie das Pentagon ja auch keinerlei militärische Vorteile. Es handelt sich um einen Nadelstich ohne jeden militärischen Sinn. Wenn der Gegner (also die USA) in irgendeiner Weise entscheidend geschwächt worden wäre, um dann eine allgemeine Offensive gegen ihn zu beginnen, hätte man die Angriffe vom 11. September vielleicht noch als »sinnvoll« begreifen können. Aber ganz offensichtlich eröffneten sie eine solche Offensive nicht. Bis auf die dubiosen und militärisch wirkungslosen Anthrax-Angriffe folgte den Attacken vom 11. September nichts nach. Sie reduzierten sich damit auf ein militärisch vollkommen sinnloses und selbstmörderisches Unternehmen, nämlich den Gegner maximal zu provozieren und dabei minimal zu schwächen. Kein ausländischer Stratege von Verstand hätte ein solches Unternehmen auch nur in Erwägung gezogen.

Der Schaden, den die »Operation 9/11« im arabischen Lager und auf dem ganzen Globus angerichtet hat, ist dagegen enorm. Den Vereinigten Staaten, vor allem aber der Bush-Regierung, haben die Drahtzieher der Attentate einen riesengroßen Gefallen getan. Diese Administration wollte Krieg, Öl und Weltherrschaft, und all das bekam sie durch die Anschläge vom 11. 9. auf einem silbernen Tablett serviert. Denn der Krieg um den begehrten schwarzen Saft und die Macht über den Globus findet schon seit Jahren statt, und zwar in den Köpfen ultrarechter Kreise, die mit dem Einzug von George W. Bush in das Weiße Haus Oberwasser bekamen.

Das Mittelalter der Zivilisation
Das amerikanische Motiv (Antithese)

Das arabische beziehungsweise ausländische Motiv gibt also nicht nur nichts her – es existiert ganz einfach nicht.

Gibt es demgegenüber ein »amerikanisches Motiv«? Nun, spätestens in den neunziger Jahren saß Amerika gehörig in der Klemme. Während die Börsenkurse noch stiegen, war das westliche Finanzsystem, insbesondere aber das gesamte politische und wirtschaftliche System der USA in Wirklichkeit krank und verfault. Was der Westen noch ein bis zwei Jahrzehnte zuvor zu Recht über den Ostblock und die Sowjetunion behauptet hatte, traf nun auf ihn selbst und seine eigene Führungsmacht zu. Der entscheidende Schlag war ausgerechnet der Zusammenbruch des Ostblocks, den die USA doch so herbeigesehnt hatten. Denn dummerweise waren die beiden Blöcke politisch, wirtschaftlich und militärisch eng aufeinander bezogen. Ohne den anderen ging eigentlich gar nichts: Weder konnte man die eigene Herrschaft noch das eigene Wirtschaftssystem und schon gar nicht die eigene Hochrüstung legitimieren. Die Unterdrückung im Osten brachte im Westen eine relative Blüte der Demokratie, die Planwirtschaft führte zum Prosperieren eines einigermaßen menschlichen Kapitalismus. Mit dem Zusammenbruch des Ostblocks wurde dem Westen von heute auf morgen die Legitimationsgrundlage entzogen. Bei aller Feindschaft haben sich West- und Ostblock gegenseitig dringend als Rechtfertigung für die eigene Existenz gebraucht.

Zum Beispiel »brauchte ›die Nation‹ nach Meinung des Präsidenten von General Electric und Vizepräsidenten des War Production Board der amerikanischen Kriegsbürokratie, Charles E. Wilson, auch nach dem Krieg ›eine permanente Kriegsökonomie‹«, schreibt K.-H. Pütz in seinem Buch *Die Außenpolitik der USA*:[226] »Der Kalte Krieg, innenpolitisch abgestützt durch einen vehementen Antikommunismus, verhalf ihr dazu. Er ›hebt die Nachfrage nach Gütern, hilft ein hohes Beschäftigungsniveau aufrechtzuerhalten, beschleunigt den technischen Fortschritt und hilft so dem Land, seinen Lebensstandard zu heben ...

Wir können deshalb den Russen danken, daß sie uns dabei behilflich waren, den Kapitalismus in den USA besser denn je florieren zu lassen‹«, zitiert Pütz den Harvard-Ökonomen Sumner Slichter.

Die USA brauchten »ein ›Reich des Bösen‹ – je drohender, desto besser –, um das Gewicht einer chronisch militarisierten amerikanischen Präsenz in der Heimat wie im Ausland zu rechtfertigen und zu erhöhen«, schrieb der politische Kolumnist Norman Solomon.[227] »Militäreinrichtungen – Planungsabteilungen, Produktionsanlagen, Waffenlager, Armeestützpunkte, unterirdische Raketenbasen, Truppenübungsplätze usw. – überziehen mehr oder weniger verstreut die gesamten USA. Praktisch alle größeren und zahlreiche kleineren amerikanischen Gemeinden sind wirtschaftlich zu einem Gutteil vom Militärhaushalt abhängig. (...) Die amerikanische Militärmaschine ist seit langem ein Produkt, dem es an einer einleuchtenden Begründung fehlt.« Das wurde während des Kalten Kriegs und der Konfrontation der Ost-West-Blöcke geschrieben, als es eine solche Begründung noch gab.

Nicht nur der sogenannte militärisch-industrielle Komplex, sondern die gesamte amerikanische Gesellschaft ist demnach von der Rüstung abhängig. Die US-Regierungen betreiben eine permanente Kriegswirtschaft, und diese Wirtschaft ist letztlich gezwungen, auch Bomben zu werfen. Jede Friedensbewegung und jedes vernünftige Argument haben es da schwer. In Wirklichkeit folgen die USA längst einer Ratio des Schreckens. Sie haben sich für immerwährenden Krieg entschieden.

Nachdem der unentbehrliche Feind vor gut zehn Jahren von der Bildfläche verschwunden ist, ist nun sein Counterpart in Schwierigkeiten. »Der Kommunismus ist tot – der Kapitalismus todkrank«, hieß es zu Beginn der neunziger Jahre. In der US-Wirtschaft überstürzen sich die Skandale, und auch das politische und demokratische System ist spätestens seit der umstrittenen Präsidenten-Wahl des Jahres 2000 beschädigt, bei der immer noch der Verdacht besteht, daß George W. Bush durch Manipulationen an die Macht kam. Seit dem 11. September befinden sich das Land und der Globus im Würgegriff einer Rechtsaußen-Regierung, die die Bürgerrechte zurückstutzt. Die Freiheit, die die USA angeblich exportieren wollen, führen sie immer weniger in ihrer Produktpalette. So ähnlich wie jetzt in der NATO und der UNO begann es auch einst im Ostblock: Offener Widerspruch und Widerstand läuteten den Anfang vom Ende ein. Die USA sind ein Koloß auf tönernen Füßen. Mit der Destabilisierung des Ostblocks haben sie sich selbst ein Bein gestellt. »Wer zu spät kommt, den bestraft das Leben«, gab Michail Gorbatschow der reformunwilligen DDR-Führung einst mit auf den Weg. Diesen Satz sollten sich heute all jene Betonköpfe hinter die Ohren schreiben, die immer noch nicht merken, daß nun der US-geführte Westblock in Schwierigkeiten geraten ist. Begriffen haben das anscheinend nur Frankreich, Deutschland, Rußland, Belgien und einige andere. Sie versuchen jetzt schon einmal die Führungsrollen für das Post-NATO- und Post-USA-Europa zu verteilen.

Die USA sind politisch, kulturell und wirtschaftlich ein strauchelnder Riese: »Nach herrschender Meinung hat die amerikanische Wirtschaft in den vergangenen Jahren eine große Renaissance erlebt, die Wunder der Produktivität und der Gewinne vollbracht hat«, sagte der frühere Chefökonom der Dresdner Bank, Dr. Kurt Richebächer, in einem Vortrag am 5. November 2001. »Ich habe die Sache immer im Auge behalten, und ich habe festgestellt, daß die Wunder im Grunde nur in der Statistik, aber überhaupt nicht in der Wirtschaft stattgefunden haben.«

In Wirklichkeit, so der Wirtschaftsexperte und Herausgeber des in den USA erscheinenden Wirtschaftsbriefes *Richebaecher Letter,* sei die Gewinnentwicklung der letzten

Jahre »die mieseste der gesamten Nachkriegszeit«. Die Berichte der Unternehmen seien in einem Maße frisiert, »daß sie keinerlei Beziehung zur Realität haben.« Die Amerikaner seien heute an dem Punkt angelangt, an dem die Unternehmen sogenannte Pro-forma-Gewinne mitteilen würden. »Pro-forma-Gewinne«, klärte Richebächer seine Zuhörer auf, »sind errechnete Gewinne, bei denen jede beliebige Kostenart weggelassen wird, vor allen Dingen Zinskosten und Abschreibungen, die ausgegliedert werden nach dem Motto, diese Kosten spiegelten nicht die organische Entwicklung wider.« Schlagzeilen wie »Gewinnanstieg 40%« seien reine Phantasie, denn dabei handele es sich bisweilen nur um Einnahmen ohne Einrechnung von Zinsen, Steuern, Abschreibungen und Amortisationen. Letzte Rettung: Akquisitionen. »Das Ziel besteht darin, Gewinne zu kaufen. Die wollen keine Synergien. Die wollen Gewinne kaufen, und diese werden dann dem eigenen Gewinn zugeschlagen. Das macht man zehnmal im Jahr. Dann wird das extrapoliert, und Sie erhalten die wunderschönsten Gewinnkurven und bewundern die ungeheure Rentabilität der amerikanischen Wirtschaft. Mich stört, daß nicht ein Mensch aufsteht und sagt: ›Das ist doch alles Quatsch.‹«

Gewinnentwicklung? »Einfach katastrophal.« Investitionswunder? Produktivitätswunder? »Das eine Wunder fand so wenig statt wie das andere.« In den Augen des Wirtschaftsexperten ist das alles heiße Luft. In verständlichen Worten erklärt er seinem Publikum die Disney-World der amerikanischen Wirtschaft.

So haben zum Beispiel die Nasdaq-Unternehmen »seit 1995 keinen Pfennig verdient. Sie sind alle in den roten Zahlen. Das waren Scheingewinne in der Vergangenheit, die sie großenteils aus dem Aktienmarkt geholt haben. Sie haben ihre Gewinne im Aktienmarkt gemacht, haben dann andere Unternehmen gekauft, und die Gewinne wurden aufeinandergetürmt. Das waren alles Papiergewinne,

Scheingewinne, keine Gewinne aus Produktion und Produktivität. Es war alles Betrug.«

Die Diagnose ist verheerend: Die USA »haben ein scharf rückläufiges Wirtschaftswachstum, sie haben zusammenbrechende Gewinne, sie haben zusammenbrechende Investitionen, aber sie haben eine Geld- und Kreditexpansion, die alle Rekorde schlägt. (…) Wir haben die tollste Kreditausweitung aller Zeiten, und dennoch bricht die Wirtschaft einfach zusammen.« Mit anderen Worten: Der gesamte Konsum und Pseudo-Boom der USA beruhte im wesentlichen auf Pump – und das galt gleichermaßen für die Verbraucher und die Unternehmen, und daher war es nur eine Frage der Zeit, bis alles zusammenbrechen würde.

Am Schluß zieht Richebächer ein wichtiges Fazit. »Ich gehöre zu denjenigen, die sagen: ›Die Leute, die uns das eingebrockt haben, sind nicht in der Lage, uns da wieder herauszubringen.‹ Und nebenbei gesagt: Es ist viel schwieriger, als wir glauben.«[228]

Diesen Worten kann man entnehmen, daß das Wirtschaftssystem der USA kein bißchen weniger verlogen war und ist als die Planwirtschaft der alten Sowjetunion. Beide wurden und werden geprägt durch Wunschdenken und frisierte Zahlen. Tatsache ist, daß die USA und mit ihr die gesamte Weltwirtschaft in einer verheerenden Krise stecken, und daß es für die Führungsmacht des Westens und der Welt darum gehen mußte, diese Krise, wenn schon nicht erfolgreich zu bekämpfen, so doch in den Griff zu bekommen. Wie Richebächer schon sagte, spricht aus seiner Sicht aber nichts dafür, daß »diejenigen, die uns das eingebrockt haben«, das Problem lösen können. Das heißt, auf jener Ebene lösen können, auf der es entstanden ist, nämlich auf der Ebene der Wirtschaft beziehungsweise innerhalb des US-Wirtschaftssystems. Ist die Wirtschaft erst einmal richtig krank, sagen wir: so krank wie ein sterbender Körper, dann sind die Prozesse aus dem System heraus irreversibel.

Büßen ein Körper oder eine Wirtschaft ihre selbsttragenden Prozesse ein, sind sie zum Tode verurteilt. Sobald dieser Prozeß einsetzt, gibt es keine Selbstheilungskräfte mehr, jedenfalls keine ausreichenden. Dann geht es nur noch bergab bis zum Exitus.

Daher spricht viel dafür, das Problem auf anderen Ebenen zu »lösen«, das heißt, die Ebene des (mehr oder weniger) legalen Wirtschaftens zu verlassen und Wohlstand zu stehlen oder auf Kosten des Leidens von Millionen Menschen künstlich zu produzieren. Eine der Methoden, Wohlstand zu stehlen, hat Richebächer bereits angesprochen: die Fusion von kranken amerikanischen Unternehmen mit gesunden ausländischen Firmen. In Wirklichkeit handelte es sich allerdings nicht um Fusionen, sondern um Infusionen, und das ist etwas ganz anderes als das, was beispielsweise den Aktionären mancher deutschen Firmen vorgegaukelt wurde. Zum Beispiel DaimlerChrysler. Als die Stuttgarter den Chrysler-Konzern nach der Fusion richtig unter die Lupe nahmen, standen sie vor einem Scherbenhaufen. Die Modellpalette war technisch veraltet, die Verkaufszahlen schlecht. Mit der Fusion wurde das Problem internationalisiert beziehungsweise globalisiert. Ein weiteres Beispiel ist die Deutsche Telekom. Sie zahlte einen weit überhöhten Preis für die amerikanische Mobilfunkfirma VoiceStream, nach Meinung von Experten das Doppelte oder Dreifache dessen, was die Firma wirklich wert war. Bezahlt wurde diese großzügige Infusion von deutschen Kleinanlegern, die zuvor mit Regierungsunterstützung in die Aktie getrieben worden waren, man erinnere sich an die »T«-Aktien-Kampagne, die sogar Minister unterstützten.

Die zweite Methode des billigen Wohlstandsdiebstahls ist der Raub von Rohstoffen. Schon lange haben die führenden politischen und wirtschaftlichen Kreise der USA ein begehrliches Auge auf Dinge geworfen, die ihnen nicht gehören: die Rohstoffvorräte des Kaspischen Beckens und des arabischen Raumes. Saddam Husseins Verbrechen bestand in ihren Augen ja nicht darin, daß er Menschen einsperrte, folterte und tötete. Zu Beginn der Beziehungen zwischen den USA und dem Despoten war das eher eine Empfehlung. Sein Hauptverbrechen war vielmehr, auf den zweitgrößten Ölvorräten des Globus zu sitzen. Ein ähnliches »Problem« hatte Amerika mit Afghanistan. Nachdem es die Taliban eine Zeit lang gefördert hatte, machten diese vor dem September 2001 Schwierigkeiten beim Bau einer Pipeline durch das Land. Eine Pipeline, die dringend gebraucht wurde, um der maroden amerikanischen Wirtschaft eine weitere Infusion zuzuführen: billige Energie.

Die dritte Methode zur Generierung künstlichen Wachstums und Wohlstands ist Krieg. Wer bisher glaubte, der Wiederaufbau eines Landes nach einer bewaffneten Auseinandersetzung müsse für die kriegführenden Parteien eine lästige Aufgabe sein, wurde nach dem ersten Irak-Feldzug 1991 eines Besseren belehrt. Da konnte man beobachten, wie sich Briten und Amerikaner um diesen Job rissen. Der Hintergrund ist natürlich der, daß der Irak seinen eigenen Wiederaufbau bei den Siegern selbst würde bezahlen müssen – und zwar mit seinen Öleinnahmen. Und diesen Wiederaufbau würden in erster Linie selbstredend britische und amerikanische Firmen bewerkstelligen, Firmen, an denen zum Teil maßgebliche Mitglieder der US-Regierung beteiligt waren oder sind. Mit anderen Worten: An der Bombardierung des Irak führte nichts, aber auch gar nichts vorbei, denn sie war fest im wirtschaftlichen Aufbauprogramm der Amerikaner eingeplant. Wer nachts auf dem Fernsehschirm im grünlichen Restlichtschimmer die Bomben über Bagdad explodieren sah, wurde unmittelbarer Zeuge eines Programms zur Ankurbelung der alliierten Wirtschaft. Die Zerstörung des Irak war bei weitem noch interessanter als die von Afghanistan, denn anders als Afghanistan würde der Irak auch zahlen können, und zwar mit Öl. Daher würde es auch interessant sein, andere arabische Staaten zu bombardieren, die Einbindung des Iran in die »Achse des Bösen« spricht eine deutliche Sprache. Nimmt man nur eine durchschnittliche Friedensdemonstration von 50.000 Teilnehmern gegen den Irak-Krieg, so ist es wohl nicht übertrieben anzunehmen, daß auf jeden Anti-Kriegsdemonstranten mindestens eine Million Dollar kommt, die durch Krieg und Wiederaufbau zu verdienen ist. Ein schlagendes Argument, gegen das auch mit dem besten Willen kaum anzukommen ist. Der Frieden wäre demnach so teuer, »wir« (auf jeden Fall aber der militärisch-industrielle Komplex und die US-Wirtschaft) könnten ihn uns gar nicht leisten. Ich zitiere an dieser Stelle aus einem echten Klassiker, aus dem auch schon Helmut Creutz in seinem Buch *Das Geld-Syndrom* zitiert hat: ein kurzer Artikel über den Golfkrieg von 1991, den der Korrespondent des *Berliner Tagesspiegel* verfaßt hat. Der Krieg war noch nicht beendet und das von Saddam Hussein besetzte Kuwait noch nicht »befreit«, also der alten Diktatur zurückgegeben, da drängelten sich bereits die Firmen, um am Wiederaufbau zu verdienen: »Die Londoner Regierung fordert mit größerem Nachdruck die Beteiligung britischer Unternehmen an dem Wiederaufbau in Kuwait, wenn der Krieg gegen Irak einmal vorüber ist. Die Briten erwarten eine bevorzugte Behandlung bei der Vergabe der Aufträge, welche den eigenen militärischen Beitrag zur Befreiung des Landes in Rechnung stellt.« Das also ist auch einer der Gründe für die Unnachgiebigkeit des britischen Regierungschefs Tony Blair vor dem dritten Golfkrieg. Nur wer bei der Zerstörung mitmacht, kann auch am Wiederaufbau verdienen. Und das ist auch der Preis, den Deutschland, Frankreich und Rußland für ihre Ablehnung des Kriegs letztlich werden zahlen müssen. Besonders deutlich wird die Perversion dieser Mechanismen im zweiten Teil des *Tagesspiegel*-Artikels. Dort zitiert die Zeitung einen Bericht des Korrespondenten der *Financial Times* über ein Treffen britischer Wirtschaftsvertreter, den Wiederaufbau in der Region betreffend. »Peinlichkeit bei den Diskussionen war nicht zu erkennen, obwohl Kuwait erst noch befreit werden muß und ein großer Teil der Infrastruktur, welche britische Unternehmen wieder aufbauen wollen, noch nicht zerstört ist.«[229] Mit anderen Worten: Die Bomben fliegen nicht in erster Linie, um militärische, sondern um später wirtschaftliche Ziele zu erreichen. Je mehr teure Infrastruktur wie Wasser- und Elektrizitätswerke, Bahnhöfe und Eisenbahnanlagen zerstört werden, um so besser sind die Geschäfte nach dem Krieg. Nur, wer diese Hintergründe berücksichtigt, kann verstehen, warum die USA und Großbritannien zwingend am Kriegskurs gegen den Irak festhielten – und warum der 11. September so ungemein nützlich war und so dringend gebraucht wurde.

»Im Krieg«, schreibt der Wirtschafts- und Geldexperte Helmut Creutz, seien »nicht nur der Verschleiß an Waffen und die notwendigen Ersatzbeschaffungen lukrativ, sondern auch der nachträgliche Wiederaufbau.« – »Der Krieg ist die großzügigste und wirkungsvollste ›Reinigungskrise zur Beseitigung der Überinvestition‹, die es gibt«, heißt es bei Creutz weiter. »Er eröffnet gewaltige Möglichkeiten neuer zusätzlicher Kapitalinvestitionen und sorgt für gründlichen Verbrauch und Verschleiß der angesammelten Vorräte an Waren und Kapitalien, wesentlich rascher und durchgreifender, als es in den gewöhnlichen Depressionsperioden auch bei stärkster künstlicher Nachhilfe möglich ist. So ist ... der Krieg das beste Mittel, um die endgültige Katastrophe des ganzen kapitalistischen Wirtschaftssystems immer wieder hinauszuschieben.«[230]

Die USA also brauchen den Krieg wie ein Junkie seinen Schuß: »Seit dem Zweiten Weltkrieg ist die staatlich angekurbelte und zum Teil durch das Pentagon gelenkte

Rüstungswirtschaft ein wesentlicher Faktor zur Stabilisierung der amerikanischen Wirtschaft«, schreibt Pütz in *Die Außenpolitik der USA*.[231] Sie ist »in Wirklichkeit der einzige über einen längeren Zeitraum überprüfte Mechanismus, um einen hohen Beschäftigungsstand und eine hohe Kaufkraft in der US-Wirtschaft aufrechtzuerhalten«, zitiert er den Wirtschaftshistoriker Richard DuBoff.

So, wie die Dinge nun einmal liegen, müssen wir den Drahtziehern des 11. 9. und den Kriegstreibern um George W. Bush geradezu dankbar sein. Nachdem die Karre vollkommen im Dreck steckt, ist ein Krieg in fernen Ländern das beste Mittel, um weiter wirtschaften zu können wie bisher. Oder wollen wir etwa einen totalen Wirtschaftszusammenbruch wie 1929 und einen Weltkrieg wie zwischen 1939 und 1945? Ist da ein begrenzter Krieg weit weg und in der Wüste, der die amerikanische Wirtschaft vielleicht noch über ein paar Jahre rettet, bevor sie endgültig kollabiert, nicht viel besser? Oder wollen wir die Bankrotterklärung der amerikanischen und der Weltwirtschaft schon heute? Diese Hintergründe sollte man im Auge behalten, wenn man gegen den Krieg demonstriert – und es dann natürlich trotzdem tun.

Des weiteren ist der Krieg natürlich auch interessant, weil er die enorme Menge an Waffen abbaut, die die Arsenale der Amerikaner verstopfen und so die Gesundheit des militärisch-industriellen Komplexes gefährden. George W. Bush konnte nach dem 11. September vom Kongreß nur deshalb 45 Milliarden Dollar mehr für Rüstung verlangen, weil es den 11. September gab und die Vernichtung der alten Arsenale in einem Krieg fest eingeplant war. Insgesamt verlangte Bush für 2003 379 Milliarden Dollar für das Verteidigungsministerium.[232]

Damit erlebte das Rüstungsgeschäft in den Vereinigten Staaten einen Aufschwung, und es ist klar, daß diese gewaltigen finanziellen Ressourcen auf die Produktion und letztlich auf den Verbrauch durchschlagen müssen. Und »Verbrauch« heißt in diesem Fall allemal Krieg. Um neue Produkte zu kaufen, müssen die Arsenale leer geräumt werden, aber das ist gar nicht so einfach in einer friedlichen Welt. 45 Milliarden Dollar mehr müssen nicht nur auf den Kopf gehauen, sondern auch *jemandem* auf den Kopf gehauen werden. Dabei soll die den 45 Milliarden entsprechende Produktionsmenge an Waffen vorerst keinen Schaden anrichten, jedenfalls nicht innerhalb des westlichen Wirtschaftssystems und Lebensraums. Man benötigt deshalb einen einigermaßen abgegrenzten Lebens- und Wirtschaftsraum, in dem sich nur wenige materielle, westliche Werte konzentrieren. Was würde sich – von allen anderen Interessen in diesen Staaten einmal abgesehen – da besser eignen, als die Wüstenstaaten dieser Erde? Hier kann man jeden Wüstenfuchs und jedes Beduinenzelt mit millionenschweren Cruise Missiles beglücken, ohne daß man eine Beschädigung westlicher Investitionen befürchten muß. Im Gegenteil: Man beseitigt gleichzeitig weiteren Geschäften im Wege stehende Regierungen in diesen Staaten. Im Falle von Afghanistan ersehnten die Amerikaner seit langem eine Gaspipeline zu Erschließung der turkmenischen Gasvorkommen. Die 1.271 Kilometer lange Pipeline sollte von Turkmenistan quer durch Afghanistan nach Pakistan verlaufen. Der amerikanische Konzern Union Oilcompany of California (UNOCAL) engagierte sich an vorderster Front für das Projekt und setzte voll auf die Taliban. Die waren jedoch nicht in der Lage, die nötige Stabilität in Afghanistan herzustellen.[233]

Erst durch den 11. 9. und den Afghanistan-Krieg kam das Vorhaben wieder in Gang, denn nun wurde ein früherer UNOCAL-Mitarbeiter Präsident des Landes: Hamid Karsai. Einen anderen UNOCAL-Mann ernannte Präsident Bush zum amerikanischen Gesandten. So kam Afghanistans Öl- und Gasregierung ins Amt.[234]

Karsai sei nicht nur ein Spitzenberater von UNOCAL gewesen, sondern habe für die CIA auch schon als Mudschaheddin gegen die sowjetischen Besatzungstruppen gekämpft, schreibt Wayne Madsen in *Afghanistan, the Taliban, and the Bush Oil-Team*. Karsai habe auch für Interessen der Bush-Familie im Ölbusiness gearbeitet.[235]

Im Falle des Irak, des Lands mit den zweitgrößten Ölreserven der Welt, wollte man ebenfalls eine genehmere Führung, obwohl man diese Diktatur selbst mit aufgebaut hat. Energiereservoir und Waffenabladeplatz für veraltete Waffen, das ist in etwa die Rolle, die die USA armen, dünn besiedelten, strukturschwachen, aber rohstoffreichen Ländern dieser Erde zugedacht haben. Es ist interessant, wie die Vereinigten Staaten nach der Abkehr vom kommunistischen Feindbild sich ihr Feindbild nun in der sogenannten Dritten Welt suchen. Nachdem Erste und Zweite Welt politisch und wirtschaftlich immer mehr zusammengewachsen sind, bleibt zum Austoben nur noch die Dritte Welt übrig. Jedenfalls solange sie vergleichsweise wehrlos ist, weil sie, wenn überhaupt, nur wenige Atomwaffen besitzt. Hinter all den hochtrabenden Sprüchen von Frieden, Bedrohung und Massenvernichtungswaffen verbergen sich ganz gewöhnliche Raubzüge aus dem Mittelalter der Zivilisation.

Die Träume des Imperiums
Die psychologischen Operationen

Große Ereignisse werfen ihre Schatten voraus. Im Fall des 11. September 2001 war das nicht anders. Ihm gingen nicht nur politische, sondern auch psychologische Operationen voran. Lange bevor die ersten Bomben auf Afghanistan fielen, hatte ein massiver Feldzug gegen die Gehirne der Weltöffentlichkeit begonnen. Hollywood hatte sich endgültig zum militärischen Propagandazentrum gewandelt und lieferte den Stoff, aus dem die Alpträume der Demokratie sind. Wie es der Zufall so will, lief im Frühsommer 2000 der Film *Pearl Harbor* in den amerikanischen Kinos an (in Deutschland im Sommer 2001), der die offizielle Geschichtsversion vom ahnungslos überfallenen Amerika im Bewußtsein der Bürger auffrischte. Am 7. Dezember 1941, also ziemlich genau 60 Jahre vor dem 11. September 2001, fiel die japanische Luftwaffe über den amerikanischen Marinestützpunkt Pearl Harbor auf Hawaii her und lieferte den USA den Anlaß für den Eintritt in den Zweiten Weltkrieg. Aber anders als die Geschichtsbücher glauben machen wollen, wußten die Amerikaner schon Wochen vorher über den Überfall Bescheid.

»Ein japanischer Angriff auf uns«, zitiert Wolfgang Eggert in seinem Buch *Angriff der Falken* den damaligen US-Präsidenten Roosevelt, »würde zweifellos zwei der wichtigsten Erfordernisse unserer Politik erfüllen.« Eggert weiter: »Als Bauernopfer für diesen Zweck hatte Roosevelt die Pazifikflotte wie ein Dessertstück auf einem Platz konzentriert und sie vom geschützteren Festland weg nach Pearl Harbor auf Hawaii verlegt. In jüngerer Zeit freigegebene Geheimakten aus der Zeit des Krieges belegen zweifelsfrei, daß der Präsident Japan mit Vorsatz in einen Angriff auf diesen Militär-Hafen manövrierte. Da Washington den Geheimcode der Japaner entschlüsselt hatte, wußte es genau, wann der Angriff erfolgen würde. Die oft kolportierte Behauptung, die japanische Flotte hätte auf ihrem Weg nach Hawaii Funkstille gehalten, ist nicht wahr. Jede Bewegung, jede Zielrichtung der gegnerischen Armada war bekannt. Am 29. November zeigte Außenminister Hull dem Reporter der *United Press* Joe Leib eine Meldung, die Zeit und Ort des Angriffs enthielt. Die *New York Times* meldete in ihrer Pearl-Harbor-Sonderausgabe vom 8.12. 1941 sogar ganz offen auf Seite 13, daß Zeit und Ort des Überfalls im voraus bekannt gewesen waren.«[236]

Die Premiere des neuen *Pearl Harbor*-Films im Mai 2001 fand nicht nur in Pearl Harbor statt. Die US-Marine stellte dem Produzenten Jerry Bruckheimer dafür auch einen ausgewachsenen Flugzeugträger zur Verfügung. Ob Zufall oder nicht: In jedem Fall war der inhaltlich ansonsten bescheidene Film ideal, um den Boden für die Attentate vom 11. September psychologisch vorzubereiten. Als es soweit war, hatten Millionen Menschen sofort parat, was mit dem Stichwort »Pearl Harbor« gemeint war, worum es dabei ging und inwiefern dieses Ereignis den USA die Legitimation für den Eintritt in den Zweiten Weltkrieg verschaffte. Besser hätte das Timing gar nicht sein können.

Überhaupt beschleichen mich äußerst seltsame Gefühle, wenn ich mir im Lichte der Attentate des 11. September rückwirkend die US-Kinolandschaft anschaue. Es drängt sich der Eindruck auf, der 11. September sei nicht nur schon jahrelang in Strategiepapieren, sondern auch in den Hollywood-Studios vorweggenommen worden. So beschützen gute Amerikaner auf der Leinwand die Welt schon seit langem vor dem Bösen. In *Armageddon*, ebenfalls produziert von *Pearl Harbor*-Produzent Bruckheimer, rettet die uramerikanische NASA ausgerechnet gemeinsam mit einem Ölbohrteam die Welt vor einem heranrasenden Asteroiden. Zusammen mit der NASA hecken die Ölbohrer einen Plan aus, wie ein Loch in den Gesteinsbrocken zu bohren sei und wie man diesen anschließend mit einer Atombombe sprengen könnte. Nicht nur die USA, die NASA und Ölbohrer sind etwas Gutes, lernen wir dabei, sondern auch Atombomben. Man mußte sich ja was einfallen lassen nach dem Ende der Sowjetunion.

Zuvor, 1997, tat sich Bruckheimer schon durch die Fernsehserie »Soldier of Fortune« hervor, was man ins Deutsche wohl am besten mit »Glücksritter« übersetzen würde. Dieser Titel ist keine Erfindung von Bruckheimer, sondern steht in den USA für eine ultrarechte Szene von Söldnern, Waffennarren und Militaristen, deren Fachblatt den Namen »Soldier of Fortune« trägt. Die gleichnamige Bruckheimer-Serie handelt von einer Sondereinheit aus uramerikanischen Helden, die für die US-Regierung weltweit die Kastanien aus dem Feuer holen. Im Film lautet der offizielle Name der Sondereinheit »Special Operations Force«, so daß auf diese Weise auch gleich Sympathien für die real existierenden »Special Operations Forces« der USA geschaffen werden. Auch die Plots von »Soldiers of Fortune« stellen die geradezu unglaublichen seherischen Qualitäten ihrer Autoren unter Beweis: »Der erste Auftrag führt die fünfköpfige High-Tech-Truppe in den Irak, wo vier amerikanische Kriegsgefangene auf ihre Befreiung warten. Als UN-Beobachter getarnt, schleusen sich die Schattenkrieger in das Land am Golf ein. Mit Hilfe eines irakischen Kontaktmannes finden sie den Ort, an dem die Amerikaner gefangen gehalten werden.«[237]

Im April 2003 wurde dieser wilde Hollywood-Traum Realität, als ein Greifkommando der realen »Special Operations Forces« die 19 Jahre alte US-Soldatin Jessica Lynch aus irakischer Kriegsgefangenschaft befreite, in die sie am 23. März 2003 geraten war. Eine Heldentat, die die US-Militärs angesichts schwindender Unterstützung für den Irak-Krieg und der anfänglichen Schwierigkeiten sehr gut gebrauchen konnten. Die Heimkehr der Jessica Lynch wurde ganz groß über die Medien vermarktet, die Besetzung der Rolle war mit einer hübschen, schlanken Blondine optimal. Die USA badeten in Eigenlob und Heldenverehrung. Es dauerte auch nicht lange, da kündigte der Fernsehsender *NBC* an, die Schmalzgeschichte verfilmen zu wollen. Doch die Wahrheit scheint prosaischer zu sein als die Träume der Filmproduzenten: Irakische Ärzte wunderten sich über die amerikanische Saga von der gefährlichen Befreiung der Soldatin aus einem Krankenhaus. Es seien gar keine irakischen Kämpfer mehr dagewesen, die man hätte überwältigen müssen. Die US-Soldaten hätten sich nicht wie strahlende Retter, sondern eher wie Elefanten im Porzellanladen benommen. Statt irakische Krieger legten die Helden Ärzte und Patienten des Krankenhauses in Handschellen, darunter auch eine gelähmte Patientin. Die einzigen, die Angst und Schrecken verbreitet hätten, seien die Amerikaner gewesen, hieß es. Jessica Lynch sei in dem Krankenhaus keineswegs bedroht gewesen, sondern durch die dortige Therapie gerettet worden. Ohne diese Behandlung hätten die »Helden« der US-Armee die Frau gar nicht »retten« können.[238]

Ein anderer Plot aus »Soldiers of Fortune«: »Mit Hilfe von Milliarden gefälschter Dollar versucht der Iran, den Weltwirtschaftskreislauf zu manipulieren. Hergestellt werden die Blüten in einer Geheimdruckerei des Landes, die Major Shepherd und seine Leute finden und zerstören sollen.«[239]

Auch Nordkorea, der dritte Fixpunkt in George W. Bushs »Achse des Bösen«, fehlt in der Serie nicht: »Matt und Margo werden beauftragt, einen Repräsentanten der UNO zu beschützen. Als sie ihn jedoch auf seine Reise nach Nordkorea begleiten, geraten sie prompt in einen Hinterhalt und werden entführt. Nordkoreanische Soldaten klagen sie der Spionage an und stellen sie vor Gericht. Gerade noch rechtzeitig erfahren die restlichen SOF-Teammitglieder von der Verhandlung und machen sich auf, die beiden zu befreien.«[240]

Den Durchbruch schaffte Bruckheimer übrigens 1986 mit dem Helden-Epos *Top Gun* (wörtlich übersetzt etwa »Die Spitzenkanone«), einer vor Pathos triefenden Geschichte über die Angehörigen einer US-Elitepilotenschule, garniert mit psychologischen Botschaften über den Vietnam-Krieg.

Der Plot: »US-Pilot Pete ›Maverick‹ Mitchell und sein Navigator Nick ›Goose‹ Bradshaw zählen zu den Besten – und deshalb werden sie eines Tages ins kalifornische Miramar zu einem mehrwöchigen Lehrgang der ›Top Gun‹ abgestellt, eine Elite-Ausbildungseinheit für die besten Piloten.

(…) Bei einem Flugwettbewerb stürzt Maverick mit seiner Maschine ab – ›Goose‹ kommt dabei ums Leben. Maverick leidet unter Schuldgefühlen und will nicht mehr fliegen. Dann aber erzählt ihm sein Ausbilder, Commander ›Viper‹, die heroische Geschichte vom heldenhaften Tod eines Fliegers in Vietnam – Mavericks Vater.«

Bei Maverick lösen die Geschichten vom Ableben seines Vaters im vietnamesischen Dschungel einen Sinneswandel aus: »Der junge Pilot kommt wieder zur Besinnung. Er steigt ins Cockpit und beendet den ›Top Gun‹-Lehrgang. Zurück bei seiner Einheit, wird Maverick in einen mörderischen Luftkampf mit feindlichen MiG-28-Jägern verwickelt …«[241]

Der heldenhafte Tod seines Vaters auf einem anderen imperialen, mit Lügen gepflasterten Schlachtfeld der Vereinigten Staaten bringt unseren jungen Nachwuchs-Piloten wieder auf Vordermann. Kein Wunder, daß Hollywood-Mann Bruckheimer für seine Produktion schon damals die volle Unterstützung der US-Militärs genoß: »Die Dreharbeiten fanden am Originalschauplatz, der Miramar Air Base bei San Diego, statt. Der Flughafen wurde ebenso wie die Kampfflugzeuge und ein Flugzeugträger kostenlos vom Militär zur Verfügung gestellt. Um sich auf ihre Rollen vorzubereiten, durften die Schauspieler auf dem Rücksitz der Bomber mitfliegen.«[242]

Wie man sieht, verbreitete das Militär seine Botschaft von den guten, amerikanischen Jungs, die einfach nur die Welt retten wollen, schon lange vor dem 11. 9. Mal dienen die Epen der nachträglichen Verbrämung unappetitlicher Ereignisse der amerikanischen Geschichte. Mal scheinen sie künftige Ereignisse geradezu vorwegzunehmen, wie eben den 11. September 2001. Zumindest reflektierte Hollywood auf gespenstische Weise Motive des 11. September schon lange vor dem Jahr 2001.

Triumph des Killens
Motive des 11. September

Ein weiteres typisches Beispiel: Der amerikanische Präsident eint die Welt im Kampf gegen das Böse, so in *Airforce One* und *Independence Day*. Wer diese Schinken bislang für harmlose Unterhaltung hielt, liegt daneben. In Wirklichkeit transportieren sie die gefährliche Ideologie eines angeblich guten US-Präsidenten, der die Führung und Einigung der Welt übernimmt. Das Böse sind im einen Fall »Terroristen« *(Airforce One)*, im anderen Fall entmenschte »Aliens« *(Independence Day)*, die verdächtig alten Teufelsdarstellungen ähneln und denen man die Bomben vorn und hinten nur so reinschieben muß, bis sie endlich in einem Feuerball zerplatzen. Mitte der neunziger Jahre erregte der Film *Independence Day* besonderes Aufsehen, weil erstmals symbolische Gebäude der USA zerstört wurden – u. a. das Empire State Building in New York. Dabei sieht man genau die gleichen Rauchwolken durch die Straßenschluchten wabern wie später am 11. September 2001. Der 11. September ist im Grunde ein Remake von *Independence Day*. Zum Beispiel tritt der Filmpräsident in *Independence Day* nach dem Angriff der Aliens genau denselben Irrflug in *Airforce One* an wie George W. Bush am 11. September. Zum Beispiel entstieg auch George W. Bush einem Militärflugzeug, um seine Siegesrede über den Irak zu halten – genauso wie einst der Filmpräsident in *Independence Day*. Und statt eines Aufklärungsflugzeugs sollte es eigentlich ein Kampfjet vom Typ F-18 sein – wie in *Independence Day*. Aber weil eine solche Landung auf einem Flugzeugträger gefährlich ist, legte der Secret Service sein Veto ein.[243]

Rätselhaft bleibt dagegen ein wichtiger Unterschied zwischen diesen beiden Inszenierungen. Denn es stellt sich die Frage, warum sich *Independence Day* damals mit der Zerstörung eines zweitrangigen Symbols, des Empire State

Buildings, zufriedengab und ausgerechnet die höchsten Gebäude New Yorks, die Türme des World Trade Centers, für seine Handlung verschmähte. Merkwürdig, daß der Filmemacher Roland Emmerich ausgerechnet diese spektakulären Gebäude links liegen ließ, denn damit hätte *Independence Day* mit Sicherheit noch mehr Aufsehen erregt. Warum gab er sich statt dessen mit der zweiten Gebäudegarnitur in New York zufrieden?

Auf jeden Fall werden die Aliens besiegt, indem der amerikanische Präsident weltweit das Kommando übernimmt. Am Ende steigt er sogar selbst in das Cockpit eines Kampfjets, um die Außerirdischen zu bekämpfen. Psychologisch entscheidend sind die folkloristischen Szenen aus aller Welt, in denen sich die Staaten der Erde dem Kampf des US-Präsidenten in einer Art Anti-Alien-Koalition anschließen.

Bei der Produktion von *Airforce One* mangelte es dem ehemals deutschen Starregisseur Wolfgang Petersen an nichts: Der erste Drehort war die Rickenbacher Air National Guard Base. »Die Filmemacher konnten«, vermerkt das Dirk-Jasper-Filmlexikon, »auf die Mitarbeit aller vier Truppengattungen der US-Armee zählen, und das technische Wissen der Militärs garantierte der Produktion eine Authentizität, wie sie nur selten im Kino zu sehen ist.« Hilfreich sei auch »das offizielle O.K. aus dem Weißen Haus« gewesen, »Petersen bei seiner Arbeit zu unterstützen: So konnte die Produktion mit Flugzeugen, Locations und technischem Material arbeiten, das Hollywood normalerweise nicht zur Verfügung gestellt wird. Neben einer ganzen Einheit von Hubschraubern, F-15-Jägern und Transportern standen an die 250 Mann bereit, das Equipment zu warten, zu bedienen und zu fliegen.«[244]

Bevor die US-Kampfjets für die Kriege im Irak und in Afghanistan abhoben, waren sie schon x-mal auf der Leinwand gestartet. Kaum jemand ist den US-Militärs bei ihrer Propaganda so hilfreich wie Hollywood und seine deutschen Regisseure und Filmemacher. Dazu gehören neben Wolfgang Petersen *(Airforce One)* insbesondere Roland Emmerich *(Independence Day, Der Patriot)* und Michael Ballhaus (Kamera *Airforce One).* »Interessanterweise sind die Filme, die in den letzten Jahren einen starken US-Patriotismus transportieren, nicht von Amerikanern, sondern von deutschen Regisseuren gedreht worden«, so der Filmexperte Timothy Simms. »In den genannten Filmen wird die Gemeinschaft immer als Differenz zu einem fremden anderen (außerirdische Invasoren, kasachische Terroristen, britische Okkupatoren), das diese Gemeinschaft bedroht, konstruiert. Es ist patriotische Pflicht, dieses andere in seine Schranken zu verweisen.«[245]

Hatten wir das nicht schon mal? Leni Riefenstahls *Triumph des Willens* entwickelten diese Regisseure zu einem fortwährenden Triumph des Killens.

»Der Kontext der Katastrophen ist immer biblisch«, heißt es in einer Analyse der Filme *Independence Day, Deep Impact* und *Armageddon,* »ob es nun das vom Himmel fallende Feuer des Asteroiden ist, die dann zu erwartende Sintflut oder, wie in *Independence Day,* eine intergalaktische Heuschreckenplage. Und die Menschheit rückt schauernd unter einem Gedanken zusammen, der da ›Überleben‹ heißt. (...) Die Katastrophe kittet alle vorher problematischen Beziehungen. Sowohl die persönlichen als auch die nationalen. (...) In allen drei Filmen ereignet sich analog zu einer Hochzeit die Kooperation der führenden Industrienationen unter Federführung der Vereinigten Staaten.«[246]

Hollywoods Handschrift
Die Filmfabrik und der Terror

Und das alles vor dem 11. 9. 2001! Welch ein Zufall. Wie auch dieser: »Interessant ist dabei, daß die Lösung immer eine militärische ist. In *Independence Day* durch die Fernlenkraketen der Luftwaffe, in *Deep Impact* und *Armageddon* sogar durch Atomwaffen. Die Möglichkeit eines radioaktiv verseuchten Meteoritenregens wird dabei nicht erwogen. In allen Filmen hat das Militär das Positiv-Image als Retter der Zivilisation ...«[247]

Kein Wunder, daß aufmerksame Beobachter die Handschrift von Hollywood überall in den Ereignissen seit dem 11. September wiederentdeckten, zum Beispiel Horst Ehmke, Mitglied der Regierung Brandt. Ihn erinnerten die Fernsehbilder der Anschläge an eine »Hollywood-Produktion«.[248]

Der Mann ist kein gewöhnlicher Zeuge. Unter Willy Brandt war er Geheimdienstkoordinator, also ein echter Insider. Wenige Monate vor dem 11. September, im Mai 2001, veröffentlichte er sein Buch *Himmelsfackeln*. Darin crashen türkische Hijacker entführte Flugzeuge in Berliner Gebäude. »Terroristen hätten eine solche Operation mit vier entführten Flugzeugen nicht ohne die Unterstützung eines Geheimdienstes ausführen können«, erklärte Ehmke nach dem 11. September.[249]

Unterschiede gab es nur in der Beurteilung der Richtung, die die Interaktion zwischen Hollywood und den Terroristen des 11. September genommen haben mochte. Regie-Altmeister Robert Altman beispielsweise beschwerte sich, die Hollywood-Filme hätten das Muster vorgegeben, das die Terroristen kopiert hätten: »Niemand wäre auf die Idee einer solchen Greueltat gekommen, wenn er so etwas nicht zuvor in einem Film gesehen hätte. (...) Ich glaube ganz einfach, daß wir diese Atmosphäre erzeugt haben und ihnen beigebracht haben, wie man es macht.«[250]

Inwieweit sich arabische Terroristen möglicherweise anhand von Hollywood-Produktionen schlau machen, wissen wir nicht. Ganz sicher ist dagegen, daß das US-Militär intensiv mit Hollywood zusammenarbeitet. Am 9. Oktober 2001 meldete *Spiegel Online*: »Keine Strategieexperten, sondern die Macher von *Die Hard* (›Stirb langsam‹) und *McGyver* sind offenbar die neuen Berater der amerikanischen Armee. Ein geheimes Treffen habe in der vergangenen Woche zwischen Militärvertretern und Filmemachern an der Universität von Südkalifornien stattgefunden, berichtet das Branchenblatt *Variety*. Unter den ›Krisenberatern‹ befanden sich angeblich die Drehbuchautoren von *Die Hard* und *McGyver,* Steven De Souza und David Engelbach sowie Joseph Zito, Regisseur der Chuck-Norris-Filme *Delta Force One* und *Missing in Action. In Delta Force One* geht es um ein Flugzeug, das von palästinensischen Terroristen nach Beirut entführt wird.«

Von der Traumfabrik zur Alptraumfabrik
Die Produktion von Rechtfertigungen

Ein derartiger Erfahrungsaustausch zwischen Armee- und Filmvertretern sei laut *Variety* nichts Ungewöhnliches: »Die Unterhaltungsindustrie könne durchaus als Ratgeber für das Militär dienen, beispielsweise beim Verständnis von Handlung und Charakteren oder der Erstellung eines ›Drehbuchs‹ – so *Variety*.«[251]

So habe die Armee 1999 zusammen mit der University of Southern California das Institut für Kreative Technologien (ICT) gegründet. Filmemacher, Videospielerfinder und Computerexperten entwickelten dort unter anderem virtuelle Simulationsprogramme für Militärübungen. Solche Simulationsprogramme sind vielseitig verwendbar. Man kann nicht nur mit ihnen üben, sondern ihre künstlichen Realitäten lassen sich via Fernsehen möglicherweise auch als Realität verkaufen.

In Wirklichkeit tauschen sich Filmemacher, Regisseure und Militärs seit Jahrzehnten intensiv aus, und so manche Hollywood-Materialschlacht ist in Wahrheit eine Materialschlacht des Militärs. Längst ist die Traumfabrik zur Alptraumfabrik geworden, die uns auf die nächsten Kriege des US-Imperiums vorbereiten soll. Vermutlich könnte man enorme prophetische Fähigkeiten hinsichtlich kommender Feldzüge der USA entwickeln, würde man die Hollywood-Schinken nur richtig deuten. Dabei verschwimmen nicht nur die Grenzen zwischen der Filmfabrik und dem Militär, sondern auch jene zwischen realen und virtuellen Kriegen. Inzwischen kann eigentlich niemand mehr wissen, welche Kriegsszenen real und welche in Studios oder modernsten Simulationseinrichtungen entstanden sind. Damit erreicht man ganz neue Ebenen der Lüge; fortan werden Bürger und Politiker zu Hause noch weniger wissen, ob der mutige Vormarsch der US-Boys an der jeweiligen Front real oder lediglich simuliert ist. Solche simulierten Szenen in die internationalen TV-Netzwerke einzuspeisen, ist eine Kleinigkeit. Die Traumfabrik ist längst zur Brainwash-Maschine des Militärs geworden, die meisten neuen Produktionen, insbesondere, wenn es sich um »Action-Filme« handelt, sind Feldzüge gegen unseren gesunden Menschenverstand und eine Form von Gehirnwäsche, die wir an der Kinokasse auch noch selbst bezahlen.

Hollywood ist für die Kriegsstrategen des Imperiums unverzichtbar. Niemand hat soviel Erfahrung bei der Massenproduktion von Deutungen, Rechtfertigungen sowie seichten menschlichen und moralischen Motiven wie die Filmindustrie. Alles das sind Rohstoffe, die man in einem Krieg mindestens ebenso dringend braucht wie Bomben und Cruise Missiles, denn ohne sie läßt sich ein räuberischer Feldzug kaum in ein moralisches Unternehmen zur »Befreiung« der Bevölkerung des überfallenen Landes umwandeln, wie das etwa beim Irak versucht wurde. Übrigens ist auch das ein Verhalten, das wir aus der alten Sowjetunion bestens kennen. Auch die Sowjetunion hat niemals einen anderen Staat überfallen, sondern wurde stets »zu Hilfe gerufen«. Die Filmindustrie, da können wir ganz sicher sein, ist mit ihren für das jeweilige Ereignis maßgeschneiderten Dramen in der Lage, jeden, aber auch jeden Raubzug in einen Akt der Menschlichkeit umzudeuten. Und genau deshalb sollten wir aufhören, solche Filme mit Unterhaltung zu verwechseln. Denn am Ende werden *wir* das andere und das Fremde sein, das pathostriefend ausgemerzt wird. Erst auf der Leinwand, dann in der Realität.

Es werde Licht
Biblische Szenen im World Trade Center

New York, 11. September 2001, 8.46 Uhr. An einer Straßenkreuzung in Manhattan dreht der Dokumentarfilmer Jules Naudet eine Episode für seinen Film über die New Yorker Feuerwehr. Da hört er über sich ein Geräusch. Er schwenkt die Kamera nicht nach oben, sondern um etwa 180 Grad nach hinten und macht die Aufnahme seines Lebens: den Einschlag von Flug American Airlines 11 in den Nordturm des World Trade Centers. Auch die Dokumentationen nach dem 11. September dienen zur emotionalen und moralischen Überhöhung der »Helden«. Wäre es nicht »Zufall« gewesen, der Film hätte einfach gedreht werden müssen, um nach der Katastrophe überlebensgroße Helden zu schaffen. Die unangreifbare Aura dieser Helden umgibt den 11. September wie ein undurchdringlicher Schleier, der jede Nachfrage als eine Art unerlaubter Gotteslästerung erscheinen läßt. Die Helden werden zu einer derart einschüchternden Größe aufgeblasen, daß jeder Kritiker einfach verstummen muß. Solche Helden werden überall an den entscheidenden Punkten plaziert, wo es nach dem 11. September eigentlich sehr viel zu fragen gäbe. Dort sitzen sie wie Geister und bewachen die Wahrheit gegen ungebetene Eindringlinge: Sie sitzen in den Flugzeugen und werden lebendig durch die zahlreichen Telefonanrufe, die sie angeblich von Bord tätigen konnten. Sie sitzen im Pentagon und versuchen nach dem angeblichen Einschlag des Airliners dem Tod so viele Opfer wie möglich zu entreißen. Die Führer der Nation werden zu Helden, etwa dann, wenn man im Pentagon den Verteidigungsminister höchstpersönlich neben einer Trage mit einem Verletzten herlaufen sieht. Und sie befinden sich auch im World Trade Center, wo sie Geschichten von biblischer Kraft erleben, die kleinliche Skeptiker ganz einfach verstummen lassen:

»Ich sehe es Auge in Auge, es kommt direkt auf mich zu. Ich weiß nicht warum, aber ich schreie: ›Herrgott, das ist zuviel für mich, hilf mir!‹ Und da macht das Flugzeug eine kleine Kurve. Später sah ich die Nachrichten und versuchte, es zu verstehen. Es war, als hätte Gott das Flugzeug von mir weggeschoben«, berichtet der Schwarze Stanley Prainmath in der Fernsehdokumentation *Der Tag des Terrors – Anschlag aus heiterem Himmel,* in Deutschland am 30. August 2002 um 21.45 Uhr in der *ARD* ausgestrahlt.

Schon der Titel dieser Fernsehdokumentation ist nackte Propaganda, denn daß dieser Anschlag eben nicht aus heiterem Himmel kam, sondern daß die US-Dienste zumindest zahlreiche Hinweise darauf hatten, gehört inzwischen zum Allgemeinwissen im Hinblick auf den 11. September. Die Fernsehdokumentation gehörte zur emotionalen Aufarbeitung der Anschläge. Es fällt auf, daß die Medien die Geschehnisse kaum kriminalistisch oder logisch aufarbeiteten, sondern vor allem emotional. Sie zeigten bärtige und vermummte Terroristen und weinende Opfer, die eindrucksvolle Erlebnisse erzählten – Geschichten, die allzu oft nach Drehbuch rochen, wie zum Beispiel die eben genannte TV-Dokumentation. Unter anderem erzählte sie die Abenteuer eines Schwarzen und eines Weißen, die im Inferno des World Trade Centers zueinander fanden: »Ich wußte nicht«, berichtete Stanley Prainmath, »daß das Flugzeug explodiert war, daß das Gebäude in Flammen stand, ich wußte gar nichts, und als ich rufe: ›Gott schick mir jemanden!‹, sehe ich ein Licht ...«

Bezeichnend: Der Schwarze sitzt in Finsternis und Verdammnis, und der Weiße bringt das Licht. Als dieser spricht, ist es, als hätte sich der begnadete Philip Marlowe, Ich-Erzähler in Raymond Chandlers Detektivromanen, in das todgeweihte World Trade Center verirrt: »Der Lichtstrahl meiner Taschenlampe schnitt durch den schwarzen Rauch wie ein Autoscheinwerfer auf einer Landstraße bei Nacht. Sonst sah ich nichts. Seine Stimme führte mich: ›Hier rüber, nach rechts, hier!‹ Er rief: ›Siehst du meine Hand?‹ Ich war ganz nah, aber ich sah gar nichts. Und plötzlich erfaßte meine Taschenlampe eine Hand. Sie ragte aus einem Loch, winkte direkt vor mir.«

Die Begegnung des schwarzen und weißen Amerika in Gestalt von Stanley Prainmath und Brian Clark ist an Symbolik kaum zu übertreffen: »Ich sagte: ›Ich sehe deine Hand‹«, erzählt Brian Clark. Im Gegenzug stellt der Schwarze Stanley Prainmath eine Frage. Nicht etwa, was eigentlich passiert ist, ob der andere auch dieses Flugzeug gesehen habe, ob das ein Unfall gewesen sei oder etwas ähnliches. Nein, statt sich möglichst schnell aus seiner unglücklichen Lage befreien zu lassen, um umgehend die Beine unter den Arm zu nehmen, fragt Stanley Prainmath Brian Clark: »Eines muß ich noch wissen: Kennst du Jesus Christus?« – »Mein Gott«, sagt Clark, »auf diese Frage war ich in diesem Moment nicht vorbereitet.«

Das mag man ihm sofort glauben, aber Prainmath läßt sich nicht beirren: »Ich frage ihn: ›Bist du Christ? Gehst du zur Kirche? Bist du getauft?‹ Später sagte er mir, er hätte mich in diesem Moment für verrückt gehalten. Aber er antwortet: ›Ja, ich gehe jeden Sonntag zur Kirche.‹ Da sage ich: ›Dann bete mit mir. Denn wenn es mein Schicksal sein soll, hier zu sterben, soll meine Seele in den Himmel einziehen.‹«

Ein Satz, den Mohammed Atta wohl kaum überzeugender hätte sprechen beziehungsweise – in seinem »Testament« – schreiben können. Die christlich-fundamentalistischen Motive in den »Drehbüchern« des 11. 9. sind unübersehbar.

»Ich krieche über die Trümmer, sie schneiden mich ins Fleisch, quetschen mich, aber ich spüre nichts«, erzählt Prainmath. Und Clark ergänzt: »Ich zog ihn raus, und wir fielen hin. Und ich sagte: ›Ich bin Brian.‹ Und er: ›Ich bin Stanley.‹ Und ich sagte: ›Okay, Stanley, laß uns gehen.‹«

Nach einem Zwischenspiel mit einem Verletzten auf der Treppe des World Trade Centers gelangen Prainmath und Clark ins Freie: »Ich sagte: ›Bist du bereit für das Stanley?‹ Und er sagte ja, und ich schaute nach oben. Alles schien O.K. Ich sagte, los geht's, und wir rannten.« So ähnlich hat man das auch in *Butch Cassidy und Sundance Kid* gesehen oder bei *Bonny and Clyde*. Danach erwartet uns wieder ein Szene von geradezu biblischer Symbolik und Suggestion: »Wir rannten eineinhalb Blocks und kamen zu einem Lebensmittelladen. Ich hielt an, um Luft zu holen und fragte nach Wasser. Ein Mann kam heraus mit Wasser und einem Teller mit frischem Obst und Gebäck und sagte: ›Hier, ich glaube nicht, daß heute noch jemand vorbeikommt, der das haben will.‹«

Von dieser Speisung gestärkt, erleben Stanley und Brian den Zusammenbruch eines der Türme des World Trade Centers. Wo? An den Zaun einer Kirche gelehnt: »Wir starrten nach oben, voller Entsetzen. Es sah aus wie glitzerndes Konfetti, das war das Glas der zerberstenden Fenster, in dem sich das Sonnenlicht brach. Dann verschwand der ganze Turm in seinem eigenen Staub.«

Erde zu Erde – Staub zu Staub, das gilt eben nicht nur für Menschen, sondern auch für Bürotürme.

Die Weltherrschaft aus der Schublade
Strategien vor dem 11. September

So wie Hollywood schon lange vor dem 11. September einzelne Motive der Attentate und der nachfolgenden Geschehnisse reflektierte, wurden die Pläne für die neue Rolle der USA ebenfalls nicht erst nach dem 11. September 2001 entworfen, sondern lagen längst in der Schublade. Eine besonders rührige Gruppe hatte ab etwa 1998 das »Neue amerikanische Jahrhundert« geplant, und so nannte sie sich denn auch: »Project for the New American Century (PNAC).« Und wie es der Kalender nun mal will, begann dieses neue Jahrhundert im Jahr 2001. Auf dem Wunschzettel dieser Strategen stand eine ganze Menge, aber ihre Begehrlichkeiten adressierten sie nicht an den Weihnachtsmann, sondern an den damaligen Präsidenten Bill Clinton – wobei das für sie ein und dasselbe gewesen sein dürfte. Aber Scherz beiseite: In dem harschen Brief an den Regierungschef forderten sie am 26. Januar 1998 u. a. etwas, das der Welt später als Reaktion auf die Anschläge vom 11. September 2001 verkauft wurde: die Entmachtung Saddam Husseins und eine radikale Umkehr im Verhältnis zur UNO. »Im Angesicht des Versagens der Diplomatie bedeutet das auf kurze Sicht die Bereitschaft zu einer militärischen Aktion«, heißt es da. »Auf lange Sicht bedeutet es die Entfernung von Saddam Hussein und seines Regimes von der Macht.« In ihrem 1998er Brief an den in ihren Augen zu laschen Präsidenten Bill Clinton unkten die PNAC-Leute, »daß wir schon bald mit einer weitaus ernsteren Bedrohung aus dem Mittleren Osten zu tun bekommen könnten, als jede andere seit dem Ende des Kalten Krieges«.[252]

Wenig später begann ein dem PNAC verwandter und befreundeter Verein, das Council on Foreign Relations, in dem alles versammelt ist, was in Banken, Geheimdiensten und Militär einen Namen hat, mit einer Reihe von geheimnisvollen Studien. Im Zentrum dieser Studien standen ein massiver Finanzkollaps und seine Folgen. Aber nicht nur das. Die Hauptfrage lautete, was geschehen würde, wenn eine solche Finanzkrise mit einer massiven terroristischen Attacke auf die Vereinigten Staaten einhergehen würde. Die Antwort: Ein Staatsstreich. Der US-Präsident würde ausgeschaltet, und das Land würde von einer »Krisen-Diktatur« geführt.[253]

Erstaunlicherweise phantasierten auch die Strategen des »Project for the New American Century« von einem solchen Angriff. Die zeitliche Nähe zu den Attacken vom 11. 9. ist auch deshalb so verblüffend, weil schließlich in der gesamten amerikanischen Geschichte eine solche wirksame und »massive terroristische Attacke« auf die USA noch nie stattgefunden hatte. Warum ultrarechte »Think-Tanks« ausgerechnet jetzt, auf dem Höhepunkt der Finanzkrise und kurze Zeit vor dem tatsächlichen Eintritt eines solchen Angriffs, auf eine solche Idee kamen, ist eine interessante Frage. Ebenso interessant wie die Frage nach den prophetischen Phantasien Hollywoods. Es kommt aber noch dicker.

Im Jahr 2000 erkannte das PNAC, daß sich der gewünschte Wandel zu einer dominanten Rolle der Vereinigten Staaten auf dem Globus nur dann würde beschleunigen lassen, wenn »ein katastrophales Ereignis« eintritt, »das als Katalysator dient – ein neues Pearl Harbor«.[254]

Angesichts der seherischen Fähigkeiten dieser Autoren kann man eigentlich nur staunen. Sie fordern all das, was wir nach dem 11. September 2001 tatsächlich erlebt haben, und sagen auch noch, dies alles lasse sich nur mit Hilfe eines mit Pearl Harbor vergleichbaren »katastrophalen Ereignisses« schnell verwirklichen, das den von ihnen gewünschten Umwandlungsprozeß beschleunigt. Etwa um dieselbe Zeit kam der Film *Pearl Harbor* in den USA in die Kinos.

Und genau, wie von den Strategen des befreundeten Council of Foreign Relations – in dem viele dieser Herren ebenfalls vertreten sind – bei ihren Planspielen vorhergesehen, folgte in der Realität der Diktatur nach außen auch die Diktatur nach innen. Nur wenige Wochen nach dem 11. September wurde der sogenannte »Patriot Act« verabschiedet, ein Gesetzespaket, das die Bürgerrechte der Amerikaner massiv einschränkte. Und auch dieser Patriot Act fiel nicht aus heiterem Himmel, sondern wurde längst vor dem 11. September entworfen. Der Patriot Act ist ein dickes Buch mit annähernd 400 Seiten und hätte kaum in der kurzen Zeit zwischen dem 11. September und seiner Verabschiedung sechs Wochen später konzipiert werden können. Nicht mal zum Lesen dieser Gesetze blieb vor der Verabschiedung ausreichend Zeit. Über den amerikanischen Patriot Act schreibt *Spiegel Online*: »Kaum einer der Volksvertreter hatte das 345 Seiten umfassende Dokument gelesen, das nach nur kurzer Debatte tief in der Nacht mit überwältigender Mehrheit angenommen wurde. Die Folge: Die Befugnisse des Staats, seine Bürger zu überwachen und auszuspionieren, wurden dramatisch ausgeweitet. So darf die Polizei nun im Namen der Terrorabwehr von allen Unternehmen – etwa Banken, Krankenhäusern, Kreditkartenfirmen, Autoverleihern und Internetanbietern – Auskunft darüber verlangen, was ihre Kunden tun. So auch von Buchläden und Bibliotheken.«[255]

Und der nächste Patriot Act liegt schon in der Schublade: »Der neue Patriot Act, über den jetzt gesprochen wird«, sagt der Bürgerrechtler Kyle Hence von *unanswered questions.org*, »der Domestic Security Enhancement Act, läßt den alten aussehen wie ein Kinderspiel. Der ist vergleichsweise mild. Jetzt reicht es, wenn sie sagen: Wir verdächtigen Sie! Und dann können sie Sie ohne Anwalt wegsperren und ohne daß sie überhaupt eine Anklage vorbringen. Damit wird die Verfassung aus dem Fenster geworfen. Sie müssen nicht mal etwas fabrizieren, sie müssen nur behaupten: Sie sind eine Gefahr, wir verdächtigen

Sie der Verbindung zu Al-Qaida! Sie brauchen dafür keine Beweise. Sie können Sie einfach wegsperren.«[256]

Auf diese Weise machten sich die Abgeordneten zu Komplizen von totalitären Kräften. Und tatsächlich hatte es ja auch mindestens eine Art Staatsstreich schon gegeben: den »Wahlsieg« von Präsident Bush im Jahr 2000. Denn nach allem, was wir heute wissen, ist George W. Bush durch Wahlmanipulationen ins Amt gekommen, die ausgerechnet in Florida stattfanden, dem Bundesstaat, dem sein Bruder Jeb Bush als Gouverneur vorsteht. In demselben Bundesstaat trieben sich die angeblichen »Hijacker« vor den Attentaten die meiste Zeit herum und nahmen den Großteil ihres »Flugunterrichts«. Darunter auch in einer Flugschule in Venice, ganz in der Nähe des Bush-Refugiums Boca Grande. Nach einem Bericht des Journalisten Daniel Hopsicker wurden die die »Entführer« betreffenden Akten der Flugschule bereits einen Tag nach den Anschlägen an Bord einer C-130-Transportmaschine weggeschafft. Mit an Bord: der Präsidentenbruder, PNAC-Mitbegründer und Gouverneur von Florida, Jeb Bush.[257]

Einer seiner Vorgänger als Gouverneur von Florida, der heutige Vorsitzende des Geheimdienstkomitees des Senats, Bob Graham, traf sich zusammen mit dem Vorsitzenden des Geheimdienstkomitees des Repräsentantenhauses, Porter Goss (ebenfalls aus Florida), noch am Morgen des 11. September 2001 mit jenem Mann, der die Finanzierung der Sündenböcke in Florida veranlaßte: der pakistanische Geheimdienstchef Mahmoud Ahmad.

»Der Chef des pakistanischen Geheimdienstes, General Mahmoud Ahmad, hat sich sechs Tage vor dem 11. 9. mit CIA-Direktor George Tenet getroffen«, berichtet der Journalist und Bürgerrechtler Tom Flocco. »Am Morgen der Anschläge hat er sich auch mit den Vorsitzenden der Geheimdienst-Komitees des Repräsentantenhauses und des Senats getroffen. Von diesem Herrn (Mahmoud Ahmad;

G. W.) gibt es eine direkte Verbindung zu Geldzahlungen an den Chef der Attentäter, Mohammed Atta. Wir haben also Regierungsoffizielle auf der höchsten Ebene, die sich mit dem Mann getroffen haben, der die Operationen der Hijacker bezahlt hat.«[258]

Und alle diese Regierungsoffiziellen stammen, wieder einmal, aus Florida.

Nach dem 11. September wurde Ahmad-Freund Porter Goss eine zentrale Figur bei der Untersuchung angeblicher »Geheimdienstfehler« im Vorfeld der Attacken. Und außerdem, so erfährt man auf seiner Website, widmet sich Porter Goss ausgiebig der Stärkung jenes Geheimdienstapparats, der am 11. September 2001 so kläglich »versagt hat«.

»Wer ist die Putsch-Fraktion?«, fragte die politische Analytikerin Muriel Mirak-Weissbach nach dem 11. September 2001. »Das ist nicht einfach festzulegen; wir kennen die Namen der Offiziere aus Militär und Geheimdienst nicht. Es ist wie die Jagd auf ein unbekanntes Tier. Wir wissen vielleicht nicht den Namen des Tiers, aber wir können seine Fußabdrücke identifizieren und seiner Spur folgen. Wir können seinen Rückzugsraum identifizieren und sein charakteristisches Verhalten.«[259]

Der Dame kann geholfen werden. Vielleicht nicht unbedingt, was die Putschisten angeht. Aber was eines der bevorzugten Biotope zumindest der seherisch veranlagten PNAC-Leute betrifft: Es ist die Bush-Regierung. Hier sitzen die PNAC-Männer:

- Richard Perle, bis 2003 Chef des »Defense Policy Board«,
- Richard B. Cheney, Vizepräsident der Vereinigten Staaten,
- Donald Rumsfeld, Verteidigungsminister,
- Paul Dundes Wolfowitz, stellvertretender Verteidigungsminister,
- Lewis Libby, Cheneys Stabschef,

- Peter W. Rodman, zuständig für »internationale Sicherheitsangelegenheiten«,
- John Bolton, Staatssekretär für Rüstungskontrolle,
- Richard Armitage, stellvertretender Außenminister,
- William Kristol, PNAC-Vorsitzender, führender Bush-Berater
- Zalmay Khalilzad, Sonderbeauftragter für den Kontakt zur irakischen Opposition.[260]

Bush und Bin
Geschäfte mit dem Feind (Synthese)

Es gibt noch tiefere Gründe, warum ein Angriff Bin Ladens auf die USA nicht den behaupteten Sinn macht. Das saudische Bau- und Bankenimperium derer von Bin Laden unterhält seit Jahren gewisse Beziehungen zu den USA und insbesondere zur Familie Bush. George Bush senior, der Vater des heutigen US-Präsidenten, vereinigte drei wichtige Voraussetzungen in sich, die zum saudischen Banken-, Bau- und Ölimperium der Bin Ladens und seiner Rolle bei Geheimoperationen bestens paßten. Bush senior entstammte selbst einem Bankenimperium, der alten amerikanischen Investmentbank Brown Brothers, Harriman. Sein Vater, also der Großvater des heutigen US-Präsidenten, war dort »Managing Partner« gewesen. Zweitens sind oder waren die Bushs neben dem Bankengeschäft auch in der Ölindustrie tätig, also in einer Branche, die den saudischen Bin Ladens ebenfalls nicht ganz fremd gewesen sein dürfte. Und drittens war George Bush senior eine feste Größe im US-Geheimdienst- und Interventionsapparat. 1976/77 war er sogar Direktor der CIA. Das wäre er auch noch eine Weile geblieben, hätte ihn Präsident Carter nicht gefeuert. Öl, Geld und Geheimdienst ist in den USA eine häufig anzutreffende Verbindung. Manche vereinigen die drei Elemente in Personalunion, andere wechseln öfter zwischen diesen Welten hin und her.

Die Bushs und Bin Ladens jedenfalls kennen sich nicht erst seit dem 11. September gut, sondern mindestens seit 1976, jedenfalls, wenn man den Recherchen James H. Hatfields glaubt. Danach habe damals Scheich Salem M. Bin Laden, ein Halbbruder Osama Bin Ladens, einen gewissen James R. Bath zu seinem Geschäftsbevollmächtigten in Texas ernannt. James R. Bath ging unter anderem dem illustren Beruf eines Flugzeugmaklers nach.[261] Nach den Berichten eines ehemaligen Geschäftspartners betrieb Bath ein Luftfahrtgeschäft und bekam verschiedene Flugzeuge von der CIA. Das Magazin *Time* nannte Bush-Freund Bath »A Mysterious Mover of Money and Planes« – einen »mysteriösen Schieber von Geld und Flugzeugen«, der bei privaten Flugzeugverkäufen mehr als 150 Millionen Dollar umsetzte. Geld und Flugzeuge wanderten meistens zwischen Texas und dem Mittleren Osten hin und her.[262] Vorausgesetzt, man interpretiert das richtig, kaufte oder vermittelte der Mann also Flugzeuge aus dunklen Quellen in den USA, vor allem aus dem Bestand der CIA, und verschob sie an weit entfernte Bestimmungsorte. In seiner damaligen Eigenschaft als CIA-Direktor beteiligte sich auch George Bush senior an dem Flugzeugschacher. 1976 soll er dem Bin-Laden-Mann Bath mehrere Maschinen aus den Beständen der »Firma« verkauft haben.[263] Über den Grund für den Verkauf dieser Flugzeuge kann man nur spekulieren. Möglicherweise wurden sie in irgendwelchen Geheimoperationen eingesetzt und mußten nun von der Bildfläche verschwinden.

Aber der Bin-Laden-Bevollmächtigte und Bush-Geschäftspartner Bath handelte nicht nur mit Flugzeugen, sondern hatte auch ein Faible für junge, aufstrebende Geschäftsleute. Nach seiner Ernennung zum Bevollmächtigten von Scheich Salem Bin Laden steckte Bath 1979

50.000 Dollar in das Ölunternehmen Arbusto Energy des George W. Bush (junior). Arbusto ist das spanische Wort für »Busch«. So könnte also das Startkapital für die geschäftliche Karriere des heutigen US-Präsidenten just aus der Familie des angeblichen US-Staatsfeinds Nr. 1, Osama Bin Laden, stammen.[264]

»Mit dem Feind Geschäfte zu machen, ist nichts Neues für die Bush-Familie«, heißt es in der Veröffentlichung *American Freedom News* vom September 2001 über eine ganz besonders delikate »Achse des Bösen«. Danach rührt ein großer Teil des Wohlstands der Bush-Familie »aus der Lieferung von wichtigen Rohstoffen und Krediten an das Dritte Reich Adolf Hitlers her. Mehrere Geschäfte von Präsident Bushs Großvater Prescott Bush wurden von der US-Regierung unter dem ›Trading with the Enemy-Act‹ gestoppt. Am 20. Oktober 1942 schloß die Bundesregierung die Union Banking Corporation in New York City als Frontunternehmen der Nazis. Einer ihrer Direktoren war Prescott Bush. (...) Acht Tage später beschlagnahmte die Roosevelt-Administration zwei andere von Bush geleitete Unternehmen. Die Holland-American Trading Corporation und die Seamless Steel Equipment Corporation, beide gemanagt von der Bush-Harriman-Bank, wurden von der US-Bundesregierung beschuldigt, Frontorganisationen von Hitlers Drittem Reich zu sein. Am 8. November 1942 beschlagnahmte die Bundesregierung von den Nazis kontrolliertes Vermögen der Silesian-American Corporation, einer anderen mit Hitler Geschäfte machenden Bush-Harriman-Firma.«[265]

Was heißt das alles? Ist Osama Bin Laden wirklich ein Feind? Oder muß man hier, wie eventuell bei Hitler, vielleicht differenzieren zwischen den USA und der Familie Bush? Oder muß man mehr zwischen Hitler als einem realen Feind und Osama Bin Laden als einem nur eingebildeten Feind differenzieren? Wie man sieht, scheinen die Dinge manchmal nicht so einfach zu liegen, wie es George

W. Bush in seinen Modellen von Gut und Böse darzustellen versucht.

Der Bin-Laden-Mann James R. Bath schien jedenfalls zu den ganz besonderen Bush-Freunden zu gehören. Zum Beispiel soll er auch ihre Flugzeuge aufgetankt haben, so die Air Force One von US-Präsident George H. W. Bush, also dem Senior. Wenn dieses Flaggschiff der Air Force das Flugfeld Ellington Field in Bushs Wohnort Houston ansteuerte, habe es nicht etwa bei den billigen Regierungstankstellen getankt, sondern bei der Firma Southwest Airport Services überteuerten Sprit gekauft. Und diese Firma habe James R. Bath gehört. Laut *Houston Post* verkaufte Bath seinen Edelsprit auch an andere Flugzeuge der US-Regierung. US-Behörden sollen im Lauf der Jahre 12 Millionen Dollar zuviel für den Sprit von Bush-Junior-Finanzier James R. Bath bezahlt haben. So etwas nennt man dann wohl »kick-back«.[266]

Obwohl George W. Bush in den Jahren nach 1979 eine Firma nach der anderen in Schwierigkeiten brachte, stieg er immer weiter nach oben, ein Prinzip, das er mit seiner Rolle als Präsident der bankrotten Vereinigten Staaten wohl auf die Spitze getrieben haben dürfte. Sein Freund James R. Bath, der Bevollmächtigte von Osama Bin Ladens Halbbruder Scheich Salim Bin Laden, war häufig dabei und hielt Anteile an verschiedenen Unternehmen des späteren Präsidenten.[267] Die wirkliche Rettung kam aber erst mit dem Aufkauf der notorisch notleidenden Bush-Firmen durch ein Unternehmen namens Harken Energy, das den glücklosen Ölunternehmer Bush nicht etwa endlich feuerte, sondern als Berater engagierte.[268]

Harken, zu dessen Geldgebern unter anderem die Harvard Universität zählte, gehörte zu jenen Firmen, die ihren Managern trotz exorbitanter Verluste das Gehaltskonto vergoldeten: »Obwohl Harken eine kleine Ölgesellschaft war, zahlte sie hohe Dividenden an ihre Topmanager aus«, schreibt James H. Hatfield in seinem Buch *Das Bush-Impe-*

rium: »Auch andere Manager bekamen 1989 sechsstellige Gehälter und fünfstellige Prämien ausbezahlt. Im darauffolgenden Jahr belohnte der Aufsichtsrat der Firma drei weitere Manager als ›Leistungsprämie und -gratifikation‹ großzügig mit sechsstelligen Kompensationspaketen.« Tatsächlich konnte sich die »Leistung« der Manager sehen lassen: Das Unternehmen fuhr Verluste in Höhe von 40 Millionen Dollar ein, der Wert des Stammaktienkapitals verflüchtigte sich binnen weniger Jahre von 70 Millionen Dollar auf 3 Millionen Dollar.[269]

Das ist genau die Sorte Unternehmenskultur, die auch Deutschland in den neunziger Jahren und um die Jahrtausendwende kennenlernen durfte. Die goldenen Handschläge für Pleitemanager sind auch hierzulande fast alltäglich geworden. Aus der Sicht von Analysten waren die Geschäfte der Firma des heutigen US-Präsidenten nichts als »fauler Zauber«. Als die Firma 1990 endgültig Pleite zu gehen drohte, nahte, wieder einmal, die Rettung aus dem arabischen Raum. Diesmal erhielt die Bush-Firma Harken aus Texas überraschend die Exklusivrechte auf Öl- und Gasbohrungen in dem kleinen arabischen Inselemirat Bahrein.

Der Deal verursachte in der Ölbranche einigen Wirbel, da Bushs Harken das international erfahrene Konsortium Amoco übertrumpfen konnte, obwohl sie bisher weder durch Bohrungen im Ausland noch auf offener See aufgefallen war.[270] Doch selbst aus diesem hoffnungsvollen Geschäft einer Bush-Firma sollte – wieder einmal – nichts werden. Der Einmarsch Saddam Husseins in Kuwait und die Gegenoperation von George W. Bushs Vater destabilisierten die Region. Harken machte Millionenverluste. Zuvor konnte allerdings George W. Bush seine Schäfchen ins Trockene bringen. Am 22. Juni 1990 verkaufte er sein Harken-Paket mit einem Gewinn von rund 850.000 Dollar, kurz bevor die Verluste der Firma bekannt wurden und der Aktienkurs ins Bodenlose purzelte. Ein vorgeschriebenes

Anzeigeformular für dieses Insidergeschäft füllte George W. Bush offenbar erst acht Monate später aus. Er selbst behauptete, er habe das Formular rechtzeitig ausgefüllt, es sei aber bei der Börsenaufsicht verlorengegangen.[271]

Von solchen Freunden kann man nur träumen
Bush, Bin und das Rüstungsgeschäft

Auch wegen der angeblich von Osama Bin Laden gesteuerten Anschläge können ihm die Bushs ganz im Gegensatz zu ihrem öffentlichen Auftreten eigentlich nicht richtig böse sein. Denn schließlich nützt der dadurch ausgelöste und gerechtfertigte Rüstungswahn beiden. Das ist natürlich eine üble Verschwörungstheorie, diesmal allerdings vom *Wall Street Journal*: »Wenn die USA ihre Verteidigungsausgaben erhöhen, um Bin Ladens mutmaßliche terroristische Aktivitäten zu stoppen, dann könnte es dabei einen unerwarteten Nutznießer geben: Herrn Bin Ladens Familie«, schrieb am 28. September 2001 das *Wall Street Journal Europe*. Unter ihren weit gestreuten Geschäftsinteressen befinde sich auch das Investment in Fonds der amerikanischen Investmentbank Carlyle Group. Das sei eine »auf den Aufkauf von Rüstungs- und Aerospace-Unternehmen spezialisierte Washingtoner Investmentbank mit den besten Verbindungen«. Das ist nicht übertrieben, und die Bin Ladens konnten ihr Investment in die Fonds der im Rüstungssektor tätigen Bank in den allerbesten Händen wissen, zum Beispiel in jenen von George Bush senior, dem Vater des unnachgiebigen Terroristenjägers und US-Präsidenten George W. Bush. Alles, was Krieg und Rüstung nützt, nützt auch Carlyle. Und was Carlyle nützt, nützt oder nützte den Familien Bush und Bin Laden und ihren Netzwerken. Wodurch man auf die Idee kommen könnte, daß sich die Familien Bush und Bin Laden global die Bälle zuspielen und

Vorlagen servieren, aus denen dann Milliarden werden. Vater Bush tritt laut *Wall Street Journal* für die Carlyle Group als Repräsentant auf und ist für einen der Carlyle-Fonds als »Senior Adviser« tätig: »In früheren Jahren pilgerten Expräsident George Bush, Ex-Außenminister James Baker und Exverteidigungsminister Frank Carlucci zum Hauptquartier der Familie Bin Laden im saudiarabischen Jiddah.« Schon in den achtziger Jahren vergaben die Vereinigten Staaten in Saudi-Arabien das teuerste militärische Bauprojekt, das es jemals außerhalb der USA gegeben hatte. Sage und schreibe 200 Milliarden Dollar wurden dabei für Waffen, Häfen, Stützpunkte und Flugplätze ausgegeben. Mit dabei war sehr wahrscheinlich auch der Baukonzern Bin Laden. Man kann sich eben aufeinander verlassen, und die Bin Ladens sind einfach zu nützlich – besonders ihr Enfant terrible Osama.

Selbst wenn der sich am Imperium versündigt, erwächst daraus letztlich nur Gutes für die Seinen und die Vereinigten Staaten. So soll er zwar 1996 an dem Bombenanschlag auf einen Militärkomplex der Amerikaner in Saudi-Arabien beteiligt gewesen sein. So richtig böse konnte man ihm aber schon damals nicht sein. Denn erstens konnten die USA nun die Basis wieder aufbauen und modernisieren. Und zweitens ging der Auftrag dafür – richtig – an das Bauimperium Bin Laden.[272] Wie man sieht, hatte Osama Bin Laden schon immer das Talent, enorme Märkte zu schaffen. Der angeblich von ihm geplante Anschlag vom 11. September wäre da nur das spektakulärste Beispiel.

Anthrax – nur keine Panik!
Die Impfstoffirma BioPort

Ein anderes Beispiel ist die Firma BioPort aus Lansing im US-Bundesstaat Michigan, Hersteller des Milzbrand-Impfstoffs AVA. Als im November 2001 überall in den USA Briefe mit einem Milzbranderreger auftauchten, stand das Unternehmen plötzlich ganz hoch im Kurs.

Im Jahr 1998, just drei Jahre vor den Anschlägen des 11. September und den nachfolgenden Anthrax-Attacken, schloß BioPort einen denkwürdigen Vertrag mit der US-Regierung. Danach sollte die Firma einen Impfstoff gegen Anthrax entwickeln und bereitstellen – in der Regel braucht man dafür auch den Erreger selbst.[273] Für die Herstellung des Impfstoffs hatte BioPort genau drei Jahre Zeit – bis zum Jahr 2001 also, als Anthrax-Impfstoffe die »wohl begehrteste Ware der westlichen Welt« werden sollten.[274]

An den Besitzverhältnissen dieses Anthrax-Impfstoffherstellers muß man nicht lange herumrätseln. Anteilseigner ist niemand anderer als die Investmentbank Carlyle Group, als deren Repräsentant George Bush senior firmiert und in deren Fonds auch die Bin-Laden-Familie investierte: »Die Familien Bush und Bin Laden verdienen via Carlyle Group also nicht nur an steigenden Verteidigungsausgaben, am Nachkauf der in Afghanistan verfeuerten Waffen. Sondern auch am Impfstoff gegen Anthrax«, befindet die österreichische Geheimdienstexpertin Alexandra Bader.[275]

Leider aber konnte BioPort nicht richtig in die Impfstoffproduktion einsteigen, weil sich seine Labors in einem so desolaten Zustand befanden, daß die Behörden die Zulassung verweigerten. »Der Zustand der Fabrik verstoße massiv gegen die Sterilitätsanforderungen, die Qualität des Impfstoffs schwanke von Ampulle zu Ampulle«, bemängelte die Gesundheitsbehörde FDA laut *Spiegel Online*. »Bei weiteren Inspektionen in den Jahren 1999 und 2000 fand die FDA immer noch eklatante Verstöße gegen die Vorschriften: Arbeiter wuschen ihre Hände nicht, nachdem sie mit den Bakterien in Berührung gekommen waren. Ein Ofen rostete vor sich hin. Rauch zog in sterile Räume.« Mit den Medikamenten aus den Impfstoffküchen dieser gemeingefährlichen Klitsche sollten Tausende von US-Soldaten geimpft werden. Die Angst davor soll so weit verbreitet gewesen sein, daß 400 Soldaten Widerstand leisteten und teilweise lieber den Dienst quittierten, als sich auf die Anthrax-Impfung einzulassen.

Die Skepsis verringerte sich schlagartig, als Amerika plötzlich mit einer Flut von Anthrax-Briefen überzogen wurde. »Nach der Attacke vom 11. September hat BioPort plötzlich eine neue Bedeutung im Kampf gegen den Terrorismus gewonnen«, berichtet *Spiegel Online*. »Die FDA steht unter politischem Druck, die Zulassung zu beschleunigen.«

Kaum zu glauben, was der 11. September so alles auf den Weg brachte. Nach den Anthrax-Attacken wurde BioPort also plötzlich gebraucht und beantragte auf dem Höhepunkt der Milzbrand-Panik zum dritten Mal die Zulassung für seine Labors durch die Gesundheitsbehörde. Man werde die Untersuchung so schnell wie möglich abschließen, zitiert *Spiegel Online* eine Sprecherin. Bei Abschluß dieses Buchs im Mai 2003 war noch nicht klar, ob die Firma die Zulassung ihrer Impfstoffabrik inzwischen erhalten hat.

Jedenfalls stellte sich schon bald heraus, daß die Anthrax-Briefe nicht etwa aus dem Irak oder gar Afghanistan stammten, sondern aus einem US-Labor. Dies ließ sich sowohl am Bakterienstamm als auch am Trägermaterial, auf das die infektiöse Substanz aufgetragen war, feststellen. Das heißt: Die Anthrax-Anschläge auf die Bevölkerung und auf Mitglieder des Senats wurden von US-Einrichtungen aus geführt. Der Anthrax-Brief an den Führer der Demokraten im Senat, Tom Daschle, ist besonders brisant, stand doch etwa um diese Zeit gerade die Abstimmung über die »Patriot Act«-Sicherheitsgesetze auf dem Programm.

Ob Daschle diese Botschaft verstanden hat, kann man nur vermuten: »Es herrschte Angst auf dem Capitol«, sagte der Bürgerrechtler Kyle Hence von *unanswered questions.org* in einem Interview mit mir: »Wer sendet uns das? (...) Es waren nicht die Iraker, es kam nicht aus Übersee, es waren keine fremden Terroristen, es war heimischer Terrorismus, möglicherweise durch unsere eigene Regierung, aus unserem eigenen militärischen Apparat. In dieser Angst verabschiedeten sie den Patriot Act, der wiederum unsere Verfassung und das Fundament unseres Regierungssystems bedroht.«[276]

Sturzflug auf das Pentagon
Die USA als Terroristenheimat

Wie man sieht, muß man auf der Suche nach jenen, die Terroristen »Unterschlupf« gewähren oder sie unterstützen, also keineswegs in die Ferne schweifen. Das Land mit den vielfältigsten Beziehungen zu Terroristen und ihren Netzwerken sind noch immer die USA selbst. Egal, ob sie nun chilenische Todesschwadronen ausbildeten oder nikaraguanische Contras förderten, ob sie mehr als 100 Mordanschläge gegen den kubanischen Staatschef Fidel Castro planten oder Folterknechte in aller Welt schulten – Terrorismus und Unterdrückung, das waren auch und in erster Linie Produkte »made in USA«. Um so merkwürdiger nimmt sich George W. Bushs Mission aus, den Rest der Welt mit Anklagen zu überziehen, die auf kaum ein Land so gut passen wie auf die USA selbst: »Als wir diesen Feldzug begannen, habe ich eindeutig klargestellt, daß ein Land, das einem Terroristen Unterschlupf gewährt, mit Lebensmitteln versorgt oder ihn versteckt, ebenso schuldig ist wie die Mörder, die am 11. September einen Anschlag gegen uns verübt haben.«[277]

Wer wollte da widersprechen. Nirgends gibt es beispielsweise so viele Rechtsradikale und Neonazis. Jahrzehntelang stammte ein großer Teil des in Deutschland kursierenden nazistischen und rassistischen Propagandamaterials aus den Vereinigten Staaten. Die USA stellten immer wieder zentrale Figuren der Szene, wie etwa Gary Lauck, dessen Ziel laut *Informationsdienst gegen Rechtsextremismus* (IDGR) »die Wiedereinführung der NSDAP und die Errichtung eines ›arischen‹ Staatsgebildes nach nationalsozialistischem Vorbild« ist.[278]

Aus der rechtsextremen Szene gingen auch skrupellose Terroristen hervor, wie etwa der als Oklahoma-Attentäter verurteilte Timothy McVeigh. »Bei dem Bombenanschlag auf das Regierungsgebäude im Zentrum von Oklahoma wurden 168 Menschen getötet, darunter 19 Kinder, 647 wurden verletzt.«[279]

Die Anweisung für dieses Attentat scheint geradewegs aus einer der Bibeln der Szene zu stammen, den *Turner Diaries*, ein Roman eines ehemaligen Physik-Professors namens William Pierce. »Die *Turner Diaries* sind ein terroristisches Handbuch einer ›weißen Armee‹, die nach dem Sturz der Regierung alle Nichtweißen ermordet, um ein ›arisches‹ Staatswesen in Amerika zu errichten.«[280] Die Vorlage für das in Oklahoma begangene Attentat scheint McVeigh direkt diesem Buch entnommen zu haben: »Mitglieder der ›Organisation‹ überfallen ein Geschäft für Landwirtschaftsbedarf, um an ein Düngemittel zu gelangen, welches Ammoniumnitrat enthält. Das Düngemittel wird mit Heizöl vermischt und in Säcken auf einen gestohlenen Lieferwagen geladen. Am nächsten Morgen um 9.15 Uhr lösen Mitglieder der ›Organisation‹ die Bombe vor dem FBI-Gebäude in Washington, D.C., aus. Dabei werden unzählige Menschen getötet. In dem Tumult bleiben die Mitglieder der ›Organisation‹ unerkannt.«[281]

Die *Turner Diaries* seien »als terroristische Handlungsanleitung zu verstehen«, schreibt der IDGR. »Pierce läßt die Hauptfigur des Romans, Earl Turner, den Heldentod durch ein Selbstmordattentat im Sturzflug auf das Pentagon sterben. Die Tat ist auf den 9. November datiert. (Also, in amerikanischer Schreibweise, nicht auf den 9/11, sondern auf den 11/9, G.W.) Bevor er sich in das speziell präparierte Flugzeug begibt, nimmt Earl Turner als Ehrengast an einem Initiationsritus der ›Organisation‹ teil, dem sich junge ›arische Krieger‹ unterziehen. Sie müssen sich dabei verpflichten, auch ihr Leben für die Bewegung zu lassen. Das Zeremoniell verleiht Turners geplantem Selbstmordattentat den Charakter eines Menschenopfers. Im Chor sprechen die Kameraden den Treueeid: ›Bruder! Die Bewegung nimmt dein Leben, aber dafür wirst du Unsterblichkeit erlangen. Denn deine Tat wird weder umsonst sein noch wird sie je vergessen werden. Sie bleibt bis in alle Ewigkeit bestehen. Als Dank für deine Opferbereitschaft geben wir unser Leben in die Hand der Bewegung.‹

Bevor Turner in das Flugzeug steigt, übergibt er einem anderen Mitglied seine Tagebücher. Den Tag des Attentats läßt Pierce in dem Roman als nationalen Gedenktag feiern. Als Folge des Attentats, so der Roman, kommt es zu einer Destabilisierung des gesamten politischen Systems und schließlich zur Machtübernahme durch die ›Organisation‹.«[282]

Auch die radikalen Islamisten, die immer wieder mit den Attentaten vom 11. September in Zusammenhang gebracht werden, verfügen in »Gods own country« über die besten Beziehungen. Wie in keinem anderen Staat der Erde gebe es dort »eine Zusammenballung von geschultem islamistischen Personal und Finanzkraft«, schreiben Michael Pohly und Khalid Durán in ihrem Buch *Osama Bin Laden und der internationale Terrorismus*. »In beiden Parteien, Republikanern und Demokraten, sitzen inzwischen Islamisten auf hohen Posten, wie etwa der HAMAS-Aktivist Khaled Saffuri. Dessen Washingtoner ›Islamisches Institut‹ befindet sich in einem Republikanischen Parteibüro und dient eigentlich nur als Schaltstelle der Islamisten zu den Republikanern.

Dann gibt es Islamisten wie den in Pakistan gebürtigen kalifornischen Milliardär Safi Qureishy, der dank seiner finanziellen Zuwendungen über beachtlichen Einfluß in der Republikanischen Partei verfügt.«[283]

Angesichts dieser Verquickungen ist es kein Wunder, daß kritische Zeitgenossen die beiden vermeintlichen Erzfeinde Bush und Bin auf seltsame Art und Weise miteinander verwoben sehen. Fast sei es, schrieb die indische Dichterin Arundhati Roy, als sei Bin so etwas wie »der dunkle Doppelgänger des amerikanischen Präsidenten. Der brutale Zwilling alles angeblich Schönen und Zivilisierten«. So eine Art »dunkles Familiengeheimnis«.

Bin sei »aus der Rippe einer Welt gemacht, die durch die amerikanische Außenpolitik verwüstet wurde, durch ihre Kanonenbootdiplomatie, ihr Atomwaffenarsenal, ihre unbekümmerte Politik der unumschränkten Vorherrschaft, ihre kühle Mißachtung aller nichtamerikanischen Menschenleben, ihre barbarischen Militärinterventionen, ihre Unterstützung für despotische und diktatorische Regimes, ihre wirtschaftlichen Bestrebungen, die sich gnadenlos wie ein Heuschreckenschwarm durch die Wirtschaft armer Länder gefressen haben. Ihre marodierenden Multis, die sich die Luft aneignen, die wir einatmen, die Erde, auf der wir stehen, das Wasser, das wir trinken, unsere Gedanken.«

Nun, da das Familiengeheimnis gelüftet ist, würden die abscheulichen Zwillinge Bush und Bin »allmählich eins und sogar austauschbar. Ihre Gewehre und Bomben, ihr Geld und ihre Drogen haben sich eine Zeitlang im Kreis bewegt. (Die Stinger-Raketen, die die amerikanischen Hubschrauber begrüßen werden, wurden von der CIA geliefert. Das Heroin, das von amerikanischen Rauschgiftsüchtigen verwendet wird, stammt aus Afghanistan. Die Regierung Bush ließ der afghanischen Regierung unlängst 43 Millionen Dollar zur Drogenbekämpfung zukommen.)«

Inzwischen würden sich Bush und Bin »auch in der Sprache immer ähnlicher. Jeder bezeichnet den anderen als ›Kopf der Schlange‹. Beide berufen sich auf Gott und greifen gern auf die Erlösungsrhetorik von Gut und Böse zurück. Beide sind in eindeutige politische Verbrechen verstrickt. Beide sind gefährlich bewaffnet – der eine mit dem nuklearen Arsenal des obszön Mächtigen, der andere mit der glühenden, zerstörerischen Macht des absolut Hoffnungslosen.

Feuerball und Eispickel. Keule und Axt. Man sollte nur nicht vergessen, daß der eine so wenig akzeptabel ist wie der andere.«[284]

Schöner kann man das absolut Häßliche vermutlich nicht ausdrücken.

Jenseits von Gut und Bö(r)se
Die Börsenoperation II

Wie bereits eingangs erwähnt, war der 11. 9. nicht nur ein Attentat und ein tausendfacher Mord, sondern auch ein Riesengeschäft. Das spektakulärste aller Attentate war auch ein Investment. Die Operation verschlang wahrscheinlich Millionen Dollar, wovon die Flugreisen der Sündenböcke vermutlich nur einen Bruchteil kosteten. Wirklich teuer dürfte die technische und geheimdienstliche Organisation gewesen sein, die sich hinter der Maske von ein paar vermeintlich arabischen Desperados verbarg, den idealen Sündenböcken für eine rassistische Organisation. Während die technische Ausrüstung eventuell mehr oder weniger freiwillig vom Militär gestellt wurde (Drohnen, Basen, Steuerzentren usw.), mußten bestimmte Experten und Mitwisser wahrscheinlich sehr teuer bezahlt werden. Insofern haben sich die wirklichen Drahtzieher Gedanken gemacht, wie sie einen »Return« auf ihr Investment erwirtschaften könnten. Eine Möglichkeit wäre der Verkauf der original Airliner, die die unbekannte Organisation in ihre Gewalt brachte – falls sie denn wirklich gestartet sind, was jedoch wahrscheinlich ist. Man müßte jetzt also einmal nachprüfen, ob diese Airliner irgendwo auf dem Gebrauchtmarkt aufgetaucht sind. Die andere Möglichkeit waren die erwähnten Börsenspekulationen. Wie gesagt, setzten die »Insider« dabei mit Hilfe bestimmter Börseninstrumente (sogenannter »Put-Optionen«) auf fallende Kurse der durch die Attentate betroffenen Unternehmen, zum Beispiel der Fluggesellschaften und mancher im World Trade Center ansässigen Firmen – und verdienten sich dabei eine goldene Nase.

Das war nicht ganz risikolos, denn damit verfügten die Behörden über eine heiße Spur zu den Tätern. Und immerhin gibt es ja die SEC – die Securities and Exchange Commission, also die Börsenaufsichtsbehörde der USA. »US-Börsenpolizei verfolgt alle Fährten«, schrieb denn auch die *Welt Online* am 31. Oktober 2002. Seine Behörde werde die Käufer der Put-Optionen finden, »wo immer sie sind«, versprach der Chef der US-Börsenaufsicht SEC, Harvey Pitt, Ende September 2001.[285]

Die Fahndung nach den Spekulanten und damit den Tätern versprach eine sichere Sache zu werden, hinterläßt in der Regel doch jeder, der an der Börse spekuliert, auch eine Spur. Der Weg über die Börse war praktisch der Vordereingang zum Reich der Täter. Während der Weg über den »Hintereingang«, also über Zeugenaussagen, Fingerabdrücke und Leichenidentifizierung ein anstrengendes Puzzle zu werden drohte, wäre es möglich gewesen, über die Börse einen ganz neuen Ermittlungsstrang zu eröffnen. Unter Umständen hätte dieser Strang zu sehr viel schnelleren Ergebnissen führen können.

Und das hat er ja auch, aber anders, als man sich das vorstellte. Die Spuren verliefen nämlich im Sande, Ermittlungen wurden streng geheimgehalten. Das erste und wichtigste Ergebnis lautet daher: Die Börsenspur konnte die Vorwürfe gegen Bin Laden, Afghanistan, den Irak oder meinetwegen die gesamte »Achse des Bösen« offenbar in keiner Weise erhärten. Wenn man dies richtig interpretiert, handelt es sich dabei um ein im Grunde spektakuläres Eingeständnis. Auch die Börsenermittlungen stützten offenbar in keiner Weise die offizielle Darstellung des 11. 9., genauso wenig wie der Steckbrief Osama Bin Ladens (in dem die Attentate vom 11. 9. nicht als Vorwurf auftauchen) und die Untersuchungsberichte der Flugunfalluntersuchungsbehörde NTSB (in denen die offizielle Version ebenfalls mit keiner Silbe untermauert wird). Auf der anderen Seite präsentierte die SEC aber auch keine anderen Verdächtigen. Statt dessen bewahrte sie einfach Stillschweigen und ließ nicht erkennen, ob und inwiefern sie die Sache überhaupt weiterverfolgen wollte.

Das führt mich direkt zu der Frage: Wer ist eigentlich die SEC? Die Antwort: Die SEC ist eine mit Politik, Banken und Geheimdiensten verwobene Behörde. Ihr Chef Harvey Pitt, der nach den Anschlägen versprach, die Käufer der Put-Optionen zu finden, »wo immer sie sind«, ist heute schon gar nicht mehr im Amt. Ein Jahr nach den Attentaten mußte er unrühmlich seinen Stuhl räumen, aufgrund von »systembedingtem und katastrophalem Versagen« seiner Behörde. Das wurde der SEC in einem Senatsreport vorgeworfen.

Im Zuge der US-Bilanzskandale hatte sich herausgestellt, daß die SEC seit Jahren fast nichts mehr auf die Reihe brachte und Bilanzen von zahlreichen Unternehmen nicht geprüft hatte. Zum Beispiel sollen die SEC-Leute seit 1997 keinen Jahresabschlußbericht der Pleitefirma Enron mehr gelesen haben. Und statt wirksame Personalentscheidungen zu treffen, machte Harvey Pitt mitunter den Bock zum Gärtner. So schanzte er den Posten der US-Aufsichtsbehörde für Wirtschaftsprüfer ausgerechnet einem Mann zu, der die Arbeit von Wirtschaftsprüfern massiv behindert hatte. Es handelte sich um William Webster, den ehemaligen Aufsichtsrat des Unternehmens U.S. Technologies, gegen das mehrere Verfahren wegen Betrugs von Investoren anhängig sind oder waren. Daneben hatte Webster früher auch noch als Boß des FBI und der CIA geglänzt.[286] Außerdem war er Mitglied des Council on Foreign Relations, der im Jahr 2000 durch merkwürdige Terrorplanspiele auffiel.

In Wirklichkeit ist die sogenannte »Aufsichtsbehörde« SEC aufs engste mit den amerikanischen Diensten verknüpft – und damit mit allem, was an kriminellen Machenschaften dazugehört. Ein Beispiel hierfür ist ihr früherer Chef (vom 26. Mai 1987 bis 31. August 1991) William Casey, der unter Präsident Reagan sowohl als CIA-Direktor als auch als einer der Regisseure der Iran-Contra-Affäre unangenehm auffiel. Dabei wurden illegal US-Waffen in den Iran verkauft, womit der Krieg zwischen Iran und Irak weiter angeheizt wurde. Der Erlös der Verkäufe wurde zu den nikaraguanischen Contra-Terroristen geschleust, die gegen die dortige, linke Regierung kämpften. Mit diesem Dreiecksgeschäft wurden zwei Konflikte angeheizt und dabei kräftig Geld verdient. Als US-Geheimdienst-Repräsentant in Europa arbeitete Casey nach dem Zweiten Weltkrieg mit Altnazis wie dem BND-Gründer Reinhard Gehlen zusammen. Caseys Aufstieg »erfolgte durch Mißbrauch der ihm übertragenen Macht« urteilt der New Yorker Bond-Händler und SEC-Kenner Samuel Sloan, der eine aufschlußreiche Geschichte über Caseys Machenschaften als SEC-Direktor geschrieben hat.[287]

Die Börsenaufsichtsbehörde ist also selbst derart in den Sumpf aus Bilanztricksern, Börsenhaien und rechten Geheimdienstlern verstrickt, daß von ihr keine Aufklärung der Insider-Geschäfte vor dem 11. 9. zu erwarten war.

Daß dennoch ein kleines Körnchen Wahrheit über die Insiderdeals vor dem 11. 9. herauskam, ist denn auch nicht den »Börsenaufsehern« zu verdanken, sondern vereinzelten Medienberichten, in diesem Fall im *San Francisco Chronicle*. Danach wurde ein guter Teil der Put-Käufe vor dem 11. September über die Investmentbank Alex Brown Brothers abgewickelt, eine US-Tochter der Deutschen Bank. Laut Tom Flocco, dem US-Journalisten und Bürgerrechtler,

- soll die Deutsche Bank »intensiv« in das Insidertrading vor dem 11. 9. »verwickelt« gewesen sein,
- realisierte einer der geheimen Insider vom 11. 9. seine Gewinne bei der Investmentbank Alex Brown Brothers nicht,
- warb die Deutsche Bank nur 20 Tage nach den Attacken Richard Walker, den führenden Fahnder der Börsenaufsichtsbehörde SEC, ab.[288]

Und mit Alex Brown Brothers sind wir schon wieder bei dem Namen Bush. Alex Brown Brothers geht auf Alexander Brown zurück, den Gründer der Handels- und Gelddynastie Brown Brothers, Harriman, der George W. Bushs Großvater Prescott Bush als »Managing Partner« diente.

Durch die Kanäle von Alex Brown Brothers also sollen einige der Millionen geflossen sein, die in die Insiderdeals vor dem 11. 9. investiert wurden. Benutzt wurde dabei laut Tom Flocco ein Finanzinstrument namens »Portage«, das eine Rückverfolgung der Auftraggeber unmöglich machen soll. Das scheint nicht ganz gelungen zu sein, denn nach Angaben des Luxemburger Finanzexperten Ernest Backes führt die Spur zu einer Organisation des inzwischen verstorbenen Altnazis und Rechtsanwalts Francois Genoud in der Schweiz. Die Organisation soll auch nach Genouds Tod fortbestanden haben. Dem ARD-Wirtschaftsmagazin *Plusminus* sagte Backes: »Einer dieser Berührungspunkte ist, daß der Schweizer Anwalt engste Verbindungen mit der Familie von Bin Laden hatte, daß er einer der Berater der Familie, einer ihrer Bankiers war.« Außerdem sei bekannt, »daß er den Terrorismus unterstützte und der Vermögensverwalter des Hitler-Vermögens war ...«[289]

Wie gesagt, auch die Bushs und ihre Banken hatten Verbindungen zu Wirtschaftsgrößen des Dritten Reichs. Präsident George W. Bushs Großvater Prescott Bush war Anteilseigner und Direktor der Union Banking Corporation (UBC). Diese Bank »wurde gegründet, um die Reorganisation der deutschen Industrie unter den Nazis zu finanzieren. Ihr führender deutscher Partner war der einschlägige Nazi-Industrielle Fritz Thyssen«, schreibt der Journalist und politische Beobachter Richard N. Draheim jr. Die Aktien dieser Bush-Bank wurden 1942 von den US-Behörden beschlagnahmt – wegen Geschäftemacherei mit dem Feind.[290]

Bush-Partner Fritz Thyssen war einer der maßgeblichen Finanziers der NSDAP. 1941, nach Thyssens angeblichem Bruch mit dem Nazi-Regime, erschien in New York unter seinem Namen ein Buch mit dem Titel *I paid Hitler*.[291]

So waren Saddam Hussein und Bin Laden vielleicht nicht die ersten Schurken, die von den US-Diensten und der Familie Bush hochgepäppelt wurden.

Man muß zugeben, daß all diese Verbindungen die kühnsten Phantasien eines normalen Bürgers überfordern. Menschen, die an Rechts, Links, Braun, Schwarz und Rot glauben, werden enorme Schwierigkeiten haben, die Verbindungen, die sich hier andeuten, zu verstehen. Aus der Sicht dieser Netzwerke sind aber Leute, die an die Demokratie glauben, wählen gehen und über »Skandale« erschrocken sind, nur unmündige Kinder, denen man einen Sandkasten namens Demokratie gönnt, damit sie nächstes Mal wieder zur Urne gehen.

Tatsache ist, um beim Thema zu bleiben, daß die amerikanische Börsenaufsichtsbehörde SEC sehr nah an die Täter heranzukommen drohte, erschreckend nah. Während aufrichtige Ermittler im Schlamm von Absturzstellen und den Trümmern von Gebäuden hätten wühlen müssen, hätte die Börsenaufsicht den Königsweg direkt in die Empfangshallen jener Clubs, Konzerne und Kasernen beschreiten können, in denen der 11. 9. geplant wurde. Das geschah aber nicht. Statt dessen geschah etwas Seltsames. US-Präsident George W. Bush hielt es für nötig, die gefährliche Aufsichtsbehörde extrem eng an sich zu binden.

Nach dem Abgang von Harvey Pitt machte er einen sehr alten Bekannten der Familie zu ihrem Chef: den Investmentbanker William H. Donaldson. Donaldson diente Henry Kissinger in dessen Zeit als Außenminister unter Nixon als Unterstaatssekretär. Donaldson studierte an der Yale-Universität wie der heutige US-Präsident, und dort konspirierte er in demselben Orden wie die beiden Bushs, nämlich der Geheimgesellschaft Skull & Bones, aus der sich die obersten wirtschaftlichen und politischen Führer der USA rekrutieren. Mit der Ernennung von Donaldson habe sich George W. Bush für »einen erprobten Helfer entschieden, mit den engsten Verbindungen zur Bush-Familie, die sich an der Wall Street überhaupt finden lassen«, schrieb die *New York Times*.[292]

Das ist das vorläufige Ende der Börsenspur.

Angriff auf den Globus
Der Kampf gegen die Zivilisation

Das erstaunlichste am 11. September ist wohl, daß Politiker aus aller Welt das Ereignis vollkommen richtig einschätzten: »Dies ist eine Kriegserklärung gegen die gesamte zivilisierte Welt«, sagte beispielsweise Bundeskanzler Gerhard

Schröder. »Wer diesen Terroristen hilft oder sie schützt, verstößt gegen alle fundamentalen Werte, die das Zusammenleben der Völker, auch untereinander, begründen.«[293]

»Die Bedeutung des Ereignisses vom heutigen Tage in den USA reicht weit über nationale Grenzen hinaus«, meinte der russische Präsident Wladimir Putin. »Es ist eine dreiste Herausforderung für die gesamte Menschheit, zumindest für die zivilisierte Menschheit.«[294]

»Wir stehen mächtigen und furchtbaren Feinden gegenüber, Feinden, die wir besiegen wollen«, sagte Verteidigungsminister und PNAC-Mann Donald Rumsfeld.[295]

Wie wahr. Und selbst Tony Blair erkannte ganz richtig: »Es gibt keinen Kompromiß mit solchem Terror, wir haben lediglich die Wahl, ihn zu besiegen oder von ihm besiegt zu werden.«[296]

»Unbekannte Feiglinge haben heute morgen die Freiheit selbst angegriffen«, schimpfte auch vollkommen zu Recht US-Präsident George W. Bush.[297]

Die Bedeutung und Qualität der Attentate wurde also offen ausgesprochen: Dahinter steckten Feiglinge mit einem maximalen Vernichtungswillen, die mit äußerster Brutalität einen Angriff auf die Freiheit und Zivilisation geführt hatten, der die gesamte Menschheit bedroht. Ein Megaverbrechen von bisher unvorstellbarem Ausmaß, am wenigsten aufgrund der Anzahl der Toten in den USA, sondern vor allem auch wegen der Konsequenzen, die ihm folgen sollten. Um *welche* Art Angriff und Bedrohung es sich hier handelte, wurde also sofort richtig analysiert, und damit wurde der maximale emotionale Druck gegen die unbekannten Attentäter aufgebaut.

Der zweite Schritt bestand darin, diese emotionalen Energien auf die mutmaßlichen Schuldigen zu bündeln. Und dabei geschah ein entscheidender Bruch. Zum Teil absichtlich, zum Teil unabsichtlich versagten die Führer der USA und der Welt vollkommen bei ihrer Antwort auf die

Frage nach dem Ursprung dieser Attacken und auf die bei einem Verbrechen alles entscheidende Frage: Cui bono – wem nützt es? Der oberste Ladenbesitzer des Globus gab die Marschrichtung vor, und alle folgten ihm: Er rief »Haltet den Dieb!«, und seine gesamte Kundschaft galoppierte mit Schaum vor dem Mund aus dem Laden – und zwar in ihr eigenes Verderben, wie sich noch herausstellen wird. Inzwischen steckte der Ladenbesitzer die Juwelen vermutlich in die eigene Tasche.

Der erste bedeutende Begriff in den Stellungnahmen nach dem Attentat lautete »Zivilisation«. Wenn in der Bush-Regierung dauernd von »Zivilisation« die Rede ist, dann ist erstens das genaue Gegenteil gemeint. Und zweitens denkt man sofort an einen ganz bestimmten Menschen. Kurze Zeit später ließ sich das endgültig nicht mehr umgehen, als George W. Bush am 20. September 2001 in einer Rede vor dem Kongreß sagte: »Das ist der Kampf der Zivilisation« (»This is civilization's fight«). Spätestens jetzt mußte zumindest die amerikanische Hauptstadt wissen, um wen es ging und daß ihr Präsident neuerdings in Buchtiteln redete. Der Buchtitel, um den es hier ging, heißt *The Clash of Civilizations*. Das Werk des Harvard-Professors und ultrarechten Drahtziehers Samuel Huntington, das kurz nach seinem Erscheinen 1996 sofort die Bestsellerlisten eroberte, postulierte die Ablösung des Kampfs der politischen Systeme (also Sowjetunion versus USA) durch das rassistische Konzept des »Kampfs der Kulturen«, so der deutsche Titel des Buchs. »Huntington ist deshalb so gefährlich, weil er seit fast einem Jahrzehnt fanatisch die Idee vertritt, es müsse zwangsläufig zu einem ›Zusammenstoß der Kulturen‹ kommen, zu einer langen Konfrontation zwischen den Vereinigten Staaten und Europa einerseits und der islamischen Welt, China und anderen Entwicklungsregionen andererseits«, schreibt Mark Burdman in der Zeitschrift *Neue Solidarität*.[298] Mit seiner Rede vom

20. September hatte sich George W. Bush exakt zu diesem Programm bekannt.

Huntington, so Burdman, bezeichnet den *Clash of Civilizations* »auch als ›Stammeskonflikt auf globaler Ebene‹«. »Stammeskonflikt« ist ein archaisches Konzept. Es beschreibt die Auseinandersetzung zwischen genetischen Pools, kleinräumig als »Stämme« bezeichnet, großräumig als »Rassen«.

»Stammeskonflikt« ist das Gesetz des Dschungels, und genau das ist auch Huntingtons Programm. Er will die primitive Totschlag-Kultur von Steinzeitstämmen in die internationale Politik einführen. Das hört sich dann ungefähr so an: »Es wird nicht mehr zu Protesten führen, sollten Leichensäcke heimgebracht werden«, freute sich der Republikaner und PNAC-Mann William Bennett über die gewachsene Kriegsbereitschaft nach dem 11. September. Die Antwort auf die Anschläge müsse hart und schnell sein. Im Klartext: »Wir müssen killen.«

»Wir werden die Täter finden und sie in ihren Löchern ausräuchern«, forderte Bush die »Zivilisation« von Camp David aus auf. Und der stellvertretende Verteidigungsminister und PNAC-Mann Paul Wolfowitz sagte, es ginge darum, die Zufluchtsstätten der Terroristen »zu entfernen, die Systeme, die sie unterstützen, zu entfernen und Staaten, die sie fördern, auszulöschen«.[299]

Befindet sich die führende Schicht der USA im Blutrausch? Kurz vor dem Angriff auf den Irak sagte Präsident Bush in einer Rede vor dem Kongreß, wenn die Vorgänge im Irak nicht böse seien, dann habe das Böse keine Bedeutung. Schon wieder so ein wahrer Satz, und schon wieder beschrieb er nicht nur die Verhältnisse im Irak, sondern auch in den Vereinigten Staaten. So wortreich der Harvard-Professor Huntington seine Thesen auch immer verbrämte, es geht in Wirklichkeit um die nackte Gewalt, das Recht des kulturell und möglicherweise rassisch Überlegenen, in jedem Fall aber das »Recht des Stärkeren«. Freilich ist das ein Widerspruch in sich. Denn das Recht des Stärkeren ist natürlich überhaupt kein »Recht«. Es ist Barbarei.

Bemerkenswerterweise propagiert Huntington damit genau das, was die Bush-Administration angeblich bekämpfen will: die Nicht-Zivilisation. Auf dem Cover der deutschen Ausgabe von *Kampf der Kulturen* bei Goldmann prangt eine geballte Faust vor dem Hintergrund des Globus. Und damit ist eigentlich auch schon alles gesagt. Huntington und seine Anhänger wollen das Faustrecht auf internationaler Ebene etablieren. Er propagiert die Ablösung des internationalen Rechts und der geregelten internationalen Beziehungen durch das Faustrecht – und schafft damit genau die Zivilisation ab, die zu verteidigen er vorgibt.

Nun schrieben Professoren natürlich schon immer dicke Bücher, ohne daß sich die Welt dadurch veränderte. Und genau so wurde das Huntington-Buch zwischen seinem Erscheinen 1996 und dem 11. September 2001 von den meisten Menschen auch gesehen. Zwar hatte es einen enormen Erfolg und wurde in knapp zwei Dutzend Sprachen übersetzt. Aber dennoch lebte es mehr vom Reiz des Spektakulären denn von der Annahme, seine »Prognosen« könnten wirklich eintreffen. In Wirklichkeit handelte es sich jedoch nie »um eine realitätsferne ›akademische Analyse‹ oder ›Spekulationen‹, sondern um einen politischen Plan, den Huntington zusammen mit dem früheren US-Sicherheitsberater Zbigniew Brzezinski und anderen betreibt. Man will damit eine neue Ära neoimperialer Kriege einleiten«, so Mark Burdman in der *Neuen Solidarität*. Schon am Tag nach dem 11. September bekannten sich einschlägige Kreise zum »Kampf der Kulturen«. Burdman zitiert einen Kommentar aus der Londoner *Times* vom 12. September 2001. Geschrieben wurde der Text von einem gewissen Tim Hames, »der führenden Politikern der Republikanischen Partei und der Regierung

Bush nahesteht. Hames schreibt dort, die Doktrin vom ›Kampf der Kulturen‹ beherrsche jetzt die Politik: ›Jegliche Illusion, das Ende des Kalten Kriegs habe eine neue Ära ständigen Friedens und Wohlstands eröffnet, wird mit dem gestrigen Tag zerschlagen worden sein.‹«

Das heißt also: Nach der Auflösung des Ostblocks hat der Menschheitstraum von einer friedlicheren, konfliktfreieren Welt, die auf zivilen Regelungsmechanismen beruht, gerade mal zehn Jahre gedauert. Diese neue Welt will die Bush-Administration den Menschen nehmen und durch eine Welt des Hauens und Stechens ersetzen.

»Die Idee vom *Ende der Geschichte*, das Francis Fukuyama im ersten Jahr der Präsidentschaft von George Bush sen. vor zwölf Jahren lautstark feierte, ist dadurch völlig entbehrlich geworden«, schreibt die *Times* weiter. »Statt dessen werden die Politiker instinktiv eine andere Schrift wieder aus der Schublade hervorholen, den Kampf der Kulturen, 1996 von Samuel Huntington verfaßt, wo ein Kräftemessen zwischen den demokratischen Kräften unter Führung der USA und den im extremen Islam wurzelnden, den amerikanischen Werten gewaltsam entgegentretenden Fanatikern prophezeit wird.«

Allerdings muß man die letzte Bemerkung noch vom Kopf auf die Füße stellen: »Tatsächlich hat Huntington überhaupt nichts ›prophezeit‹«, gibt Mark Burdman zu Recht zu bedenken. »Vielmehr setzten er und seine Freunde ihre ›Vorhersagen‹ nur in die Welt, um sicherzustellen, daß diese Wirklichkeit wurden.«[300]

Wie man sieht, waren die Veränderungen seit dem 11. 9. seit langem angedacht und geplant: Die stärkere Rolle der USA nach dem Zusammenbruch der Sowjetunion, die Aufrüstung, die Kriege gegen Afghanistan, Irak und andere – all das stand schon lange auf der Agenda rund um jene Strategen des PNAC, die heute die wichtigsten Posten in der Administration Bush bekleiden. Bis zum 11. 9. allerdings war davon nichts zu spüren. Die Regierung dümpelte vor sich hin, wie ein Windjammer in der Flaute, es war, als wartete sie auf etwas – vielleicht auf den langersehnten Rückenwind, mit dessen Hilfe man sich auf zu fremden Küsten würde machen können. Noch »am Morgen des 11. September wurde im Leitartikel einer bekannten Tageszeitung kritisiert, daß die Außenpolitik der Regierung Bush weder ein Ziel noch die geringste Vision erkennen ließe«, schreibt Eric Laurent in seinem Buch *Die Kriege der Familie Bush*. Die Regierung Bush, so könnte man den Eindruck gewinnen, war eine Regierung im Wartestand. Eine Regierung, die – wissentlich oder nicht – auf eine einmalige Vorlage wartete, um die Rolle ihres »Lebens« zu finden.

Nach dem 11. September war sofort klar, »daß für Amerika eine neue Zeit begonnen hatte«, sagte Bush-Berater und PNAC-Mann Kristol. »Wir konnten Dinge umsetzen, die vorher politisch schwierig erschienen. Machen Sie sich das einmal klar: Drei bis vier Wochen nach dem 11. September führten wir in Afghanistan Krieg, wir hatten Militärbasen in Zentralasien. Wer hätte vorher gedacht, daß das möglich ist?«[301] Tja, wer nur?

Der Harvard-Professor Samuel Huntington ist nicht irgendwer, sondern eines der Masterminds der Bush-Administration. Zwar sitzt nicht er selbst am Kabinettstisch, dafür aber eine ganze Riege seiner Gefolgsleute. Huntington ist ein mächtiger Drahtzieher in einem dunklen Netzwerk von rechtsradikalen, Pardon: »neokonservativen« Politikern, die heute den Kabinettstisch von George W. Bush und die oberen Ränge seiner Administration bevölkern. Huntingtons Einfluß beruht auf jahrzehntelanger Indoktrination, Propaganda und Personalpolitik in Universitäten und ultrarechten Denkzirkeln. Daß der US-Präsident seinen Buchtitel praktisch eins zu eins in seine bisher wichtigste Rede übernimmt und zum Programm erklärt, markiert Huntingtons geistige Machtergreifung.

Inzwischen bilden Huntingtons Freunde aus den unterschiedlichsten rechtsradikalen Denkfabriken, darunter natürlich auch des PNAC, eine Nebenregierung, die das Weiße Haus, das Pentagon, das Außenministerium und den Nationalen Sicherheitsrat durchdringt. Während etwa der frühere stellvertretende Verteidigungsminister und PNAC-Mann Richard Perle lange dem 18 Mitglieder zählenden Nationalen Rat für Verteidigungspolitik (Defense Policy Board) vorsaß, regiert sein Spezi und PNAC-Freund Paul D. Wolfowitz am Kabinettstisch und flüstert Präsident Bush die jeweilige Linie der Nebenregierung ins Ohr. Wolfowitz war der Mann, der bereits frühzeitig für das »Auslöschen« ganzer Nationen eintrat. Dafür hat er mit dem 18köpfigen »Defense Policy Board« jede Menge Sachverstand um sich versammelt. Mit »Defense Policy« ist natürlich nicht Verteidigung gemeint, sondern Kriegspolitik. Verteidigung höchstens in dem paranoiden Sinn, daß bereits die Anwesenheit anderer Staaten auf dem Globus eine Bedrohung darstellt, auf die man mit allen Mitteln reagieren darf, insbesondere wenn diese Staaten zu neuen »Rivalen« heranwachsen könnten. Damit stehen die USA einem Mann, der ohne plausiblen Grund über andere herfällt, in nichts nach. Doch während im zivilen Leben für solche Personen die Zwangsjacke zur Verfügung steht, verfügt in diesem Fall das paranoide Subjekt über sämtliche Vernichtungswaffen, die man sich nur vorstellen kann.

Mitglieder des »Defense Policy Board« sind unter anderem:

Richard Norman Perle, bis Frühjahr 2003 Vorsitzender des Defense Policy Board, wurde 1941 als Sohn eines kalifornischen Geschäftsmanns und Enkel jüdischer Einwanderer aus Rußland geboren.[302] Wenn man Richard Perle »als ›Prince of Darkness‹ einführt, als Fürsten der Finsternis, so empfindet er das nicht als Kränkung«, porträtiert die *Welt* den Schattenkrieger. Richard Perle habe für Star Wars

[Präsident Reagans Konzept der Militarisierung des Weltraums: G. W.] ebenso gekämpft wie für den NATO-Doppelbeschluß und sich als Rüstungslobbyist betätigt.[303] Eine Zeitlang war Perle Chairman und Geschäftsführer des israelischen Medienkonzerns Hollinger Digital Inc. und Direktor der *Jerusalem Post*. Zu Hollinger gehören ferner die *Chicago Sun-Times*, der *Daily Telegraph* und zahlreiche Zeitungen in Kanada. So fließen die rechten Ideen des Defense Policy Board und der PNAC-Junta direkt in die Gehirne der Bürger. Ganz nebenbei hat Perle auch noch seine Freude an ferngesteuerten Flugzeugen: »Er kann eindrucksvoll schildern, wie ein junger Soldat in Tampa (Florida) via Satellitenkommunikation das Gefechtsfeld im fernen Afghanistan vor sich auf dem Display hat und eine mit zwei Hellfire-Raketen ausgestattete Drohne – Predator – steuert und endlich in ein Ziel lenkt, das zuvor von Soldaten der Nordallianz identifiziert und dann von amerikanischen Rangers durch Laserstrahl ›beleuchtet‹ wurde. Das Ganze in Realzeit«, so die *Welt*. »Perle liebt die Macht, die seine und die Macht Amerikas. (…) Für ihn ist Kampf der Naturzustand zwischen den Staaten, den es zu beherrschen gilt durch Bündnisse, gegebenenfalls Abschreckung und notfalls militärischen Einsatz.«[304]

Zurück zur »Natur« also. Perle drängte auch in der Verschwörergruppe PNAC »seit Jahren auf einen Krieg gegen den Irak«[305] und sei das »Mastermind hinter dem Nervenkrieg, der den Tyrannen von Bagdad in die Knie zwingen soll«. Das Ziel habe die Regierung Bush mit Hilfe von Perle formuliert: »Vernichtung der irakischen Massenvernichtungswaffen, Ende des Saddam Hussein und Wechsel des Regimes.«[306]

Angesichts des gespannten Verhältnisses, das die Bush-Regierung zur Wahrheit hat, wundert es nicht, daß sich die Amerikaner selbst noch nach ihrem gegen ein wehrloses Land errungenen »Sieg« äußerst schwer taten, Perles »Massenvernichtungswaffen« im Irak zu finden. Schließlich stolperte Perle als Vorsitzender des Defense Policy Board im März 2003 über einen Artikel im *New Yorker*, in dem die geschäftlichen Beziehungen Perles unter die Lupe genommen wurden. Der Hauptvorwurf: Während Perle den Krieg gegen den Irak vorantrieb, habe er eine Firma gegründet, die davon habe profitieren können.[307]

So weit, so gut. Allerdings müßte, wenn es danach ginge, eigentlich die gesamte US-Regierung zurücktreten. Maßgebliche Figuren und Hintermänner des US-Regimes verdienen an exakt jenen Kriegen, die sie anzetteln. Angesichts der zentralen Rolle von Richard Perle in der US-Politik nach den Ereignissen vom 11. September wird im Zusammenhang mit den Attentaten auch von einem »Perle-Harbor«[308] gesprochen. Unter dem Eindruck des deutschen Widerstands gegen den Irak-Krieg verkündete Perle, Deutschland sei »irrelevant« geworden. Aus der Sicht der Bush-Junta ist das wahrscheinlich so etwas wie der Vorhof zur Hölle, von wo aus es nur noch ein Schritt bis zur offenen Feindschaft ist.

Harold Brown, früherer Verteidigungsminister der Vereinigten Staaten. Er wurde 1927 als Sohn jüdischer Eltern in New York City geboren.[309] Noch vor dem 21. Lebensjahr erwarb er mehrere akademische Grade, einschließlich Doktortitel, an der Columbia University. Harold Brown ist eine der führenden Atomwaffenkoryphäen in den Vereinigten Staaten. Ab 1952 wirkte er an der wichtigsten Atomwaffenschmiede der USA, dem Lawrence Livermore Laboratoy in Kalifornien, mit. 1960 wurde er sein Direktor – als Nachfolger von dessen Gründer, dem Atomwaffenfan und »Vater der Wasserstoffbombe«, Edward Teller.

Henry Kissinger ist ein weiteres Mitglied des Nationalen Rates für Verteidigungspolitik (Defense Policy Board). Er wurde 1923 als Heinz Alfred Kissinger und Sohn von Louis und Paula Kissinger im bayerischen Fürth geboren.

»Henry« Heinz Alfred besuchte die jüdische Grundschule, zum Gymnasium wurde er wegen seiner Herkunft nicht zugelassen. 1938 emigrierte die Familie in die USA. In den Vereinigten Staaten studierte Kissinger Politische Wissenschaften, seit Mitte der fünfziger Jahre gehört er dem berüchtigten Rat für Auswärtige Beziehungen (»Council on Foreign Relations«) an. Ab 1962 lehrte Kissinger in Harvard, wo auch Samuel Huntington wirkte. Nebenbei berät oder beriet Kissinger den israelischen Medienkonzern Hollinger. Von 1973 bis 1977 war Kissinger Außenminister der USA, eine Zeit, in der ihm ein Treppenwitz der Weltgeschichte den Friedensnobelpreis zuspielte: für die Aushandlung des Waffenstillstands in Vietnam. Wahrscheinlich wäre Kissinger Präsident geworden, wenn das nicht aufgrund seiner Herkunft ausgeschlossen gewesen wäre. Jahrzehntelang war der verhinderte Präsident, Autor eines Buches mit dem deutschen Titel *Die sechs Säulen der Weltordnung,* die graue Eminenz der amerikanischen Politik und diente mehreren Amtsinhabern als Berater. Zuletzt setzte Präsident George W. Bush Kissinger ausgerechnet an die Spitze einer Kommission zur Aufklärung der Attentate vom 11. September 2001. Kurze Zeit später mußte Kissinger allerdings zurücktreten.

James Schlesinger, ebenfalls Mitglied des Defense Policy Board, wurde 1929 in New York geboren. Auch er studierte in Harvard. 1950 machte er dort seinen Abschluß mit summa cum laude, 1954 heiratete er Rachel Line Mellinger. Seine Karriere führte weiter über eine Assistenz-Professur an der University of Virginia über führende Positionen in der RAND Corporation zum Vorsitz der Atomenergie-Kommission 1971. 1973 wurde er Direktor der CIA und kurz darauf Verteidigungsminister. Am 28. August 2000 berichtete die *New York Times,* Schlesinger habe mehr als einmal verhindert, daß das Militär Befehle des Präsidenten befolgte. Richard Nixon, so Schlesingers Begründung, habe manchmal unter Depressionen gelitten.[310] 1977 wurde Schlesinger der erste Energieminister der Vereinigten Staaten. Bis heute wirkt er in zahlreichen privaten Institutionen und Vereinen und ist eine der gefährlichen Spinnen im Netz des amerikanischen Establishments. Unter anderem betätigte er sich auch als Banker, zum Beispiel diente er der Investment Bank Lehman Brothers als »Senior Adviser«. Auch er beschäftigte sich mit dem alten und dem neuen amerikanischen Jahrhundert. 1989 veröffentlichte er sein Buch *America at Centurys End*.[311]

Die nützlichen Untoten des Imperiums
Der Weg in den Dritten Weltkrieg

Wo geht die Reise hin? Als einige Tage nach dem 11. 9. George W. Bush »die noch rauchenden Ruinen des Pentagon überflog, rief er seinen Mitarbeitern zu: ›Sehen Sie sich das genau an. Was Sie hier sehen, ist der Beginn des ersten Kriegs des 21. Jahrhunderts.‹«[312] Wohlgemerkt: »…des ersten Krieges«. Das ist also nur der Anfang. Der von dem Bush-Regime eingeleitete Kampf der Zivilisationen ist nichts anderes als der Dritte Weltkrieg. Das hat Bush jedenfalls gesagt. »Das ist der Kampf der Welt«, verkündete er kurz nach dem 11. September. Gleichzeitig formulierten nicht Osama Bin Laden, nicht Saddam Hussein oder sonstige Finstermänner, sondern niemand anderer als George W. Bush eine Kriegserklärung an den gesamten Globus: »Jede Nation, in jeder Region, muss sich nun entscheiden – entweder sind Sie mit uns oder mit den Terroristen. Von diesem Tag an werden die Vereinigten Staaten jede Nation, die weiterhin Terroristen beherbergt oder unterstützt, als feindliches Regime betrachten.«[313]

Auch über die Dauer des Dritten Weltkriegs wurden Aussagen gemacht. Präsident Bush sagte: »Unsere Antwort beinhaltet mehr als einen sofortigen Gegenschlag und einzelne Angriffe. Amerikaner sollten nicht eine einzige Schlacht erwarten, sondern einen langen Feldzug, wie wir ihn bisher noch nicht erlebt haben ...«[314] Der Londoner *Observer* zitierte einen Falken aus den Kreisen der US-Regierung mit den Worten, »wenn es bedeuten würde, daß wir den nächsten Hundertjährigen Krieg beginnen würden, dann machen wir das«.[315] Mit anderen Worten: Die Junta unter George W. Bush, oder besser: hinter George W. Bush, will einen neuen, jahrzehntelangen Weltkrieg mit Hunderttausenden, wenn nicht Millionen von Toten, bei dem auch der Einsatz von Atomwaffen ausdrücklich nicht ausgeschlossen ist, wie man den Äußerungen des stellvertretenden Verteidigungsministers und PNAC-Manns Wolfowitz entnehmen kann.

Wie man ferner an den ständigen Provokationen und Beleidigungen an die Adresse Europas erkennen kann, schließt das den Alten Kontinent durchaus mit ein. Im Mai 2003 griff die französische Regierung zu einem ungewöhnlichen Mittel und beschwerte sich schriftlich bei der US-Regierung über die ständigen Ränkespiele gegen »La Grande Nation«. In einem Anhang zu dem Protestschreiben führt die französische Regierung eine eindrucksvolle Reihe von Verleumdungen auf, die innerhalb der US-Regierung über sie verbreitet worden seien. Dazu zählte der Vorwurf, Frankreich und Deutschland hätten Teile für Atomwaffen an den Irak geliefert, Frankreich würde Pockenviren züchten und hätte waffentaugliche Chemikalien in den Irak exportiert.[316] Am Inhalt dieser Vorwürfe läßt sich unschwer erkennen, daß hier eine Verbindung zwischen dem amerikanischen Kriegsgegner Irak und den beiden europäischen Kernstaaten hergestellt werden soll. Wie man aus den bisherigen Vorgängen um Afghanistan und den Irak ablesen konnte, sind solche Verknüpfungen die Vorstufe zu noch schlimmeren Vorwürfen, die dann schließlich in die Konstruktion eines Kriegsgrundes münden können. Während die US-Regierung auf offizielle Proteste der Franzosen hin jedesmal mit Abwiegeln reagierte, tauchten immer wieder ähnliche Vorwürfe auf – was dafür spricht, daß die Gerüchte von einem bestimmten Kreis innerhalb der Administration gezielt gestreut werden. Frankreich vermutet die Quelle im Umfeld der PNAC-Leute Wolfowitz und Rumsfeld. Tatsächlich war es Verteidigungsminister Rumsfeld, der bisher die deutlichste Drohung formulierte: »Frankreich hat eine historisch eng gewachsene Beziehung zum Irak. Ich glaube, daß das bis zum Ausbruch des Krieges aufrechterhalten wurde. Was danach passiert ist, werden wir herausfinden.«[317]

Das war deutlich. Im April 2003 stänkerte PNAC-Mann Wolfowitz gegen Bundesaußenminister Fischer. In einem *Spiegel*-Interview hatte Fischer über Wolfowitz gesagt: »Er war der Ansicht, daß die USA eine ganze Reihe von Ländern von ihren terroristischen Regierungen notfalls auch mit Gewalt befreien müßten.« Obwohl man Fischer diese Wiedergabe von Wolfowitz' Ansichten sofort glauben will, beschwerte sich der Ultrarechte schriftlich beim *Spiegel*. »Ich bin enttäuscht, daß der deutsche Außenminister die Inhalte eines privaten Treffens öffentlich diskutiert; noch mehr enttäuscht mich aber, daß er das Gesagte ungenau wiedergibt.« Wolfowitz erklärte, so etwas nie gesagt zu haben.[318] In der Sprache der Diplomatie handelt es sich dabei natürlich um weit mehr als den Brief an ein Nachrichtenmagazin, sondern um eine global hörbare Ohrfeige.

Neben dem großen Krieg gibt es in der US-Administration auch und vor allem das Konzept des »begrenzten Krieges« bzw. das Konzept des »ewigen Terrorismus«. Irgendwo werden irgendwelche Dunkelmänner fortgesetzt Terroranschläge verüben, und niemand wird genau wissen, wer sie eigentlich sind. Fest steht nur, daß die Terroranschläge mit der sich verschärfenden Krise des Bush-Regimes und des amerikanischen Imperiums an Brutalität und Häufigkeit zunehmen werden. Der Terrorismus diszipliniert die US- und Weltgesellschaft und macht sie steuerbar, wie Terrorismus schon immer zur Steuerung von Gesellschaften benutzt wurde.

Als Bill Clinton Anfang der neunziger Jahre die Präsidentenwahl gegen George Bush sen. Mit Hilfe wirtschaftlicher Argumente gewonnen hatte, soll er dem Rivalen, der in seinem Wahlkampf auf andere Schwerpunkte gesetzt hatte, hinterhergerufen haben: »It's the economy, stupid!« – »Auf die Wirtschaft kommt es an, Blödmann!« Laut einem Bericht der *New York Times* soll dieser Satz im kommenden Wahlkampf von George Bush jun. für die Präsidentenwahl 2004 heißen: »It's the terror, not the economy, stupid.« So schildert die Zeitung die Strategie von George W. Bushs Wahlkampfberater Karl Rove. Der Bush-Wahlkämpfer beschreibe »einen weitaus umfangreicheren und längeren Krieg gegen den Terrorismus, den er, vielleicht rein zufällig, bis zum Wahltag im Jahr 2004 ausgedehnt sieht. Sollten daran irgendwelche Zweifel bestehen, schreibt Mister Rove allen demokratischen Herausforderern ins Stammbuch, daß die Förderung der Aura eines Kriegspräsidenten während der nächsten 18 Monate zu den obersten Prioritäten seines Wahlkampfmanagers gehören wird.«[319]

Auf diese Weise wird der Terrorismus also fest in die Wahlkampagne von George W. Bush eingeplant. Und dies ist auch die einzige und letzte Chance dieses Verzweiflungsregimes. Anders kann dieser Präsident die Wahl überhaupt nicht gewinnen. Bräche das Terrorismus-Thema weg, das George W. Bush auf dem Höhepunkt seiner Unpopularität 2001 schon einmal gerettet hat, stünde dieser Präsident nicht nur völlig ohne Verdienste, sondern auch mit jeder Menge Versäumnisse und Unverantwortlichenkeiten da. Während seiner bisherigen Regierungszeit stieg die Arbeitslosigkeit laut dem Bush-kritischen Internetdienst *buzz-*

flash.com von 3,9 auf 6 Prozent, erhöhte sich erstmals seit acht Jahren die Zahl der in Armut lebenden Amerikaner, betrug das Wirtschaftswachstum erstmals seit 50 Jahren nur 1 Prozent und verwandelte sich ein Haushaltsüberschuß von 5,6 Billionen Dollar in ein Defizit von 400 Milliarden.

Das heißt: Dieser Präsident hat bereits sämtliche herkömmlichen politischen Brücken hinter sich abgebrochen und setzt einzig und allein auf die Karte Krieg und Terrorismus. Der Terrorismus ist eine Art Betäubungsmittel, das die Menschen die katastrophale Situation des Landes vergessen lassen soll, ganz einfach, weil es noch mehr »weh tut« als sinkender Lebensstandard und Verlust von Bürgerrechten. So wird der eine Schmerz mit einem noch größeren bekämpft, und wenn man das auf einen menschlichen Patienten überträgt, ist es klar, wie das enden muß: mit Exitus. Schon wieder wird damit die gruselige Dialektik dieses Regimes klar: Es kann auf bombende Dunkelmänner und ausländische Despoten überhaupt nicht verzichten. Als Verantwortliche für diesen Terrorismus werden mit Hilfe der Medienmaschine immer neue »Staatsfeinde« präsentiert, die als Projektionsfläche für eigentlich gegen die eigene Regierung gerichtete Haßgefühle ebenso dienen wie als Vorwand, die Rüstungsausgaben in immer größere Höhen zu schrauben und das jeweilige Herkunftsland dieser »Staatsfeinde« zu besetzen – bis die USA und die Welt in Stahl und Eisen ersticken. Ebenso plötzlich wie sie gekommen waren, verschwinden diese Staatsfeinde wieder vom öffentlichen Radarschirm, ohne daß noch jemand davon Notiz nähme, daß diese Erzfeinde und Superverbrecher von gestern es merkwürdigerweise immer wieder schaffen, sich dem Zugriff des Imperiums zu entziehen. Sowohl Osama Bin Laden als auch Saddam Hussein sind bereits in einen irrlichternden Phantomzustand eingetreten, in dem man sie nach Belieben wiederbeleben oder in der Versenkung verschwinden lassen kann. Genau dasselbe beschrieb schon George Orwell für »Immanuel Goldstein«, den ewigen Staatsfeind in seinem Roman *1984*. Auch der geistert irgendwie körperlos über die »Televisoren«, tot und unsterblich zugleich, und erregt mit seinem irgendwie fremden Aussehen die Emotionen der Masse. Goldstein ist der Chef der geheimnisvollen »Bruderschaft«, die es genau wie »Al-Qaida«, die späte »RAF« oder andere Terrororganisationen gibt oder vielleicht auch nicht gibt. Ob es die »Bruderschaft« überhaupt gebe, wollte Orwells Protagonist Winston, der auf die angebliche Widerstandsbewegung hereingefallen war, am Ende seines Martyriums in den Folterkammern des Imperiums wenigstens wissen: »Das, Winston, werden Sie nie erfahren«, antwortete der Folterknecht. »Falls wir beschließen, Ihnen die Freiheit zurückzugeben, wenn wir mit Ihnen fertig sind, und Sie leben weiter, bis sie neunzig Jahre alt sind, werden Sie doch nie erfahren, ob die Antwort auf diese Frage ja oder nein lautet. Solange Sie leben, wird das in Ihrem Denken ein ungelöstes Rätsel sein.«[320]

Ebenso ungelöst wie jenes Rätsel, wo eigentlich Osama Bin Laden und Saddam Hussein sind. Die Lösung dieses Rätsels liegt so fern, daß sie eigentlich schon wieder nahe liegt. Über Osama Bin Laden wissen wir zum Beispiel, daß dieser noch wenige Monate vor dem 11. September 2001 im Amerikanischen Krankenhaus in Dubai zu finden war (Wahlspruch: »Wie gut Sie genesen, hängt davon ab, wie Sie sich fühlen«) und dort von einem Agenten der CIA besucht wurde.[321] Was Saddam Hussein angeht, so erfahren wir aus der *Süddeutschen Zeitung*, »daß die US-Truppen womöglich ein Phantom jagen. (...) Der private amerikanische Nachrichtendienst *Stratfor* berichtet sogar von mehreren Hinweisen, wonach eine Geheimabsprache zwischen Amerikanern, Russen, Irakern und Syrern dem Diktator die Flucht ermöglicht hat.«[322] Es wäre also nicht verwunderlich, wenn wir diese beiden nützlichen Halunken genau dort suchen müßten, wo sie garantiert niemand vermutet: Irgendwo in einem gemütlichen Refugium unter der Schirmherrschaft der Amerikaner. Von hier aus können sie nach Herzenslust Videos und Tonbänder produzieren und ihre Existenz als nützliche Untote des Imperiums weiterführen.

Das US-Regime braucht sie, um die Wahl zu gewinnen und die ewige Kriegswirtschaft zu etablieren, die wirtschaftlichen Betrügereien und Schwierigkeiten zu übertünchen und seine Umgebung nach innen und außen zu kontrollieren. Aber vielleicht ist das auch eine gute Nachricht. Denn der Zustand dieses Regimes ist demnach äußerst labil. Die Attentate des 11. September 2001 waren ihrem Wesen und ihrer Anlage nach eine Verzweiflungstat. Irgend jemand setzte am 11. September 2001 alles auf eine Karte, und es liegt in der Natur eines solchen Vorgehens, das ihn ihm sowohl der totale Erfolg als auch das totale Scheitern angelegt sind. Das Schicksal des Bush-Regimes, der USA und der gesamten Welt steht auf des Messers Schneide. Während das Regime nach außen markig und unbesiegbar auftritt, besteht die Gefahr oder die Hoffnung, daß es kollabiert und mit ihm die amerikanische Nation und das – ebenfalls nicht gerade gesunde – Weltfinanzsystem: Verfallender Dollar, explodierende Verschuldung und ein extremes Leistungsbilanzdefizit sprechen eine deutliche Sprache.

Genaugenommen handelt es sich bei den USA um einen Todeskandidaten. Die Frage ist, ob die Öl-Infusion und die offene Einführung der Kriegswirtschaft für diesen Intensivpatienten noch rechtzeitig kommen. Zumindest ist zu befürchten, daß das Schauspiel durch diese Maßnahmen noch eine ganze Weile verlängert wird. Wahrscheinlich werden die USA nach innen und außen eine Art Notstandsregime errichten, in dem Widersprüche und Probleme mit den Mitteln der Diktatur und des Kriegs niedergehalten und bekämpft werden. Das gegenwärtige Regime der Vereinigten Staaten wird versuchen, das erodierte wirtschaftliche System in ein eisernes Korsett zu packen und so aufrechtzuerhalten. Gleichzeitig wird es versuchen, seine totalitäre Herrschaft auf sein politisches und wirtschaftliches Einflußgebiet auszudehnen. Unmittelbar nach dem 11. September haben die USA bereits erfolgreich versucht, ihre Sicherheitsgesetze auch ihren »Verbündeten« aufzuzwingen.

Der Kaiser ist nackt
Die Auflösungserscheinungen

Der Zweite Weltkrieg wurde von Nazis angezettelt. Und der Dritte? Die Weichen sind jedenfalls gestellt. Die wichtigste Weiche war der Anschlag auf das World Trade Center. Und tatsächlich ist der globale Zug über diese Weiche zunächst auch in die gewünschte Richtung gefahren. Doch dann begann er zu holpern und zu stocken. Irgend jemand legte Baumstämme auf die Gleise. Während die »Neokonservativen« des PNAC und des Defense Policy Board noch im Winter 2001 auf dem Anthrax-Ticket in den Irak reisen wollten, deckten andere Kräfte auf, daß die Anthrax-Briefe in Wirklichkeit aus den USA stammten. Für ein ganzes Jahr war damit die Luft aus dem Irak-Plan heraus, mühsam und verzweifelt suchten die Kriegstreiber nach neuen »Kriegsgründen«.

Weltweit regte sich Widerstand gegen die brutale Eroberungs- und Unterdrückungspolitik der USA. Doch die Vereinigten Staaten haben den Einmarsch in den Irak gegen alle Proteste trotzdem vollzogen. Das zeigt, daß das Regime so verzweifelt ist, daß es an einer entscheidenden, lebensnotwendigen Eigenschaft fehlt: Es ist nicht elastisch. Es fehlt ihm an der Flexibilität, um auszuweichen und Widerstände abzufedern, und da trifft es sich mit dem alten Erzrivalen Sowjetunion, der ebenfalls an seiner mangelnden Elastizität zugrunde ging. Die verhärtete Kruste war unfähig, neue Formen anzunehmen und konnte deshalb nur zerbrechen. Die USA sind heute in einem ähnlichen Zustand: außen ein harter Panzer, innen veraltetes militaristisches Denken von Betonköpfen und verfaulte Masse. Das Problem ist nur, daß den Vereinigten Staaten noch ein Arzt wie Gorbatschow fehlt, der den Eiter mit einem Schnitt an die frische Luft entläßt.

Ein wichtiges Anzeichen des Niedergangs war die absichtliche oder unabsichtliche Demontage des eigenen Außenministers Colin Powell mit gefälschten Dokumenten in der UNO. Eine der nächsten Etappen war das Eingeständnis, die angeblichen Massenvernichtungswaffen des Irak nicht finden zu können, obwohl man das Land inzwischen besetzt hatte. Ein verheerender Gesichtsverlust für das Imperium. Schon vorher kam es wie einst im Warschauer Pakt zur offenen Meuterei in NATO und UNO. Die Bedeutung dieser Vorgänge läßt sich mit einem Wort umschreiben: Es sind Auflösungserscheinungen. Im selben Maße, in dem die USA militärische Stärke präsentieren, verfällt ihre Autorität. So furchterregend sie auf dem Schlachtfeld auftreten, so lächerlich verhalten sie sich auf dem diplomatischen Parkett.

Hinter dem nackten Kaiser hat das Flüstern schon begonnen. Ob es jemals wieder verstummen wird, bleibt offen.

Dank an...

Andrea Wisnewski für die vielen Diskussionen und Ideen, Willy Brunner für die Kameradschaft und Unterstützung, Jürgen Bolz für die Geburtshilfe, Catherine Austin Fitts, Tom Flocco und Kyle Hence für ihren Mut, Paul Thompson für seine »Timeline«, Wolf Buchberger fürs Lesen, Christine Proske für den letzten Anstoß, Wolfgang Landgraeber und Matthias Kremin vom WDR für den Glauben an den Film *Aktenzeichen WTC ungelöst,* das Café Regenbogen für das exzellente »Catering« und – meine Mutter für alles, was sie für mich getan hat.

Hinweis

Wie jedes Buch, entwickelt sich auch dieses Buch weiter. Ergänzungen, Neuigkeiten, Forum und Erratum finden Sie gegebenenfalls unter www.operation911.de

# Anhang

Mohammed Attas Letzter Wille

In the name of God all mighty
Death Certificate

This is what I want to happen after my death, I am Mohamed the son of Mohamed Elamir awad Elsayed: I believe that prophet Mohamed is God's messenger and time will come no doubt about that and God will resurrect people who are in their graves. I wanted my family and everyone who reads this will to fear the Almighty God and don't get deceived by what is in life and to fear God and to follow God and his prophets if they are real believers. In my memory I want them to do what Ibrahim (a prophet) told his son to do, to die as a good Muslim. When I die, I want the people who will inherit my possessions to do the following:

1. The people who will prepare my body should be good Muslims because this will remind me of god and his forgiveness.

2. The people who are preparing my body should close my eyes and pray that I will go to heaven and to get me new clothes, not the ones I died in.

3. I don't want anyone to weep and cry or to rip their clothes or slap their face because this is an ignorant thing to do.

4. I don't want anyone to visit me who didn't get along with me while I was alive or to kiss me or say goodbye when I die.

5. I don't want a pregnant women or a person who is not clean to come and say goodbye to me because I don't approve of it.

6. I don't want women to come to my house to apologize for my death. I am not responsible for people who will sacrifice animals in front of my lying body because this is against Islam.

7. Those who will sit beside my body must remember Allah, God, and pray for me to be with the angels.

8. The people who will clean my body should be good Muslims and I do not want a lot of people to wash my body unless it is necessary.

9. The person who will wash my body near my genitals must wear gloves on his hand so he won't touch my genitals.

10. I want the clothes I wear to consist of three white pieces of cloth, not to be made from silk or expensive material.

11. I don't want any women to go to my grave at all during my funeral or any occasion thereafter.

12. During my funeral I want everyone to be quiet because God mentioned that he likes being quiet on three occasions, when

you recite the Koran, during the funeral and when you are crawling. You must speed my funeral procession and I would like many people there to pray for me.

13. When you bury me the people with whom I will be buried should be good Muslims. I want to face east toward Mecca.

14. I should be laying on my right side. You should throw the dust on my body three times while saying from the dust, we created you dust and to dust you will return. From the dust a new person will be created. After that everyone should mention Gods name and that I died as a Muslim which is Gods religion. Everyone who attends my funeral should ask that I will forgiven for what I have done in the past (not this action).

15. The people who will attend my funeral should sit at my grave for an hour so I will enjoy their company and slaughter animals and give the meat to the needy.

16. The custom has been to memorialize the dead every forty days or once a year but I do not want this because it is not Islamic custom.

17. I don't want people to take time to write things on paper to be kept their pockets as superstition. Time should be taken to pray to God instead.

18. All the money I left must be divided according to the Muslim religion as almighty God has asked us to do. A third of my money should be spent on the poor and needy. I want my books to go to any one of the Muslim masque. I wanted the people who look at my will to be one of the heads of the Sunna religion. Whoever it is, I want that person to be from where I grew up or any person I used to follow in prayer. People will be held responsible for not following the Muslim religion. I wanted to the people who I left behind to fear God and not to be deceived by what life has to offer and to pray more to God and to be good believers. Whoever neglects this will or does not follow the religion that person will be held responsible in the end.

This was written on April 11, 1996, the Islamic calendar of zoelqada is 1416.

Written by MOHAMED MOHAMED ELAMIR AWAD ELSAYED.

Witnesses: ABDELGANI MUZWADI (signature)

Witnesses: ALMUTASADEQ MUNIR (signature)

Operation Northwoods

THE JOINT CHIEFS OF STAFF
WASHINGTON 25, D.C.

UNCLASSIFIED

13 March 1962

MEMORANDUM FOR THE SECRETARY OF DEFENSE

Subject: Justification for US Military Intervention in Cuba (TS)

1. The Joint Chiefs of Staff have considered the attached Memorandum for the Chief of Operations, Cuba Project, which responds to a request of that office for brief but precise description of pretexts which would provide justification for US military intervention in Cuba.

2. The Joint Chiefs of Staff recommend that the proposed memorandum be forwarded as a preliminary submission suitable for planning purposes. It is assumed that there will be similar submissions from other agencies and that these inputs will be used as a basis for developing a time-phased plan. Individual projects can then be considered on a case-by-case basis.

3. Further, it is assumed that a single agency will be given the primary responsibility for developing military and para-military aspects of the basic plan. It is recommended that this responsibility for both overt and covert military operations be assigned the Joint Chiefs of Staff.

For the Joint Chiefs of Staff:

L. L. LEMNITZER
Chairman
Joint Chiefs of Staff

SYSTEMATICALLY REVIEWED
BY JCS ON 31 May 84
CLASSIFICATION CONTINUED

1 Enclosure
Memo for Chief of Operations, Cuba Project

EXCLUDED FROM GDS

EXCLUDED FROM AUTOMATIC
REGRADING; DOD DIR 5200.10
DOES NOT APPLY

TOP SECRET
JCS 1969/321
12 March 1962
Page 2165

COPY NO. 1
SPECIAL DISTRIBUTION

NOTE BY THE SECRETARIES
to the
JOINT CHIEFS OF STAFF
on
NORTHWOODS (S)

A report* on the above subject is submitted for consideration by the Joint Chiefs of Staff.

F. J. BLOUIN
M. J. INGELIDO
Joint Secretariat

* Not reproduced herewith; on file in Joint Secretariat

EXCLUDED FROM GDS
EXCLUDED FROM AUTOMATIC
REGRADING; DOD DIRECTIVE
5200.10 DOES NOT APPLY

9 March 1962

COPY OF COPIES
SPECIAL DISTRIBUTION

UNCLASSIFIED

REPORT BY THE DEPARTMENT OF DEFENSE AND
JOINT CHIEFS OF STAFF REPRESENTATIVE ON THE
CARIBBEAN SURVEY GROUP

to the

JOINT CHIEFS OF STAFF

on

CUBA PROJECT (TS)

The Chief of Operations, Cuba Project, has requested that he be furnished the views of the Joint Chiefs of Staff on this matter by 13 March 1962.

EXCLUDED FROM GDS

UNCLASSIFIED

TOP SECRET SPECIAL HANDLING NOFORN

UNCLASSIFIED

JUSTIFICATION FOR US MILITARY INTERVENTION IN CUBA (TS)

THE PROBLEM

1. As requested* by Chief of Operations, Cuba Project, the Joint Chiefs of Staff are to indicate brief but precise description of pretexts which they consider would provide justification for US military intervention in Cuba.

FACTS BEARING ON THE PROBLEM

2. It is recognized that any action which becomes pretext for US military intervention in Cuba will lead to a political decision which then would lead to military action.

3. Cognizance has been taken of a suggested course of action proposed** by the US Navy relating to generated instances in the Guantanamo area.

4. For additional facts see Enclosure B.

DISCUSSION

5. The suggested courses of action appended to Enclosure A are based on the premise that US military intervention will result from a period of heightened US-Cuban tensions which place the United States in the position of suffering justifiable grievances. World opinion, and the United Nations forum should be favorably affected by developing the international image of the Cuban government as rash and irresponsible, and as an alarming and unpredictable threat to the peace of the Western Hemisphere.

6. While the foregoing premise can be utilized at the present time it will continue to hold good only as long as there can be reasonable certainty that US military intervention in Cuba would not directly involve the Soviet Union. There is

---

* Memorandum for General Craig from Chief of Operations, Cuba Project, subject: "Operation MONGOOSE", dated 5 March 1962, on file in General Craig's office.
** Memorandum for the Chairman, Joint Chiefs of Staff, from Chief of Naval Operations, subject: "Instances to Provoke Military Actions in Cuba (TS)", dated 8 March 1962, on file in General Craig's office.

as yet no bilateral mutual support agreement binding the USSR to the defense of Cuba, Cuba has not yet become a member of the Warsaw Pact, nor have the Soviets established Soviet bases in Cuba in the pattern of US bases in Western Europe. Therefore, since time appears to be an important factor in resolution of the Cuba problem, all projects are suggested within the time frame of the next few months.

CONCLUSION

7. The suggested courses of action appended to Enclosure A satisfactorily respond to the statement of the problem. However, these suggestions should be forwarded as a preliminary submission suitable for planning purposes, and together with similar inputs from other agencies, provide a basis for development of a single, integrated, time-phased plan to focus all efforts on the objective of justification for US military intervention in Cuba.

RECOMMENDATIONS

8. It is recommended that:

    a. Enclosure A together with its attachments should be forwarded to the Secretary of Defense for approval and transmittal to the Chief of Operations, Cuba Project.

    b. This paper NOT be forwarded to commanders of unified or specified commands.

    c. This paper NOT be forwarded to US officers assigned to NATO activities.

    d. This paper NOT be forwarded to the Chairman, US Delegation, United Nations Military Staff Committee.

MEMORANDUM FOR THE SECRETARY OF DEFENSE

Subject: Justification for US Military Intervention in Cuba (TS)

1. The Joint Chiefs of Staff have considered the attached Memorandum for the Chief of Operations, Cuba Project, which responds to a request* of that office for brief but precise description of pretexts which would provide justification for US military intervention in Cuba.

2. The Joint Chiefs of Staff recommend that the proposed memorandum be forwarded as a preliminary submission suitable for planning purposes. It is assumed that there will be similar submissions from other agencies and that these inputs will be used as a basis for developing a time-phased plan. Individual projects can then be considered on a case-by-case basis.

3. Further, it is assumed that a single agency will be given the primary responsibility for developing military and para-military aspects of the basic plan. It is recommended that this responsibility for both overt and covert military operations be assigned the Joint Chiefs of Staff.

---

* Memorandum for Gen Craig from Chief of Operations, Cuba Project, subject, "Operation MONGOOSE", dated 5 March 1962, on file in Gen Craig's office

Enclosure A

APPENDIX TO ENCLOSURE A

DRAFT

MEMORANDUM FOR CHIEF OF OPERATIONS, CUBA PROJECT

Subject: Justification for US Military Intervention in Cuba (TS)

1. Reference is made to memorandum from Chief of Operations, Cuba Project, for General Craig, subject: "Operation MONGOOSE", dated 5 March 1962, which requested brief but precise description of pretexts which the Joint Chiefs of Staff consider would provide justification for US military intervention in Cuba.

2. The projects listed in the enclosure hereto are forwarded as a preliminary submission suitable for planning purposes. It is assumed that there will be similar submissions from other agencies and that these inputs will be used as a basis for developing a time-phased plan. The individual projects can then be considered on a case-by-case basis.

3. This plan, incorporating projects selected from the attached suggestions, or from other sources, should be developed to focus all efforts on a specific ultimate objective which would provide adequate justification for US military intervention. Such a plan would enable a logical build-up of incidents to be combined with other seemingly unrelated events to camouflage the ultimate objective and create the necessary impression of Cuban rashness and irresponsibility on a large scale, directed at other countries as well as the United States. The plan would also properly integrate and time phase the courses of action to be pursued. The desired resultant from the execution of this plan would be to place the United States in the apparent position of suffering defensible grievances from a rash and irresponsible government of Cuba and to develop an international image of a Cuban threat to peace in the Western Hemisphere.

Appendix to
Enclosure A

4. Time is an important factor in resolution of the Cuban problem. Therefore, the plan should be so time-phased that projects would be operable within the next few months.

5. Inasmuch as the ultimate objective is overt military intervention, it is recommended that primary responsibility for developing military and para-military aspects of the plan for both overt and covert military operations be assigned the Joint Chiefs of Staff.

Appendix to
Enclosure A

ANNEX TO APPENDIX TO ENCLOSURE A
PRETEXTS TO JUSTIFY US MILITARY INTERVENTION IN CUBA

(Note: The courses of action which follow are a preliminary submission suitable only for planning purposes. They are arranged neither chronologically nor in ascending order. Together with similar inputs from other agencies, they are intended to provide a point of departure for the development of a single, integrated, time-phased plan. Such a plan would permit the evaluation of individual projects within the context of cumulative, correlated actions designed to lead inexorably to the objective of adequate justification for US military intervention in Cuba).

1. Since it would seem desirable to use legitimate provocation as the basis for US military intervention in Cuba a cover and deception plan, to include requisite preliminary actions such as has been developed in response to Task 33 c, could be executed as an initial effort to provoke Cuban reactions. Harassment plus deceptive actions to convince the Cubans of imminent invasion would be emphasized. Our military posture throughout execution of the plan will allow a rapid change from exercise to intervention if Cuban response justifies.

2. A series of well coordinated incidents will be planned to take place in and around Guantanamo to give genuine appearance of being done by hostile Cuban forces.

    a. Incidents to establish a credible attack (not in chronological order):

        (1) Start rumors (many). Use clandestine radio.

        (2) Land friendly Cubans in uniform "over-the-fence" to stage attack on base.

        (3) Capture Cuban (friendly) saboteurs inside the base.

        (4) Start riots near the base main gate (friendly Cubans).

Annex to Appendix
to Enclosure A

(5) Blow up ammunition inside the base; start fires.

(6) Burn aircraft on air base (sabotage).

(7) Lob mortar shells from outside of base into base. Some damage to installations.

(8) Capture assault teams approaching from the sea or vicinity of Guantanamo City.

(9) Capture militia group which storms the base.

(10) Sabotage ship in harbor; large fires -- napthalene.

(11) Sink ship near harbor entrance. Conduct funerals for mock-victims (may be lieu of (10)).

b. United States would respond by executing offensive operations to secure water and power supplies, destroying artillery and mortar emplacements which threaten the base.

c. Commence large scale United States military operations.

3. A "Remember the Maine" incident could be arranged in several forms:

a. We could blow up a US ship in Guantanamo Bay and blame Cuba.

b. We could blow up a drone (unmanned) vessel anywhere in the Cuban waters. We could arrange to cause such incident in the vicinity of Havana or Santiago as a spectacular result of Cuban attack from the air or sea, or both. The presence of Cuban planes or ships merely investigating the intent of the vessel could be fairly compelling evidence that the ship was taken under attack. The nearness to Havana or Santiago would add credibility especially to those people that might have heard the blast or have seen the fire. The US could follow up with an air/sea rescue operation covered by US fighters to "evacuate" remaining members of the non-existent crew. Casualty lists in US newspapers would cause a helpful wave of national indignation.

4. We could develop a Communist Cuban terror campaign in the Miami area, in other Florida cities and even in Washington.

Annex to Appendix
to Enclosure A

The terror campaign could be pointed at Cuban refugees seeking haven in the United States. We could sink a boatload of Cubans enroute to Florida (real or simulated). We could foster attempts on lives of Cuban refugees in the United States even to the extent of wounding in instances to be widely publicized. Exploding a few plastic bombs in carefully chosen spots, the arrest of Cuban agents and the release of prepared documents substantiating Cuban involvement also would be helpful in projecting the idea of an irresponsible government.

5. A "Cuban-based, Castro-supported" filibuster could be simulated against a neighboring Caribbean nation (in the vein of the 14th of June invasion of the Dominican Republic). We know that Castro is backing subversive efforts clandestinely against Haiti, Dominican Republic, Guatemala, and Nicaragua at present and possible others. These efforts can be magnified and additional ones contrived for exposure. For example, advantage can be taken of the sensitivity of the Dominican Air Force to intrusions within their national air space. "Cuban" B-26 or C-46 type aircraft could make cane-burning raids at night. Soviet Bloc incendiaries could be found. This could be coupled with "Cuban" messages to the Communist underground in the Dominican Republic and "Cuban" shipments of arms which would be found, or intercepted, on the beach.

6. Use of MIG type aircraft by US pilots could provide additional provocation. Harassment of civil air, attacks on surface shipping and destruction of US military drone aircraft by MIG type planes would be useful as complementary actions. An F-86 properly painted would convince air passengers that they saw a Cuban MIG, especially if the pilot of the transport were to announce such fact. The primary drawback to this suggestion appears to be the security risk inherent in obtaining or modifying an aircraft. However, reasonable copies of the MIG could be produced from US resources in about three months.

Annex to Appendix
to Enclosure A

7. Hijacking attempts against civil air and surface craft should appear to continue as harassing measures condoned by the government of Cuba. Concurrently, genuine defections of Cuban civil and military air and surface craft should be encouraged.

8. It is possible to create an incident which will demonstrate convincingly that a Cuban aircraft has attacked and shot down a chartered civil airliner enroute from the United States to Jamaica, Guatemala, Panama or Venezuela. The destination would be chosen only to cause the flight plan route to cross Cuba. The passengers could be a group of college students off on a holiday or any grouping of persons with a common interest to support chartering a non-scheduled flight.

    a. An aircraft at Eglin AFB would be painted and numbered as an exact duplicate for a civil registered aircraft belonging to a CIA proprietary organization in the Miami area. At a designated time the duplicate would be substituted for the actual civil aircraft and would be loaded with the selected passengers, all boarded under carefully prepared aliases. The actual registered aircraft would be converted to a drone.

    b. Take off times of the drone aircraft and the actual aircraft will be scheduled to allow a rendezvous south of Florida. From the rendezvous point the passenger-carrying aircraft will descend to minimum altitude and go directly into an auxiliary field at Eglin AFB where arrangements will have been made to evacuate the passengers and return the aircraft to its original status. The drone aircraft meanwhile will continue to fly the filed flight plan. When over Cuba the drone will being transmitting on the international distress frequency a "MAY DAY" message stating he is under attack by Cuban MIG aircraft. The transmission will be interrupted by destruction of the aircraft which will be triggered by radio signal. This will allow ICAO radio

Annex to Appendix
to Enclosure A

stations in the Western Hemisphere to tell the US what has happened to the aircraft instead of the US trying to "sell" the incident.

9. It is possible to create an incident which will make it appear that Communist Cuban MIGs have destroyed a USAF aircraft over international waters in an unprovoked attack.

    a. Approximately 4 or 5 F-101 aircraft will be dispatched in trail from Homestead AFB, Florida, to the vicinity of Cuba. Their mission will be to reverse course and simulate fakir aircraft for an air defense exercise in southern Florida. These aircraft would conduct variations of these flights at frequent intervals. Crews would be briefed to remain at least 12 miles off the Cuban coast; however, they would be required to carry live ammunition in the event that hostile actions were taken by the Cuban MIGs.

    b. On one such flight, a pre-briefed pilot would fly tail-end Charley at considerable interval between aircraft. While near the Cuban Island this pilot would broadcast that he had been jumped by MIGs and was going down. No other calls would be made. The pilot would then fly directly west at extremely low altitude and land at a secure base, an Eglin auxiliary. The aircraft would be met by the proper people, quickly stored and given a new tail number. The pilot who had performed the mission under an alias, would resume his proper identity and return to his normal place of business. The pilot and aircraft would then have disappeared.

    c. At precisely the same time that the aircraft was presumably shot down a submarine or small surface craft would disburse F-101 parts, parachute, etc., at approximately 15 to 20 miles off the Cuban coast and depart. The pilots returning to Homestead would have a true story as far as they knew. Search ships and aircraft could be dispatched and parts of aircraft found.

Annex to Appendix
to Enclosure A

ENCLOSURE B

FACTS BEARING ON THE PROBLEM

1. The Joint Chiefs of Staff have previously stated* that US unilateral military intervention in Cuba can be undertaken in the event that the Cuban regime commits hostile acts against US forces or property which would serve as an incident upon which to base overt intervention.

2. The need for positive action in the event that current covert efforts to foster an internal Cuban rebellion are unsuccessful was indicated** by the Joint Chiefs of Staff on 7 March 1962, as follows:

" - - - determination that a credible internal revolt is impossible of attainment during the next 9-10 months will require a decision by the United States to develop a Cuban "provocation" as justification for positive US military action."

3. It is understood that the Department of State also is preparing suggested courses of action to develop justification for US military intervention in Cuba.

---

* JCS 1969/303
** JCS 1969/313

12   Enclosure B

**Pressemitteilung
über die Identifizierung der Opfer**

> Experts ID 184 Pentagon Fatalities
> News & Media – News Releases
> by Christopher C. Kelly
> Public Affairs, Armed Forces Institute of Pathology

What some experts have called »the most comprehensive forensic investigation in U. S. history« ended Nov. 16 with the identification of 184 of the 189 who died in the terrorist attack on the Pentagon.

A multidisciplinary team of more than 50 forensic specialists, scientists and support personnel from the Armed Forces Institute of Pathology played a major role in Operation Nobel Eagle investigations, officials said. AFIP is an executive agency of the Army surgeon general.

Many of the Pentagon casualties were badly burned and difficult to identify, an official said. Of the 189 killed, 125 worked at the Pentagon and 64 were passengers on American Airlines Flight 77. Only one of those who died made it to the hospital; the rest were killed on site. For some victims, only pieces of tissue could be found.

AFIP's team of forensic pathologists, odontologists, a forensic anthropologist, DNA experts, investigators and support personnel worked for more than two weeks in the mortuary at Dover Air Force Base, Del., and for weeks at the Armed Forces DNA Identification Laboratory in Rockville, Md., to identify victims of the attack.

»Our staff represented every branch of service«, said Navy Capt. Glenn N. Wagner, AFIP director. »We also received tremendous support from the doctors, nurses and technicians stationed at Dover who participated in the investigation.«

AFIP used a well-designed and tested system for identifying the Pentagon victims. When remains arrived at Dover

Air Force Base, a scanning device searched for the presence of unexploded ordnance or metallic foreign bodies. FBI experts collected trace evidence to search for chemicals from explosive devices and conducted fingerprint identifications.

Forensic dentistry experts then performed dental charting and comparison with existing dental records. Full-body radiographs followed to document skeletal fractures and assist in identification, followed by autopsy inspection. At autopsy, forensic pathologists determined the cause of death, and a forensic anthropologist determined race, sex and stature of victims when necessary.

An epidemiologist managed the tracking system for data collected during the autopsy process, and tissue samples were collected for DNA identification and further toxicology studies. Forensic photographers documented injuries and personal effects. Finally, mortuary specialists embalmed, dressed and casketed remains.

For eight days a full complement of AFIP forensic specialists worked 12-hour shifts to complete the identification system.

From DNA samples sent to the Armed Forces DNA Identification Laboratory, scientists there generated DNA profiles of the victims. Their work also included the victims of United Airlines Flight 93, which crashed in Somerset County, Pa.

The DNA lab's entire staff of 102 DNA analysts, sample processors, and logistics and administrative personnel worked 12-hour shifts, seven days a week to complete the work.

DNA identifications for Flight 93 victims were sent to the Somerset County Coroner's Office for release. The Department of Defense released identification of Pentagon victims. All but four who worked in the Pentagon were identified. AFIP identified all but one of the passengers of Flight 77.

From the January 2002 Mercury, an Army Medical Department publication.

For immediate release, Jan. 11, 2002.

Anmerkungen

1. FBI: Most wanted Terrorists, http://www.fbi.gov/mostwant/terrorists/fugitives.htm)
2. FBI:Most wanted Terrorists – Usama Bin Laden, http://www.fbi.gov/mostwant/terrorists/terubl.htm
3. Angaben aus: Don Radlauer: Black Tuesday: The World's Largest Insider Trading Scam?, 19. 9. 2001, http://www.ict.org.il/articles/articledet.cfm?articleid=386
4. http://www.tomflocco.com/investment_espionage_and_the_white-house.htm
5. Tagesspiegel, Berlin, 13. 1. 2002
6. Der Spiegel Nr. 49/2001, 3. 12. 2001, S.116ff.
7. Der Spiegel, ebenda
8. Der Spiegel, ebenda
9. Die Zeit, 2. 10. 2002
10. Der Spiegel, ebenda
11. Der Spiegel, ebenda
12. http://members.tripod.com/altitude95/Frame_Sorbi.htm
13. http://www.pbase.com/mhowells/02_2002_final_flight_from_lax_to_stl
14. http://www.jungle-world.com/_2002/02/13a.htm
15. Der Spiegel, ebenda
16. Der Spiegel, ebenda
17. in: »Die dressierten Killer«, ZDF, Sonntag, den 4. 8. 2002, 23.50–00.20
18. Stern TV, RTL, 12. 9. 2001
19. Die Zeit, 2. 10. 2002
20. Die Zeit, ebenda
21. Die Zeit, ebenda
22. Die Zeit, ebenda
23. Geo Epoche, »Der 11. September 2001«, Nr. 7/Dezember 2001
24. http://www.cnn.com/2002/US/05/22/hijack.paper.trail/?related
25. http://www.simcenter.cc/ourfacilities.html
26. Fielding/Fouda, S.197
27. Arizona Daily Star, 20. 9. 2001, http://www.azstarnet.com/attack/10920Rpmb—Attacks-Arizon.html
28. http://www.ansary.de/Index/11Sept01.html
29. May 22, 2002 Posted: 8:45 PM EDT (0045 GMT) From Susan Candiotti CNN, http://www.cnn.com/2002/US/05/22/hijack.paper.trail/?related
30. Spiegel Online, 5. 10. 2001
31. Geo Epoche Nr. 7/2001, The Observer Online, Sunday, September 16, 2001
32. Der Spiegel, Nr. 49/2001, 3. 12. 2001, S.142
33. Der Spiegel, ebenda

34 US Department of Justice, Federal Bureau of Investigation, FBI National Press Office, 4. 10. 2001
35 Geo Epoche, ebenda
36 Der Spiegel, »Inside 9–11: What Really Happened«, 2002
37 News of the World, 16. 9. 2001
38 Der Spiegel, Nr. 49/2001, S. 142 u. a.
39 n-tv 26. 9. 2001
40 Spiegel Online, 28. 9. 2001
41 Der Spiegel, 1. 10. 2001
42 Boston Globe, 18. 9. 2001
43 n-tv, 26. 9. 01, http://www.n-tv.de/2723208.html u. a.
44 Geo Epoche, ebenda
45 Südtirol Online, 1. 10. 2001
46 Der Spiegel, Nr. 40/2001, 1. 10. 2001
47 Der Spiegel, ebenda
48 taz, Nr. 6563 vom 1. 10. 2001, Seite 5
49 Der Spiegel, ebenda
50 The Independent, www.independent.co.uk, 29. September 2001, http://news.independent.co.uk/world/americas/story.jsp?story=96697
51 The Independent, ebenda
52 The Independent, ebenda
53 http://www.islam-guide.com/
54 http://www.islam-guide.com/de/ch3-11.htm
55 zitiert nach der Friedenspreisrede der Islamistin Annemarie Schimmel in Frankfurt a. M., 15. 10. 1995,
http://www.graswurzel.net/263/islam.shtml
56 http://www.graswurzel.net/263/islam.shtml
57 taz, 1. 10. 2001
58 http://www.abc.net.au/4corners/atta/resources/documents/will1.htm
59 siehe http://www.abc.net.au/4corners/atta/resources/documents/will1.htm
60 taz, 22.10.02
61 http://www.moschee-wertheim.de/forum/messages/315.html
62 Lamon, Ken: Fewer air traffic delays in the summer of 2001, The MITRE Corporation, Center for Advanced System Development, 21. 6. 2002
63 Los Angeles Times, 20. 9. 2001 u. a.
64 CNN, 17. 9. 2001
65 CNN, ebenda
66 Boston Globe, 23. 11. 2001 u. a.
67 Nashua Telegraph, 13. 9. 2001. Die meisten Zeitangaben stammen aus der Chronologie von Paul Thompson:
http://unanswered questions.net/timeline
68 New York Times, 16. 10. 2001
69 FAA Order 7110. 65M 10–2-5;
http://www1.faa.gov/ATpubs/ATC/Chp10/atc1002.html

70 FAA Regulations,
    http://www1.faa.gov/ATpubs/ATC/Chp10/atc1001.html
71 Zitiert nach Meyssan, Pentagate, S. 54
72 Boston Globe, 15. 9. 2001
73 Stern TV, RTL, 12. 9. 2001
74 nach: Stern TV, RTL, 12. 9. 2001
75 Berliner Zeitung, 29. 3. 2000
76 Geo Epoche Nr. 7/2001, S. 39
77 Spiegel Online 9. 9. 2002
78 The Baltimore Sun, zitiert nach: Newsday.com,
    http://cf1.newsday.infi.net/911/victimsearch2.cfm?id=40
79 http://www.koolpages.com/killtown/flight77/passengers.html
80 Kelly, Christopher C.: Experts ID 184 Pentagon Fatalities, 11.1.2002,
    http://www.armymedicine.army.mil/default2.htm, siehe Anhang I
81 http://nmhm.washingtondc.museum/exhibits/911/
82 Pittsburgh Post Gazette, 28. 10. 2001
83 http://cbn.org/cbnnews/bobslosser/osama_bin_laden.asp
84 http://www.tagesschau.de/aktuell/meldungen/
    0,2044,OID3538_TYP3_THE288428,00.html
85 http://www.derriere.de/International/Afghanistan_OBLd.htm
86 in: Scherer, S. 35
87 ebenda, S. 49
88 http://www.spartacus.schoolnet.co.uk/2WWjapanair.htm
89 in: Scherer, S. 76
90 ebenda, S. 44
91 ebenda, S. 42
92 ebenda, S. 121 ff.
93 Sasaki, Mako: Who became Kamikaze Pilots, and how did they feel towards their suicide mission? Concord Review http://www.tcr.org/Kamikaze.html
94 http://www.humanunderground.com/11september/comments-leonard.html
95 http://www.rvs.uni-bielefeld.de/publications/Reports/CFIT.html#EGPWS
96 Vialls, Joe: »Home Run«, Electronically Hijacking the World Trade Center Attack Aircraft, Oktober 2001, http://geocities.com/mknemesis/homerun.html
97 http://www.humanunderground.com/11september/comments-leonard.html
98 BBC Online, 13. September, 2001, 13:59 GMT
99 Die Welt, 14. 2. 2002
100 Fire Engineering Magazine, Oktober 2002
101 http://www.lebensaspekte.de/groundzero/boardfiles/controlled_wtc.htm
102 http://www.sweetliberty.org/issues/war/wag1.htm
103 In: Hölle am Himmel – Warum das World Trade Center zusammenstürzte, ZDF, Freitag, 23. August 2002, 21.15 Uhr

104 Bayerische Ingenieurkammer Bau: WTC e.XTRA – Analysen zur Einsturzursache, 13. 9. 01, http://www.bauingenieur24.de/frontend/script/stahl_news_show.php4?id_article=180
105 RSK – Stellungnahme vom 11. Juli 2002: Sicherheit deutscher Zwischenlager für bestrahlte Brennelemente in Lagerbehältern bei gezieltem Absturz von Großflugzeugen; http://www.temelin.com/pdf/2002_10_01_LagerD_FLABZWILAG.pdf
106 http://www.feuerwehr-iversheim.de/Aufklaerung/Was_ist_Feuer/was_ist_feuer.html
107 Fire Engineering Magazine: Questions that must be asked ... then answered, Oktober 2002
108 http://www.heute.t-online.de/ZDFheute/artikel/0,1367,MAG-0-2009107,00.html
109 Quellen für die NBC-Zitate: Trinkaus, George: NBC Spins 911, ISBN 0-9709618-8-X, S. 4f.
110 Der Tag des Terrors – Anschlag aus heiterem Himmel, Erstausstrahlung: ARD, 30. 8. 2002, 21.45 Uhr
111 TV-Dokumentation »11. 9. – Verbrechen gegen die Menschheit«, ausgestrahlt u. a. am 24. 7. 2002, 22.00 Uhr, WDR
112 beide Zitate aus: ntv, 11. 9. 2001, 21.03 Uhr, Bericht von Oliver Vögtlin u. Matthias Fernandes
113 in: »Terror gegen Amerika«, RTL, 13. 9. 2001
114 http://www.rense.com/general17/eyewitnessreportspersist.htm
115 Bollyn, Christopher: Eyewitness Reports Persist Of Bombs At WTC Collapse, Exclusive to American Free Press, 2.12.01, http://www.rense.com/general17/eyewitnessreportspersist.htm
116 http://www.zeitenschrift.com/news/wtc_wahrheit.ihtml
117 Quelle für die dänischen Zitate: Melvang, Henrik; Manuskript zu dem Videofilm »The bombs that disappeared«
118 Albuquerque Journal, 11. 9. 2001, in: http://phoenix.akasha.de/~aton/GNNWTCExplorsivesPlanted.html
119 VDI Nachrichten, 12. 10. 2001
120 NZZ Online, 13. 9. 2001
121 Pentagram, 16.11. 2001, http://www.dcmilitary.com/army/pentagram/6_46/local_news/12049-1.html
122 Air Force Print News, 15. 4. 2002, http://www.af.mil/news/Apr2002/n20020415_0585.shtml
123 Meyssan, Pentagate, S. 49
124 unanswered questions.org, Pressekonferenz am 10. 6. 2002 im National Press Club Washington, Transkript: http://www.unansweredquestions.org/transcript.shtml
125 Meyssan, Pentagate, S. 51f.
126 Washington Post, 7. 3. 2002
127 The Sunday Herald, 16. 9. 2001
128 Reuters, 3. 2. 2001

129 AFP, 5. 8. 1999
130 London Telegraph, 5. 3. 2002
131 Washington Post, 21. 3. 2002
132 www.abcnews.com, http://www.abcnews.go.com/sections/2020/2020/2020_011024_atc_feature.html
133 http://www.humanunderground.com/11september/comments-leonard.html
134 http://www.naualumni.com/News/News.cfm?ID=613&c=4
135 http://www.wfsi.org/Rucker.html
136 http://www.psychotherapie.de/report/2000/07/00072802.htm
137 http://www.usmedicine.com/article.cfm?articleID=384&issueID=38
138 Won-Young Kim/Gerald R. Baum: Seismic Observations during September 11, 2001, Terrorist Attack, http://www.nerdcities.com/guardian/WTC/Seismic/WTC_PENT_KIM.htm
139 http://www.koolpages.com/killtown/flight77/eyewitness.html
140 http://www.cnn.com/TRANSCRIPTS/0109/11/bn.32.html
141 http://www.nfpa.org/NFPAJournal/OnlineExclusive/Exclusive_11_01_01/OE_11_01_Photo_4/oe_11_01_photo_4.asp; http://www.airdisaster.com/photos/fdx1478/2.shtml
142 http://www.humanunderground.com/11september/comments-leonard.html
143 30. 8. 2002, 21.45 Uhr, ARD
144 Prof. Ahmad Hasan: Partial Translation of Sunan Abu-Dawud, Book 32, Number 4060, http://www.usc.edu/dept/MSA/fundamentals/hadithsunnah/abudawud/032.sat.html
145 http://homepage.ntlworld.com/steveseymour/roboplanes/cleveland2.html
146 http://homepage.ntlworld.com/steveseymour/roboplanes/cleveland2.html
147 Zitate aus: Flocco, Tom: 9/11 – Lawyers Seek Black Box Data on Saudi Hijackers, 27. 11. 2002, http://www.tomflocco.com/Lawyers_seek_black_boxs.htm
148 http://www.ntsb.gov/ntsb/brief.asp?ev_id=20020123X00103&key=1 u. a.
149 Tribune Review, 19. 4. 2002, CNN online, 18. 4. 2002
150 Interview mit Dennis Roddy am 14. 3. 2003
151 Pittsburgh Post Gazette Online, 16. 9. 2001
152 The Pittsburgh Channel.com, posted: 5:35 p.m. EDT September 30, 2001; updated: 12:09 p.m. EDT October 1, 2001
153 Bible Network News, 26. 6. 2002
154 http://www.theage.com.au/articles/2002/09/09/1031115990570.html
155 Alle Zitate aus: Telefonat vom 24. 3. 2003
156 http://nmhm.washingtondc.museum/exhibits/911/

157 ebenda
158 Pittsburg Post Gazette Online, 20. 12. 2001
159 Fielding/Fouda, S. 8
160 Fielding/Fouda, S. 36
161 Fielding/Fouda, S. 37
162 Fielding/Fouda, S. 136
163 Fielding/Fouda, S. 136
164 Fielding/Fouda, S. 153
165 Fielding/Fouda, S. 164
166 Fielding/Fouda, ebenda, S. 130
167 Fielding/Fouda, S. 131 f.
168 Fielding/Fouda, S. 135
169 Fouda/Fielding, S. 161
170 Fouda/Fielding, S. 178
171 Fielding/Fouda, S. 184 f.
172 Die Zeit, 27. 5. 1994
173 Madame 2/91
174 Der Spiegel, 8. 8. 1994
175 Spiegel Online, 12. 3. 2003
176 Engineering News-Record, Vol. 247 No. 14, 1. 10. 2001
177 Georgia Magazine, The University of Georgia, March 1999, Vol. 78, No. 2
178 Georgia Magazine, ebenda
179 Controlled Demolition Website, http://www.controlled-demolition.com/default.asp?reqLocId=10
180 Washington Post, 19. 9. 2001
181 Stern TV, 12. 9. 2001
182 Washington Post, 17. 9. 2001; Newsday, 10. 9. 2002
183 http://www.rense.com/general18/sep.htm
184 Washington Post, 17. 9. 2001
185 Washington Post, ebenda
186 Washington Post, ebenda
187 New York Times, 16. 10. 2001
188 ebenda
189 ebenda
190 Newsday, 23. 9. 2001
191 Newsday, ebenda
192 www.abcnews.com, http://www.abcnews.go.com/sections/2020/2020/2020_011024_atc_feature.html
193 http://www.humanunderground.com/11september/comments-leonard.html
194 Washington Post, 7. 3. 2002
195 Meyssan, Pentagate, S. 31
196 Meyssan, Pentagate, S. 33 f.
197 Die Kunst des Löschens in: Quarks, WDR-Fernsehen, Sendedatum 22. 2. 2000, http://www.quarks.de/feuer2/03.htm

198 Meyssan, Pentagate, S. 34
199 Meyssan, Pentagate, S. 34 f.
200 Meyssan, Pentagate, S. 41
201 Meyssan, Pentagate, a.a. O., S. 53
202 Pittsburgh Post Gazette, 28. 10. 2001
203 http://members.fortunecity.com/seismicevent/update913.html
204 Post Gazette.com, 12. 9. 2001, http://www.post-gazette.com/headlines/20010912crashnat2p2.asp
205 www.abcnews.com
206 http://members.fortunecity.com/seismicevent/msnbctransponder.html
207 http://members.fortunecity.com/seismicevent/msnbctransponder.html
208 http://www.azstarnet.com/attack/20911barry.html
209 Pittsburgh Post Gazette Online, 20. 12. 2001; http://www.post-gazette.com/headlines/20011220shanksville1220p2.asp
210 http://www.theage.com.au/articles/2002/09/09/1031115990570.html
211 Bible Network News, 26. 6. 2002, http://www.biblenetworknews.com/northamerica/062602_usa2.html
212 http://html.thepittsburghchannel.com/pit/news/stories/news-99253020010928-150902.html
213 www.mirror.co.uk, 12. 9. 2002
214 The News, 3. 8. 2002
215 The News, 3. 8. 2002 und 10. 8. 2002
216 zitiert nach Meyssan, Pentagate, S. 54
217 Meyssan, Pentagate, S. 55
218 http://www.arlingtoncemetery.com/cfburling3.htm
219 Die meisten biographischen Daten und Schilderungen in diesem Abschnitt stammen von der Website »Just who was on Flight 77?«, http://www.koolpages.com/killtown/flight77/passengers.html
220 http://www.nteu282.org/whiteoak/000523fs.html
221 Meyssan, Der inszenierte Terrorismus, S. 172 f.
222 Chossudovsky, Michel: War and Globalisation, The Truth behind September 11; Ontario 2002
223 George Bush in seiner Ansprache an die Nation am 15. 9. 2001
224 http://www.woz.ch/wozhomepage/usa/usa13_38j01.htm
225 Pilz, Peter: Mit Gott gegen alle; Stuttgart/München 2003; S. 15
226 Karl Heinz Pütz: Die Außenpolitik der USA; Hamburg 1974
227 Solomon, Norman: Die UdSSR – der Feind, den Amerika braucht; in: Guha, Anton-Andreas u. Papcke, Sven: Der Feind, den wir brauchen; Königstein 1985
228 Neue Solidarität; Jg. 28; Nr. 46 vom 21. 11. 2001
229 Creutz, Helmut: Das Geld-Syndrom; 5. komplett überarbeitete Neuausgabe; München 2001, S. 514
230 Winkler, Ernst: Theorie der natürlichen Wirtschaftsordnung, 1952, in: Creutz, Helmut: a. a. O., S. 504

231 Pütz, a. a. O.
232 Peoples Daily, 2. 2. 2002
233 http://www.mebb.de/hoerfunk/mspipeline.htm
234 http://www.heise.de/tp/deutsch/inhalt/co/12926/1.html
235 Madsen, Wayne: Afghanistan, the Taliban, and the Bush Oil-Team; zitiert nach: Bader, Alexandra: Die CIA und das Öl, 26. 1. 2002, in: http://www.ceiberweiber.at/wahl1/22jaenner.htm
236 Eggert, a.a. O.
237 aus: Die Schattenkrieger, Episodenführer, http://www.epguides.de/sof.htm
238 Spiegel Online, 16. 4. 2003, http://www.spiegel.de/panorama/0,1518,245230,00.html
239 aus: Die Schattenkrieger, a. a. O.
240 ebenda
241 aus: Dirk Jasper Filmlexikon; http://www.cyberkino.de/entertainment/kino/1005/100597.html
242 aus: Dirk Jasper Filmlexikon, ebenda
243 Süddeutsche Zeitung, 3. 5. 2003
244 http://www.cyberkino.de/entertainment/kino/109/109895pr.html
245 Simms, Timothy: Von Helden und Patrioten; in: aka-Filmclub, Filmprogramm Sommersemester 2001, S. 22–24, Freiburg 2001
246 World without End – Die Frage nach der Funktion globaler Bedrohung anhand der Filme Independence Day, Deep Impact und Armageddon, http://www.f-lm.de/frame25/Ausgaben/05_99/world_end.html
247 World without End – Die Frage nach der Funktion globaler Bedrohung anhand der Filme Independence Day, Deep Impact und Armageddon, ebenda
248 http://www.conspiracyplanet.com/channel.cfm?channelid=101&contentid=400&page=2
249 ebenda
250 http://mai.flora.org/forum/31382
251 Spiegel Online, 9. 10. 2001, http://premium-link.net/$26280$1496346718$/0,1518,eza_161424_00040-161424,00.html
252 PNAC-Brief an Präsident Clinton, 26. 1. 1998, http://newamericancentury.org/iraqclintonletter.htm
253 CFR Presented Scenario of Massive Terrorist Attack Against U. S., Tehran Times, 12. 3. 2002
254 zitiert nach: Deutschlandfunk, Hintergrund und Politik, Manuskript vom 4. 2. 2003; 18:40
255 Spiegel Online, 3. 3. 2003
256 Interview am 13. 3. 2003
257 Online Journal, 9. 10. 2002, http://onlinejournal.com/Special_Reports/Hopsicker101902/hopsicker101902.html

258 Interview vom 8. 3. 2003
259 Tehran Times, 12. 3. 2002
260 Spiegel Online, 4. 3. 2003
261 Hatfield, James H.: Das Bush-Imperium; Bremen 2002, S. 80ff.
262 Time, 28.10.1991
263 Columbus Alive, 29. 8. 2002, http://www.columbusalive.com/2002/20020829/082902/08290208.html
264 Hatfield, ebenda
265 http://www.americanfreedomnews.com/afn_articles/bushsecrets.htm
266 Houston Post, laut Flocco, Tom: Bin Laden's Brother-in-law Had Close Ties to Bush; in: americanfreepress.net, 28. 8. 2002, http://www.scoop.co.nz/mason/stories/HL0208/S00148.htm und Time, 28.10.1991
267 The Daily News, 28. 2. 2002, http://www.galvnews.com/report.lasso?wcd=258
268 Hatfield, S. 97
269 Hatfield, S. 129
270 Hatfield, S. 129f.
271 Hatfield, S. 135
272 Israel, Jared: Gaping Holes in the »CIA vs. Bin Laden« Story, posted 8.11. 2001
273 http://www.lightwatcher.com/culturejam/anthrax_timeline.html
274 Spiegel Online, 17.10. 2001
275 Bader, Alexandra: Anthrax – nur keine Panik!, 19.10. 2001, http://www.ceiberweiber.at/wahl/19oktober.htm
276 Hence, Kyle, a.a. O.
277 George W. Bush am 18. März 2002 in O'Fallon (Missouri), http://www.uni-kassel.de/fb10/frieden/bewegung/Bush-Besuch/bush-rede.html
278 http://www.idgr.de/lexikon/bio/l/lauck-gary/lauck.html
279 IDGR, http://www.idgr.de/lexikon/stich/t/turner-diaries/diaries.html
280 IDGR, ebenda
281 IDGR, ebenda
282 IDGR, ebenda
283 Pohly, Michael; Durán, Khalid: Osama Bin Laden und der internationale Terrorismus; München 2001, S. 97f.
284 Frankfurter Allgemeine Zeitung, 28. 09. 2001, Nr. 226/S. 49
285 Spiegel Online, 21.1. 2002
286 Spiegel Online, 1.11. 2002
287 http://www.ishipress.com/casey-ob.htm
288 http://www.tomflocco.com/investment_espionage_and_the_whitehouse.htm
289 Plusminus, 25. 9. 2001, http://www.br-online.de/geld/plusminus/beitrag/20010925/thema_2.html

290 http://www.lpdallas.org/features/draheim/dr991216.htm
291 ebenda
292 New York Times, 11.12.2002
293 Erklärungen des Bundeskanzlers zu den Terroranschlägen in den USA, Di., 11. 09. 2001, letzter Stand: Mi., 12. 09. 2001, http://www.bundesregierung.de/artikel,-55734/Erklaerungen-des-Bundeskanzler.htm
294 Statement by President of Russia Vladimir V. Putin on the Terrorist Acts in the US, Moscow, September 12, 2001; http://www.russische-botschaft.de/Presse/2001/presse54.htm
295 Kölner Stadtanzeiger, 14. 9. 2001
296 taz, 4.10.2001
297 Kölner Stadtanzeiger, 12. 9. 2001
298 Neue Solidarität Nr. 38/2001
299 http://www.arbeiterfotografie.com/galerie/kein-krieg/hintergrund/index-zitate.html und Kölner Stadtanzeiger vom 14. 9. 2001
300 Burdham, Mark; Neue Solidarität, ebenda
301 http://www.dradio.de/cgi-bin/es/neu-hintergrund/885.html
302 Financial Times Deutschland Online, 25. 3. 2003
303 Die Welt Online, 12. 8. 2002
304 Die Welt, ebenda
305 Spiegel Online, 15. 3. 2003
306 Die Welt Online, 12. 8. 2002, http://www.welt.de/daten/2002/08/12/0812fo350013.htx
307 http://www.heise.de/tp/deutsch/special/irak/14375/1.html
308 Neue Solidarität, 14. 8. 2002 u. a.
309 http://www.google.de/search?q=cache:qCD7lUQKhPgC:www.jewish-tribalreview.org/27govt1.htm+%22harold+brown%22+defense+jew&hl=de&ie=UTF-8
310 New York Times, 28. 8. 2000
311 http://www.mitre.org/news/trustee_bios/schlesinger.htm und http://www.defenselink.mil/specials/secdef_histories/bios/schlesinger.htm
312 http://www.mayanastro.freeservers.com/01sep11.htm
313 http://www.n-tv.de/2723478.html
314 ebenda
315 Observer, 14.10.2001
316 Spiegel Online, 15. 5. 2003
317 Spiegel Online, ebenda
318 Spiegel Online, 14. 4. 2003
319 New York Times, 10. 5. 2003
320 Orwell, George: 1984; Zürich 1950
321 Le Figaro, 11.10.2001, http://www.globalresearch.ca/articles/RIC111B.html
322 Süddeutsche Zeitung Online, 10. 4. 2003

Literaturhinweise

Ahmed, Nafeez M.: *Geheimsache 9/11 – Hintergründe über den 11. September und die Logik amerikanischer Machtpolitik.* München, 2003
Bamford, James: *NSA – Die Anatomie des mächtigsten Geheimdienstes der Welt.* München, 2001
Barber, Benjamin: *Coca-Cola und Heiliger Krieg. Sonderausgabe. Jihad versus McWorld,* München 2001
Bastian, Till: *55 Gründe, mit den USA nicht solidarisch zu sein und schon gar nicht bedingungslos.* Zürich, 2002
Bittermann, Klaus/Deichmann, Thomas: *Wie Dr. Joseph Fischer lernte, die Bombe zu lieben.* Berlin, 2000
Blondiau, Heribert: *Tod auf Bestellung – Politischer Mord im 20. Jahrhundert.* München, 2002
Brisard, Jean-Charles/Dasquie, Guillaume: *Die verbotene Wahrheit – Die Verstrickung der USA mit Bin Laden.* Zürich/Hamburg, 2002
Bülow, Andreas von: *Im Namen des Staates – CIA, BND und die kriminellen Machenschaften der Geheimdienste.* München, 2003
Bröckers, Mathias: *Verschwörungen, Verschwörungstheorien und die Geheimnisse des 11. 9.,* Frankfurt, 2002
Bund gegen Anpassung (Hg.): *Ketzerbriefe 110. Das WTC-Attentat vom 11. 09. 2001.* Freiburg, 2002
Chamish, Barry: *Wer ermordete Yitzhak Rabin?* Rottenburg, 2000
Chomsky, Noam: *War against people – Menschenrechte und Schurkenstaaten.* München, 2001
Chomsky, Noam: *Offene Wunde Nahost – Israel, die Palästinenser und die US-Politik.* Hamburg, 2002
Chomsky, Noam: *Profit over people – Neoliberalismus und globale Weltordnung.* München, 2000
Chomsky, Noam: *The Attack – Hintergründe und Folgen.* Hamburg, 2002
Deschner, Karheinz: *Der Moloch – Eine kritische Geschichte der USA.* München, 2001
Eggert, Wolfgang: *Angriff der Falken – Die verschwiegene Rolle von Mossad und CIA beim Terrorangriff auf die USA.* München 2002
Eggert, Wolfgang: *Out of the blue?* München, 2001
Eggert, Wolfgang: *Israels Geheimvatikan Band 1–3.* München, 2002
Eichner, Klaus/Dobbert, Andreas: *Headquarters Germany.* Berlin, 2001
Finkelstein, Norman G.: *Der Konflikt zwischen Israel und den Palästinensern – Mythos und Realität.* München, 2002
Geißler, Erhard: *Anthrax und das Versagen der Geheimdienste.* Berlin, 2003
Göbel, Rüdiger: *Bomben auf Bagdad – nicht in unserem Namen.* Berlin, 2003
Gössner, Rolf: *»Big Brother« & Co – Der moderne Überwachungsstaat in der Informationsgesellschaft.* Hamburg 2001
Grabler, Andreas: *11. September ATTACKE.* Lathen, 2002

Guillard, Joachim; Göbel, Rüdiger; Schiffmann, Michael: *Der Irak – Ein belagertes Land*. Köln, 2002

Günther, Siegwart-Horst: *Uran-Geschosse – Schwergeschädigte Soldaten, mißgebildete Neugeborene, sterbende Kinder*. Freiburg, 2000

Guthart, Christian: *11. September, ein Untersuchungsbericht*. München, 2002

Hannich, Günter: *Börsenkrach und Weltwirtschaftskrise*. Rottenburg, 2000

Hannich, Günter: *Geldcrash – So retten Sie Ihr Vermögen. Der Krisenwegweiser*. 2001

Hannich, Günter: *Sprengstoff Geld – Wie das Kapitalsystem unsere Welt zerstört*. 2000

Hannich, Günter: *Wer in der Schuld ist, ist nicht frei*. Rottenburg, 2002

Hatfield, James H.: *Das Bush-Imperium – Wie George W. Bush zum Präsidenten gemacht wurde*. Bremen, 2002

Hertsgaard, Mark: *Im Schatten des Sternenbanners – Amerika und der Rest der Welt*. München, 2002

Hertz, Noreena: *Wir lassen uns nicht kaufen – Keine Kapitulation vor der Macht der Wirtschaft*. München, 2002

Jamal, Mumia Abu: *das imperium kennt kein gesetz – texte gegen globalisierung und krieg*. Hamburg, 2003

Johnson, Chalmers: *Ein Imperium verfällt. Ist die Weltmacht USA am Ende?* München, 2000

Knütter, Hans Helmut/Winckler, Stefan (Hg.): *Der Verfassungsschutz. Auf der Suche nach dem verlorenen Feind*. München, 2000

Laurent, Eric: *Die Kriege der Familie Bush – Die wahren Hintergründe des Irak-Konflikts*. Frankfurt a. M., 2003

Lichtenfels, Karl von: *Lexikon des Überlebens*. München, 2001

Meyssan, Thierry: *Der inszenierte Terrorismus – Auftakt zum Weltenbrand?* Kassel, 2002

Meyssan, Thierry: *Pentagate*. Kassel, 2003

Mittmann, Beate; Priskil, Peter: *Kriegsverbrechen der Amerikaner und ihrer Vasallen gegen den Irak und 6000 Jahre Menschheitsgeschichte*. Freiburg, 1999

Orwell, George: *1984*. Zürich, 1950

Ostrovsky, Victor: *Geheimakte Mossad – Die schmutzigen Geschäfte des israelischen Geheimdienstes*. München, 1996

Ostrovsky. Victor: *Der Mossad – Ein Ex-Agent enthüllt Aktionen und Methoden des israelischen Geheimdienstes*. München, 2000

Peccator: *Huess – Trümmer für den Feldherrn*. Alsfeld, 2001

Pepper, William F.: *Die Hinrichtung des Martin Luther King – Wie die amerikanische Staatsgewalt ihren Gegner zum Schweigen brachte*. München, 2003

Pilz, Peter: *Mit Gott gegen alle – Amerikas Kampf um die Weltherrschaft*. Stuttgart, 2003

Prantl, Heribert: *Verdächtig – Der starke Staat und die Politik der inneren Unsicherheit*. Hamburg, 2002

Ramonet, Ignacio: *Die neuen Herren der Welt – Globale Politik an der Jahrtausendwende*. Zürich, 1998

Ramonet, Ignacio: *Die Kommunikationsfalle. Macht und Mythen der Medien.* Zürich, 1999
Rau, Joachim: *Märkte, Mächte, Monopole.* Zürich, 2001
Ritter, Scott; Pitt, William Rivers: *Krieg gegen den Irak – Was die Bush Regierung verschweigt.* Köln, 2002
Roy, Arundhati: *Die Politik der Macht.* München, 2002
Ruiter, Robin de: *Der 11. September 2001.* Durach, 2002
Sass, Zsolt: *Der CIA-Informant.* Alsfeld, 2001
Sauermann, Ekkehard: *Neue Welt Kriegs Ordnung – Die Polarisierung nach dem 11. September 2001.* Hamburg, 2002
Scholl-Latour, Peter: *Der Fluch des neuen Jahrtausends – Eine Bilanz.* München, 2002
Schölzel, Arnold (Hg.): *Das Schweigekartell – Fragen & Widersprüche zum 11. September.* Berlin, 2003
Sponeck, Hans Graf von; Zumach, Andreas: *Irak – Chronik eines gewollten Krieges. Wie die Weltöffentlichkeit manipuliert und das Völkerrecht gebrochen wird.* Köln, 2003
Thomas, Gordon: *Die Mossad- Akte. Israels Geheimdienst und seine Schattenkrieger.* München, 2001
Todd, Emmanuel: *Weltmacht USA, ein Nachruf.* München, 2003
Todenhöfer, Jürgen: *Wer weint schon um Abdul und Tanaya – Die Irrtümer des Kreuzzugs gegen den Terror.* Freiburg, 2003
Ulfkotte, Udo: *Verschlußsache BND.* München, 1998
Vidal, Gore: *Ewiger Krieg für ewigen Frieden – Wie Amerika den Hass erntet, den es gesät hat.* Hamburg, 2002
Werner, Klaus; Weiss, Hans: *Schwarzbuch Markenfirmen – Die Machenschaften der Weltkonzerne.* Frankfurt a. M./Wien, 2001
Wisnewski, G.; Landgraeber, W.; Sieker, E.: *Das RAF-Phantom – Wozu Politik und Wirtschaft Terroristen brauchen.* München, 1997
Wolf, Winfried: *Afghanistan, der Krieg und die neue Weltordnung.* Hamburg, 2002
Zinn, Howard: *Amerika, der Terror und der Krieg.* Freiburg, 2002

Soweit lieferbar, gibt es diese und andere Bücher schnell und bequem bei: www.background-books.de

Bildnachweis

S. 97, 128, 235 (o.), 257, 259: Grafik: Wilhelm Vornehm
S. 133 (li.): © Reuters/E-Lance Media
S. 133 (re.): © unbekannt
S. 153, 235 (u.), 236, 237, 239, 241: Pentagon
S. 163: © dpa
S. 164: Pan Am
S. 166: Staff Sergeant Lazzy A. Simmons, US Air Force
S. 174: © Sipa Press, Paris
S. 175 (li.): Assistant Fire Marshal Charles Burroughs, Metropolitan Washington Airports Authority
S. 175 (re.): © Reuters/E-Lance Media
S. 217, 218, 221, 222 (re.): NBC
S. 220: © Tino Harnisch – Sprengmeister – Finsterwalde (www.tino-harnisch-spreng.de)
S. 238: © unbekannt
S. 247: © Reuters/E-Lance Media
S. 255: Val McClatchey

Es konnten trotz gewissenhafter Recherche nicht alle Urheber ermittelt werden. Wir empfehlen Rechteinhabern, die hier nicht aufgeführt sind, sich beim Verlag zu melden.

Register

Abfangjäger 76–80, 144–148, 184, 259
Afghanistan 120, 256, 289 ff., 301, 305 f., 351 f., 358
Ahmad, Mahmoud 325 f.
Air National Guard 148
Aircom Satellite 160
Alaska Airlines 85
Alex Brown Brothers 344
Al Ghamdi, Saeed 202
al Haznawi, Ahmed 202
al-Hamsi, Nawaf 29 f., 32, 41, 49
al-Midhar, Khalid 29, 32, 41
Al Nami, Ahmed 202
al-Omari, Abdelaziz 53–60, 92
Al-Qaida 120, 203 ff., 207, 210 f., 325, 362
al-Shehhi, Marwan 28, 33 f., 47 f., 209
Altman, Robert 315
American Airlines 24, 26, 54, 115, 160 f., 177
Amoco Corp. 331
Anas, Abu 210
Anthrax 294, 333 ff., 364
Arbusto Energy 329
Armed Forces Institute of Pathology (AFIP) 92 ff., 201 f.
Armitage, Richard 327
Army Corps of Engineers 225
Atomenergie-Kommission 356
Atomkraftwerke 102 f.
Atta, Mohammed 28, 30–35, 47 f., 50, 52–62, 66, 92, 207 ff., 274, 321, 326
– Testament 61 f., 65–74, 209
Attentate
– Planung 26 ff., 35 f., 62 ff.
– Ziele 97–103
Atwa, Ali 18
AWACS (Airborne Warning and Control System) 261 f.

Bachmann, Hugo 141 f.
Backes, Ernest 344 f.
Bacon, Ken 150
Bader, Alexandra 334
BAE Systems 279
Bahaji, Said 209
Baker, James 333
Ballhaus, Michael 314
Bank of Credit and Commerce International (BCCI) 291
Bath, James R. 328, 330
Baum, Gerald R. 170
Beamer, Todd 15, 158, 182 f., 195
Bease, Maurice L. 172
Benfante, Michael 136
Bennett, William 349
Bin Laden, Familie 327 f., 332 ff., 345
Bin Laden, Osama 16 ff., 25, 73, 98 f., 101, 158, 184, 193, 203, 206, 210 f., 289, 291, 293, 327 ff., 332 ff., 339, 342, 345, 357, 361 f.
Bin Laden, Salem M. 328, 330
Binalshibh, Ramzi 203–210
BioPort 333 ff.
Black Box 191–195
Blair, Tony 302, 347
Boeing Co. 279
Boger, Sean 144, 172
Bolton, John 327
Börsenoperation 24 ff., 340–346
British Aerospace 279
British Airways 85
Brown Brothers, Harriman 327, 329, 344
Brown, Alexander 344
Brown, Bernard 277, 279
Brown, Harold 355
Bruckheimer, Jerry 308 ff.
Brunner, Willy 15, 121, 197, 200, 283
Brzezinski, Zbigniew 290, 350
Bülow, Andreas von 25

403

Bundesnachrichtendienst (BND) 343
Bunuel, Pierre-Henri 237 f., 240, 242
Burdman, Mark 348–351
Burlingame, Charles (Chic) F. 85, 261, 276, 278
Burnett, Deena 178–183
Burnett, Thomas E. 178–182
Bush, Familie 289, 306, 327–333
Bush, George H. W. 276, 327 f., 330–334, 351, 360
Bush, George W. 32, 100, 143, 178, 197, 203 f., 262, 285, 292 ff., 297, 304, 310, 312, 325 ff., 329 ff., 339 f., 346–352, 354, 356–361, 363
Bush, Jeb 32, 325
Bush, Prescott 329, 344 f.

Cacchioli, Louie 137
Caldwell, Yates 198
Canaban, Tom 138
Capitol 104
Carlucci, Frank 333
Carlyle Group 332 ff.
Carter, Jimmy 290, 327
Casey, William 343
Castro, Fidel 336
Caswell, William E. 86, 277
Cheney, Richard B. 326
Chrysler Corp. 300
CIA 16, 101, 104 f., 197, 266, 289, 291 f., 306, 327 f., 339, 343, 356, 362
Clampett, Leonard W. 115, 117 f., 162, 177, 236
Clark, Brian 320 f.
Clinton, Bill 147, 322, 360
Cockpit-Voice-Recorder (CVR) 191–195, 248 f.
Colgan Air 57
Comfort Inn 56 f., 59
Controlled Demolition Inc. (CDI) 223 ff.

Controlled Flight Into Terrain (CFIT) 113 ff.
Corbett, Glenn 124
Council on Foreign Relations 322 f., 343, 356
Creutz, Helmut 302 f.

DaimlerChrysler AG 300
Daschle, Tom 335
Dawson, Pat 135
De Souza, Steven 316
Defense Advanced Research Projects Agency (DARPA) 116
Defense Policy Board 326, 353 ff., 364
Delta Airlines 232
Demokratische Partei (USA) 338
Deutsche Bank AG 344
Deutsche Telekom AG 300
DNA-Analyse 201 ff.
»Doe, John« 203
Domestic Security Enhancement Act 324
Donaldson, William H. 346
Draheim, Richard N. Jr. 345
Dritter Weltkrieg 357–364
Drohne 116, 119, 260 ff., 266 f., 354
Droz, Charles 277
Dryden Flight Research Center 244
DuBoff, Richard 304
Durán, Khalid 338

Eggert, Wolfgang 307
Ehmke, Horst 315
Eisenmenger, Wolfgang 199
Elsayed, Mohamed Mohamed Elamir Awad (Atta) 69 f., 72
EM Solutions 277
Emergency Location Transmitter (ELT) 231 f.
Emmerich, Roland 313 f.
Engelbach, David 316
Enhanced Ground Proximity Warning System (EGPWS) 114

Enron 342
Essaber 209
Evans, Steve 137 f.

FAA (US-Flugaufsichtsbehörde) 43, 76, 208, 228, 270
FBI 42, 56 ff., 62, 65 f., 69, 92, 136, 138, 169, 196 f., 225, 250 f., 253 f., 337, 343
– Flugschreiber 192 ff.
– Steckbriefe 16 ff., 193 f., 206
FDA (US-Gesundheitsbehörde) 334 f.
Federal Express 48
Federal Grand Juries 17
Fernbedienung 115–121, 260 ff.
Feuerwehr 133 ff., 318 f.
Fielding, Nick 48, 203, 207, 209 ff.
Fischer, Joschka 359
Fisk, Robert 66
Fitts, Catherine Austin 121
Flagg, Wilson 86, 277 f.
Flight Management System 117
Flight-Data-Recorder (FDR) 192, 226
Flight-Deck-Simulator-Video 44 ff.
Flocco, Tom 121, 192, 274, 283, 325, 344
Flug American Airlines 11 (Nordturm) 54 f., 59, 62, 144 f., 149, 227 ff.
– Einschlag im WTC 127 f.
– Flugroute 95 ff., 257 f.
– Gewicht 126 f.
– Hijacking 75 ff., 80, 154, 208
– Insassen 88 ff.
– Transpondersignal 208, 228 ff.
– unbekanntes Flugzeug 225, 230 f.
Flug American Airlines 77 (Pentagon) 41 f., 49, 75, 232–243
– Einschlag im Pentagon 162–177, 239 ff.
– Flugroute 95 ff., 149, 233, 257 ff.
– Flugschreiber 192
– Hijacking 80 f., 208
– Insassen 85–91, 93, 275–281
– Telefonate 155, 157 ff.
– Transpondersignal 233
– unbekanntes (Jagd-)Flugzeug 161 ff., 233 ff., 245 f.
Flug United Airlines 175 (Südturm) 54, 60, 75, 231 f.
– Anflug Südturm 49 f.
– Einschlag im WTC 127 f.
– ELT-Signal 231 f.
– Flugroute 95 ff., 257 f.
– Hijacking 80, 207 f.
– Insassen 88 ff.
– Transpondersignal 208, 231
– unbekanntes Flugzeug 231 f.
Flug United Airlines 93 (Shanksville) 75, 170, 243 ff.
– Absturzstelle 15 f., 195 ff., 246–254
– Flugroute 95 ff., 257
– Flugschreiber 192, 194 f., 248 f.
– Funkverkehr 185–191
– Geschwindigkeit 245 f.
– Hijacking 77, 79 f., 208
– Insassen 88–94, 199–203, 249 ff., 274
– Telefonate 177–185
– Transpondersignal 75 f., 208, 244 ff.
– unbekanntes Flugzeug 187 ff., 252 ff.
Flugabwehr 76–80, 143–154, 184, 242 f., 258 f., 263
Flugausbildung 32, 37–50, 325
Fluglotsen 226 f.
Flugrouten 95 ff., 149, 233, 256–260
Flugschreiber 191–195, 226, 248 f.
Flugsimulator 38 ff., 44–50
Flugzeugaustausch 265–271

405

Flugzeugentführer *siehe* Hijacker
Fouda, Yosri 48, 203–207, 209 ff.
Fritz, Dennis 245
Fukuyama, Francis 352
Funkverkehr 185–191

Gabriel, Richard P. Sr. 86
Garza, Richard 32
Gehlen, Reinhard 343
General Electric 238, 295
Genoud, François 344
Germania 83
Glick, Jeremy 183
Global Hawk System (GHS) 263
Golfkrieg (1991) 238, 302 f., 331
Gorbatschow, Michail 297, 365
Goss, Porter 325 f.
Graham, Bob 325
Grand, Donn de 261 f.
Greene, Graham 320
Ground Proximity Warning System (GPWS) 113, 162

Hall, Stanley 86, 278
HAMAS 338
Hamazono, Kamikaze-Pilot 109
Hames, Tim 350
Hammersley, Tom 33
Handytelefonate 154–161, 177–185
Hanjour, Hani 29, 42 f., 49, 162
Hansen, Jens Claus 138
Harken Energy 330 f.
Harnden, Toby 158 f.
Harvard University 330
Hashem, Peter 90
Hatfjeld, James H. 328, 330
Hearing, Ed 244
Heidenberger, Michele M. 86
Hence, Kyle 121, 324, 336
Hijacker 74–88, 118, 274 f.
 – Abflug 55–60
 – Einkäufe 51 ff.
 – Flugausbildung 32, 37–50, 325
 – Flugtickets 54 f.
 – Gepäck 60 ff.
 – Personalakte 26–36
 – Waffen 80–88
Hill, Kent 261
Hillingsøe, Keld 138
Hitler, Adolf 329, 345
Holland-American Trading Corp. 329
Hollinger Digital Inc. 354, 356
Hollinger International 158 f.
Hollywood-Filme 306–318, 323
Hopsicker, Daniel 325
House Science Committee 124
Hull, Cordell 307
Huntington, Samuel 348–353, 356
Hussein, Saddam 301 f., 322, 331, 345, 354, 357, 361 f.

Informationsdienst gegen Rechtsextremismus (IDGR) 337
Institut für Kreative Technologien (ICT)
International Civil Aviation Organisation (ICAO) 267
Irak 238, 301 ff., 309 f., 349, 351, 354 f., 358 f., 364 f.
Iran-Contra-Affäre 343
Irwin, Ceryl 152
Islam 66 ff., 73, 184, 293
Islamisten 105, 338 f.
Israel 98 ff.

Jack, Brian 278
Jacoby, Steven 278
Jarrah, Ziad 202
Jauch, Günter 38 ff.
Jefferson, Lisa 182 f.
Jones Aviation Flying Service 33
Judge, John 145 ff., 150

Kamikaze-Technik 106–112
Karsai, Hamid 305 f.
Keller, Chandler Raymond 278

Kennedy, John F. 264
Kerosin 126–133, 168, 240 f.
– Brandtemperatur 130 ff.
Khalilzad, Zalmay 327
Kim, Won-Young 170
Kissinger, Paula 355
Kissinger, Henry (Heinz Alfred) 158, 346, 355 f.
Kissinger, Louis 355
Konspiration 28 ff.
Kornukow, Anatoli 78
Kretz, Steffen 138
Kristol, William 327, 352
Kuba-Krise (1961) 264 ff., 273
Kujak, Jörg 38, 227
Kuweit 302 f., 331

Lamont-Doherty Earth Observatory 170
Lauda, Niki 38 ff., 50
Laurent, Eric 352
Lawrence Livermore Laboratory 355
Lee, Dong 86, 279
Lehman Brothers 357
Leib, Joe 307
Leichenidentifizierung 91 ff., 199–203, 249 ff., 273 ff., 281
Lemnitzer, L. L. 264
Libby, Lewis 326
Liebner, Lincoln 172
Lindh, Anna 120
Lockerbie-Attentat 164
Lockheed Martin 279
Loizeaux, Douglas 224
Loizeaux, Jack 224
Loizeaux, Mark 224
Loizeaux, Stacey 224
Lund, Bent 138
Lynch, Jessica 309 f.

Madsen, Wayne 306
Manning, William (Bill) 124 f., 131
Mcelwain, Susan 252 ff., 256
McHattie, Colin 262 f.

McIntyre, Jamie 152
McVeigh, Timothy 337
Mellinger, Rachel Line 356
Merrill Lynch 24 f.
Meyssan, Thierry 147, 151, 238, 240, 243, 269 f., 280
Miller, Wallace 198, 250 f.
Milzbrand siehe Anthrax
Mirak-Weissbach, Muriel 326
Miramar Naval Air Station (Top Gun) 85, 276, 311
Mohammed, Khalid Sheikh 203 ff., 210 f.
Mohammed, Prophet 66 f., 70, 184
Morgan Stanley Dean Witter 24 f.
Morin, Terry 172
Motive
 –, amerikanische 294–306
 –, arabische 289–294
 –, cineastische 312 ff.
Moussaoui, Zacarias 33
Mudschaheddin 289 f., 306
Munir, Almutasadeq 69, 72
Munsey, Christopher 172
Murdoch, Rupert 212
Muzwadi, Abdelgani 69, 72

NASA 244, 308
National Military Command Center (NMCC) 77, 269 f.
National Museum of Health and Medicine 94, 202
National Press Club Washington 145
National Security Agency (NSA) 101, 279
National Transportation Safety Board (NTSB) 192 ff., 342
Nationale Koalition zur Untersuchung Politischer Morde 145
NATO 297, 365
NATO-Doppelbeschluß 354
Naudet, Jules 318
Naval Intelligence Service 280
Naval Research Laboratory 279

New Mexico Institute of Mining and Technology 139
Nixon, Richard M. 346, 356
NORAD 78, 269
Nordallianz 354
Nordkorea 310
Northwoods, Operation 263–273, 284
NSDAP 337, 345

O'Brien, Danielle 161, 234, 245 f.
Okelly, Medhat 141
Oklahoma-Bombenanschlag 225, 337
Öl 281, 294, 301 f., 305 f., 308, 327, 331, 363
Olson, Barbara 80 f., 157–162, 185
Olson, Ted 80 f., 157 ff., 279
Onuki, Kamikaze-Pilot 108 ff.
Operation Noble Eagle 91 ff., 201
Operation Northwoods 263–273, 284
Ornedo, Ruben 278
Orwell, George 362

Palmer, Debbie 134
Palmer, Orio 134
Panther Motel 29
Parkwood Apartments 29
Parsons Brinckerhoff 141
Patriot Act 324, 335 f.
Paula, Michael di 172
PAVE PAWS 151
Pearl Harbor 112, 262, 307 f., 323
Penniger, Robert 279
Pentagon 79, 86, 275, 303
 – Bilddokumente 149–154, 235 ff., 239, 241
 – Flugabwehr 143–154, 242 f.
 – Flugzeugeinschlag 162–177, 239 ff.
 – Flugzeugtrümmer 163–169, 176 f., 273
 – Leichen 92 f., 281
 – Rasen 172–176
Perle, Richard Norman 326, 353 ff.
Perry Albert 135 f.
Petersen, Wolfgang 313 f.
PFLP (Volksfront für die Befreiung Palästinas) 292
Pierce, William 337 f.
Pilz, Peter 293
Pitt, Harvey 341 f., 346
Ploger, Robert R. 86, 279
Pohly, Michael 338
Powell, Colin 365
Prainmath, Stanley 319 ff.
Predator 120, 354
Project for the New American Century (PNAC) 322 f., 325 ff., 347, 349, 351 ff., 358 f., 364
Propaganda 281–285
Putin, Wladimir 347
Put-Optionen 24 ff., 341 f., 344
Pütz, Karl-H. 295 f., 304

Qureishi, Safi 339

Radar 75 f., 208, 225–231, 243 ff.
Radio Direction Finding (RDF) 190
RAF 68, 289, 362
Ramos, Maryann 169
RAND Corp. 356
Raytheon 278
Reagan, Ronald 212, 343, 354
Reaktorsicherheitskommission (RSK) 128
Republikanische Partei (USA) 338 f.
Richebächer, Kurt 297 ff.
Robbins, James S. 172
Robertson, Lee 125
Roddy, Dennis 194
Rodman, Peter W. 327
Romero, Van 139 ff., 143
Roosevelt, Franklin Delano 262, 307, 329
Roquejeoffre, Michel (General) 238

Rotter, Gernot 67 f.
Rove, Karl 360
Roy, Arundhati 339
Royko, Mike 212
Rucker, Tomi 168
Rudin, Marc 292
Rumsfeld, Donald 178, 326, 347
Rust, Mathias 78

Saffuri, Khaled 338
Sammartino, John 279
Saudia Airlines 156
Sawyer School of Aviation 49
Scherer, Klaus 107 f.
Schlesinger, James 356 f.
Schröder, Gerhard 346 f.
Schwarzkopf, Norman 238
Schweinebucht-Invasion (1961) 264
Seamless Steel Equipment Corp. 329
Securities and Exchange Commission (SEC) 341 ff., 346
Seismographische Daten 169 ff., 243 f.
Sepulveda, Noel 144, 172
Shanksville 15 f., 196 ff., 246 ff., 273
– Leichen 92 f.
– Rauchpilz 255 f.
Silesian-American Corp. 329
SimCenter Inc. 47 f.
Simmons, Bill 111
Simms, Timothy 314
Skousen, Joel 228
Skull & Bones 346
Slichter, Sumner 296
Sloan, Samuel 343
Slosser, Bob 98
Solomon, Norman 296
Sorbi's Flying Club 32 f., 41
Southwest Airlines 85
Southwest Airport Services 330
Special Operations Forces 309
Sprengstoff 139 ff.
Steckbriefe 16 ff., 193 f., 206

Stewart, Payne 76
Stirnbänder, rote 183 f.
Stull, Ernie 15 f., 197 f., 201, 251
Sunniten 73
Swirski, Aaron 125

Taliban 291, 301, 305
Tara Gardens Condominium 28
Taylor, Leonard 279
Taylor, Stacey 189, 246 f.
Technik des Terrors 281–285
Telefonate 154–161, 177–185
Telegraph Group Ltd. 158
Teller, Edward 355
Tenet, George 325
Terrorbefehl 62 ff.
Terrorismus in den USA 336–340
Testament 61 f., 65–74
Thatcher, Margaret 212
Thomas, Gordon 37
Thompson, Ann 136
Thyssen, Fritz 345
Times Newspapers Ltd. 211
Timmerman, Donald 173 ff.
Trading with the Enemy-Act 329
Transpondersignal 225–231, 243 ff., 257, 259 f., 263, 271
– Flug American Airlines 11 208, 228 ff.
– Flug American Airlines 77 233
– Flug United Airlines 93 75 f., 208, 244 ff.
– Flug United Airlines 175 208, 231
Tutsch-Bauer, Edith 200

unanswered questions.org (UQ) 121 f., 145, 274, 324, 336
Unfallberichte 193
Union Banking Corp. (UBC) 329, 345
Union Oilcompany of California (UNOCAL) 305 f.
United Airlines 24 ff., 95, 194, 196, 243

University of Southern California 316
UNO 297, 322, 365
US Air Force 76 f., 79, 121, 144, 258
US Airways 56 f., 59 f.
US Navy 276–280
US State Department 225
U.S. Technologies 343

Veridian Corp. 278
VF Corp. 198
Vialls, Joe 116, 157 ff., 190
VoiceStream Wireless Corp. 300
Vreeland, Delmart Edward 280

Waffen 80–88
Wagner, Glenn N. 202
Wahabiten 73 f.
Walker, Richard 344
Wallace, Richard 252 f.
Wal-Mart 52 f.
War Production Board 295
Warschauer Pakt 365
Warzinski, Vic 79
Webster, William 343

Weißes Haus 98, 100 f., 104
 – Flugzeugeinschlag 147 f.
Weltherrschaft 322–327
Whiterow, John 211
Wilson, Charles E. 295
Wise, Chris 122
Wolfowitz, Paul Dundes 326, 349, 353, 358 f.
World Trade Center 103 ff., 318–322
 – Brand 122, 127–135
 – Rauch/Staub 218–223
 – Sprengung 135–143, 216–225
 – Statik 123, 125 ff.
 – Trümmerbeseitigung 223
 – Untersuchung 121–125

XonTech 279

Yamnicky, John 86, 278
Yancey, Vicky 279

Ziegelmeier, Otto 82
Zito, Joseph 316
Zweiter Weltkrieg 112, 262, 307

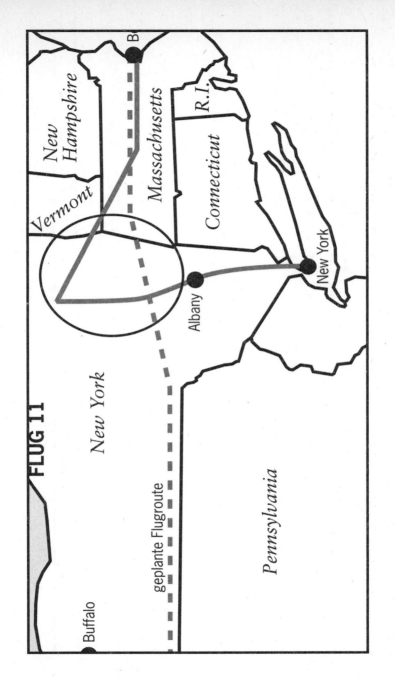

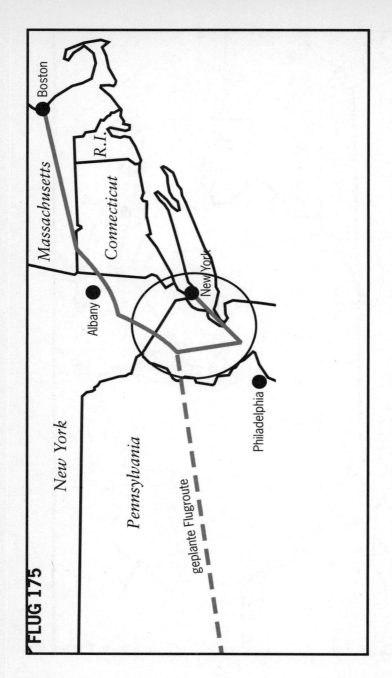

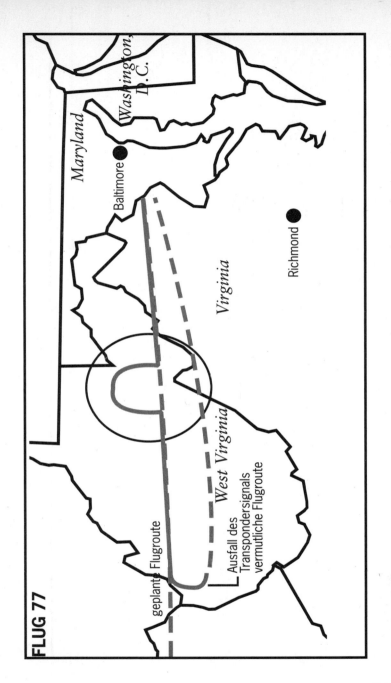

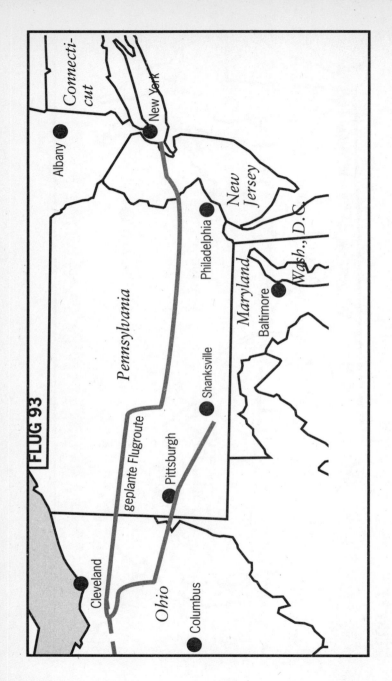